구도자의 일기

지은이 이승종

연세대 철학과와 같은 과 대학원을 졸업했고, 뉴욕주립대(버펄로) 철학과에서 철학박사 학위를 받았다. 캘리포니아 어바인대 철학과 풀브라이트 방문교수와 카니시우스대 철학과 겸임교수를 역임하였다. 현재 연세대 철학과 교수로 있으며 같은 대학의 언더우드 국제대 비교문학과 문화 트랙에서도 강의해 왔다. 저서로 『비트겐슈타인이 살아 있다면: 논리철학적 탐구』(문학과지성사, 2002, 문화관광부 선정 우수학술도서), 『크로스오버 하이데거: 분석적 해석학을 향하여』(생각의나무, 2010; 수정증보판 동연, 2021, 연세학술상 수상작), 『동아시아 사유로부터: 시공을 관통하는 철학자들의 대화』(동녘, 2018), 『우리와의 철학적 대화』(김영사, 2020, 한국출판문화산업진흥원 책나눔위원회 선정 추천도서), 『우리 역사의 철학적 쟁점』(소명출판, 2021), 『비트겐슈타인 새로 읽기: 자연주의적 해석』(아카넷, 2022, 대한민국학술원 선정 우수학술도서), 『역사적 분석철학』(서강대학교출판부, 2024), 『철학의 길: 대화의 해석학을 향하여』(윤유석과 공저, 세창출판사, 2024), 뉴턴 가버 교수와 같이 쓴 *Derrida and Wittgenstein*(Temple University Press, 1994)과 이를 우리말로 옮긴 『데리다와 비트겐슈타인』(민음사, 1998; 수정증보판 동연, 2010)이 있으며, 연구번역서로 비트겐슈타인의 『철학적 탐구』(아카넷, 2016)가 있다. 페리 논문상, 우수업적 교수상, 우수강의 교수상, 공헌 교수상, 우수연구실적 표창, 최우수논문상(2022 대한국제학술문화제)을 수상하였다.

비트겐슈타인의 삶과 철학

구도자의 일기

그린비

이승종 지음

책머리에

파트리크 쥐스킨트의 단편소설「깊이에의 강요」는 작품에 깊이가 없다는 평론가의 무책임한 말에 깊이가 무엇인지를 구현하려다 좌절하는 화가의 이야기입니다. 깊이의 실체를 찾아 헤매던 그녀가 서점에 가서 점원에게 가장 깊이 있는 책을 달라고 했을 때, 점원이 건네준 책의 저자는 비트겐슈타인(Ludwig Wittgenstein)이었습니다. 그러나 그녀는 그 책으로 무엇을 해야 할지 알 수 없었습니다. 그녀의 좌절은 결국 비극적 자살로 마감됩니다. 소설 속에서 깊이의 상징으로 묘사된 비트겐슈타인도 그녀의 삶을 구원하지 못한 것입니다.

고교 시절 저는 루이제 린저의 소설『삶의 한가운데』를 읽으며 삶의 깊이에 눈뜨게 되었습니다. 이 소설은 작중 주인공 니나의 친구이자 동반자인 슈타인의 일기와 편지를 니나의 회상과 창작에 섞어서 주인공의 삶을 묘사하고 있습니다. 슈타인이 기록하고 있는 니나는 불안정한 성격으로 괴로워하는 불완전한 사람이지만, 그 누구보다도 치열하게 삶을 살아간 선구자입니다. 그 치열성의 정체는 그녀의 내면에서 솟구쳐 나오는 삶에 대한 부단한 탐구 정신과 자유에 대한 갈망이었습니다.

저는 대학에 진학해 여러 철학자와 그들의 사상을 섭렵했지만 제가 찾는 철학자는 나타나지 않았습니다. 마음에 드는 사상이 더러 있기는 했지만 그런 사상을 품은 철학자의 삶을 들여다보면 제가 갈망하던 절실함이 느껴지지 않았습니다. 현대로 올수록 철학자들의 사상이 더욱 다채롭고 정교하고 세련되어 감을 볼 수 있었지만, 그들의 삶은 거의 같은 모습이었습니다. 좋은 대학을 나와 저술로 두각을 나타내고 좋은 대학의 교수로 평생 꽃길만을 걸은 사람들이었습니다. 그들이 보여 주는 사상의 다양성과 그들이 걸은 삶의 정형성 사이의 부조화에서 저는 사상의 진정성을 의심하게 되었습니다. 현대 철학이란 비상한 재능의 도련님들이 펼치는 화려한 말잔치에 불과한 것이 아닌가 하는 의심이었습니다. 고등학교 때 제가 마음속에 그려 보던 철학과는 거리가 멀었습니다.

그러던 중에 비트겐슈타인의 철학을 공부하다가 그가 어떤 사람이었나를 살펴볼 마음에 그의 제자 맬컴이 쓴 『비트겐슈타인 회상록』을 읽었습니다(Malcolm 1958). 이 작품은 『삶의 한가운데』와 유사하게 비트겐슈타인의 드라마틱한 삶을 그와 주고받은 대화와 편지에 섞어 생생하게 형상화해 내고 있었습니다. 『회상록』의 비트겐슈타인은 『삶의 한가운데』의 니나와 오버랩(overlap) 되었습니다.

저는 비트겐슈타인과 윤동주가 그랬던 것처럼 제가 하늘을 우러러 한 점 부끄럼 없는 삶을 살아가고 있는지 자책해 보곤 했습니다. 그것은 정말 두렵고 어려운 일이었습니다. 비트겐슈타인의 말처럼 세상에서 가장 어려운 일은 자신을 속이지 않는 것입니다(MS 120, 1938년 4월 7일). 청년 시절 그가 투쟁했던 자살 충동과 거기에 배어 있는 번뇌의 무게는 그의 반성이 얼마나 처절했던 것인지를 가슴 시리게 증언하고 있었습니다. 니나와 비트겐슈타인은 자살이라는 방식으로 그 무게를 벗어던지려 했던 것입니다. 저는 비트겐슈타인을 현대 철학의 한 텍스트이기 전에 저 자신에 대한 「참회록」으로 읽었습니다.

제게 비트겐슈타인은 삶과 철학이라는 여행길의 동반자가 되었습니다. 그를 주제로 석사와 박사 학위논문을 썼고, 그를 연구하고 가르치는 교수가 되어 그의 작품을 번역하고 그에 대한 연구서들을 지었습니다. 그러나 그의 철학은 철학 교수들과 같은 직업 철학자들만을 향한 것이 아니었습니다. 그의 철학은 일차적으로는 자신의 구원을 위한 것이었고, 한 걸음 더 나아가서는 자신을 진정 이해할 수 있는 익명의 영혼을 향한 것이었습니다. 그러나 그를 진정 이해하고 공감할 수 있는 사람은 어디에 있는지요? 어느 영혼 속에서 그는 부활할 것인가요? 저는 그런 사람을 찾아, 그의 영혼과 대화하려는 마음에 이 책을 지어 보았습니다.

비트겐슈타인은 가장 중요하고 영향력 있는 현대 철학자의 한 사람으로 널리 인정되고 있습니다. 우리가 살고 있는 시대의 철학을 이해하기 위해서는 그를 비껴갈 수 없습니다. 이는 비단 철학에 국한된 이야기가 아닙니다. 그가 우리 시대에 미친 광범위한 영향력을 감안한다면, 우리가 현대 사상에 입문하려 할 때 그와의 만남은 거의 불가피한 실정입니다. 우리가 시대에 대해 사유하거나 물음을 던질 때, 그는 언젠가는 어디에서든 접하게 될 수밖에 없는 사상가입니다.

비트겐슈타인의 사상은 난해하기 이를 데 없습니다. 심지어 철학을 전공으로 하는 사람에게도 그는 수수께끼입니다. 분석철학자로 분류되지만 본인은 분석철학을 좋아하지 않았고, 평생 저술에 몰두했다지만 생전에 낸 책은 팸플릿에 가까운 소책자 한 권(『논리-철학논고』, 이하 『논고』)뿐입니다. 유작으로 출간된 책들도 사실은 그가 남긴 유고와 일기들을 제자들이 석연치 않은 방식으로 편집해 낸 것들입니다. 심지어 그의 대표작으로 꼽히는 『철학적 탐구』(이하 『탐구』)에 대해서조차 편집과 체제의 타당성에서부터 내용에 대한 해석에 이르기까지 갑론을박이 무성할 뿐 확정된 답이 없습니다. 그를 알고자 하는 교양인에게 이러한 상황은 갈피를 잡을 수 없는 절망으로 다가옵니다.

비트겐슈타인에 대한 안내서가 없는 것은 아닙니다. 아니 너무 많다고도 할 수 있습니다. 이 경우에는 안내서 간 견해 차이가 큰 것이 문제라기보다, 오히려 그것들이 너무 천편일률적이라는 게 문제입니다. 안내서들은 예외 없이 그의 『논고』와 『탐구』를 요약 설명하는 것을 주된 내용으로 합니다. 두 작품이 그의 전기와 후기 사상을 대표한다는 것입니다. 독자는 저 두 작품에 대한 요약 설명을 따라가면서 그게 왜 중요한지, 어떤 의미를 갖는지 맥락을 알기 어렵습니다. 그냥 그가 중요한 철학자라니 그리고 저 두 작품이 그의 대표작이라니 요약을 통해서나마 섭렵한 셈 치자고 자위하며 읽어 갈 뿐이지만, 읽고 난 다음에는 곧 잊게 됩니다. 자신의 삶과 그의 철학이 대체 어떻게 연관되는지를 종잡을 수 없기 때문입니다.

그런데 이렇게 해서는 비트겐슈타인의 철학을 제대로 이해했다고 할 수 없습니다. 그의 철학이 난해해서만이 아니라 접근 방식이 적절하지 않기 때문입니다. 저런 식으로는 역시 그는 어려운 철학자이고 그의 사상은 무미건조하고 딱딱해 별로 와닿는 게 없다는 느낌만을 주기 십상입니다. 그러나 그는 결코 저런 식으로 철학을 한 사람이 아닙니다.

비트겐슈타인은 포연이 자욱한 살육의 전쟁터, 피오르의 외딴 오두막, 아일랜드 해변 등 험지로 부단히 자신을 몰아세우며 극한의 상황에서 철학을 했습니다. 유럽 최고의 가정에서 성장한 데다 막대한 유산을 상속받은 재벌 2세인 그는 유산도, 그리고 지식인이면 누구나 선망하는 케임브리지대 교수직도 모두 팽개치고 청빈한 구도자의 길을 고집했습니다. 그 길을 걸으며 그는 평생에 걸쳐 일기를 비롯한 저술 활동에 몰두했고, 이것이 『논고』, 『탐구』 등을 위시해 여러 책으로 편집되어 나왔습니다. 일기라는 장르가 암시하듯 그의 철학은 그의 삶과 밀착되어 있습니다. 그에 대한 종래의 안내서는 바로 이 점을 간과하고 있습니다. 가장 중요한 점을 빠뜨리고 있는 셈입니다.

저는 이 책에서 비트겐슈타인의 철학을 그가 살았던 삶의 궤적, 그리고 그가 평생에 걸쳐 써 내려간 일기를 병행 추적함으로써 이해하고자 합니다. 저는 이것이 그의 철학을 이해하는 가장 올바른 길이라고 생각합니다. 그를 이해하려면 그의 삶을 일기에 적힌 생각들과 함께 간접 체험하는 것만한 방법이 없습니다. 그가 자신을 어떤 상황에 내던져 거기서 어떤 생각을 길어 올렸는지를 따라가 보자는 것입니다.

　　드라마와 같은 삶을 살았던 철학자인 만큼 비트겐슈타인의 일기 역시 아주 흥미진진합니다. 거기에서 편집되어 나온 그의 책들이 무미건조하고 딱딱하게 읽히는 까닭은 편집의 과정에서 일기가 지녔던 현장성이 거세되어 있기 때문입니다. 그 현장성을 복원한다면 그의 일기는 그리 어렵게 읽히지 않습니다. 그랬을 때 그가 살았던 삶과 철학은 주목해야 할 하나의 값진 모범으로서 독자에게 생생히 각인될 것입니다.

　　비트겐슈타인의 삶을 기록한 일기에 초점을 두어 그의 철학을 이해하고자 하는 저의 시도에 다음과 같은 반론이 있을 수 있습니다. "일기는 개인의 사적인 기록에 불과한데, 그것을 엿본다고 해서 한 사상가의 철학을 이해했다고 할 수 있겠는가? 사상가의 삶에 초점을 둔 전기(biography)에 관심이 있다면 모를까, 그의 철학을 이해하려면 역시 그가 지은 책들에 초점을 맞추어야 하지 않겠는가?"

　　이러한 반론에 대해 저는 첫째로 데리다가 『그라마톨로지에 대하여』에서 구분한 글쓰기와 책의 차이를 환기시키고 싶습니다(Derrida 1967). 무모순적 체계를 지향하는 책은 자기 완결적인 데 반해, 글쓰기는 지속되는 사유의 자유로운 운동이기에 그렇지 못합니다. 아니 그럴 수가 없습니다. 저 구분에 따르자면 비트겐슈타인은 책이 아닌 글쓰기의 산물인 텍스트만을 저술한 사상가입니다. 그리고 그가 지은 텍스트의 상당수는 일기의 형식을 취하고 있습니다. 그의 이름으로 출간된 소위 '책'들은 그가 완결 짓지 못한, 아니 완결 지을 수 없었던 진행형의 텍스트를 책의 형태로 편집해 넣은 귀결일 뿐입니다.

둘째로 저는 비트겐슈타인의 경우에는 다른 어느 사상가의 경우보다도 삶과 철학이 밀접하게 연관되어 있음을 환기시키고 싶습니다. 그는 학술 논문이나 연구서의 형식을 갖춘 글을 지양하고 일기 형태로 글을 써 나갔으며, 이는 그가 암으로 사망하기 이틀 전까지도 지속되었습니다. 그는 의식이 남아 있는 마지막 날까지 일기를 쓰기 위해 일체의 치료를 거부했다고 합니다. 그는 자신의 철학대로 살아낼 수 있는지를 진정한 철학자의 잣대로 꿈기를 주저하지 않았습니다. 그의 치열했던 삶이 곧 철학이었던 것입니다.

비트겐슈타인이 남긴 3만 쪽에 달하는 방대한 유고는 얼마 전까지만 해도 소수의 전문가만이 접할 수 있었습니다. 그러나 이제 그것은 무삭제 무편집본 형태로 온라인상에 공개되어 누구나 자유로이 열람할 수 있습니다.¹ 저는 그의 유고가 언젠가는 저 형태 그대로 출간되어야 한다고 봅니다. 그랬을 때 그동안 편집자들의 손을 탔으면서도 비트겐슈타인의 책으로 간주된 작품들로부터 벗어나, 자신의 구체적 삶의 문맥 속에서 펼쳐 낸 그의 깊은 사유를 원형 그대로 접할 수 있을 것입니다.

니체 연구가 남긴 다음의 선례는 이 책이 지향하는 비트겐슈타인에 대한 새로운 조명의 가능성에 대해서 시사하는 바가 큽니다. 니

1 ❶ http://www.wittgensteinsource.org ❷ http://wab.uib.no/transform/wab.php?modus=opsjoner

체의 후기 사유는 그동안 『힘에의 의지』라는 책에 결집되어 있다고 여겨져 왔습니다. 그러나 그가 저러한 작품을 구상한 것은 맞지만 완성하지는 못했습니다. 『힘에의 의지』로 알려진 책은 그의 누이가 니체의 유고에서 자의적으로 짜깁기해 출간한 것입니다. 니체의 유고가 무삭제 무편집본 형태로 출간되면서 그의 누이가 펴냈던 기존의 『힘에의 의지』는 해적판으로 전락하고 말았고, 니체 연구도 날짜별로 전개되는 유고 자체의 자연스러운 흐름에 초점을 맞추는 새로운 국면에 접어들었습니다.

저는 이 책에서 비트겐슈타인의 일기를 중심으로 그의 삶과 철학을 소개하려는 것이지, 그가 남긴 일기 형식의 유고에 대한 본격적 문헌학이나 고증학을 전개하려는 것이 아닙니다. 유고를 중심으로 그를 새로이 연구하려는 움직임은 서구 학계에서도 아직 시작 단계에 있습니다. 니체 연구의 경우에서 보듯이 이러한 움직임은 앞으로 비트겐슈타인 연구를 주도할 것이 확실합니다. 유고에 대한 연구 성과를 적극 반영하여 체제를 일신해 2009년에 출간된 『탐구』의 4판이 그 한 예입니다. 이에 발맞추어 학계의 동향을 반영한 비트겐슈타인 길잡이를 우리 독서계에 선사하는 것이 이 책의 목적입니다.

이 책에서는 비트겐슈타인 철학의 한계에 대한 제 나름의 비판과 확충의 작업도 선보입니다. 저는 그의 전도사나 해설가가 아니며 저 자신 한 사람의 철학자로서 그를 읽습니다. 그에 대한 비판적 시각과 보완의 노력은 독자로 하여금 그의 철학에 매몰되지 않고, 그것을 디딤돌 삼아 각자에게 주어진 상황에서 자신만의 사유를 펼쳐 내자는 다그침이기도 합니다.

이 책에 포함된 귀중한 논평과 서평의 수록을 허락해 주신 연세대 우환식 박사님, 이냐시오 영성연구소 강언덕 신부님, 재능대 남기창 교수님께 머리 숙여 감사드립니다. 값진 추천의 글과 발문(跋文)으로 책을 빛내 주신 서울대 강진호 교수님, 부산외대 박병철 교수님, 성신여대 석기용 교수님, 원고를 읽고 중요한 지적을 해 주신 익명의 심사위원님, 가톨릭관동대 홍진기 교수님, 연세대 철학과 박사과정 윤유석 씨, 부족한 원고를 정성껏 다듬어 준 그린비에도 깊은 감사의 마음을 전합니다.

이 책의 수익금은 도움이 필요한 곳에 모두 기부할 것을 약속드립니다.

2025년 봄

이승종

seungcho@yonsei.ac.kr

차례

책머리에 ⌒005

들어가는 말 ⌒017

1부 구도자의 삶

1장 삶으로부터 ⌒025

2장 구도자의 길 ⌒049

토론 ⌒074

3장 철학이란 무엇인가? ⌒085

토론 ⌒107

2부 윤리

1장 배경 ⌒123

2장 『논고』의 서문 ⌒131

3장 유아론 ⌒145

4장 의지와 표상으로서의 세계 ⌒163

5장 초월적 관념론과 경험적 실재론 ⌒177

6장 1인칭 윤리 ⌒199

7장 신비와 신 ⌒215

8장 새로운 모색	229
9장 슐릭과의 토론	245
10장 「윤리학에 대한 강의」	263
토론	271

3부 종교적 믿음

1장 「종교적 믿음에 대한 강의」 I	311
2장 「종교적 믿음에 대한 강의」 II, III	379
3장 황필호 교수의 「비트겐슈타인의 종교관」	413
토론	440

부록 서평_모순으로 살펴보는 비트겐슈타인의 철학_남기창	471
발문_석기용	477
참고문헌	479

| 주제 색인 | 491 |
| 인명 색인 | 497 |

일러두기

1. 비트겐슈타인의 텍스트를 다각도에서 조명하면서, 같은 구절을 서로 다른 문맥에서 인용하기도 하였다.
2. 단행본이나 정기간행물 등은 겹낫표(『 』)로, 단편이나 논문 등은 홑낫표(「 」)로 표기하였다.
3. 외국어 인명, 지명 등 고유명사는 2002년 국립국어원에서 펴낸 외래어표기법에 따라 표기하되, 국내에서 통용되는 관례를 고려하여 예외를 두기도 하였다.

들어가는 말

글로 요약된 사유는 일반적으로 모래 위를 걸어간 사람의 발자국에 지나지 않는다. 물론 우리는 거기서 그가 걸어간 길을 보기는 한다. 그러나 그가 그 길에서 무엇을 보았는지를 알기 위해서는 우리 자신의 눈을 사용해야 한다. (Schopenhauer 1851, 454쪽)

쇼펜하우어의 저 말은 비트겐슈타인의 『탐구』에 대해 베이커(G. P. Baker)와 해커(P. M. S. Hacker)가 저술한 기념비적 주석서에 머리글로 사용된 바 있습니다.[1] 쇼펜하우어의 말대로 두 비트겐슈타인 학자는

---

1 1980년에 1권을 발간한 두 사람의 주석서 공동 서술 작업은 1985년에 2권을 낸 이후로 비트겐슈타인의 통찰(通察; übersehen)에 대한 해석을 두고 둘 사이에 벌어진 이견과 그로 말미암은 철학관의 차이로 인해 지속되지 못했습니다. 이후 해커는 1990년과 1996년에 3권과 4권을 단독으로 발간하였고, 2002년에 베이커가 사망한 뒤로는 그와 공저한 첫 두 권을 수정 보완하면서 주석서에서 베이커의 관점을 지워 냈습니다. 해커는 2005년과 2009년에 각각 1권과 2권의 수정 2판을, 2019년에는 3권의 수정 2판을 발간했습니다. 그에 더해 2권을 제외한 각 권을 분철하기도 하는 변모의 과정에서도 쇼펜하우어의 머리글은 열거한 모든 형태의 주

비트겐슈타인이 걸어간 길을 보았고 그의 글에 공감하였습니다. 예컨대 그들은 철학에서 통찰(通察; übersehen)의 중요성²을 역설한 비트겐슈타인의 입장을 수용하였습니다. 그들은 비트겐슈타인이 무엇을 통찰했는지에 대해 각자의 눈을 사용했지만, 그에 대한 해석은 서로 달랐습니다.

해커는 통찰의 초점을 언어 사용의 규칙인 문법의 해명으로 본 데 반해, 베이커는 철학적 질병의 치료로 보았습니다.³ 이상룡 교수는 그것을 우리의 이해력에 걸린 마법에 대항하는 언어 투쟁이라고 보기도 합니다(이상룡 2020). 우리는 저 학자들의 주장과는 달리 해명, 치료, 언어 투쟁이 상호 양립 불가능하다고 보지 않습니다. 비트겐슈타인의 철학은 이 세 해석 각각에 부합합니다. 오해의 '해명'은 '언어 투쟁'을 통해 이루어지며, 이 해명으로 말미암아 철학의 질병이 '치료'된다는 것이 그의 논지에 더 가깝습니다.

우리는 이 책에서 비트겐슈타인이 걸어간 길을 그의 일기, 저술, 강의 등을 통해 입체적으로 추적해 볼 것입니다. 쇼펜하우어의 말대로 그가 그 길에서 무엇을 보았는지를 알기 위해서는 우리 자신의 눈을 사용해야 합니다. 그러나 비트겐슈타인이 본 것만을 보아야 한다거나 그가 본 대로만 보아야 하는 것은 아닙니다. 같은 것을 보더라도 시야와 안목에 따라 다른 측면을 짚어 낼 수 있는 것입니다.

석서에 빠짐없이 등장합니다.
2   이에 대해서는 이 책 1부 3장에서 상론할 것입니다.
3   해커의 해석은 2005년에 출간한 주석서 1권의 수정 2판에 수록된 "Surveyability and Surveyable Representation"을 참조하십시오. 이는 『탐구』 §122에 대한 주석인데 베이커는 다음의 글에서 같은 절에 대해 해커와는 차별되는 해석을 전개하고 있습니다. Baker 1991.

우리는 비트겐슈타인이 걸어간 길을 따라가며 대화하다가 때로는 다른 길로 벗어나기도 할 것입니다. 하이데거가 자신의 저술 제목으로 삼기도 했던 숲길(Holzwege)로 말입니다(Heidegger 1950). 장자가 말했듯이 "길이란 걸어가는 데서 생겨나는 것"[4] 아니겠습니까? 그 다른 길에서 우리가 비트겐슈타인이 본 것과 다른 것을 그의 눈이 아닌 우리의 눈으로 보고, 그와는 다른 더 멋진 생각을 품을 수 있기를 바랍니다.

우리는 이 책에서 비트겐슈타인에 대한 가로지르기를 선보일 것입니다. 가로지른다는 것은 어떤 것의 가장자리로 돌지 않고 곧바로 그 중심부로 거치는 것을 뜻합니다. 그를 가로지른다는 것은 그의 주변에서 맴돌지 않고 그의 중심 사유와 직접 마주함을 뜻합니다. 그의 사유에 대한 평면적 요약 해설을 지양하고, 가려 뽑은 그의 글을 입체적으로 깊이 음미해 봄으로써 그와 함께 사유하고자 합니다. 그의 철학에 대한 학습이 아니라 그의 철학함을 시금석으로 저마다의 철학함을 모색할 수 있도록 안내하는 것이 이 책의 목적입니다. 칸트는 철학함이란 자신의 이성을 스스로 사용함에 있다고 말한 바 있습니다(Kant 1966, 698쪽). 이 책에서 만나게 될 비트겐슈타인의 삶과 철학을 통해 우리가 각자의 삶에 대한 저마다의 사유를 싹틔울 수 있기를 기대합니다.

이 책은 크게 세 부분으로 나뉘는데 1부는 "구도자의 삶", 2부는 "윤리", 3부는 "종교적 믿음"이라는 제목으로 이루어집니다. 1부

4　莊子, 『莊子』, 「齊物論」, 道行之而成

에서는 비트겐슈타인의 삶의 궤적을 좇아 그로부터 그가 어떻게 자신의 철학적 사유를 길어 냈는지를 생생하게 묘사해 냅니다. 그의 저술의 상당수가 일기 형태로 작성되었다는 점을 감안할 때, 그의 삶과 철학은 다른 어떤 철학자들의 경우보다 밀접히 연관되어 있다고 할 수 있습니다. 그의 삶을 완정(完整)한 연대기나 전기의 형태로 짚어 가는 것이 아니라, 그의 사유가 시대와 현장에 어떻게 접맥되어 있는지를 체험하는 것이 1부의 목적입니다. 1부 1장 "삶으로부터"는 시대를 배경으로, 2장 "구도자의 길"은 삶의 현장을 배경으로 그의 치열했던 사유의 생성 과정을 들여다봅니다. 3장 "철학이란 무엇인가?"에서는 그의 철학을 다양한 각도에서 심화하고 비판하고 계승하는 작업을 수행합니다. 그의 철학에서 발견되는 미진한 점들과 오류를 들춰내 비판하기도 하고, 그가 던진 사유의 싹을 나름의 방식으로 틔워 보기도 하고, 그와 대척점에 있는 입장들에 마주 세워 양자의 차별성을 첨예하게 부각시키기도 합니다. 1부의 2장과 3장은 대우 Cross Talk 특별강좌의 원고를 발전시킨 것인데, 각 장 말미에 이 강좌 중 청중들과 주고받은 토론을 수록했습니다.

2부에서는 부와 명예를 마다하고 스스로 택한 고독하고 신산(辛酸)했던 삶에서 형성된 윤리에 대한 비트겐슈타인의 성찰을 그의 참전 일기와 그로부터 비롯된 『논고』, 슐릭(Moritz Schlick)과의 토론, 「윤리학에 대한 강의」 원고 등을 중심으로 조명해 봅니다. 2부는 저 텍스트들을 가지고 연세대에서 행한 강의에 기초하는데 강의 중에 학생들과 주고받은 토론을 수록하였습니다. 아울러 2부의 초고를 주제로 한 한국사회윤리학회에서의 논평, 답론, 토론을 수록하여 독자들이 동시대 학자들과의 학술 교류 현황을 직접 고찰할 수 있도록 했습니다. 이를 통해 이 책의 논지가 보다 명료해지고, 논의가 깊이를 확보하고, 시각이 입체성을 얻게 되기를 바랍니다.

3부는 비트겐슈타인의 「종교적 믿음에 대한 강의」를 주 교재로 연세대에서 행한 강의에 기초합니다. 그는 케임브리지대에서 행한 저 강의에서 종교언어에 대한 자신의 철학을 일상적인 예들을 들어가며 비교적 상세히 개진하고 있으며, 그가 수강생들과 주고받은 토론도 유익합니다. 그의 강의를 텍스트로 선보이는 연세대에서의 제 강의는 그의 종교철학을 최대한 풀어서 해명하고 이에 대한 수강생의 열띤 참여와 토론이 잇따르고 있는데, 독자들에게는 케임브리지대 강의실에서 있었던 토론과 연세대 강의실에 있었던 토론을 비교할 수 있는 좋은 기회가 될 것입니다. 아울러 3부의 일부를 요약한 저의 글과 이에 대한 강언덕 신부의 논의를 수록하였습니다.

1부
구도자의 삶

1장

삶으로부터

1. 걸은 길

비트겐슈타인은 1889년 오스트리아 빈(Wien)의 부유한 유대인 가정에서 5남 3녀의 막내로 태어났습니다. 비트겐슈타인의 집은 빈의 문화, 특히 음악의 중심지였습니다. 요하네스 브람스(Johannes Brahms), 구스타프 말러(Gustav Mahler), 클라라 슈만(Clara Schumann), 브루노 발터(Bruno Walter), 파블로 카잘스(Pablo Casals) 등 당대 음악계의 거장들이 문객으로 출입하면서 음악회를 열고는 하였습니다. 비트겐슈타인의 형제들은 모두 상당한 음악적인 재능을 가졌는데 그중 한 사람인 파울(Paul)은 유명한 피아니스트가 되었습니다.

그러나 비트겐슈타인 가(家)의 이 재능 있는 젊은이들에게는 어떤 저주가 던져졌음에 틀림없습니다. 네 형제 중 셋은 자살했고 피아니스트 파울은 제1차 세계대전에서 오른팔을 잃었습니다. 평생을 독신으로 지낸 비트겐슈타인도 자신의 젊은 시절이 극심한 고독과 자살 충동으로 점철된 불행한 삶이었음을 고백한 적이 있습니다.

14세까지 집에서 교육받은 비트겐슈타인은 린츠의 실업학교와 베를린의 샤를로텐부르크에 있는 기능대학에서 공부했고 영국으로 건너가 맨체스터 공대에서 수학하였습니다. 공학에 대한 그의 관심은 이때 수학기초론으로 옮겨 갔고, 현대 논리학의 대부인 프레게(Gottlob Frege)의 권고로 케임브리지대의 러셀(Bertrand Russell)에게 수학하게 됩니다. 러셀과의 만남은 수학, 논리학, 철학에 관한 비트겐슈타인의 잠재력을 만개시킨 계기가 되었습니다.

1914년 제1차 세계대전이 일어나자 비트겐슈타인은 오스트리아군에 자원입대, 최전선을 전전하며 자신의 생각을 일기의 형식으로 기록해 두었습니다. 그는 1918년에 자신의 일기를 편집하여 『논고』를 완성하였습니다.

비트겐슈타인은 이 책 한 권으로 일약 주목받는 철학자가 되었고 또 부모로부터 막대한 유산까지 상속받았습니다. 그러나 그는 명예와 부를 마다하고 시골 초등학교 교사직을 자청, 청빈한 삶을 실천합니다. 10년간의 공백 끝에 케임브리지로 돌아온 그는 강의와 저술에 몰두하지만, 그에게 강단 철학과 대학교수직은 참다운 것이 아닌 인위적 격식으로 여겨졌습니다.

비트겐슈타인은 소박한 삶을 찾아 다시금 상아탑을 나와 은거와 방랑을 거듭하다 1951년 작고하였습니다. 그가 남긴 3만 쪽에 이르는 유고를 제자들이 정리하여 『탐구』를 비롯한 여러 권의 유작으로 출간하였습니다.

2. 삶으로서의 철학

비트겐슈타인은 대학에서 철학을 강의하는 일을 좀비에게나 어울린다고 여기고(Ackermann 1988, 5쪽) 학자라면 누구나 선망할 케임브리지대의 교수직을 스스로 그만두었습니다. 그가 보기에는 온 세상이 어둠으로 가득했습니다. 그는 정신이 죽어 가고 사유가 사라지고 신이 떠나간 이 황무지에 한 줄기 빛을 던지고 간 시대착오적인, 아니 반(反)시대적인 사람이었습니다.

비트겐슈타인은 왜 지성의 전당인 대학을 못마땅해했을까요? 그가 쓴 다음의 구절이 한 실마리를 줍니다.

철학을 함으로써 논리학의 난제 따위에 관해 그럴싸한 말을 늘어놓을 수 있을 뿐 정작 삶의 중요한 문제에 관해 깊이 사유하지 못한다면 과연 철학을 할 필요가 있겠는가? (Malcolm 1958, 93쪽)

그러나 삶의 중요한 문제에 관해 깊이 사유한다는 것은 다시 그 문제에 대해 그럴싸한 말을 늘어놓을 수 있다는 뜻이 아닙니다. 문제는 그가 그런 사유를 통해 자신을 변화시켰는가에 있습니다. 그 변화가 없다면 그가 늘어놓은 말은 그냥 말에 그칩니다. 비트겐슈타인은 철학을 치유의 행위로 보았습니다. 철학자는 영혼의 의사이고, 박사를 의미하는 약어 Ph.D.의 원래 의미도 철학 의사(doctor of philosophy)입니다.

우리 시대에도 철학자와 박사는 넘쳐납니다. 그러나 자신의 병도 치유하지 못하는 그들이 남의 병은 어떻게 고치고 세상의 병은 또 어떻게 고칠 수 있단 말인가요? 그들은 다른 사람들과 다름없는 직업인, 전문인일 뿐입니다. 시대는 더욱 궁핍해지고 사람의 마음은 중병으로 고사 직전인데, 그에 비례해 그럴싸한 말들은 더욱 세련된 형태로 범람합니다. 비트겐슈타인은 시대의 이러한 왜곡에 절망했습니다. 철학이 치유는커녕 오히려 병을 부르고 있는 것입니다. 그렇다면 이 병은 어떻게 치유될 수 있나요? 그의 말을 들어 보겠습니다.

> 한 시대의 병은 사람의 삶의 양식(Lebensweise)이 변화함으로써 치료된다. 그리고 철학적 문제라는 병에 대한 치료는 한 개인이 발명한 약에 의해서가 아니라 사유와 삶의 양식이 변화함으로써만 가능했다. (RFM, 132쪽)

여기서 한 개인이 발명한 약은 학자들이 만들어 낸 이론으로 새길 수 있습니다. 비트겐슈타인이 추구한 것은 그러한 약의 발명이 아니라 사유와 삶의 양식의 변화였습니다. 그리고 사유와 삶의 양식의 변화는 서로 동떨어진 것이 아닙니다. 사유가 삶의 양식의 변화를 일으키고 삶의 양식이 사유의 변화를 일으킵니다.

비트겐슈타인은 이러한 신념을 자신의 삶을 통해 실천하고 실험했습니다. 백만장자의 아들이었지만 상속받은 재산을 가난한 예술가들에게 익명으로 모두 나눠 주고 시골 학교의 교사, 정원사, 건축가, 잡역부로 일했으며, 노르웨이의 피오르 계곡 벼랑에 오두막을 짓고 칩거하기도 했습니다. 그러나 이를 재벌 2세의 무한도전쯤으로 생각해서는 안 됩니다. 그는 자신의 변화와 구원에 진정 목숨을 건 사람이었습니다. 탈장으로 징집이 면제된 상태였지만, 제1차 세계대전에 자원해 최전선에서 가장 위험한 곳을 전전한 이유도 그 때문이었습니다. 그리고 전쟁터에서 엄습하는 죽음 앞에서 그는 『논고』라는 위대한 작품을 탄생시켰습니다.

『논고』는 직관적 사유의 산물입니다. 분석철학의 성경으로 꼽히고 있지만 정작 어떠한 분석철학적 논증도 보이지 않습니다. 대신 범람하는 말들의 질서와 한계를 확정하고 이를 통해 보이는 세계를 아주 명징하고도 함축적으로 그려 내고 있습니다. 그러면서도 책의 말미에는 이 책의 말들도 무의미하며 사다리일 뿐이므로 사다리를 오른 사람은 이를 차 버리라고 권고합니다. 어떻게 무의미한 말이 사다리의 용도로 기능할 수 있나요?

의미 있는 말들은 각종 정보를 제공하고 돈 버는 노하우를 알려 주기도 하며, 이를 매뉴얼 삼아 쓸모 있는 무언가를 만들 수도 있습니다. 그러나 비트겐슈타인이 보기에 철학은 혹은 인문학은 그런 말들이 아닙니다. 그것은 영혼의 각성과 비약을 위한 가혹한 통과의례, 성인식, 피를 부르는 희생제의(犧牲祭儀) 같은 것입니다. 자신의 근본을 무너뜨리는 혼란과 파국을 체험하고 거기서 이를 극복할 자신만의 길을 새로 열어 가면서 사람은 철이 드는 것입니다. 철학은 얼을 벼리는 담금질이요 혼이 거듭나는 굿판입니다.

현대 논리학과 분석철학은 해체주의자들이 비난하는 이성 중심주의의 현대적 버전이라고 할 수 있습니다. 하버마스는 데리다의 해체주의를 헤브라이즘에 속하는 메시아 신앙의 현대적 버전으로 간주합니다(Habermas 1985, 7장을 참조하십시오). 만일 데리다의 해체주의가 헤브라이즘의 현대적 버전이라면, 현대 논리학과 분석철학의 이성 중심주의는 헬레니즘의 현대적 버전이라고 할 수 있을 것입니다. 그렇다면 논리학과 분석철학이 주도하는 이성 중심주의적 영미 철학과 대륙의 해체주의 사이의 대립은 헬레니즘과 헤브라이즘 사이의 뿌리 깊은 대립의 연장선상에 있는 것인지도 모릅니다. 이러한 역사, 문화적 해석을 차치하고라도 이들 사이의 진정한 상호 이해와 대화는 아직도 요원하기만 하고, 양자 간의 창조적 융합은 더더욱 기대하기 어려운 것이 현실입니다.

우리가 비트겐슈타인의 철학에 주목하게 되는 이유는 그에게서 헬레니즘과 헤브라이즘의 결합이라는 보기 드문 경우를 발견하게 되기 때문입니다. 그의 철학에 함축된 헬레니즘과 헤브라이즘을 대변하는 화두는 각각 논리와 윤리입니다. 이 둘은 그의 삶과 사유에서 매우 밀접한 관계를 유지하고 있습니다. "너는 논리에 관해서 생각하고 있는가 아니면 너의 죄에 관해서 생각하고 있는가?"라는 러셀의 물음에 비트겐슈타인이 "둘 다"라고 말했다는 사실은 이를 시사합니다(Russell 1975, 313쪽).[1]

비트겐슈타인에게는 이성(Monk 1990, 98쪽)과 세계의 질서(MS 103, 1916년 9월 19일)를 신뢰하는 이성주의적 측면이 있습니다. 그러

---

[1] 비트겐슈타인은 자신의 사유가 전적으로 헤브라이적(Hebraic)이라고 말한 바 있습니다(Drury 1981, 161쪽). 그럼에도 불구하고 그의 논리적 사유에 드리워진 헬레니즘적 성격을 부인하기는 어렵습니다. 자신의 사유에 대한 비트겐슈타인의 언명은 헬레니즘적 성격에 대한 부정의 표현이라기보다는 헤브라이즘적 성격의 우위를 표현하는 것으로 보는 것이 정당할 것입니다.

나 이는 결코 이성 중심주의에까지는 이르지 않습니다. 그에게 있어 중심은 사람의 이성이 아닌 신에게 귀속됩니다. 슐릭은 선(善)은 신이 원하는 것이기 때문에 선하다는 견해와, 그것이 선하기 때문에 신이 선을 원한다는 견해를 논의하면서, 후자가 더 심오하다고 비트겐슈타인에게 말한 적이 있습니다. 이에 대해 비트겐슈타인은 반대로 첫 번째가 더 심오하다고 주장했습니다.[2]

> 첫 번째 이해는 선의 '이유'에 대한 어떠한 설명의 길도 봉쇄하기 때문입니다. 반면 두 번째 이해는 아주 피상적이고 합리주의적인 것이며 마치 선에 어떤 근거를 부여할 수 있는 것처럼 주장합니다. (WVC, 115쪽)

> 선한 것은 또한 신성하다. [⋯] 그것이 내 윤리의 요체이다. (MS 107, 1929년 11월 10일)[3]

이성적 이론에 의해 근거를 제시하는 이성 중심주의는 이성의 진보를 신봉하는 과학 문명의 토대를 이룹니다. 신이 죽은 이 세속의 세계에서 과학을 등에 업고 주인을 자처하고 나선 인간은 한없이 교만하고 탐욕스러운 일차원적 존재로 타락합니다. 그것은 진보가 아닌 퇴보와 몰락의 시작입니다. 과학이라는 신앙의 일차원성은 다른

---

2   이에 대해서는 이 책 2부 9장에서 상론할 것입니다.
3   이는 앞서 언급한 대로 비트겐슈타인의 관점에서 헬레니즘적 사유에 대한 헤브라이즘적 사유의 우위를 표현하는 대목으로 새길 수 있습니다.

차원의 시각을 부정하는 독단주의의 위험을 내포하고 있습니다. 그것은 종국에는 우리의 삶에서 영혼과 신성의 영역을 말살합니다. 비트겐슈타인은 과학에 대한 신앙이 우리의 삶의 형식(Lebensform)에 드리우는 이러한 어두운 숙명에 온몸으로 저항하려 했습니다. 그는 과학과는 다른 차원의 관점들이 사라져 가는 것을 안타까워했던 것입니다. 그가 특히 소중히 여겨 몰두했던 관점은 종교적인 것이었습니다.

비트겐슈타인은 타고르의 희곡『어두운 방의 왕』(Tagore 1910)에 심취하여 그의 제자이자 친구인 스마이티스(Yorick Smythies)와 함께 이 작품을 새로 번역하기도 했습니다(WWCL, 11장). 희곡의 줄거리는 대강 다음과 같습니다. 신하들은 어두운 방의 왕을 한 번도 본 적이 없어서 그의 존재를 의심했고, 심지어 그가 너무 추하게 생겨서 자신의 존재를 드러내지 못한다고 믿습니다. 그러나 하녀와 같이 자신에 대한 자부심을 완전히 버린 채 왕에게 헌신하면서도 그를 볼 수 있게 해 달라는 부탁조차 하지 않는 사람만이 언제 왕이 나타나는지에 대한 감을 갖습니다. 왕을 보려는 소망과 자부심으로 가득 찬 왕비는 우여곡절 끝에 하녀와 같이 자기를 낮추고 겸손을 갖춘 뒤에야 비로소 왕과 화해하게 됩니다. 그 희곡은 귀중한 모든 것을 왕이 그녀에게 수여했다는 것을 깨달으면서 끝납니다. 왕은 그녀에게 말합니다. "자, 이제 나에게 오라. 밖에서 **빛 안으로** 오라!"(Monk 1990, 409쪽).

희곡 속의 왕은 인간의 밖에 존재하는 어떤 존재자가 아닙니다. 그는 인간이 자신의 모든 그릇된 자부심과 교만을 버리고 마음을 깨끗이 닦을 때에야 보입니다. 요컨대 보이지 않는 왕을 보기 위해서는 관점과 태도의 일대 전환이 필요한 것입니다. 과학주의의 위험성은 그것이 우리에게 이러한 관점 전환의 여지를 좀처럼 허용하지 않는다는 데 있습니다. 비트겐슈타인이 추구한 논리적 명료성은 과학에 맞서는 종교적 경건성의 경지를 지향합니다. 즉 그것은 자신의 내면에서 양심이라는 신이 제 빛을 발할 수 있도록 자신의 모든 죄와 오류를 제거하는 수행(修行)과도 같은 작업의 목표입니다. 부유한 가정에서 성장해 최고의 교육을 받았으면서도 스스로 택해 걸었던 비트겐슈타인의 고행과 수난의 길은 이러한 수행을 위한 것이었습니다.

비트겐슈타인은 제1차 세계대전 당시 전쟁터에서 보여 준 용기와 공로로 무공훈장을 두 차례나 받았습니다. 제2차 세계대전이 일어나자 그는 다시 케임브리지대 교수 신분을 감추고 잡역부로 자원해 전쟁을 겪었습니다. 그는 죽음을 두려워하지 않았고 오히려 자신을 죽음에 맞서게 하고자 했습니다. "오로지 죽음만이 삶에 의미를 준다"(MS 103, 1916년 5월 9일). 그리고 그에게 삶의 의미는 바로 신이었습니다(MS 103, 1916년 6월 11일). 그는 신을 마주하기 위해서라면 자신의 삶도 기꺼이 바칠 각오가 되어 있었습니다. 신을 마주하는 경지는 자기 내면의 양심에 투명한 정신의 경지를 말합니다. 그 경지에 도달하기 위한 진정한 구도의 길은 자기 마음 안팎의 모든 시련을, 심지어는 죽음의 위협마저도 꿋꿋이 견뎌 내는 강인한 정신의 길입니다.

비트겐슈타인은 자신의 철학적 작업을 신의 영광에 헌정하였습니다(PR, 서문; Drury 1981, 168쪽). 하지만 자신의 이러한 태도와 생각은 제대로 이해되지 못할 것이라고 비관했습니다. 신의 죽음이 회자되고 그의 빛마저 가려진 이 암흑의 시대에 영혼의 구원을 갈망하며 떠난 방랑의 여정, 노르웨이의 피오르, 제1차 세계대전의 여러 전선과 포로수용소, 오스트리아의 시골 초등학교들, 영국의 맨체스터, 케임브리지, 스완시, 더블린, 아일랜드 해안, 제2차 세계대전 중의 가이 병원, 소련의 레닌그라드, 모스크바, 미국의 이타카··· 비트겐슈타인은 그 모든 길을 무소의 뿔처럼 혼자서 갔습니다. 그리고 그 여정의 끝에서 헤세(Hermann Hesse)의 크눌프처럼 고독하고 쓸쓸하게, 그러나 회한 없이 죽어 갔습니다. 그는 멀리 떨어져 있는 자신의 친구들을 향해 자신이 멋진 삶을 살았다는 마지막 말을 메아리처럼 남겼습니다.

도시의 안락함과 성공 신화로 점철된 현대인에게 비트겐슈타인은 불편한 이방인으로 여겨집니다. 그러나 그를 통해 우리가 저마다 자기 앞의 삶에 눈뜨고 세상을 밝힐 의지와 용기와 안목을 얻는다면 그의 삶과 철학은 결코 헛되지 않았다고 생각합니다.

3. 반시대적 고찰

1930년 어느 날 비트겐슈타인은 아주 절망스러운 표정으로 친구 드루리(Maurice O'C. Drury)를 찾아왔습니다. 친구가 무슨 일이 있었느냐고 묻자 비트겐슈타인은 이렇게 말했습니다.

케임브리지 근처를 어슬렁거리다가 한 서점을 지나쳤다네. 그 창문에는 러셀, 프로이트, 아인슈타인의 초상화가 붙어 있더군. 좀 더 걸어 음악 상점에 이르러서는 베토벤, 슈베르트, 쇼팽의 초상화를 보았어. 이 초상화들을 비교하면서 나는 불과 100년 사이에 인간 정신에 불어닥친 가공할 타락을 강렬하게 느꼈다네. (Drury 1981, 112쪽)

비트겐슈타인의 절망, 그가 강렬하게 느낀 가공할 타락의 실체는 무엇일까요? 사상가와 음악가의 비교, 그리고 거기서 느낀 사적인 감정. 그것은 그의 철학과는 직접 상관이 없는 것인지도 모릅니다. 더구나 그는 천재들이 흔히 그러하듯 좀 이상한 사람이었다고들 하지 않습니까?

그러나 비트겐슈타인의 절망을 하나의 해프닝으로 가볍게 넘겨서는 안 됩니다. 그의 대표작 『탐구』의 서문에서도 그는 이 시대를 암흑기라고 보았습니다. 이어서 그는 자신의 작품(『탐구』)이 다른 사람이 생각하는 수고를 덜도록 하고 싶지 않으며, 가능하다면 오히려 다른 사람들이 스스로 생각하도록 자극하고 싶다고 적고 있습니다(PI, x쪽). 그의 이러한 말이 앞서의 에피소드와 무슨 상관이 있단 말인가요? 그가 절망한 상대인 러셀, 프로이트, 아인슈타인이 우리로 하여금 생각하는 수고를 덜게 했단 말인가요?

비트겐슈타인은 그렇다고 생각합니다. 러셀, 프로이트, 아인슈타인은 모두 전문 과학자들이었습니다. 러셀은 화이트헤드(Alfred North Whitehead)와 함께 『수학의 원리』를 집대성한 수학자였고, 프로이트는 자신의 정신분석학을 과학으로 간주한 정신의학자였으며, 아인슈타인은 시공간에 대한 상대성 이론을 주창한 물리학자였습니다. 비트겐슈타인은 이들로 대표되는 우리 시대의 과학적 사유 방식이 치명적인 문제를 야기하고 있다고 진단했습니다. 그는 인간 정신이 체험하는 각각의 불안에 대한 답변으로 설명을 제시하고자 한다는 점이 바로 과학적 사유 방식의 문제라고 보았습니다(TS 219, 8쪽). 과학이 제시하는 이론적 설명은 우리로 하여금 스스로 생각하는 수고를 덜게 합니다. 그들의 이론은 너무 전문적이어서 아예 그런 수고를 할 엄두를 낼 수조차 없습니다. 그럼에도 불구하고, 아니 어쩌면 바로 그 이유 때문에 우리는 과학이야말로 진정한 진보의 쾌거라고 칭송합니다.

비트겐슈타인은 이러한 시대정신의 아웃사이더요 비판자였습니다. 그의 『탐구』는 "진보란 대체로 그 실제보다 훨씬 위대해 보이는 법이다"라는 네스트로이(Johann Nestroy)의 경구를 머리글로 삼음으로써 이 작품이 반시대적 고찰임을 아주 선명하게 드러내 주고 있습니다. 사람들이 진보를 목격하고 칭송했던 과학에서 비트겐슈타인은 인간 정신의 퇴보를 목격했고 절망했습니다. (앞서 '타락'으로 옮긴 'degeneration'은 '퇴보'로도 새길 수 있습니다.) 그렇다면 과학에 대한 그의 절망, 거기서 그가 강렬하게 느낀 가공할 퇴보의 실체는 무엇인가요?

과학이 조장하는 진보에 대한 신앙은 일상인들의 생활세계와 경험과 언어를 위협합니다. 집합론의 옹호자들은 전체와 부분의 관계에 대한 우리의 통념을 뒤흔들고, 상대성 이론과 양자역학의 옹호자들은 각각 시공간과 인식에 대한 우리의 상식이 크게 잘못된 것처럼 꾸짖습니다. 과학은 이처럼 생활세계와 거기에 뿌리내린 일상적 경험을 부정하고 그 위에 새로운 권위로서 군림하려 합니다. 니체와 하이데거는 그로부터 어떠한 정신적 가치나 의미도 인정하지 않으려는 유물론(혹은 물리주의)의 도그마와 그것에 불가피하게 수반되는 허무주의(니힐리즘)의 창궐을 보았습니다. 찬양의 대상이었던 신이 그 존재를 증명받아야 할 수상스러운 가정(假定)으로 변모하고, 윤리적 언명이 '자연주의적 오류'로 지적되는 것도 이러한 경향과 궤를 같이 합니다.

일상 언어를 부정하고 이를 보다 진보된 인공언어로 대체함으로써 철학의 진보를 이룩하려는 프레게와 러셀의 수리논리학과 분석철학은 콰인(Willard Van Orman Quine)에 와서 자연주의(자연과학주의)라는 이름으로 철학(인식론)이 과학의 한 장으로 편입되는 것으로 완성됩니다. 그것이 감각 자료이건(경험주의), 심적 상태이건(데카르트주의), 추상적 보편자이건(플라톤주의) 지시를 통해 의미를 모종의 사물로 환원하려는 의미의 물화(物化; reification)는 프레게(Frege 1892)의 「의미와 지시체에 관하여」("Über Sinn und Bedeutung")나 러셀(Russell 1905)의 「지시에 관하여」("On Denoting")에서부터 콰인(Quine 1960; 1974)의 『낱말과 대상』(*Word and Object*)이나 『지시체의 뿌리』(*The Roots of Reference*)에 이르기까지 굳건히 이어져 내려온 전통으로, 이로 말미암아 분석철학은 일종의 명명학(命名學, baptism)이 되어 버렸습니다(PI, §38). 그리고 명명학은 콰인에 와서(그리고 그와는 다른 전통에 속하는 데리다에 와서) 의미의 불확정성, 의미 회의주의, 의미 허무주의로 귀착됩니다. 콰인에 의하면 의미란 존재하지 않습니다. 과학에서 인정하는 물리적 실체들과 과학에 필요하다고 여겨지는 수, 함수, 집합 등만이 존재할 뿐입니다.

프레게와 콰인 사이의 시대를 살다 간 비트겐슈타인은 자신의 『탐구』에서 분석철학의 이러한 일방적 경향성의 문제점을 하나하나 비판적으로 짚어 나갔습니다. 그는 4세기경의 성현 아우구스티누스의 『고백록』을 인용하면서 논의를 시작합니다. 그는 아우구스티누스에서 이미 의미의 물화 현상을 목도합니다. 프레게나 러셀이 아닌 아우구스티누스에서 자신의 논의를 시작함으로써 그는 불과 100년 사이에 인간 정신에 현실로 불어닥친 가공할 타락이 사실은 이미 오래전에 바로 그 정신의 중심으로부터 예비되었음을 보여 주려는 것입니다. 이런 점에서 비트겐슈타인은 분석철학의 창시자가 아니라 분석철학의 이념을 그 근원에서 해체하려 했던 포스트 분석철학자라고 할 수 있습니다. 그렇다면 대체 의미의 물화에는 어떠한 문제가 있는 것인가요?

의미의 물화 문제는 서구 형이상학의 역사적 지평에서 접근해야 합니다. 형이상학은 아리스토텔레스에서 기원한 것으로 알려져 있지만, 그 이름만큼은 1세기의 안드로니코스(Andronicos)에 의한 아리스토텔레스 전집 편찬에서 순서상 『자연학』(*Physica*) 다음에 놓였다는 이유에서 『자연학 다음의 책』(*Ta Meta Ta Physica*)이라고 불린 데서 유래하였습니다. 하이데거가 지적하였듯이 정작 아리스토텔레스의 사유에서 『자연학』과 『형이상학』의 본질적인 차이는 발견하기 어렵습니다(Heidegger 1953, 20쪽). 그렇지만 자연학이 근대에 이르러 물리학으로 변모하면서 물리학과 형이상학은 마치 각각 물리적 현상과 초물리적(혹은 초자연적) 현상을 다루는 학문인 것처럼 인식되기에 이르렀습니다. 칸트는 『순수이성 비판』을 통해 바로 이러한 의미에서의 형이상학이 불가능하다는 것을 입증하고, 『실천이성 비판』과 『도덕형이상학의 기초』를 통해 형이상학이 현상계가 아닌 도덕에 대해서 유의미함을 주장하였습니다.

그러나 칸트도 의미의 물화 그 자체를 비판한 것은 아니었습니다. 오히려 칸트 이후로 물화 여부가 의미와 존재의 유일한 척도로 군림하게 됩니다. 형이상학도 그에 맞춰 초물리적 영역에다 의미를 물화시키는 학문으로 재해석됩니다(PI, §36). 이러한 해석은 형이상학에 대한 칸트의 비판으로부터 자유롭지 못합니다. 비트겐슈타인은 경험주의적 언어철학, 데카르트주의적 심리철학, 플라톤주의적 수학철학 등을 지시에 의한 의미의 물화에서 비롯되는 그릇된 형이상학으로 간주하고 이를 차례로 조목조목 비판합니다. 지시와 친족 관계에 있는 지향성의 개념에 토대를 둔 브렌타노(Franz Brentano)와 후설(Edmund Husserl)의 현상학과 거기서 비롯되는 현대 유럽 철학의 여러 사조도 여기에 포함될 수 있을 것입니다. 콰인에 와서 정점에 이르게 되는 자연주의와 물리주의는 물화의 영역을 과학의 대상 영역에 한정시킴으로써 형이상학적 물화의 가능성을 배제합니다. 유물론이 완성되는 곳에 형이상학이 설 자리는 없습니다.

그러나 비트겐슈타인이 보기에 문제는 형이상학적 물화에 있는 것이라기보다 물화 그 자체에 있습니다. 물화를, 그것도 콰인의 영토인 경험의 영역에서 전개되는 물화를 문제 삼는다는 점에서 비트겐슈타인의 비판은 콰인보다 더 근본적입니다. 의미의 물화에 대한 비트겐슈타인의 비판은 다음과 같이 요약될 수 있습니다. 시험장에서 다른 수험생들의 답안을 훔쳐보는 학생은 어느 수험생의 답안이 모범답안인지, 그리고 그 답안의 내용이 무엇인지 알지 못합니다. 훔쳐보는 행위가 모범답안의 확정과 이해에 충분조건이 되지 못하는 것과 마찬가지 맥락에서, 지시(혹은 지향성)는 의미의 확정이나 이해에 충분조건이 될 수 없습니다(PI, §265). 빨간색 연필을 지시하며 "이것이 '토우브'이다"라고 말할 때 우리는 '토우브'가 연필을 뜻하는지, 빨간색을 뜻하는지, 모양을 뜻하는지, 재질을 뜻하는지, 혹은 개수를 뜻하는지 알 수 없습니다(BB, 2쪽). 지시에 의한 의미의 가르침과 학습은 배경 언어에 대한 이해와 숙달을 전제로 해서만 가능합니다.

의미의 물화에 바탕을 둔 지시적 의미론의 문제는 그것이 불충분한 그릇된 이론이라는 점에 그치지 않습니다. 진정한 문제는 그 이론이 함축하는 세계와 삶의 태도에 있습니다. 지시적 의미론은 지시하는 것과 지시되는 것을 가르는 과정에서 의미를 우리 자신에게서 소외시킵니다. 지시가 의미와 우리 사이의 관계에 대립각을 세우기 때문입니다. 물화가 의미와 존재의 유일한 척도가 되면서 우리의 삶 자체도 물화 대상이 되고 맙니다. 물리주의라는 유물론의 득세는 과학에 대한 신봉에서 비롯된 것이지만, 철학 내적으로는 이처럼 의미의 물화에서 비롯되는 귀결이기도 합니다. 의미의 물화 프로그램을 완성한 콰인이 종국에 의미를 부정하는 대목은 반전(反轉) 같아 보이지만 사실은 그렇지 않습니다. 물리주의가 택할 수 있는 환원주의와 제거주의의 두 길 중에서 그는 제거주의의 길을 택한 것뿐입니다.

의미를 초물리적 영역에 물화시키는 형이상학은 제거되어야 합니다. 그것은 올바른 탐구의 방법이라고 볼 수 없기 때문입니다 (PI, §116). 그러나 그렇다고 모든 형태의 형이상학을 제거하고 과학에 안주해야 하나요? 의미는 정녕 철학이 다룰 수 없는 사이비 주제에 불과한가요? 혹시 목욕물을 버리면서 목욕통 안의 아이까지 버리는 오류를 범하고 있는 것은 아닌가요? 우리는 형이상학이 존재에 대한 물음임을 상기할 필요가 있습니다. 청년 비트겐슈타인의 표현에 의하면 존재란 그 자신을 보여 주는 신비로운 것입니다(TLP, 6.44, 6.522). 그가 존재와 불안에 대한 하이데거의 사유에 공감을 표명한 것이나(WVC, 68쪽) 자신의 저작을 신의 영광에 헌정한 것에서 우리는 비트겐슈타인 사유의 또 다른 국면을 접하게 됩니다.

그런데 비트겐슈타인이 발견한 존재의 지평은 전통 형이상학이 그려 내고자 했던 초물리적 지평이 아니었습니다. 그것은 바로 우리가 살고 있는 이 일상적 삶의 지평이었습니다. 삶의 지평에는 무엇보다 사람이 있습니다. 영혼이나 마음, 의미 등도 실은 이 지평에 발 딛고 선 사람과 그에 관련된 현상에 대한 표현들입니다. 예컨대 의미는 사람의 언어 사용을 통해 드러납니다. 사용은 의미를 풀어내는 과정이자 의미화된 삶을 드러내는 과정이기도 합니다. 물론 사용과 독립된 의미가 존재하는 것은 아닙니다. 데리다의 표현을 빌자면 의미는 실체가 아니라 산종(散種; dissemination)입니다. 그 산종을 가능케 하는 것이 언어 사용이고 산종이 이루어지는 밭이 삶의 지평입니다 (MS 107, 82c쪽, 1929년).

비트겐슈타인은 분석철학의 물리주의와 과학주의를 배격하고 사람의 정신성과 철학의 역사성을 회복하려 했습니다. 동시에 그는 정신이나 역사성을 부정하는 제거주의뿐 아니라 그것들이 어떤 사물로서 존재하는 것이라는 물화의 집요한 형이상학적 망령도 함께 뿌리치고자 했습니다. 비트겐슈타인 철학의 가치는 이 과정에서 그가 전개한 참신하고도 정교한 논증들뿐 아니라 그가 호소한 관점의 전환과 태도의 변경, 그리고 이를 통해 자신이 본 것을 전달하기 위해 차분히 기술해 낸 인간 언어 사용의 다양한 면모에서 찾아야 할 것입니다.

4. 대화

지금까지 개관해 본 비트겐슈타인의 사유를 하나의 철학적 문제에 대입해 봄으로써 부연하고 그 적용 가능성을 가늠해 보겠습니다. 우리가 택한 문제는 사람 사이의 대화 가능성에 관한 것인데, 이에 대한 고찰이 『탐구』의 줄거리이기도 합니다. "사람 사이의 대화는 어떻게 가능한가?" 이런 질문을 받았을 때 누군가는 별생각 없이 대답할지 모릅니다. "별거 있나? 말을 주고받는 거지." "그런데 그게 어떻게 가능한가?" 이 두 번째 질문은 당연하게 받아들여 온 상황을 더 따져 볼 것을 요구합니다. 그렇다면 앞서 답한 그 누군가는 더 발전된 답안을 제시해 올지 모릅니다.

"맞아. 말을 주고받는다는 답만으로는 부족하지. 말을 주고받는다는 것은 말의 의미를 주고받는다는 것인데, 말의 의미는 무얼까?

'사과'의 의미는 실제 사과, '먹는다'의 의미는 실제로 먹는 행위에서 찾아지겠지? 그렇지만 내가 상대에게 '사과를 먹자'라고 말할 때 그 말의 의미는 실제 사과나 실제로 먹는 행위에 의해서라기보다 그 대용물, 즉 저 말을 할 때 내 마음속에 떠오르는 사과의 이미지, 먹는 행위의 이미지로 이루어질 거야. 이 말을 듣는 상대 역시 자기 마음속에 떠오르는 같은 이미지들의 결합으로서 저 말의 의미를 알아듣는 거고. 대화에서 주고받는 건 말이지만 사실은 그 이미지가 소통의 핵심이라고."

그러나 이 답안에는 이런저런 오류가 싹트고 있습니다. "사과를 먹자"라는 말을 하는 사람이나 그 말을 듣는 사람이 정말 사과를 먹는 이미지를 떠올렸다고 가정해 보겠습니다. 그런데 말하는 사람은 빨간 사과의 이미지를, 듣는 사람은 노란 사과의 이미지를 떠올렸다면 어떻게 되나요? 이렇게 서로 다른 이미지가 떠올랐다고 해서 두 사람의 대화가 소통에 실패하는 것은 아닙니다.

이번에는 "사과를 먹자"라는 말을 하는 사람이나 그 말을 듣는 사람이 포도를 먹는 이미지를 떠올렸다고 가정해 보겠습니다. 이렇게 딴청을 피우며 말하거나 듣는다고 해서 "사과를 먹자"라는 말의 의미가 "포도를 먹자"가 되는 것은 아닙니다.

혹은 "사과를 먹자"라는 말을 하는 사람이나 그 말을 듣는 사람에게 어떠한 이미지도 떠오르지 않았다고 가정해 보겠습니다. 그렇다고 해서 "사과를 먹자"라는 말이 아무런 의미도 갖지 않게 되는 것도 아닙니다.

이렇게 보면 이미지의 공유와 의미의 공유가 서로 무관한 사안임을 알 수 있습니다. 이미지는 말의 의미에 대해 필요조건도 충분조건도 아닌 것입니다. 이미지 없이도 말의 의미가 전달되고(그래서 이미지는 말의 의미에 대한 필요조건이 아닙니다), 떠오른 이미지가 곧 말의 의미인 것도 아니기 때문입니다(그래서 이미지는 말의 의미에 대한 충분조건이 아닙니다).

앞서의 답안이 이렇게 논파된다면, 누군가는 다른 답안을 제시해 볼 수도 있습니다. "음, 이미지가 말의 의미를 결정하는 건 아니군. 그렇다고 어떤 것을 의미할 때 마음속에서 아무것도 일어나지 않는다고 보기는 좀 이른데. 대화에서 설령 아무런 이미지도 떠오르지 않는 경우에조차 마음속에서는 의미하는 것에 관심을 집중하는 행위는 일어난다고. 이미지보다는 저 마음의 행위 때문에 대화가 가능한 것 아니겠어?"

그러나 "사과를 먹자"라는 말을 하거나 들으면서 사과에 관심을 집중하기는 하지만, 과일로서의 사과보다는 사과의 색깔에 초점을 맞추는 경우에도(대화하는 두 사람이 서로 다른 색깔에 초점을 맞추는 경우에도) 대화는 성립합니다. 심지어 서로 전혀 딴생각을 하거나 혹은 의미하는 것에 아예 관심을 집중하지 않고서도 대화를 주고받을 수 있습니다.

이미지의 떠올림이나 의미하는 것에 관심을 집중함을 포함해 느낌이나 여타의 후보를 마음의 행위에 대입해 보아도 결과는 마찬가지입니다. 즉 대화에 동반되는 마음의 행위는 대화 중 주고받는 의미와 직접 관련이 없음이 드러납니다. 그렇다면 "사람 사이의 대화는 어떻게 가능한가?"라는 질문에 대한 답안은 저런 마음의 행위가 아닌 다른 곳에서 찾아야 함이 분명해집니다.

비트겐슈타인은 대화는 말을 주고받는 데에서 성립한다는 애초의 답안에서 해명의 실마리를 찾고자 합니다. 그에 의하면 말의 의미는 말에 동반되는 마음의 행위에 의해서가 아니라, 말이 실제로 어떻게 사용되는지에 의해서 결정됩니다(PI, §43). 말하고 이해하는 것은 다양한 상황하에서 다양한 능력이나 기술을 보여 주는 어떤 행동 양식에 참여하는 것입니다. 그는 이를 일종의 게임에 참여하는 것으로 간주합니다. 즉 대화는 언어와 그 언어에 관련된 행위로 구성된 언어게임과 같습니다. 게임 참여자나 게임의 말이 움직이는 방식을 정한 규칙에 게임 운용이 의존하는 것처럼, 언어의 의미는 그 언어가 사용되는 언어게임의 규칙, 언어게임에서의 역할, 사용에 동반되는 행동 양식과의 연관에서 살펴야 합니다(PI, §§7, 23).

언어는 고정된 한 의미, 한 쓰임만을 갖는 게 아니라, 그 언어가 사용될 수 있는 다양한 언어게임의 문맥만큼이나 다양한 의미를 가질 수 있습니다. 그러므로 언어의 의미를 알기 위해서는 언어게임에서 언어의 역할과 쓰임이 무엇인가를 주목해야 합니다. 언어가 사용되는 수많은 상황과 수많은 쓰임을 일일이 추측할 수는 없습니다. 그렇다고 언어를 단 하나의 의미, 단 하나의 쓰임으로 고정시켜 이 소박한 색안경으로 다채로운 언어게임을 조명할 수도 없습니다.

게임들 사이에는 모든 게임에 공통적이라고 할 만한 어떤 것이 존재하지 않습니다. 마찬가지로 여러 언어게임과 언어의 쓰임에서도 각 언어게임의 문맥을 초월한 어떤 공통성도 발견되지 않습니다. 고작 때때로 그들에 중복되어 있거나 상호 간섭되어 있는 유사성이 발견될 뿐입니다. 비트겐슈타인은 이러한 유사성을 가족 유사성이라고 부릅니다(PI, §§66~67). 왜냐하면 가족들 사이의 유사성이란 체구, 용모, 눈의 색깔, 걷는 모양, 기질 등등이 서로 중복되거나 상호 간섭되어 있는 유사성이기 때문입니다.

비트겐슈타인에 의하면 사람 사이의 대화는 대화 참여자가 사람이라는 자연사(自然史)적 사실, 혹은 '삶의 형식에서의 일치'가 전제될 때에야 가능합니다. 사람만이 언어를 사용하고 언어게임을 합니다. 그 게임의 규칙을 익히고 따르는 일도 사람의 일입니다. 이러한 익힘과 따름이 사람의 삶을 형성합니다. 그런데 그것이 가능한 까닭은 특정한 자연사와 아울러 사람이라는 삶의 형식을 공유하고 있기 때문입니다.[4]

사람과 관련된 자연사적 사실은 개나 고양이와 연관된 자연사적 사실과 다릅니다. 사람과 달리 개나 고양이에게는 냄새도 세상을 이해하는 주요 매체입니다. 후각은 물론 청각과 시각 범위도 서로 다릅니다. 사람의 삶의 형식은 개나 고양이의 삶의 형식과 다릅니다. 사람에게 없는 꼬리가 개나 고양이에게는 소통의 주요 수단입니다. 성대 사용을 통한 발성은 물론 몸짓의 규칙도 사람과 다릅니다.

자연사적 사실이 지금과 달라서 가령 대화하는 사람이 수시로 사라졌다 나타난다면, 대화는 성립할 수 없을 것입니다. 삶의 형식에서의 일치가 없어서 대화 참여자들이 언어게임의 규칙을 전혀 다른

---

4 이에 대해서는 이 책 1부 3장에서 상론할 것입니다. 저의 다음 책도 참조하십시오. 이승종 2022.

방식으로 따를 경우에도 대화는 성립할 수 없을 것입니다. 이 경우 우리는 대화 참여자를 일반적인 사람으로 간주하는 데 주저하게 됩니다(PI, §§143~242).

말의 의미가 말을 하거나 들을 때 마음속에서 일어나는 행위에 의해 결정되는 것이 아니라는 비트겐슈타인의 비판은 근대 이후 서양철학이 누려 온 인식론의 헤게모니를 무너뜨리는 데 기여한 바가 큽니다. 말의 의미가 그 쓰임에 있다는 그의 통찰은 인식론에서 언어철학으로 그 패러다임이 바뀐 서양 현대 철학의 진로에 획기적인 방향타 역할을 했습니다.

5. 영향

비트겐슈타인의 전·후기 철학은 현대 영미 철학의 여러 사조에 직접, 혹은 간접적으로 영향을 미쳤습니다. 전기 철학은 러셀의 논리적 원자론과 빈(Wien) 서클의 논리실증주의에, 후기 철학은 라일(Gilbert Ryle)의 일상 언어철학, 오스틴(J. L. Austin)과 썰(John Searle)의 언어 행위론, 더밋(Michael Dummett)의 반실재론(anti-realism)에 각각 영향을 미쳤습니다.

비트겐슈타인은 영미 철학자 가운데서는 드물게 대륙 철학과 접맥될 소지가 많은 사상가입니다. 실제로 그의 철학에는 칸트, 쇼펜하우어, 키르케고르(Søren Kierkegaard)의 색조가 짙게 깔려 있습니다. 비트겐슈타인은 자신에게 영향을 준 사람으로 볼츠만(Ludwig Boltzmann), 헤르츠(Heinrich Hertz), 쇼펜하우어, 프레게, 러셀, 크라우스(Karl Kraus), 로스(Adolf Loos), 바이닝거(Otto Weininger), 슈펭글러(Oswald Spengler), 스라파(Piero Sraffa) 등을 꼽은 바 있습니다(MS 154, 16r쪽, 1931년). 이들은 러셀을 제외하고는 모두 대륙의 지성들입니다. 이 점에 주목하는 리오타르(Jean-François Lyotard), 로티(Richard Rorty), 카벨(Stanley Cavell), 가버(Newton Garver) 등의 비트겐슈타인 해석은 해석의 차원을 넘어 새로운 철학의 가능성을 잉태하고 있다고 볼 수 있습니다.

2장
구도자의 길

1. 천재의 의무

러셀은 비트겐슈타인에 대해 "내가 아는 천재들 중에서 아마도 전통적 천재 개념에 가장 완벽하게 부합하는, 열정적이고 심오하며 강렬하고 압도적인 예"(Russell 1975, 312~313쪽)라는 평을 남겼습니다. 무어(G. E. Moore)와 더밋은 비트겐슈타인의 『논고』와 『탐구』에 대해 각각 "천재의 작품"(Wood 1957, 156쪽; Dummett 1993, 156~157쪽)이라고 평한 바 있습니다. 현대 영미 철학계의 대표 격인 세 영국 철학자의 저러한 평가는 비트겐슈타인에 대한 그릇된 인상을 심어 줄 수 있습니다. 그러나 이는 그들의 잘못이 아니라 우리 시대가 천재를 비트겐슈타인에 부합하는 의미로 사용하고 있지 않다는 데 있습니다.

우리 시대에 천재는 머리 좋은 사람을 의미합니다. 무어가 러셀에게 비트겐슈타인의 머리가 비상하다고 평가했음을 볼 때(Monk

1990, 42쪽), 비트겐슈타인의 스승이기도 한 그들도 비트겐슈타인을 통상적 천재 개념의 잣대로 보고 있음을 알 수 있습니다. 우리 시대의 천재는 어려서부터 신동으로 남다른 재능을 뽐내곤 하는데, 비트겐슈타인은 신동으로 불리는 형제들 사이에서 평범하고 순종적인 성격으로 성장하였습니다. 우리 시대의 천재는 학업성적이 뛰어나고 특히 수학에서 탁월한 기량을 발휘하곤 하는데, 비트겐슈타인의 학업성적은 신통치 않았고 화학에서는 낙제를 하기도 했습니다. 재벌의 자녀답지 않게 김나지움이 아닌 린츠의 실업학교를 나왔습니다. 우리가 연상하는 천재의 싹은 보이지 않습니다.

플라톤은 천재성을 신들림으로 보았습니다(Plato, Ion, 532d~535a). 이는 천재를 뜻하는 genius가 수호 징령을 의미함과도 일맥상통합니다. 수호 정령은 나를 신에게 인도하는데 그러려면 나는 신의 순결한 제물이 될 자격을 갖추어야 합니다. 아무런 대가를 바라지 않고 나를 신에게 온전히 바칠 때 신으로부터 은총의 빛이 내리는데, 그 빛내림을 받은 자가 곧 천재인 것입니다. 그가 받은 빛은 자신이 재능만으로 지어낸 도그마나 이데올로기, 혹은 이론이 아니라, 계시이자 진리이자 비전입니다. 그는 헤브라이즘에서는 예언자라 불렸고, 중세에서는 순교자라 불렸습니다. 그저 뛰어난 재능을 지닌 자를 지칭하는 근대 이후의 천재 개념은 이러한 전통에서 이탈한 것으로서, 하이데거가 비판한 바 있는 휴머니즘의 발로임을 알 수 있습니다. 러셀은 비트겐슈타인을 전통적 천재 개념에 가장 완벽하게 부합하는 예라고 했지만, 러셀이 염두에 둔 전통은 플라톤 이래의 전통이 아니라 근대 이후의 전통이었던 것입니다.

비트겐슈타인은 천재로 태어났다기보다 천재가 되어 간 사람입니다. 절차탁마 대기만성(切磋琢磨 大器晚成)의 전형입니다. 그는 늘 자신이 정직하고 명료한지를 철저히 반성했습니다. 신이 내린 빛으로 사유를 잉태하기 위해서는 우선 자신의 정신과 마음을 깨끗이 닦아야 한다고 생각했습니다. 그가 흠모했던 바이닝거의 말대로 비트겐슈타인에게 윤리와 논리는 같은 것이었습니다. 정직을 추구하는 윤리와 명료성을 추구하는 논리는 자신에 대한 의무였습니다(Weininger 1903, 200쪽). 비트겐슈타인은 스스로를 바보 멍청이라고 질책하곤 했으며(Monk 1990, 289쪽; Malcolm 1958, 25쪽), 이로 말미암아 자신을 자살이라는 극단적 길로 몰아세우려 하곤 했습니다. 그는 러셀에게 보낸 편지에서 이렇게 적은 바 있습니다.

> 제가 보다 지적인 사람이 되어 모든 것이 끝내 제게 명료해지기를—그렇지 않으면 저는 더 오래 살 필요가 없기를 신에게 기원합니다! (WC, 61쪽, 1913년 12월 15일)

비트겐슈타인에게는 완전한 명료함 아니면 죽음만이 있을 뿐, 그 중간이나 타협은 안중에도 없었습니다.

지난 세기 최고의 논리학자 중 한 사람인 러셀이 천재로 인정한 수제자로서 분석철학의 고전이 된 『논고』를 저술했다는 점에서, 우리는 비트겐슈타인을 논리학에 경도된 사람으로 오해하기 쉽습니다. 일리가 없는 것은 아니지만 적어도 비트겐슈타인 자신은 그렇게 생각하지 않았습니다. 그는 스승인 러셀과 제자인 맬컴에게 보낸 편지에서 이렇게 말하고 있습니다.

제가 인간이기 전에 어떻게 논리학자일 수 있겠습니까! 훨씬 더 중요한 일은 저 자신의 문제를 해결하는 것입니다! (WC, 62쪽, 1913년 12월 25일경)

철학을 함으로써 논리학의 난제 따위에 관해 그럴싸한 말을 늘어 놓을 수 있을 뿐 정작 삶의 중요한 문제에 관한 사유는 심화하지 못한다면 과연 철학을 할 필요가 있겠는가? (Malcolm 1958, 93쪽, 1944년 11월 16일)

첫 번째 편지는 1913년 크리스마스에, 두 번째 편지는 1944년 11월 16일에 작성된 것으로 30여 년의 차이가 있지만 그 내용은 서로 일맥상통합니다. 그런 점에서 비트겐슈타인의 생애 전체에 걸친 일관된 신념을 보여 주고 있다고 할 수 있습니다. 이는 1937년에 남긴 다음의 기록에서도 확인됩니다.

우리는 먼저 삶을 살아야 한다―그다음에야 비로소 철학을 할 수 있다. (MS 183, 1937년 3월 1일)

철학은 삶보다 앞설 수 없습니다. 철학은 삶에서 비롯되며 삶을 위한 것이기 때문입니다.

인용문들에서 중요한 것으로 강조되고 있는 것은 자신의 문제와 삶(의 문제)인데, 이 둘은 서로 다른 것 같아 보이지 않습니다. 그리고 철학은 문제에 대한 사유의 심화에 기여해야 합니다. 이로써 자신을 변화시키는 게 비트겐슈타인이 이루고자 했던 바입니다.

1913년, 비트겐슈타인은 러셀과 연구하던 케임브리지대를 떠나 노르웨이에서 홀로 철학을 하고자 했습니다. 러셀은 비트겐슈타인이 노르웨이에서 고독 속에 미쳐 버리거나 자살할 것을 염려해 만류하였습니다. 러셀은 당시에 있었던 둘 사이의 대화를 이렇게 요약하고 있습니다.

> 내가 그곳은 어두울 것이라고 하자, 그는 밝은 것이 싫다고 했습니다. 내가 그곳은 외로울 것이라고 하자, 그는 식자들과 대화하느라 자신의 정신이 타락했다고 했습니다. 내가 그에게 미쳤다고 하자, 그는 신이 그를 제정신으로 두질 않는다고 했습니다. (Monk 1990, 91쪽)

우리는 이 대화에서 러셀과 당시 23세의 청년 비트겐슈타인이 얼마나 가깝고도 먼 사이였는지를 짐작할 수 있습니다. 러셀은 비트겐슈타인의 멘토였지만 그런 그에게도 비트겐슈타인은 이해할 수 없는 이방인이었습니다. 그는 러셀의 충고를 무시하고 노르웨이로 향했고, "완전한 고독 속에서" "병적일 정도로 지적 강도가 고양된 상태"가 되었습니다(Hermine Wittgenstein 1981, 3쪽). 그는 자신이 미쳐 가고 있다고 생각하면서도(WC 59쪽, 1913년 11월 혹은 12월) 더 현명해져 모든 게 궁극적으로 명료해지거나 아니면 죽거나 양자택

일의 기로로 스스로를 몰아세웠습니다.

2. 포화 속으로

비록 그가 공자를 알지는 못했겠지만 "아침에 도(道)를 깨우치면 저녁에 죽어도 좋다"5라는 말은 비트겐슈타인의 신념이기도 했습니다. 1914년 제1차 세계대전이 일어나자 그는 전쟁터라는 죽음의 현장으로 자원하여 달려 나갔습니다. 죽음에 직면하는 체험이 스스로를 변화시킬 것이라 믿었기 때문입니다. 그는 참전 일기에 다음과 같이 썼습니다.

> 아마도 죽음에 가깝다는 것이 삶에 빛을 던져 줄 것이다! 신이여, 깨닫게 하소서! (MS 103, 1916년 5월 4일)

> 내 목숨을 걸 만큼 위험한 임무를 맡게 해 주소서. (MS 103, 1916년 4월 15일)

그는 죽을 각오를 하고서 은총의 빛 속으로 들어가고자 했습니다. 아니 자신을 죽여 은총 속에 다시 태어나고자 했습니다. 신에 대한 믿음 속에 깨달음을 내림받기를 온몸을 다 바쳐 갈망했습니다.

---

5 孔子, 『論語』, 「里仁」, 朝聞道 夕死可矣.

최전방에 자원한 비트겐슈타인은 가장 위험한 곳인 착탄관측소에 배치해 줄 것을 요청했습니다. 적의 포화가 집중되는 그곳을 지키던 그에게로 총알이 날아들었습니다. 생명의 위험 속에서 그는 이렇게 써 내려갔습니다.

> 가끔 나는 두려웠다. 그것은 잘못된 인생관의 오류이다. (MS 103, 1916년 5월 6일)

> 죽음 앞에서 두려워하는 것은 잘못된 삶, 즉 나쁜 삶의 가장 좋은 표지이다. (MS 103, 1916년 7월 11일)

> 오로지 죽음만이 삶에 의미를 준다. (MS 103, 1916년 5월 9일)[6]

죽음을 두려워함은 변화를 두려워함입니다. 그럼에도 엄습하는 죽음에 대한 두려움을 고백하면서 이를 나쁜 삶의 표지라고 자책하는 비트겐슈타인에게서, 죽는 날까지 하늘을 우러러 한 점 부끄럼 없기를 괴로워했던 시인 윤동주의 모습을 봅니다. 그 괴로움은 다음의 일기에 잘 나타나 있습니다.

---

6 비트겐슈타인의 이러한 태도는 평생 지속됩니다. 24년 후 일기에서 그는 이렇게 말합니다. "천재는 **재능 속의 용기**"라고 말할 수 있을 것이다. (MS 117, 1940년 2월 4일)

2장 구도자의 길

어제 내게로 총알이 날아왔다. 무서웠다! 죽을까 봐 두려웠다. 나는 살고 싶다. 삶을 누릴 때 삶을 포기하기는 어렵다. 이것이 정확하게 '죄', 즉 합리적으로 생각하지 못하는 삶, 삶에 대한 그릇된 견해이다. 때로 나는 짐승이 된다. 그러면 먹고 마시고 자는 것 말고는 아무것도 생각할 수 없다. 끔찍하다! 그때 나는 내적인 구원의 가능성 없이 또 짐승처럼 고통받는다. 그때 나는 욕망과 혐오의 지배를 받는다. 그때 진정한 삶은 생각할 수 없다. (MS 103, 1916년 7월 29일)

논리와 윤리가 같은 것이듯이 불합리와 죄도 같은 것입니다. 합리적으로 생각하지 못하는 삶, 삶에 대한 그릇된 견해가 죄이기 때문입니다. "나쁜 삶은 불합리한 삶이다"(MS 103, 1916년 8월 12일). 사람과 짐승의 차이는 내적인 구원의 가능성의 유무입니다. 내적인 구원이 이루어진 삶이 진정한 삶입니다. 그렇지 못한 삶은 짐승의 삶입니다. 살고자 하는 맹목적 충동은 짐승의 것입니다. 수치심을 결여한 짐승의 삶은 끔찍한 것입니다.

비트겐슈타인은 스스로를 다그치듯 이런 반성도 남겼습니다.

외부 세계에 의존하지 마라. 그러면 너는 거기서 무슨 일이 일어나든 두려워할 필요가 없다. (MS 102, 1914년 11월 14일)

전쟁의 포화 속에서도 비트겐슈타인은 이러한 스토아적인 초연한 태도를 유지할 수 있었을까요? 시시각각으로 찾아오는 죽음의 위협에서 그는 초연한 깨달음을 얻었을까요?

제1차 세계대전 중 가장 치열했던 전투로 오스트리아군에 엄청난 사상자를 낸 러시아의 브루실로프(Brusilov) 대공세가 있던 1916년 6월 비트겐슈타인은 적의 공격 선봉을 맞아 싸우는 와중에 신에 관해서, 그리고 삶의 목적에 관해서 자신이 아는 것은 무엇인가를 질문했습니다. 그러고는 일기에 다음과 같은 기록을 남겼습니다.

> 나는 세계의 의미가 세계 안이 아니고 밖에 있다는 것을 안다.
> 나는 삶이 세계라는 것을 안다.
> [...]
> 삶의 의미, 즉 세계의 의미를 우리는 신이라 부를 수 있다.
> [...]
> 기도한다는 것은 삶의 의미를 생각하는 것이다.
> [...]
> 나는 사건들에 대한 어떠한 영향도 포기함으로써만이 세계로부터 독립적일 수 있으며 어떤 의미에서 세계를 지배할 수 있다.
> (MS 103, 1916년 6월 11일)

비트겐슈타인의 참전 일기를 보면 그가 애국심이 아니라 자신의 문제를 해결하기 위해 전쟁에 참여했음을 알 수 있습니다. 죽음을 불사하고 용감히 싸웠기에 무공훈장을 받기도 했지만,7 그는 전쟁

---

7 비트겐슈타인에 대한 오스트리아 군 당국의 평가는 다음과 같습니다.

광이 아니었습니다. 그의 궁극적 관심사는 전쟁터를 떠나 있었습니다. 그랬기에 역사상 가장 참혹했던 전쟁으로 불리는 제1차 세계대전, 그중에서도 가장 치열했던 전투에서조차 놀라운 몰입도로 철학적 사유를 전개할 수 있었습니다.

인용된 명제들을 보면 비트겐슈타인은 삶의 의미에 대한 생각에 골몰해 있었던 것 같습니다. 삶의 의미가 곧 신일진대 삶의 의미에 대한 생각은 기도와도 같은 것이었습니다. 삶의 의미로서의 신은 세계 밖에 있으므로 그에 대해 생각하는 나도 세계로부터 독립적일 수 있으며, 나와 사건들 사이에는 어떠한 영향도 없게 됩니다. 저 일기를 쓸 때 그가 마주한 세계는 전쟁터였고 그가 체험한 사건들은 피비린내 나는 살육이었지만, 이로써 그는 전쟁터와 살육으로부터 독립적일 수 있었습니다.

삶의 의미로서의 신에 대한 그의 사유는 계속됩니다.

신을 믿는다는 것은 세계의 사실들이 문제의 끝이 아님을 본다는 것을 뜻한다.
신을 믿는다는 것은 삶이 의미를 지님을 본다는 것을 뜻한다.
[…]
두 가지 신성(神性)이 있다. 하나는 세계이고 또 하나는 나의 독립적인 자아(Ich)이다.

그의 비범하게 용감한 행동, 침착하고 냉정하며 영웅적인 모습을 전 대원들이 전적으로 예찬했다. (McGuinness 1988, 263쪽)

[…]

양심은 신의 소리이다. (MS 103, 1916년 7월 8일)

세계의 사실들만으로 문제가 끝나는 게 아니라는 것, 세계 너머에 의미가 있다는 것을 비트겐슈타인은 신을 믿는다는 고백으로 갈무리하고 있습니다. 신을 믿는다는 것은 나의 신성을 긍정하는 것이며, 이는 양심이라는 신의 소리에 귀 기울여 따르는 수행을 동반합니다. 세계라는 신과 마주하고 있는 나의 신성을 긍정했기에 나의 양심은 신의 소리가 되는 것입니다.

3. 어느 투쟁의 기록

비트겐슈타인은 "정말로 해결되어야 할 것은 자연과학의 문제들이 아니"(TLP, 6.4312)라고 했습니다. 그렇다면 무엇이 해결되어야 하는 문제인가요? 그는 그것이 삶의 문제라고 보았습니다. 그리고 그 문제의 해결은 "이 문제가 소멸됨에서 감지된다"(TLP, 6.521)라고 했습니다. 이는 삶의 문제가 답을 알게 되는 인식의 과정이 아니라, 문제를 소멸시키는 깨달음의 수행 과정을 통해서 해결된다는 뜻으로 풀 수 있습니다.

비트겐슈타인은 바로 이어서 다음과 같은 명제를 괄호 안에 넣어 부연하고 있습니다.

(이것이 오랜 의심 끝에 삶의 의미가 명료해진 사람들이, 그 의미가 어디 있는지를 말하지 못하는 이유가 아닐까?) (TLP, 6.521)

삶의 의미는 곧 신이므로 인용문에서의 의심과 명료성은 신에 대한 믿음의 의구심과 명료성이기도 합니다. 단언의 형태가 주를 이루는 『논고』에 저런 의문문이 삽입되어 있다는 사실은 그가 괄호 친 저 말에 확신을 갖지 못하고 있거나, 혹은 실제로 체험하지 못 했음을 시사합니다. 이는 다음과 같은 고백에 의해서도 뒷받침됩니다.

만일 내게 지금 신앙이 없다고 말한다면 당신은 **완전히 옳습니다**. 단지 나는 전에도 신앙이 없었을 뿐입니다. […] **이 점 하나는 분명합니다**. 나는 형편없는 사람이라는 것. […] 사실 나는 돼지로 남거나 아니면 더 나아지겠지요. (LWE, 11쪽, 1918년 1월 16일)

이러한 자책과 번민이 그를 자살의 충동으로 내몰곤 했습니다.[8] 비트겐슈타인은 의심에서 벗어나 완전한 명료성을 얻기 위해 저렇게 필사적으로 몸부림친 것입니다.

참전 일기를 바탕으로 작성된 『논고』의 출간으로 비트겐슈타인은 일거에 분석철학의 스타로 떠올랐습니다. 분석철학의 창시자인 러셀이 『논고』에 서문을 썼고, 유럽뿐 아니라 미국의 분석철학에도

---

8 인용한 저 편지가 쓰여진 1918년 여름에 비트겐슈타인을 만난 그의 삼촌은 비트겐슈타인이 절망에 빠져 자살하려는 것을 가까스로 설득해 자기 집에 머물게 했습니다. 거기서 비트겐슈타인은 『논고』를 완성했습니다(Monk 1990, 154쪽).

큰 영향을 미치게 되는 빈 서클의 논리실증주의자들이 이 책을 실증주의의 성경으로 떠받들었습니다. 『논고』에는 참전 일기 속의 신과 윤리에 대한 사유를 비롯한 실존적 성찰이 두드러지지 않을뿐더러 이에 대해서는 말할 수 없는 무의미한 것으로 선을 긋고 있는 반면, 자연과학의 명제만을 참된 명제로 인정하고 있는데(TLP, 4.11) 이것이 빈 서클의 과학주의적 입장과 일치한다고 여긴 것입니다.

그러나 비트겐슈타인은 자신의 책에 대한 러셀이나 논리실증주의자들의 해석을 인정하지 않았습니다. 비트겐슈타인이 말할 수 있는 것(자연과학)과 없는 것(신, 윤리 등)의 구분을 의미와 무의미의 구분으로 간주한 것은 사실입니다. 심지어 그는 이로써 자신이 철학의 모든 문제를 해결했다고까지 했습니다. 그러나 다음에서 보듯이 그는 이 또한 대단치 않은 것으로 여기고 있었습니다.

> 이 저술의 가치는 […] 문제들이 해결됨으로써 이루어진 것이 얼마나 적은지를 보여 준다는 데 있다. (TLP, 서문)

엥겔만(Paul Engelmann)은 비트겐슈타인과 실증주의자들의 차이를 이렇게 요약하고 있습니다.

> 그[비트겐슈타인]는 우리가 말할 수 있는 것과 침묵해야 하는 것 사이의 선을 긋는데 이는 그들[실증주의자들] 또한 마찬가지이다. 다만 그들[실증주의자들]은 침묵해야 할 아무것도 가지고 있지 않

다는 점에서 차이가 있다.9 실증주의는—그리고 이것이 그것[실증주의]의 본질인데—우리가 말할 수 있는 것이 삶에서 중요한 모든 것이라고 본다. 반면 비트겐슈타인은 삶에서 정말 중요한 모든 것은 우리가 침묵해야 하는 바로 그것이라고 열렬히 믿고 있다. (LWE, 97쪽)

실증주의자들은 말할 수 있는 것과 침묵해야 하는 것에 대한 비트겐슈타인의 구분에 동의하면서도 전자가 중요하며 후자는 아예 있지도 않다고 봅니다.10 예컨대 그들에게는 종교적 담론은 존재하지 않는 것에 대한 무의미한 잡담일 뿐입니다(Clack 1999, 34쪽). 반면 비트겐슈타인은 후자야말로 정말 중요한 것임을 역설하고 있습니다.11 그리고 앞으로 보겠지만 이는 평생 그가 지녔던 신념이기도 했습니다.

그러나 침묵의 대상인 무의미한 것이 어떻게 중요성을 획득할 수 있나요? 침묵이란 말할 수 없는 것에 대한 말을 하지 않는다는 것이지 아무 말도 해서는 안 된다는 것은 아닙니다. 아무것도 해서는 안 된다는 것은 더더욱 아닙니다. 그것은 예컨대 신에 대한 신학과 같은 학문적 언술을 하지 않는다는 것, 그런 언술이 무의미하다는 것

---

9 우리말 번역본은 이 문장을 "침묵해야 하는 것이 쓸모없다는 것에서만 차이가 있다"(클락 2015, 69쪽)로 번역하고 있는데 명백한 오역입니다.
10 그들의 이러한 해석은 여전히 영향력을 행사하고 있습니다. 최근 미국의 철학자들이 전개한 단호한 해석은 『논고』 전체를 그냥 무의미한 것으로 간주하고 있습니다. 이에 대해서는 다음을 참조하십시오. Diamond 1991; Crary and Read 2000; Read and Lavery 2011.
11 픽커(Ludwig von Ficker)에게 보낸 편지에서 비트겐슈타인은 『논고』의 의미가 윤리적인 데 있다고 했습니다(LF, 94쪽). 이로부터 우리는 비트겐슈타인이 침묵해야 하는 것을 더 중요시했음을 알 수 있습니다. 윤리 또한 그에게는 말할 수 없는, 침묵의 대상이기 때문입니다.

입니다. 그러나 말할 수 없는 것이 스스로를 보여 주게 하는 길이 있습니다.[12]

4. 노인과 바다

비트겐슈타인은 엥겔만이 보낸 울란트(Ludwig Uhland)의 시 「에버하르트 백작의 산사나무」에 대해 회신을 주고받았습니다. 시의 전문은 다음과 같습니다.

> 바스락거리는 수염의 에버하르트 백작은
> 뷔르템베르크의 영지로부터
> 신성한 부름을 받고 떠났네
> 저 팔레스티나 지역으로.
>
> 천천히 말을 타고서
> 숲속에 난 길을 따라가다
> 백작은 산사나무 덤불에서
> 작고 생생한 초록색 가지를 꺾었네.

---

[12] 『논고』에 대한 러셀, 빈 서클, 단호한 해석의 지지자들이 놓치고 있는 것은 (혹은 인정하지 않고 있는 것은) 바로 이 길의 가능성입니다. 그들과는 달리 비트겐슈타인은 언어에 의해 말해질 수 있는 것과 함께 이것을 "철학의 가장 중요한 문제"(WC, 98쪽)라고 보았습니다.

그러고는 자신의 쇠 투구에
그 작은 가지를 꽂았네
산사나무 가지를 지닌 채로 전쟁터를 누비고
드넓은 불모지를 건너기도 했지.

그리고 마침내 집으로 돌아왔을 때
그는 그 가지를 땅에 꽂았네
거기서 작은 잎들과 싹들이
부드러운 봄의 부름을 받아 돋아났네.

백작은 해마다 그곳을 찾았네
그는 너무나 용감하고 진실했네
그리고 아주 기뻐하며 가지가 자라는 걸 보았네.

백작은 나이 들어 지쳤고,
그 가지는 이제 나무가 되었네
그 나무 아래서 노인은 종종
앉은 채로 꿈꾸곤 했네.

높은 나뭇가지는 아치를 이루고
저 메마른 휘파람 소리는
백작의 과거를 떠오르게 하네

저 먼 지역을. (LWE, 83쪽)¹³

비트겐슈타인은 이 시에 대해 다음과 같이 말했습니다.

울란트의 시는 실로 훌륭합니다. 그 까닭은 다음과 같습니다. 말할 수 없는 것을 말하려고 하지 않아야 **아무것도 상실되지 않습니다.** 그러나 [울란트의 시에는] 말할 수 없는 것이—말할 수 없는 것인 채로—말해진 것 속에 **들어 있습니다!**¹⁴ (LWE, 6쪽, 1917년 4월 9일)

여기서 우리는 말할 수 없는 것에 대해, 더 나아가 『논고』의 바른 해석에 대해 결정적인 단서를 얻을 수 있습니다. 비트겐슈타인은 울란트의 시가 말할 수 없는 것을 말하려 하는 대신 그것을 말할 수 없는 것인 채로 담아내고 있다고 했습니다.

울란트의 시는 에버하르트 백작의 산사나무를 노래하고 있지만 이를 통해 백작이 살아 낸 삶(의 의미)을 상징적으로 보여 주고 있습니다. 삶(의 의미)은 시에 말할 수 없는 것인 채로 들어 있는 것입니다. 그리고 비트겐슈타인은 그것을 결코 하찮은 것으로 가벼이 보지 않았습니다. 그가 "철학은 본래 오직 **시(詩) 쓰기**여야 한다는 것이 내

---

13 다음에 수록된 번역을 손질하였습니다. 바틀리 3세 2014, 77~78쪽.
14 우리말 번역본은 이 문장을 다음과 같이 번역하고 있는데 명백한 오역입니다.

> 만일 당신이 말할 수 없는 것을 말하려고 하지만 않는다면 **어떤 것도** 상실하지 **않**으면서 말할 수 없는 것은—말할 수 없게—말해진 것 속에 **들어 있을** 것이기 때문입니다. (클락 2015, 94쪽)

2장 구도자의 길

철학의 핵심"(MS 146, 25v쪽, 1933~1934년)이라고 말했을 때, 그는 철학이 울란트의 시와 같이 말할 수 없는 것을 보여 주어야 함을 역설하고 있습니다.

소리나 색, 글자를 매체로 사용하는 음악이나 미술이나 문학은 구현된 작품을 통해 말할 수 없는 것을 보여 줍니다.[15] 『논고』와 같은 철학 텍스트도 마찬가지입니다. 말할 수 있는 것과 없는 것을 구분 지음과 동시에 말할 수 없는 것을 보여 줍니다.[16] 철학이 언어 텍스트

15 도연명은 이를 다음처럼 노래하고 있습니다.

> 동쪽 울타리 아래 국화를 따다가
> 한가로이 남산을 바라본다.
> 해질녘 산 기운은 더욱 아름다워지고
> 떠돌던 새들도 무리 지어 집으로 돌아오네.
> 이 가운데 참다운 뜻이 있으니
> 말로 표현하려 하나 이미 할 말을 잊었네. (陶淵明,「飮酒」, 5)

> 採菊東籬下
> 悠然見南山
> 山氣日夕佳
> 飛鳥相與還
> 此中有眞意
> 欲辨已忘言

시의 참다운 뜻은 시에 들어 있으나(此中有眞意) 말로 표현할 수는 없는 것이라는(欲辨已忘言) 도연명의 통찰은 비트겐슈타인과 일치합니다.
슈만이 작곡한 곡에 대해 누군가가 그 뜻이 무엇인지를 질문했을 때 슈만은 아무 말 없이 그 곡을 다시 연주하는 것으로 답변을 대신했다고 합니다(홍사현 2006, 71쪽). 비트겐슈타인의 어법을 빌자면 음악은 말하지 않습니다. 다만 자신을 들려줄 뿐입니다. 그리고 말할 수 없는 것에 대해 우리는 침묵해야 합니다.

16 그러나 비트겐슈타인은 종교의 언어에 대해 다음과 같이 말하고 있습니다.

종교에서 말은 **은유**가 아닙니다. 그것이 은유라면 같은 것을 산문으로 말하는 것도 가능

를 통해 보여 준 것은[17] 삶에서 구체적으로 실천되어야 합니다. 철학자가 자신의 철학대로 삶을 살아 낼 때 그의 철학은 비로소 진정성을 획득하게 되는 것입니다.

비트겐슈타인은 『논고』의 명제들에 대해서도 무의미한 것임을 자인하면서 사다리를 딛고 올라간 후에는 그 사다리를 내던져 버리라고 권고한 바 있습니다(TLP, 6.54). 해커는 비트겐슈타인이 후에 말할 수 있는 것과 없는 것의 구분이 유지되기 어려움을 자각하였고, 마침내 다음과 같이 사다리의 은유를 포기했다고 해석합니다(Hacker 2000, 382쪽).

> 내가 도달하고자 하는 곳이 사다리로만 이를 수 있다면, 나는 거기에 도달하기를 그만두련다. 왜냐하면 내가 정말로 도달하고자 하는 곳에 나는 실제로 이미 있어야 하기 때문이다.
> 나는 사다리로 이를 수 있는 곳에 흥미가 없다. (MS 109, 207)

해야 할 것이기 때문입니다. (WVC, 117쪽)

구체적인 것으로써 추상적인 것을 의미하는 은유와는 달리 종교의 언어는 말할 수 없는 것을 그 안에 그대로 간직한 채 보여 주고 있습니다. 그리고 거기에 간직된 채 그것을 통해 보여지는 말할 수 없는 것은 산문으로 풀어낼 수 없는 것입니다. 종교의 언어에 대한 비트겐슈타인의 이러한 언명은 철학과 예술의 언어에 대해서도 마찬가지일 것입니다. 그는 다음과 같이 말합니다.

> 예술작품이 전달하려는 것은 **다른 어떤 것**이 아니라 바로 그 자체이다. 마치 누군가를 방문할 때 내가 원하는 것은 이런저런 감정의 전달이 아니라, 무엇보다 만남이고 또한 환대인 것처럼 말이다. (MS 134, 1947년 4월 5일)

17 "언어는 새장이 아니다"(WVC, 117쪽)라는 비트겐슈타인의 말은 언어의 이러한 순기능을 인정하는 것으로 새길 수 있습니다.

"말할 수 없는 것에 대해서는 침묵해야 한다"(TLP, 7)라고 했을 때 침묵의 대상에는 무의미한 것으로 자인한 비트겐슈타인의 철학도 포함됩니다. 그러한 그가 철학에 대해 침묵하기는커녕『논고』이후 10년의 공백을 깨고 철학계로 돌아와 3만 쪽에 이르는 방대한 유고를 남겼다는 사실은 해커의 해석을 뒷받침하는 것처럼 보이기도 합니다. 그러나 이는 침묵을 역설한 간결한『논고』역시 제1차 세계대전 중에 쓴 일곱 권에서 아홉 권가량의 일기들에서 편집된 것임을 간과하고 있습니다. "말할 수 없는 것이—말할 수 없는 것인 채로—말해진 것 속에 **들어 있는**" 것은 비트겐슈타인의 철학 저술에도 해당하는 특징이라고 생각합니다. 말할 수 없는 것을 간직한 채로 보여 주고 있는 말은 그것이 보여 주는 말할 수 없는 것과 함께 중요합니다.[18] 해커도 시인하고 있듯이 비트겐슈타인이 포기한 것은 사다리의 은유였지『논고』의 철학적 통찰은 아니었습니다(Hacker 2000, 382쪽).

『논고』를 완성한 후로부터 약 20년 뒤인 1937년 12월 12일, 노르웨이 숄덴의 피오르가 내려다보이는 벼랑에다 지은 오두막에서 1년여의 기간을 극심한 추위와 고독 속에 사유와 집필에 몰두하던 비트겐슈타인은 베르겐으로 향하는 배에 올랐습니다. 그는 선상에서 그리스도에 대한 생각에 몰입했습니다. 그는 그리스도가 부활하지 않았다고 가정해 보았습니다. "**그는 죽어서 썩어 문드러졌다**"(MS

---

18 도를 도라고 말하면 그것은 이미 도가 아님(道可道 非常道)을 설한 노자가 바로 그 도를 논하는『도덕경』을 남겼고, 불립문자(不立文字)를 설한 불교가 팔만대장경을 남긴 것도 이러한 맥락에서입니다.

120, 1937년 12월 12일). 이렇게 써 놓고는 그 무서운 생각을 뇌까리고 밑줄 그었습니다.

그렇다면 그는 더 이상 [우리를] **도와줄** 수 없다. 우리는 다시 고아가 되고 홀로 된다. 우리는 지혜와 사변에 만족해야 한다. 말하자면 우리는 꿈만 꿀 수 있을 뿐이며, 덮개에 씌어 천국과는 차단된 지옥에 있게 된다. (MS 120, 1937년 12월 12일)

신이 죽거나(니체) 떠난(하이데거) 세상은 비트겐슈타인에게는 지옥이나 다름없습니다. 사람의 지혜나 사변은 사람이 꾸는 꿈일 뿐이고, 거기서 사람은 자신만을 볼 뿐입니다. 모든 것이 자기화되기 때문입니다. 그것은 하이데거가 「세계상의 시대」에서 갈파한 표상주의이기도 합니다(Heidegger 1938). 자기만의 믿음에 안주해 자기정당화에 만족한 우리는 너무 영악해 신을 이해할 수 없습니다. 지식이나 지혜, 사변이 오히려 진실이나 구원의 걸림돌인 것입니다. 비트겐슈타인은 전자에서 후자로 나아가기를 갈망했습니다. 그리고 그러한 이행을 지식으로부터 확실성으로의 이행이라고 보았습니다. 그에 의하면 둘은 서로 다른 범주에 속하며(OC, §308) 저 이행은 혹독한 고통과의 사투를 감내해야 성취할 수 있는 것입니다.

비트겐슈타인은 다음과 같이 써 내려갔습니다.

그러나 내가 **정말로** 구원받으려면—지혜, 사변, 꿈이 아니라—**확실성**을 필요로 한다—그리고 이 확실성이 신앙이다. 그리고 신앙이란 나의 사변적 이해력이 아니라 나의 **가슴**, 나의 **영혼**이 필요로 하는 것에 대한 신앙이다. 왜냐하면 나의 추상적인 정신이 아니라 나의 영혼이 그 고통과 함께, 즉 그 살과 피와 함께 구원받아야 하기 때문이다. (MS 120, 1937년 12월 12일)

확실성으로서의 신앙 요체는 부활에 대한 믿음입니다. 구원받기 위해서는 의심과 싸워 이겨야 합니다(MS 120, 1937년 12월 12일). 비트겐슈타인은 지금 논리적 추론을 하고 있는 것이 아닙니다. 논리적 관점에서 저러한 추론은 성립할 수 없습니다. 그는 목숨을 걸고 구원을 갈망하고 있는 것입니다. 그래서 예수의 부활에 매달리고 있는 것입니다. 의심과의 싸움은 망상에 빠진 자신과의 처절한 싸움이자 진실의 반대인 광기의 표상적 세계, 그리고 이를 합리화해 주는 그럴싸한 온갖 전문용어들, 이론들, 독단들, 이데올로기들과의 투쟁입니다.

5. 죽음에 이르는 병

비트겐슈타인에 있어 2인칭의 유일한 대상은 신입니다. 신은 세계 내의 여타 존재자나 사건에 대한 2인칭적 태도의 포기와, 즉 내가 세계로부터 완전히 독립해 1인칭적 세계를 구축함과 연관이 있습니다.

유아론(唯我論, solipsism)의 취지는 전적으로 옳다. (TLP, 5.62)

나는 나의 세계이다. (소우주) (TLP, 5.63)

이 장에서 지금까지 인용한 참전 일기와 『논고』의 모든 구절은 1인칭적 관점에서 서술된 것임에 주목할 필요가 있습니다. 이는 일기의 특성이기도 하지만 비트겐슈타인이 유아론자임을 입증합니다.[19] 그는 자신의 구원을 위해 전쟁터로 갔고 거기서 신을 갈망했지만, 방점은 일기에 전개된 1인칭적 사유에 찍혀 있습니다. 1927년에 그와 대화를 나누었던 카르납(Rudolf Carnap)은 비트겐슈타인의 통찰이 신적 영감을 통한 것 같다는 인상을 받았으며, 때로는 피나는 오랜 노력 끝에 내뱉은 비트겐슈타인의 명제들이 신적인 계시처럼 여겨졌다고 술회한 바 있습니다(Carnap 1963, 26쪽). 지금까지 인용한 일기의 구절들 역시 그러한 신적 영감 혹은 계시의 산물이라고 할 수 있습니다.[20]

비트겐슈타인의 참전 일기에는 3인칭적 관점에서 바라본 세계와 언어의 논리적 구조에 대한 중요한 통찰이 담겨 있습니다. 진리함수 논리, 언어의 그림이론, 세계를 이루는 사실과 사태에 대한 스케치들이 후에 『논고』에 완성된 모습으로 전면에 배치됩니다(이승종 2002, 2장을 참조하십시오). 반면 지금까지 살펴본 1인칭적 사유의 구절은 유아론의 명제를 제외하고는 『논고』에서 자취를 감춥니다.

---

19 이에 대해서는 이 책 2부 3장에서 상론할 것입니다.
20 물론 거기서도 내적 연관을 추론해 낼 수는 있습니다. 예를 들어 세계가 신성(神性)이고(MS 103, 1916년 7월 8일) 내가 나의 세계라는 말(TLP, 5.63)로부터 나의 신성(MS 103, 1916년 7월 8일)이 도출됩니다.

그러나 그는 『논고』에 수록되지 않은 부분이 더 중요하다고 여겼고 (LF, 94쪽), 『논고』에서조차 3인칭적 논리학이나 의미론보다 얼마 안 되는 1인칭적 사유를 종결부에 배치하여 결론으로 삼았습니다.

비트겐슈타인의 사유가 인칭에 따라 다른 화두와 내용을 갖는 것은 사실이지만, 그의 사유는 인칭과 관계없이 일관되게 완전 몰입 속에서 이루어졌습니다. 그리고 이는 평생 그를 사로잡았던 강한 지향점이기도 했습니다. 그가 제자 리즈(Rush Rhees)에게 전해 준 이야기에 따르면, 어린 시절 어느 날 비트겐슈타인은 새벽 3시에 피아노 소리에 깨어나 아래층으로 내려가 보았다고 합니다. 거기서는 그의 형 한스(Hans)가 자작곡 하나를 광적인 집중력으로 연주하고 있었는데, 땀을 흘리며 완전히 몰입해 있어 비트겐슈타인이 온 걸 전혀 모르고 있더라는 것입니다. 비트겐슈타인에게는 이 장면이 천재성의 전형적인 이미지로 각인되었습니다(Monk 1990, 13쪽).

베토벤에 대한 비트겐슈타인의 다음과 같은 묘사는 그의 형 한스의 데자뷔와 같기도 한데, 전쟁의 한가운데에서 비트겐슈타인이 보여 준 초연함의 텍스트가 됩니다.

베토벤의 방문 앞에서, 그가 새 푸가를 놓고 '저주하고, 울부짖고, 노래하는 것'을 들은 친구가 있었다. 한 시간이 지난 후 드디어 베토벤이 문밖으로 나왔는데, 그는 마치 악마와 싸운 사람 같았다. 그의 격노를 피해 요리사와 하녀가 떠났기 때문에 36시간 동안 아무것도 먹지 않고 있었다. 이런 종류의 사람이 되어야 한다. (Monk 1990, 45쪽)

그리고 비트겐슈타인은 이런 종류의 사람이 되어 갔습니다. 베토벤에게 음악이 그러했듯이 비트겐슈타인에겐 철학이 곧 삶 그 자체였습니다.

비트겐슈타인은 전쟁터에서뿐 아니라 케임브리지대 강의실에서도 완전 몰입을 지향했습니다. 수강생들 앞에서 자신의 사유를 붙들고 홀로 씨름했습니다. 강의라기보다는 연출되지 않은 치열한 독백에 가까웠고, 그 내용을 제대로 이해한 수강생은 손으로 꼽을 정도였습니다.[21] 비트겐슈타인은 심지어는 상상 속에서조차 타자를 배제해 나갔습니다.

상상 속의 타자에게 귀 기울이지 말고 나 자신에게 귀 기울여라. 즉 나를 쳐다보는 타자를 바라보지 말고, 나 자신을 바라보라—나는 지금 타자를 의식하고 있다—이 얼마나 간교한가. 자신을 벗어나 타자를 바라보려는 유혹은 또 얼마나 큰가. (MS 183, 1931년 11월 15일)

타자가 없는 자기만의 세계에 스스로 감금된 비트겐슈타인에게 허용된 유일한 면회자는 신이었습니다. 신과의 독대도 2인칭적 대화는 아니었습니다. 신과 나는 동급의 신격(神格)이 아니기 때문

---

21 예외가 있다면 1939년의 수학기초론 강의였는데(LFM), 이 강의에 참석한 튜링(Alan Turing)은 비트겐슈타인과 주목할 만한 논쟁을 벌였습니다(이승종 2002, 4장; 2022, 9장 5절을 참조하십시오). 이 논쟁 역시 현장에 있던 수강생들에게는 그 중요성이 거의 이해되지 못했습니다(Monk 1990, 422쪽; Malcolm 1958, 23쪽).

입니다. 신의 소리도 내 양심을 통해서만 들을 수 있었습니다. 삶이 곧 세계라지만 그러한 삶이나 세계는 후설이 말한 "고독한 정신의 삶"(Husserl 1901, 35쪽)이나 로티가 말한 "잘 잃어버린 세계"(Rorty 1972)와 달라 보이지 않습니다. 사르트르(Jean-Paul Sartre)는 타자를 지옥이라고 했지만 타자가 없는 세계가 천국인 것은 아닙니다. 자기 몰입 속에서만 살 수는 없는 노릇입니다. 자살의 경계선을 넘나들던 비트겐슈타인의 경우에서 보듯이 그것은 죽음에 이르는 병일 수 있습니다.

토론[22]

정세훈 이승종 교수님은 비트겐슈타인이 자기 구원을 위한 삶의 문제에 매달렸고, 자기 몰입과 헌신이 그가 실천한 방법이었음을 강조하였습니다. 그럼에도 타자와의 만남을 거부하였기 때문에 자살 충동의 고통에서 벗어나지 못하였다고 했습니다. 결과적으로 저는 그가 자기 구원에 실패했고 그가 택한 방법도 잘못된 것이 아닌가 생각합니다. 만일 그렇다면 비트겐슈타인 사유의 미래성, 귀감이 될 만한 점은 무엇인지요?

---

[22] 이 장은 1부 2장의 초고를 주제로 2020년 1월 6일 대우재단에서 있었던 대우 Cross Talk 특별강좌에서의 토론을 옮긴 것입니다. 토론 참가자는 다음과 같습니다. 정세훈(작곡가), 김성찬, 배성목(연세대 철학과 대학원생), 최윤석(경희대 철학과 학생), 박종호, 권병훈(연세대 철학과 대학원생).

이승종　비트겐슈타인은 말년에 의사로부터 암 진단과 함께 자신의 삶이 얼마 남지 않았다는 선고를 받았지만, 놀라운 정신력으로 세상을 떠나기 이틀 전까지 철학 일기의 집필을 계속하였습니다. 그러고 나서 그는 자신이 "멋진 삶을 살았다"라는 유언을 남겼습니다. 멋진 삶을 살았다는 자평, 그리고 그가 남긴 3만 쪽에 달하는 주옥같은 유고를 감안할 때 그의 삶은 실패했다고 보기 어렵습니다.

김성찬　비트겐슈타인 못지않게 하이데거도 죽음을 철학의 중요한 화두로 삼은 걸로 보아서 양자 사이에는 일맥상통하는 면이 있는 것 같은데, 비트겐슈타인은 하이데거에 대해 어떻게 생각했습니까?

이승종　빈 서클 회원들과 나눈 대화 중에 비트겐슈타인은 하이데거가 존재와 불안으로 의미한 바를 잘 생각할 수 있다고 말한 바 있습니다(WVC, 68쪽). 하이데거의 철학을 논리적 오류의 사례로 폄하해온 빈 서클과는 달리 공감을 표명한 것입니다.

배성목　구원에 대한 비트겐슈타인의 태도는 유아론에 머물러 있어 타자와 죽음에 무감각하다는 생각이 들었습니다. 융합과 함께 됨을 추구해야 할 이 시대에 그의 유아론적 구원관이 어떻게 극복될 수 있는지 궁금합니다.

이승종　"석가가 들어오면 조선의 석가가 되지 않고 석가의 조선이 되며, 공자가 들어오면 조선의 공자가 되지 않고 공자의 조선이 되며, 무슨 주의(主義)가 들어와도 조선의 주의가 되지 않고 주의의 조선이 되려 한다"라는 신채호 선생의 말을 경청할 필요가 있습니다. 비트겐슈타인의 사유도 시대가 변함에 따라 변형되고 극복되어야지, 그가 한 말에만 머물러 있어서는 안 됩니다. 다음번에는 그의 사유가 지니는 한계와 대안적 사유에 대해서도 논의해 보겠습니다. 그러나 구원에 대한 그의 갈망의 진정성만큼은 높이 살 만합니다. 그가 우리에게 던지는 메시지는 이렇게 요약할 수 있습니다: 당신이 진정 철학자인지의 여부는 당신이 철학을 얼마나 아느냐보다, 당신이 자신의 철학대로 살았는지에 의해 판가름 난다. 당신이 진정 기독교인인지의 여부는 당신이 기독교를 얼마나 아느냐보다, 당신이 그리스도의 삶을 살았는지에 의해 판가름 난다.

최윤석 아포리즘적 글쓰기, 짐승을 넘어서 위버멘쉬(Übermensch)가 되고자 하는 의지 등에서 비트겐슈타인과 니체의 연관성을 찾아보게 됩니다.

이승종 비트겐슈타인은 제1차 세계대전 중에 니체의 『안티크리스트』, 톨스토이의 『요약복음서』, 도스토옙스키의 『카라마조프의 형제들』을 열독했습니다. 서로 상충되어 보이는 이런 책들이 당시 그의 마음을 사로잡았습니다.

박종호 비트겐슈타인이 가장 존경한 철학자는 누구였는지요?

이승종 비트겐슈타인은 키르케고르를 19세기의 가장 위대하고 심오한 철학자로 꼽았습니다(Drury 1960, 152쪽; 1976, 87쪽). 비트겐슈타인은 자신의 대표작인 『탐구』의 첫 장에서 인용한 바 있는 아우구스티누스의 『고백록』을 두고 "아마도 '지금까지 쓰인 책 중에 가장 진지한 책'일 것"(Drury 1976, 90쪽)이라고 했습니다. 그런데 키르케고르나 아우구스티누스는 철학과의 교과목에서는 잘 다루어지지 않는 사상가들이지요.

우리는 비트겐슈타인이 철학과 졸업생이 아니라 실업학교를 나온 공대생이었음을 기억할 필요가 있습니다. 대학의 철학과에서는 철학사 학습을 중시하는데 그는 이를 체계적으로 공부한 적이 없습니다. 심지어 그는 자신이 철학책을 거의 읽지 않았지만, 철학책을 읽을 때마다 그것이 자신의 생각을 개선시키지 못하며 더 악화시킴을 알게 된다고 말하고 있습니다(MS 135, 1947년 7월 27일). 그는 아리스토텔레스를 한 줄도 읽은 적이 없었을 뿐 아니라, 다른 철학자들을 연구하지 않는다는 것에 자부심을 갖고 있었습니다. 비트겐슈타인은 다른 철학자들을 연구하는 사람들은 강단학자이며 따라서 진정한 철학자가 아니라고 생각했습니다(Ryle 1970, 11쪽).

권병훈 교수님의 강연으로부터 제가 파악하기로는 비트겐슈타인의 철학, 내지는 그 기저에 있는 철학함이라는 과정은 자기 수양적 성격, 세계로부터 자유롭고자 하는 (혹은 세계로부터 자신을 분리해 내려 하는) 성격, 그리고 같은 것을 끊임없이 고찰하고 또 그로 회귀하고자 하는 일종의 자기 완결적인 성격이 있다고 보입니다. 저는 이것이 비트겐슈타인이라는 인간이 가지고 있었던 기독교적 의미로서의 구원에 대한 열망, 신 앞에 선 정결한 제물이고자 하는 바람, 또 애처로울 만치 선명한 종교적 색채에서 일정 부분 비롯하였다고 이해하였습니다. 이 판단은 그가 존경한다고 이야기했던 키르케고르 역시 그 사상적 지향점에서 상당 부분 유사한 모습을 띤다는 점에 근거하였습니다. 키르케고르 또한 신 앞에 선 단독자로서의 자신, 즉 진정한 의미로서의 자기가 되는 과정에 이르는 끊임없는 신앙의 자기 수양적 투쟁에 대해 이야기하며, 『죽음에 이르는 병』에서는 이 자기란 무한하게 '자기에 관계하는 자기'라고 밝히지 않습니까? 비트겐슈타인이 말하는 구원의 요체로서의 확실성이란 키르케고르가 『공포와 전율』에서 말하는 종교적 세계관과 속세가 충돌하였을 때 발생하는 공포스러운 모순을 극복하는 개인의 절대적 신앙과 유사하다고 생각됩니다.

여기에서 저는 비트겐슈타인이 자기 수양의 도구로서 일차적으로 논리학을 택하였다는 것에 흥미를 가지게 되었습니다. 교수님께서는 그에게 합리와 논리라는 것은 맑은 정신과 이성에서 나오는 것으로서, 깨끗한 영혼과 양심에서 나오는 윤리와 본질적으로 다르지 않았을 것이라고 말씀해 주셨습니다. 그의 철학의 골자는 언어의 사용, 또 그에 따르는 오류에 대한 성찰과 밀접히 맞닿아 있음을 알 수 있었고, 따라서 그의 수양은 언어에 대한 깊은 탐구 및 이해를 그 근본에 두고 있지 않았을까 하는 추측 또한 가지게 되었습니다.

아렌트(Hannah Arendt)와 마키아벨리 모두 종교(Christianity)가 가지는 속세를 거부하는 성격, 또 그 순수성을 잃지 않고 인간사와 공존할 수 없는 성격에 대하여 많은 분량을 할애하고 있었으며, 키르케고르 역시 신 앞에 선 단독자가 되는 과정은 사회적인 이해와 관계를 초월하여 절대를 위해 세계를 등지는 과정임을 이야기했습니다. 따라서 아브라함의 결단은 범인들로부터 이해 받기를 갈망해서도 안 되며 이해 받을 수도 없고, 언어로서 자신을 표현해 낼 수 없는, 절대에 다가가기 위하여 인간의 세계에서 완전히 분리되는 신앙의 결단이자 공포스러운 모순일 수밖에 없다고 말입니다.

만약 1) 비트겐슈타인의 철학함과 그 특징이 그의 종교적 열망에서 얼마간 조형된 것이고, 2) 동시에 언어와 그 오류에 대한 성찰을 그 근본에 두고 있다고 한다면, 그가 신성(神性)에 다가가고자 하는 과정, 또 세계로부터 독립하려고 하는 과정에서 사람 사이의 소통의 매개인 언어와 그 사용에 주목하였다는 점을 어떻게 이해해야만 하겠습니까?

이승종 논리학(logic)은 고대 그리스어 로고스(logos)에서 연원하며 이는 헤라클레이토스의 단편에 철학 용어로 처음 등장합니다. 로고스는 이성, 이법, 말(언어)을 의미합니다. 하이데거는 로고스를 (저 세 의미의) 집약(모음)으로 해석하지요. 그는 논리학을 로고스에 대한 탐구로 새깁니다. 논리학은 곧 철학이었던 것입니다. 그러던 것이 아리스토텔레스 이후로 삼단논법, 명제논리, 술어논리 등 교과서적 의미의 계산적 논리학으로 변질되었다는 것입니다. 비트겐슈타인이 자기수양의 도구로 논리학을 택했다는 것은 일견 이상하게 들리겠지만, 저러한 역사적 맥락을 감안한다면 이해가 가능합니다. 그는 전쟁터에서 논리학으로 도를 깨친 사람이라고 할 수 있겠습니다. 비트겐슈타인이 기독교적 의미로서의 구원에 대한 열망을 가지고 있었다는 말도 근거가 있습니다. "태초에 말씀이 있었다"라는 『성경』의 구절에서 '말씀'은 논리학의 어원이 되는 로고스의 번역어이기 때문입니다.

학자들은 논리에 대한 비트겐슈타인의 관심이 후기에 들어 문법에 대한 관심으로 바뀐 것으로 해석하곤 합니다. 그러나 문법은 말의 이법입니다. 그리고 앞서 보았듯이 논리와 말은 로고스 안에 집약되어 있습니다. 결국 비트겐슈타인의 철학은 헤라클레이토스와 하이데거가 이해했던바 로고스에 대한 탐구로 일관한 셈입니다. 비트겐슈타인은 철학사를 경시했고 몰랐다지만 우리는 그에게서 헤라클레이토스의 전통을 확인합니다. 비트겐슈타인에게 통찰(通察)의 대상은 로고스로서의 문법인 셈입니다. 로고스는 우리가 사용하는 언어에 이미 깃들어 있는 것입니다. (그런 점에서 소크라테스의 상기설을 연상시키기도 합니다.) 그것에 대한 탐구가 문법적 탐구로서의 철학입니다. 저는 비트겐슈타인이야말로 헤라클레이토스, 소크라테스의 전통을 잘 계승한 철학자로 평가합니다. 이는 철학사를 연구해서 도달한 경지가 아니라 평생에 걸친 절차탁마, 자기와의 투쟁을 통해 스스로 깨닫게 된 경지입니다.

청년 비트겐슈타인에게 있어 신성(神性)에 다가가고자 하는 과정은 세계와 사회로부터 아무 영향을 받지 않는 상태로 자신에 갇힌 1인칭에서 2인칭으로 설정된 신과 마주하게 되는 과정입니다. 세계와 사회로부터 절연된 유아론자가 소통의 매개인 언어와 그 사용에 주목하였다는 것은 앞뒤가 맞지 않아 보일 수 있습니다. 이것이 병훈 씨의 의문이었습니다.

비트겐슈타인에게 숨겨진 것은 아무것도 없습니다. 모든 것이 드러나 있는 것입니다. 신성도 세계와 언어에 드러나 있습니다. 저는 이를 하이데거가 서양철학사의 최고봉으로 꼽은 바 있는 파르메니데스의 "존재와 사유는 같은 것"이라는 말에 연결 지어 보겠습니다. 하이데거는 파르메니데스의 저 말에 언어를 추가해 "존재 = 사유 = 언어"의 등식을 정립합니다. 언어 안에 존재와 사유가 동(同)근원적으로 들어와 있다는 것이 하이데거의 통찰입니다. 저는 비트겐슈타인도 이에 동의하리라 봅니다.

비트겐슈타인은 『탐구』에서 다음과 같이 말하고 있습니다.

> 우리가 어떤 것을 의미한다면, 그것은 우리 자신이 의미하는 것이다. (PI, §456)

저 말은 청년 비트겐슈타인의 1인칭적 사유를 요약하고 있습니다. 내가 한 말을 내가 듣는 후설의 사유를 닮았습니다. 저러한 "고독한 정신의 삶"(Husserl 1901, 35쪽)에 빠져 있는 후설을 데리다가 『목소리와 현상』에서 비판하고 있듯이, 비트겐슈타인은 『탐구』에서 과거 자신의 말을 다음과 같이 뒤집고 있습니다.

> 의미한다는 것은 누군가를 향해 가는 것과 같다. (PI, §457)

의미는 지향성인 셈입니다. 비트겐슈타인은 후설과 달리 지향성을 의식이 아닌 언어에 귀속시키고 있습니다. 말하는 사람이 듣는 사람을 향해 말을 하기 때문에 지향적 관계는 자연스럽게 설정됩니다. 그의 언어관은 독백에서 대화로 그 모델을 변경한 것입니다.

『탐구』는 가게에 가서 사과를 사는 것에 대한 분석으로 출발합니다. 밀실에 갇혀 있던 비트겐슈타인이 광장으로 나가 저잣거리의 상인과 소통하기 시작한 겁니다. 그가 물건을 사는 과정에서 주고받은 말의 의미는 바로 그 문맥에서의 쓰임에 의해 결정되며, 이러한 언어활동(언어게임)에서 문법이 작동합니다. 문법은 스스로가 아니라 사람의 언어생활에 연루됨으로써 작동하는 것입니다.

양의 동서를 막론하고 사람들은 언어의 기원을 사람 사이의 소통이 아닌 신과의 소통으로 소급했습니다. 옛날 사람들은 언어를 신적인 것으로 보았습니다. 신이 사람에게 말씀으로 계시를 내린다고 생각한 겁니다. 태초에 말씀이 있었다고 할 때 그 말씀의 주체는 사람이 아니라 신입니다. 즉 로고스는 신적인 것입니다. 그 신적인 로고스가 사람에게 현현(顯現)하는 것이 계시입니다. 한자의 기원인 갑골문도 신의 말씀인 점복(占卜)이 기원입니다. 앞서 살펴본 파르메니데스와 하이데거의 철학에는 이러한 전통이 투영되어 있습니다. 언어는 존재의 집이고, 사람이 아니라 언어가 말한다는 하이데거의 언명이 그 한 예입니다. 벤야민(Walter Benjamin)도 초기의 신학적 저술들에서 언어의 기원에 대해 비슷한 사유를 펼쳐 보이고 있습니다.

비트겐슈타인은 러셀을 위시한 현대 논리학자들이 추구하는 인공언어에 반대하면서, 우리의 일상 언어가 완벽한 질서하에 있으며 철학은 이 질서가 파괴되었을 때 발생하는 질병에 불과한 것으로 간주했습니다. 시대착오적인 말처럼 들리겠지만 거기에는 언어를 신적인 것으로 보는 종교적인 이면 동기가 있는 것으로 해석해 볼 수도 있습니다. 언어에 깃든 신적인 질서를 옹호하고 그것에 대한 인위적 훼손이나 남용을 바로잡으려는 것이 비트겐슈타인이 역설하는 치료로서의 철학입니다.

3장
철학이란 무엇인가?

1. 페스트

청년 비트겐슈타인을 천재의 전형이라고 추켜세웠던 러셀은 비트겐슈타인의 후기 대표작 『탐구』에서 어떠한 흥미로운 것도 발견하지 못했다고 혹평했습니다. 청년 시절의 진지한 사유에 싫증 나 그러한 활동을 불필요하게 하는 신조를 고안해 냈다는 것입니다. 그러면서 비트겐슈타인의 신조대로라면 철학은 차 마시며 즐기는 잡담거리로나 어울리는 헛된 것이라고 했습니다(Russell 1959, 161쪽).

『탐구』의 다음 구절은 러셀의 진단과 부합하는 듯 보입니다.

> 철학의 결과들이란 이해력이 언어의 한계에 부딪혀 생겨난 어떤 단순한 헛소리와 혹들을 발견한 것이다. (PI, §119)

진정한 발견이란 내가 원할 때 철학하는 일을 그만둘 수 있게 해 주는 발견이다—철학이 더 이상 **스스로**를 문제 삼는 질문들 때문에 고통받지 않도록 철학에 편안한 휴식을 주는 그런 발견이다. (PI, § 133)

러셀은 철학이 비트겐슈타인처럼 저러한 편안한 휴식에 탐닉해서는 안 되며, 철학의 문제들을 해결하는 일에 매진해야 한다고 본 것 같습니다.[23] 그러나 비트겐슈타인이 보기에 철학 고유의 문제들은 없습니다. 아니 그러한 문제들은 질병입니다. "철학자는 마치 질병을 다루듯 문제를 다룬다"(PI, §255). 철학자는 철학적 문제라는 질병을 치료하는 치료사입니다. 철학적 문제는 언어의 남용이나 오용에서 비롯됩니다. 우리의 언어는 제 질서하에 있기는 하지만(PI, §98) 그러한 오용의 싹을 내포하고 있기도 합니다(BT, 312쪽).

철학적 문제에 매달리는 것은 다름 아닌 철학자들입니다. 바로 그들이 질병에 걸리는 것입니다. 식자우환(識字憂患)인 셈인데 철학자는 환자이자 의사이기도 합니다. 언어의 오용이나 남용으로 철학적 문제라는 질병이 발생하는데, 그 치료는 남용된 언어를 원래의 자리로 되돌림으로써 수행됩니다. 철학은 바로 치료 행위에 해당합니다. 이는 이성의 오류를 이성의 자기비판을 통해 바로잡으려는 칸트의 순수이성 비판 정신의 계승이기도 합니다. 칸트에게 철학이 이성 비판이라면 비트겐슈타인에게 철학은 언어 비판인 셈입니다.

---

23 철학의 문제들은 러셀의 널리 알려진 저서의 이름이기도 합니다. Russell 1912.

칸트의 이성 비판이 메타 이성이나 인공 이성을 요하지 않는 것처럼, 비트겐슈타인의 언어 비판은 메타언어나 인공언어를 요하지 않습니다. 비트겐슈타인이 볼 때 철학이나 수학, 논리학에도 메타나 2차 따위의 위계가 필요 없습니다. 철학은 수학을 위시한 자연과학과 구별되며 서로 아무런 영향도 주고받지 않습니다. 그는 다음과 같이 말합니다.

> 철학이 "철학"이라는 낱말의 쓰임에 대해 말한다면, 2차 철학이 있어야만 한다. 하지만 사실은 그렇지 않다. (PI, §121)

> 힐베르트(David Hilbert)의 작업은 수학이지 메타수학이 아니다. (WVC, 121쪽)

> 어떤 수학적 발견도 철학을 발전시킬 수 없다. "수리논리학의 핵심 문제"는 다른 모든 것과 마찬가지로 우리에게 하나의 수학 문제이다. (PI, §124)

> 논리학과 수학은 공리에 근거해 있는 것은 아니다. (BT, 377쪽)

그러나 비트겐슈타인의 저러한 단언은 현대 학문의 흐름에서 벗어나 있습니다. 메타철학, 메타수학, 메타논리학, 메타언어, 2차 논리 관련 저술들은 넘쳐나며 저런 이름의 학술지와 교과서도 있습니다. 해당 분야의 백과사전에도 저런 용어들이 등재되어 학계의 표준어로 쓰이고 있습니다. 힐베르트의 메타수학이나 프레게, 괴델(Kurt Gödel), 타르스키(Alfred Tarski)의 수리논리학적 성과가 현대 학문에 공헌한 바는 기존의 수학과는 엄연히 차별되는 것이며, 다른 과학적 성과들이 그러한 것처럼 철학에 큰 영향을 미쳐 왔습니다. 아울러 논리학과 수학은 전부는 아니더라도 상당 부분을 공리에 근거하는 연역 체계로 해석할 수 있습니다.

비트겐슈타인은 다음과 같이 말합니다.

철학자는 건전한 인간 이해력의 개념에 도달할 수 있기 전에 자신의 이해력의 수많은 질병을 스스로 치료해야만 하는 사람이다.

우리가 삶 속에서 죽음에 둘러싸여 있다면, 우리는 이해력의 건강 속에서도 광기에 둘러싸여 있다. (CV, 50쪽)[24]

[24] 이 두 단락은 1956년에 처음 출간된 『수학의 기초에 관한 고찰』(RFM)의 초판에서는 저 형태로 나란히 붙어 있었는데, 1978년의 수정판에서는 두 번째 단락이 사라져 버렸습니다. 앤스컴(G. E. M. Anscombe), 리즈와 함께 『수학의 기초에 관한 고찰』을 편집한 폰 브릭트(Georg Henrik von Wright)는 그 사이에 『문화와 가치』(CV)라는 이름의 책을 편집해 출간했는데, 거기에는 저 두 단락이 다시 저 형태로 나란히 붙어 있습니다. 그가 (혹은 그와 앤스컴, 리즈가) 왜 저 두 단락을 떼었다 붙였다 했는지 우리로서는 납득할 수 없습니다. 첫 단락의 출처는 『유고』(MS) 127의 219~220쪽이고 두 번째 단락의 출처는 『유고』 127의 222쪽으로서, 모두 비트겐슈타인이 1944년에 작성한 것입니다. 그의 『유고』의 분류와 번호 매김도 폰 브릭트의 작업이긴 하지만, 저 분류에 따르자면 저 두 단락은 비트겐슈타인의 『유고』에서는 서로 떨어져 있습니다. 우리는 앞의 세 사람이 어떤 기준으로 비트겐슈타인의 『유고』에서 『수학의 기초에 관한 고찰』을 편집해 냈는지, 폰 브릭트가 어떤 기준으로 『유고』에서 『문화와 가치』를 편집해 냈는지 알 수 없습니다. 이는 그들 혹은 다른 이들이 『유고』에서 편집해 비트겐슈타인의 저서로 간행한 다른 책들에 대해서도 마찬가지입니다. 니체의 『유고』의 경우처럼 비트겐슈타인의 『유고』도 가급적 편집되기 전의 원래 상태로, 즉 무삭제, 무편집본으로 출간되는 것이 바람직하다고 생각합니다. 편집자의 주관이나 편견에서 벗어나 비트겐슈타인이 원래 했던 작업을 있는 '그대로' 따라가 볼 때에야, 그의 사유가 온전히 밝혀질 수 있을 것입니다.

비트겐슈타인은 치료로서의 철학 개념으로 1인칭적 자기 독백에서 빠져나온 듯 보이지만, 위의 인용문에서 보듯이 이 치료 역시 자가 치료입니다.[25] 물론 그는 철학적 질병에 걸린 다른 사람을 치료할 수 있습니다. 실제로 『탐구』에서는 그의 이전 저작과는 달리 철학적 질병에 걸린 타자와의 2인칭적 대화가 펼쳐지기도 합니다. 그러나 대화 상대자는 많은 경우에 과거의 비트겐슈타인이고 철학적 질병은 그 자신이 과거에 가졌던 생각이라는 점에서, 이 대화 역시 자기 비판적 독백임에 유의할 필요가 있습니다.

모르는 것보다 무서운 것이 잘못 아는 것입니다. 모르는 사람은 편견이 없기에 알고자 하는 의지를 내면 자신의 무지를 타파할 수 있지만, 잘못 아는 사람은 그 잘못된 앎이 편견이나 아집으로 작동하여 올바른 앎을 가리기 때문입니다. 소크라테스와 석가모니가 깨달음의 첫걸음으로 강조한 무지의 타파는 사실 저 두 경우(모름과 잘못 앎) 모두를 한데 아우르고 있는 것으로 새겨야 합니다. 비트겐슈타인도 자신이 빠졌던 잘못된 앎에서 벗어나고자 치료로서의 철학을 스스로에게 적용한 것입니다.

철학적 문제가 질병이라는 비트겐슈타인의 진단은 지나친 면이 있습니다. 그가 중히 여겼던 삶의 문제도 질병에 불과하다는 말인가요? 여타의 학문에서 그러하듯이 철학에도 무의미하거나 그릇된 문

---

25 비트겐슈타인은 다음과 같이 말합니다.

철학은 하나의 도구인데 그 유일한 쓰임새는 철학자들, 그리고 우리 안의 철학자들에 대해서이다. (TS 219, 11쪽)

제들이 있습니다. 그의 치료 철학은 저러한 문제들에 국한해 적용되어야 합니다. 치료가 곧 철학의 전부라는 단언은 과장을 넘어 일반화의 오류에 해당합니다. 앞으로 보겠지만 치료가 철학의 능사인 것만은 아닙니다.

전통 철학이나 철학사의 중요성을 경시한 비트겐슈타인은 철학적 문제가 철학사를 통해 오랜 기간을 걸쳐 전승되어 왔고 거기에 철학자들의 사색이 깊이 투영되어 있음을 간과하고 있습니다.[26] 철학이 곧 철학사라고 주장한 헤겔을 비롯해, 철학사 연구를 자신의 철학적 바탕으로 삼은 하이데거나 들뢰즈(Gilles Deleuze)와 같은 철학자들의 문제의식을 싸잡아 질병으로 치부할 수 있겠습니까? 그들에게 비트겐슈타인은 범 무서운 줄 모르는 하룻강아지에 비견될 수 있을지도 모릅니다. 그를 추종하고 모방해 현대 언어철학과 언어학의 제반 이론을 철학적 질병으로 몰아세우는 베이커와 해커의 설익은 시도(Baker and Hacker 1984)는 해당 분야의 일선 학자들에게 의혹과 빈축의 대상이 되고 있습니다(Stevenson 1985; Jensen 1986).

---

26 비트겐슈타인도 과거의 위대한 철학 체계 가운데 일부를 인간 정신의 가장 숭고한 산물로 간주했으며(Drury 1976, 105쪽) 철학적 문제들의 깊이를 인정하기도 합니다. 그러나 그것은 문법적 농담의 깊이와 구별되지 않습니다(PI, §111). 심지어 그는 농담만으로도 진지하고 훌륭한 철학적 작품을 지어낼 수 있다고 말하기도 합니다(Malcolm 1958, 27~28쪽).

2. 자연사와 삶의 형식

철학이 철학적 문제에 국한되어 있다면 모든 철학적 문제가 해결되거나 해소되는 순간 철학은 끝나게 됩니다. 그러나 그런 일이 가능할 것 같지는 않습니다. 시대의 변화에 따라 삶도 더욱 복잡해지고, 그에 발맞춰 철학적 문제는 줄어들기는커녕 점점 더 늘어만 가는 게 현실입니다. 그래서인지 비트겐슈타인은 리즈에게 "내가 원할 때 철학적 문제로부터 벗어날 수 있다고 한 내 책의 말은 거짓이다. 나는 그럴 수 없다"라고 말했다고 합니다(Hallett 1977, 230쪽).

다른 학문의 경우도 마찬가지입니다. 19세기 말까지만 해도 물리학자들은 당대의 물리학으로 설명하지 못할 물리적 현상은 없는 것으로 생각했습니다. 물리학이 끝나간다고 믿은 것입니다. 그러나 20세기에 혜성처럼 등장한 상대성 이론과 양자역학은 이러한 믿음을 산산이 부숴 버렸습니다. 끝나기는커녕 물리학이 어디로 향하게 될지에 대해서 이제는 전망조차 하기 어렵게 되었습니다.

철학을 철학적 문제에 국한할 필요는 없습니다. 우리는 비트겐슈타인에게서 철학적 문제의 해결이나 해소가 아닌 다른 철학의 가능성을 찾을 수 있습니다. 그는 다음과 같이 말합니다.

> 우리는 마치 현상들을 **꿰뚫어 보아야** 할 것처럼 느끼지만, 우리의 탐구는 **현상들**이 아니라 현상들의 '**가능성들**'이라고 부를 수 있는 것을 지향한다. (PI, §90)

물리학은 법칙을 정립하는 데 관심이 있다는 점에서 현상학과 구별된다. 현상학은 가능성만을 정립한다. 그러므로 물리학이 그 사실들에 의거해 이론을 건축하는 데 반해, 현상학은 사실들의 기술(記述)에 대한 문법에 해당한다. (PR, 51쪽)

두 번째 구절에서 현상학은 비트겐슈타인 자신의 철학을 지칭합니다.[27] 그런데 첫 번째 구절에서 현상들의 가능성들이란 무엇일까요? 그것은 현상들과 어떻게 다를까요? 우리는 현상학과 물리학을 구별하는 비트겐슈타인의 문맥을 잠시 벗어나 현상과 그 가능성 사이의 차이를 양자역학에서 파동함수와 그 붕괴에 빗대어 해명해 볼 수 있습니다. 파동함수는 입지를 발견할 확률을 보여 수는 확률밀도함수입니다. (보른Max Born의 규칙에 따르면 파동함수 ϕ의 절댓값의 제곱($|\phi|^2$)이 입자를 발견할 확률밀도입니다.) 측정의 순간 파동함수는 붕괴하여 단 하나의 측정값으로 구체화됩니다. 측정 이전의 파동함수가 현상들의 가능성들을 서술하고 있다면,[28] 측정에 의한 파동함수의 붕괴로 얻어진 측정값은 현상을 지칭한다고 할 수 있습니다.

아원자 수준의 입자들과 그 가능성들(파동함수)을 나란히 탐구하는 양자역학의 경우와 유사하게, 비트겐슈타인은 사람의 현상들과 그 가능성들을 사람의 자연사(自然史)와 삶의 형식이라는 주제하에 거론하고 있습니다.

---

27 비트겐슈타인의 현상학에 대해서는 다음을 참조하십시오. 이승종 2022, 2장 7절.
28 비트겐슈타인이 철학을 모든 새로운 발견에 앞서 가능한 것이라고 한 데 착안했습니다(PI, § 126).

명령하고, 질문하고, 이야기하고, 잡담하는 일은 걷고, 먹고, 마시고, 노는 일과 마찬가지로 우리 자연사의 일부이다. (PI, §25)

우리가 제시하고 있는 것은 실제로 사람의 자연사에 관한 견해들이다. 하지만 그것은 어떤 특이한 것이 아니라, 항상 우리 눈앞에 있기 때문에 아무도 의심하거나 주목하지 않았던 사실들을 확인하는 것이다. (PI, §415)

여기서 "언어게임"이라는 낱말은 언어를 **말하는 일**이 어떤 활동의 일부, 또는 삶의 형식의 일부라는 사실을 강조하기 위해 사용된다. (PI, §23)

말할 수 있는 사람만이 희망할 수 있는가? 한 언어의 쓰임을 완전히 익힌 사람만이 희망할 수 있다. 즉 희망한다는 현상들은 이 복잡한 삶의 형식이 변형된 것들이다. (PPF, §1)

첫 인용문에서 사람의 자연사의 일부로 간주한 명령하고, 질문하고, 이야기하고, 잡담하는 활동은 언어게임의 예들입니다. 물론 먹고, 마시고, 노는 일과 같이 비언어적인 활동들도 사람의 자연사에 속합니다. 셋째 인용문은 언어**게임**이라는 낱말이, 언어를 **말하는 일**이 삶의 형식의 일부라는 사실을 강조하기 위한 것임을 분명히 합니다. 넷째 인용문은 희망한다는 언어게임의 예를 들면서 희망한다는 자연사의 현상들은 삶의 형식이 변형된 것들이라고 보고 있습니다.

비트겐슈타인은 자신의 탐구가 현상들을 지향하는 것이 아니라는 점에서 자연과학이 아니며 자연사를 하는 것도 아니라고 말합니다(PPF, §365). 그러나 위의 두 번째 인용문에서 보듯이 그는 사람의 자연사에 대한 견해들을 제시하곤 합니다. 네 번째 인용문도 희망한다는 자연사의 현상에 대한 견해를 담고 있습니다. 그런 점에서 자연사도 삶의 형식 못지않게 그의 철학에서 중요한 위상을 차지한다고 할 수 있습니다. 삶의 형식과 자연사는 사람의 삶을 형식과 내용, 공시성과 통시성의 시각에서 다각도로 살피기 위해 도입된 것입니다.

그렇다면 자연사를 하는 것도 아니라는 비트겐슈타인의 말은 어떻게 받아들여야 할까요? 그는 자신의 탐구가 현상들이 아니라 현상들의 가능성들을 지향한다고 했습니다. 그는 목적들을 위해 가공의 자연사를 지어낼 수도 있다고 했습니다(PPF, §365). 그 목적들의 한 예는 이어지는 구절에 명시되어 있습니다.

> 만일 누군가 어떤 개념들이 완전히 올바른 개념들이라고 믿고, 그와 다른 개념들을 갖는 것은 마치 우리가 이해하는 어떤 것을 전혀 이해하지 못한다는 뜻이라고 믿는다면—나는 매우 일반적인 어떤 자연의 사실들이 우리에게 익숙한 것과는 다르다고 상상해 보라고 그에게 권하고 싶다. 그렇다면 그는 익숙한 개념들과는 전혀 다른 개념들이 어떻게 형성되는지를 이해하게 될 것이다. (PPF, §366)

"매우 일반적인 어떤 자연의 사실들이 우리에게 익숙한 것과는 다른 것으로 상상"된 가공의 자연사는 독단적 믿음을 교정하는 목적을 위해 현상들의 다른 가능성을 구체화하는 용도로 사용되고 있습니다. 비트겐슈타인은 이처럼 자연사들을 비교함으로써 소기의 목적 달성을 꾀하고 있다는 점에서, 자연사 자체에 대한 종적이고 통시적인 고찰보다는 목적과 연관된 횡적이고 공시적인 고찰을 전개하고 있는 것으로 볼 수 있습니다.

3. 철학(哲學) 대 철학(徹學)

앞 절의 첫 인용문에서 비트겐슈타인은 자신이 현상들을 **꿰뚫어 보는** 것이 아니라, 현상들의 '**가능성들**'이라고 부를 수 있는 것을 지향한다고 했습니다. 이 둘은 어떻게 다를까요? 그 해답의 실마리는 이어지는 다음 구절에서 찾아집니다.

> 우리의 고찰은 문법적인 것이다. 그리고 이 고찰은 오해들을 제거함으로써 우리의 문제를 해결하는 데 도움을 준다. 여기서 오해들이란 낱말들의 쓰임에 관한 오해들을 말한다. (PI, §90)

우리는 자연사와 삶의 형식에 관한 앞선 인용문들에서 비트겐슈타인이 일관되게 각종 언어게임들에 주목하고 있음을 보았습니다. 그리고 그가 자신의 현상학을 기술(記述)의 문법이라고 정의하고 있음을 보았습니다. 언어게임의 규칙에 해당하는 문법은 곧 낱말의 쓰임에 대한 규칙이기도 한데, 철학적 문제들은 낱말의 쓰임에 대한 오해에서 비롯되었습니다. 그렇다면 그 문제들은 쓰임의 규칙인 문법을 바르게 기술함으로써 해결 혹은 해소됩니다. 현상학은 이러한 문법적 탐구로서의 철학을 일컫습니다.

비트겐슈타인은 왜 자신의 문법적 탐구가 현상들을 **꿰뚫어 보는** 것이 아니라고 선을 그을까요? 다음과 같은 전제를 자신의 탐구와 대척점에 놓고 있기 때문입니다.

> 사물의 본질을 이미 명백하게 드러나 있는 것, 따라서 정리의 과정을 통해 **통찰(通察)하게 되는** 어떤 것이 아니라, 표면 **아래에** 놓여 있는 어떤 것으로 보는 것. 즉 내부에 놓여 있고, 우리가 그 사물을 꿰뚫어 볼 때 인식하게 되며, 분석을 통해 캐내야 할 어떤 것으로 보는 것. (PI, §92)

꿰뚫어 봄(durchschauen)[29]은 비트겐슈타인이 『논고』에서 수행한 논리적 분석 및 그와 짝을 이루는 원자론적 형이상학의 방법론을 지칭하며, 거기서 얻어지는 것들이 요소명제와 이름, 그리고 그와 짝을 이루는 사태와 대상입니다. 통찰(通察; übersehen)은 전체를 낱낱이 조명해 봄을 뜻하는데 통찰의 주된 대상은 문제 되는 낱말의 쓰임입

---

29 통찰은 '通察'보다는 '洞察'로 더 많이 알려져 있는데 '洞'은 꿰뚫는다는 뜻입니다. 따라서 'durchschauen'은 '통찰(洞察)'로도 새길 수 있습니다. 앞으로 보겠지만 비트겐슈타인과는 달리 저 두 통찰('通察'과 '洞察')이 철학에 모두 필요하다는 것이 우리의 입장입니다. 그에 따라 철학을 '通察'을 방법으로 하는 철학(哲學)과 '洞察'을 방법으로 하는 철학(徹學)으로 대별해 볼 것입니다.

니다. 비트겐슈타인은 자신의 철학을 문법적 탐구라 규정함으로써 꿰뚫어 봄(에 의거한 자신의 전기 철학과 전통 형이상학)을 던져 버리는 전환을 시도합니다.

꿰뚫어 봄의 한계 및 통찰의 의미와 유용성은 다음과 같은 예를 통해 해명될 수 있습니다. 삼각형의 내각의 합이 얼마인지에 대해 삼각형의 내부를 꿰뚫어 보는 방법과 삼각형이라는 낱말의 쓰임을 통찰하는 방법을 대비해 보겠습니다. 우리는 삼각형의 내부를 하나하나 꿰뚫어 봄으로써 각 삼각형의 내각의 합이 180도임을 알게 됩니다. 반면 삼각형이라는 낱말의 쓰임을 통찰하는 경우에는 다른 결론에 도달하게 됩니다. 삼각형은 세 개의 점과 세 개의 선분으로 이루어진 다각형의 의미로 사용되며, 선분은 두 점을 잇는 직선의 의미로, 직선은 두 점을 잇는 최단거리로 연결한 선의 의미로 각각 사용됩니다. 그런데 이를 충족시키는 같은 삼각형이라도 평면 공간, 볼록 공간, 오목 공간에 놓였을 때 내각의 합이 달라집니다. 즉 평면 공간에 놓였을 때에는 내각의 합이 180도이지만, 볼록 공간에 놓였을 때에는 180도보다 커지고 오목공간에 놓였을 때에는 180도보다 작아집니다. 이러한 성과는 각각 유클리드기하학, 리만(Riemann)기하학, 로바체프스키(Lobachevsky)기하학으로 알려져 있지만, 삼각형이라는 낱말의 쓰임을 통찰함으로써 알 수 있는 사실이기도 합니다. 그랬을 때 삼각형의 내각의 합은 어떤 공간에서 작도된 삼각형인지에 따라 그 값이 달라진다는 결론에 도달하게 됩니다. 요컨대 삼각형의 내각의 합은 공간의 굽은 정도를 표현하는 곡률에 의존합니다.

비트겐슈타인은 자신의 전기 철학을 부정하는 과정에서 그에

3장 철학이란 무엇인가?

결부되어 있는 꿰뚫어 봄의 방법도 함께 부정하는 듯이 말하고 있지만, 이는 목욕물을 버리면서 아이까지 함께 버리는 경우에 해당합니다. 그는 꿰뚫어 봄을 표면 아래를 지향하는 것으로 규정하고 있지만, 그것은 넘어섬을 의미하는 초월과 그 작업을 수행하는 형이상학에 연결되기도 합니다. 비록 초월과 형이상학이라는 용어가 꿰뚫는 과정이 수반하는 마찰과 진통을 온전히 생생하게 담아내고 있지는 못하지만, 그렇다고 그 의의마저 부정해서는 안 됩니다.30

서양철학의 시작을 알리는 플라톤의 동굴 우화는 동굴 속 죄수가 자신의 몸을 묶은 밧줄을 풀고 동굴 밖으로 나와 광명천하를 체험하게 된다는 이야기입니다(Plato, *Republic*, 7권 514a~515a). 초월을 상징하는 탈옥이나 햇빛 아래에서 세상을 보는 일은 용기와 고통을 수반합니다. 이는 철학의 목적을 파리에게 파리통에서 빠져나갈 길을 보여 주는 것이라고 한 비트겐슈타인과는 대비됩니다(PI, §309). 파리는 파리통에 들어온 역순을 밟으면 파리통에서 빠져나갈 수 있습니다. 그러나 플라톤의 죄수가 자신에게 드리운 굴레를 돌파하는 일이 그리 쉬운 일일까요? 동굴을 뚫고(徹) 나와야 세상을 밝은 빛 아래에서 훤히(哲) 볼 수 있습니다. 꿰뚫어 봄은 통찰(通察)과 양립 가능할 뿐 아니라 필요조건이기까지 합니다. 수평적 통찰(通察)을 의미하는 철학(哲學)은 수직적 꿰뚫어 봄을 의미하는 철학(徹學)과 보

---

30 비트겐슈타인은 이상 언어와 형이상학의 세계를 마찰이 없는 미끄러운 얼음판에, 일상 언어와 현실 세계를 마찰이 있는 거친 땅에 견주면서 거친 땅으로 돌아가자고 주장합니다(PI, § 107). 그러나 이 비유는 앞으로 보게 될 플라톤의 철학과 썩 들어맞지는 않는 것 같습니다. 마찰과 진통은 형이상학에 입문하는 과정에 치르게 되는 통과의례이고, 형이상학이 조명하는 세계는 우리가 살고 있는 현실 세계, 즉 거친 땅과 다른 세계가 아니기 때문입니다.

충대리의 관계입니다.³¹ 비트겐슈타인이 지향하는 문법적 탐구, 즉 개념에 대한 수평적 지형학이나 형태학은 그가 내친 메타철학, 즉 개념에 대한 수직적 지질학과 짝을 이룰 때 더 큰 힘을 발휘할 수 있습니다.

비트겐슈타인이 자신의 철학적 방법으로 강조하는 통찰(通察)은 주관적이고 가변적이며 신체 의존적인 감각지각(aisthesis, 경험론)과 구별됩니다. 그것은 관습적이고 반복적이고 당파적이고 집단적인 믿음(doxa, 이데올로기)도, 무차별적이고 형식적이고 유형적이고 추상적인 인간학적 추론(dianoia, 논리주의, 과학주의)도 아닙니다. 그의 통찰(通察)은 꿰뚫어 봄을 수반할 때 플라톤이 추구했던 이성적 지식(noesis, episteme)에 더 가깝습니다. 이성적 통찰(通察)은 직관적이고 보편적이며 개별적입니다. 그러나 비트겐슈타인의 시선은 초월적 이데아계가 아닌 거친 땅, 즉 바로 이 일상의 세계를 향해 있습니다. 이 세계가 곧 로도스(Rhodos)인 것입니다.

지금까지의 논의를 정리하여 범주별로 대별해 보면 다음과 같습니다.

---

31 그런 점에서 앞서의 인용문에서 보듯이 자신의 관심사를 표면 아래나 위가 아니라 표면에만 한정시킨 비트겐슈타인의 조처는 적합하지 않습니다. 그의 대표작 『탐구』의 '탐구'는 Unter-suchungen이 원어인데 이를 분철해 읽으면 아래(unter)를 탐색한다(suchen)는 뜻입니다. 자신이 지은 책이름과도 어울리지 않는 말을 바로 그 저서에서 하고 있는 셈입니다. 그도 이러한 문제점을 인정했는지 언어학이 다루는 문법을 표층 문법, 자신의 언어철학이 다루는 문법을 심층 문법이라 부르기도 했습니다(PI, §664). 표층 문법이 아닌 심층 문법을 지향할 때 그의 철학은 수평적 통찰뿐 아니라 수직적 꿰뚫어 봄을 아우르게 됩니다. 앞선 양자역학의 예에서는 파동함수가 통찰(通察)의 대상이고 파동함수의 붕괴가 꿰뚫음의 사건이며, 측정이 꿰뚫어 봄에 해당한다고 할 수 있습니다.

방법	대상	철학의 유형
꿰뚫어 봄(洞察)	단면	철학(徹學): 개념에 대한 수직적 지질학
통찰(通察)	흐름	철학(哲學): 개념에 대한 수평적 지형학(형태학)

4. Against the Wind

들어온 역순만 밟으면 빠져나갈 수 있는 파리통에서 파리는 왜 빠져나오지 못할까요? 패닉 상태의 파리에게는 그게 결코 쉬운 일이 아닙니다. 그러나 이는 파리에게만 그런 게 아닙니다. 에드거 앨런 포(Edgar Allan Poe)의 단편 「도둑맞은 편지」에서 도둑맞은 편지가 편지통에 꽂혀 있음을 알아차리는 게 결코 쉬운 일이 아니듯이 말입니다. 숨겨진 것은 아무것도 없는데도 말입니다(PI, §126). 당기면 열리는 문은 아무리 밀어도 열리지 않는 법입니다.

태도나 관점이나 발상의 전환은 말은 쉽지만 실천은 어려운 일입니다. 예컨대 우리는 진영 논리, 지역감정, 연고주의, 세대 간의 갈등이 잘못되었고 망국병임을 다 압니다. 그러나 우리는 이를 오랫동안 극복하지 못하고 있습니다. 머리로는 알지만 몸과 마음이 따르질 않는 것입니다. 오랫동안 저런 프레임에 빠져 살아온 데다 주변 환경이 때로는 암암리에(예컨대 지역감정) 때로는 대놓고(예컨대 진영 논리) 저런 프레임을 부추기고 있기 때문입니다.

비트겐슈타인이 보기에 지금까지 살펴본 예들의 어려움과 철학의 어려움 사이에는 유사성이 있습니다. 그는 다음과 같이 말합니다.

> 철학은 체념을 요구한다. 그러나 이해력의 체념이 아니라 감정의 체념을 말이다. 아마 이 때문에 철학이 많은 사람들에게 그토록 어려운 것이다. […] 어떤 주제가 이해하기 어렵다면 그 이유는 그걸 이해하기 위해 어떤 특별한 걸 배워야 해서가 아니다. 그 주제에 대한 이해와 많은 사람들이 그 주제를 보고자 **원하는** 바 사이의 대립이 이유인 것이다. 이 때문에 명명백백한 것이 가장 이해하기 어려워질 수 있는 것이다. 극복해야 할 것은 이해력의 어려움이 아니라 의지의 어려움이다. (BT, 300쪽)

철학은 이해력의 문제가 아니라 의지의 문제입니다. 정약용도 철학은 성의(誠意), 즉 의지에 정성을 기울임의 문제라 하지 않았던가요?(이승종 2018, 8장을 참조하십시오.) 철학이 치료라 해도 환자가 이를 받아들이지 않으면 치료는 실패하고 맙니다. 알고도 행하지 않는다면 그것은 철학을 하는 것이 아닙니다. 아니 제대로 안다고도 할 수 없습니다.

천동설이 틀렸고 지동설이 옳다는 것은 누구나 알지만, 그것을 입증할 수 있는 사람은 드뭅니다. 그런 사람들을 제외한 많은 사람의 지식은 사실은 수박 겉핥기에 불과한 것입니다. 『성경』과 신학으로 무장했어도 예수의 삶을 실천하지 않는 사람을 진정한 크리스천이라고 하지 않듯이, 머리로 온갖 철학을 꿰고 있다 해도 이를 실천할 의지를 내지 않는 사람은 비트겐슈타인이 보기에 진정한 철학자가 아닙니다.

우리는 이제껏 들어 보지 못한 새로운 해명을 기대하는 경향이 있는데 철학에서는 이게 가장 큰 걸림돌의 하나가 됩니다(BT, 309쪽). 새것의 추구에 눈이 어두워 가까이에 이미 주어져 있는 해답에서 더욱 멀어지게 되기 때문입니다. 우리는 비트겐슈타인의 다음 말을 경청할 필요가 있습니다.

> 우리에게 가장 중요한 사물의 측면들은 그 단순함과 평범함 때문에 숨겨져 있다. (우리는 어떤 것을 그것이 항상 우리 눈앞에 있기 때문에 알아차릴 수 없다.) 사람들은 자신의 탐구가 기반하고 있는 실제 토대들에 전혀 주목하지 않는다. 이 사실이 언젠가 그들의 주목을 받지 않는다면 말이다—그리고 이것은 다음을 뜻한다: 일단 눈에 띄기만 하면 가장 주목을 받을 만한 가장 강력한 것이 우리의 주목을 받지 못하고 있다. (PI, §129)

요컨대 눈앞에 펼쳐지는 사람의 자연사, 삶이라는 양탄자(PPF, §2), 거기에 수놓아진 언어게임들의 전개를 통찰(通察)하는 것, 생각하지 않고 보는 것(PI, §66), 이것이 비트겐슈타인이 지향하는 철학함입니다.

5. 철학 배틀

철학이 무엇인지에 대한 입장의 옳고 그름을 가르는 일은 무익한 일인지도 모릅니다. 여러 종류의 음악이 있듯이 여러 종류의 철학이 있을 뿐이라고도 할 수 있습니다. 비트겐슈타인의 철학은 현대 철학의 주류와는 다른 목소리를 내며 이와 곳곳에서 충돌하고 있습니다. 지금까지의 논의를 바탕으로 이 충돌을 칸트의 스타일로 다섯 종의 이율배반 형식으로 구성해 보았습니다. 편의상 비트겐슈타인의 입장을 정립으로, 주류 철학의 입장을 반정립으로 표현해 보았지만, 정립이나 반정립과 같은 명칭은 바꿔 표현해도 상관없습니다. 양자가 서로 상충함을 보이기만 하면 됩니다.

(1) 철학과 과학의 분리

정립) 철학을 과학과 연계 짓는다는 것이 하나를 다른 하나로 환원함을 의미한다면 그것은 크게 잘못된 것입니다. 철학을 과학으로 환원하려는 자연주의 프로그램은 철학이 추구하는 의미와 비전과 가치를 부정하는 결과를 초래합니다. 그 반대의 환원은 생각조차 할 수 없습니다. 환원을 배제한 상태에서 철학과 과학의 만남은 둘 사이의 구분에 어떠한 근본적 영향도 미칠 수 없는 피상적 수준에 머물 수밖에 없습니다. 과학의 성과에 기대는 철학자는 자신의 사유가 독립적으로 영글지 못했음을 보여 줍니다.

반정립) 철학과 (수리논리학과 수학을 포함한) 과학의 엄격한 구분과 상호 독립성과 불간섭의 주장은 철학이 과학으로부터 얻을 수 있는 귀중한 영감과 암시의 가능성을 박탈합니다. 과학의 발전과 견주어 철학은 제자리를 맴돌 뿐입니다(CV, 22, 98쪽). 그것이 철학에서의 발전을 부정하는 비트겐슈타인 철학의 한계입니다. 그로 말미암아 학문의 지형도에서 철학은 더욱 고립되고 그 입지는 더욱 축소됩니다. 날로 풍성해만 가는 과학적 상상력의 유입은 제 무덤을 파는 철학의 쇄국정책으로 원천 봉쇄됩니다.

(2) 형이상학의 배제

정립) 형이상학은 언어의 오용과 남용으로 점철된 공중누각입니다. 형이상학의 미혹으로부터 우리의 일상 언어를 구제해야만 우리는 세상을 올바로 볼 수 있습니다. 세상은 형이상학이 아니라 언어의 바른 사용에 대한 관찰을 통하여 드러납니다. 사용을 통해서 드러나는 의미의 대척점이 바로 형이상학이 재생산해 내는 무의미입니다. 형이상학의 무의미는 바로 형이상학이라는 인위적이고 무근거한 문맥에서 사이비 문제와 문장들이 위장하는 사이비 의미에 의해서만 감춰질 뿐입니다. 이 모든 조작을 제거하는 것이 분석과 통찰(通察)의 과제입니다.

반정립) 철학에서 형이상학의 배제는 그렇지 않아도 메말라 가는 철학적 상상력을 더더욱 궁핍하게 합니다. 형이상학이 없는 철학은 철학적 품격이 없는 잡다 그 이상도 이하도 아닙니다. 그것은 철저히 땅의 사건들에 고착된 잡다한 기록입니다. 초월에의 의지야말로 형이상학의 주된 리비도(libido)가 아니었나요? 형이상학이 배제된 철학은 꿈이 없는 철학, 성욕조차 거세된 불임의 철학입니다. 형이상학 있는 철학은 공허할지 몰라도 형이상학 없는 철학은 맹목적이라는 점에서 더욱 바람직하지 못합니다. 비트겐슈타인의 철학은 사소하고 진부합니다.

(3) 철학사의 배제

정립) 철학은 궁극적으로 명료한 봄을 추구하는 작업입니다. 철학사는 사이비 문제에 대한 사이비 해결의 역사일 뿐입니다. 이 문제들은 일상적 삶의 지평에 대한 지나치게 손쉬운 초월과 폄하와 왜곡에서 비롯됩니다. 그런 점에서 그것은 (정신적) 질병의 역사이며, 그로부터 우리는 어떠한 유익한 통찰도 얻을 수 없습니다. 철학사 연구는 참다운 철학에의 길에 걸림돌이 될 뿐입니다. 철학사는 철학사가의 몫일 뿐 진정한 철학자는 늘 자신이 딛고 선 삶의 지평에서 자신의 길을 걸어야 합니다.

반정립) 철학에서 철학사를 배제한다는 것은 과거와의 생산적인 대화를 단절시키는 것입니다. 그로 말미암아 온고이지신(溫故而知新)의 미덕은 실종되고 철학적 문제들은 그 뿌리와 맥락과 원천을 송두리째 상실하고 맙니다. 철학의 문제들은 철학사를 배경으로 하지 않을 때 사이비 문제로 전락할 수밖에 없는 운명입니다. 이는 마치 중력과 유전자의 문제가 각각 물리학과 생물학의 역사를 전제하지 않고는 성립할 수 없는 것과 같습니다. 역사가 말소된 철학은 어린아이의 소박함을 면할 수 없습니다.

(4) 새로운 개념 도입의 배제

정립) 일상 언어만으로도 철학하기에 부족할 것이 전혀 없습니다. 아니 철학은 일상 언어에 건강히 뿌리내려 있어야 합니다. 새로운 개념의 도입은 새로운 유행의 창조와 같은 것인데, 철학은 이러한 유행과 아무런 상관이 없습니다. 유행의 추구는 진정한 사유가 경계해야 할 천박함입니다. 새로운 시각은 새로운 개념의 도입에 의해서가 아니라 언어의 연계에 대한 새로운 이해와 시각에서 싹틉니다. 새로움은 일상 언어에 이미 내재해 있으며, 그것을 드러내는 계기는 언어의 발명이 아니라 재발견으로부터 주어집니다.

반정립) 새로운 개념에 대한 부정적 태도는 철학에서 거품을 제거한다는 명분에서만 정당화될 뿐, 나머지 영역에서는 독소 조항으로 역기능합니다. 예컨대 그것은 철학에서 하이데거가 추구한 시적(詩的) 사유를 불가능하게 합니다. 철학은 개념을 가지고 해 나가는 작업인데 개념을 업데이트하거나 창조할 수 없다면, 이는 철학의 업데이트와 창조를 부정하는 결과를 낳습니다. 철학사도 배제되고 새로운 개념의 창조도 불허되고 과학으로부터의 유입도 배제된 마당에 남는 도구와 화두는 일상 언어뿐입니다.

(5) 체계화와 설명과 연역의 배제

정립) 철학을 체계화와 설명과 연역으로 해명하려는 것은 철학을 과학과 혼동하는 것입니다. 철학은 이론을 추구하는 과학적 분주함과 뚜렷이 구별되는 통찰(通察)적 사유이자 봄입니다. 철학에서의 모든 인위적 이론 정립을 해체하는 것이 철학의 선행 과제입니다. 이론 정립에 요구되는 체계화와 설명과 연역은 진정한 철학적 사유와 무관합니다. 그것들은 고작해야 철학 외부의 것들에 불과합니다. 철학은 언어의 바른 사용에 대한 기술(記述)과 모든 것들을 있는 그대로 보는 데서 이루어집니다. 그곳이 진정한 사유의 장소입니다.

반정립) 철학에서 체계화와 설명과 연역을 배제하고 기술만을 남긴다는 비트겐슈타인의 전략은 지나치게 검약한 것입니다. 세 방법이 동시에 반드시 필요한 것은 아닐지 몰라도, 체계화와 설명과 연역은 경우에 따라 철학을 전개하는 데 적어도 부분적으로는 요구되는 도구들입니다. 예컨대 그의 사적 언어 논증과 규칙 따르기 논증에서도 분명 연역은 사용되고 있습니다. 세 방법을 왜 배격해야 하는지, 기술(記述)은 또 왜 배제되어서는 안 되는지의 이유는 불분명합니다. 모든 것이 미리 정해진 편견에 따라 자의적으로 진행된다는 느낌입니다.

토론[32]

조승원 꿰뚫음과 통찰을 어떻게 이해해야 하는지요? 비트겐슈타인은 어떻게 살아야 하는지에 대해 답을 얻었는지요?

이승종 비트겐슈타인은 꿰뚫음은 철학이 아니라 과학의 방법이라고 보았습니다. 만물의 근원이 되는 입자, 쿼크를 꿰뚫는 작업이 입자물리학인 것처럼 말입니다. 반면 그는 우리에게 익숙한, 완전히 드러나 있는 것들을 철학의 화두로 삼았습니다. 사람의 삶의 형식이라는 주어진 가능성이 현실화된, 사람의 자연사가 펼치는 파노라마적

---

32 이 장은 1부 3장의 초고를 주제로 2020년 1월 13일과 20일 대우재단에서 있었던 대우 Cross Talk 특별강좌에서의 토론을 옮긴 것입니다. 토론 참가자는 다음과 같습니다. 조승원, 최윤석, 유광선(영화 시나리오 작가), 이누리(연세대 철학과 대학원생), 윤지훈(부산대 물리학과 학생), 배성목, 정세훈, 허윤영, 송요중.

사실들을 통찰하는 것이 그의 철학입니다.

비트겐슈타인은 어떻게 살아야 하는지에 대해 어느 정도 답을 얻었다고 봅니다. 구원의 빛내림은 형이상학자들이 말하는 것처럼 저 너머의 세계에서 일어나는 것이 아니라, 바로 이 세계에서 이미 일어나고 있는데 우리가 이를 보지 못할 뿐이라고 했습니다. 이러한 우리의 눈을 뜨게 하는 것이 철학의 소명이라고 생각했습니다. 그는 『철학적 고찰』(PR)의 서문에서 이렇게 말했습니다.

> 나는 "이 책은 신의 영광을 위해 씌어졌다"라고 말하고 싶다. 그러나 오늘날 […] 그 말은 올바로 이해되지 않을 것이다.

시대착오적으로 들리는 저 말의 뜻은 바로 이 세계에서 신의 영광, 즉 빛내림의 축복이 이루어지고 있다는 것입니다. 이를 보지 못하고 의심하는 것은 우리의 문제이지 신의 문제가 아니라는 것이 비트겐슈타인의 깨달은 바였습니다.

최윤석 철학의 문제는 잘못 제기된 문제이므로 해결이 아닌 해소를 요한다는 주장은 비트겐슈타인이 평생에 걸쳐 일관되게 견지한 입장이라고 생각합니다. 따라서 청년 비트겐슈타인과 후기 비트겐슈타인 사이에는 어떤 연속성이 있다고 봅니다. 철학자들이 던진 철학적 물음이 언어의 인플레이션에서 비롯된 것이므로 이를 디플레이션으로 제자리에 돌려놓아야 한다는 것이 그의 중요한 메시지고, 그 이후의 현대 철학도 이러한 디플레이션 운동을 지속했다고 봅니다.

이승종 공감합니다. 비트겐슈타인은 자신의 사유를 끊임없이 개선해 갔습니다. 일기에 쓴 내용도 자고 나면 생각이 바뀌어 수정을 하곤 했습니다. 책으로 내려고 했던 원고도 수정에 수정을 가한 까닭에 확정본이 없습니다. 작곡가 브루크너(Anton Bruckner)도 그랬다고 하지요. 그럼에도 비교적 변화하지 않고 오래 견지한 입장들이 오늘 제가 소개한 내용들입니다. 소개하지 않은 내용들 중에는 비트겐슈타인이 버린 것들이 대부분입니다. 학자들은 그가 버린 원고에 대해서도 연구합니다. 그의 사유를 전기, 중기, 후기, 말기 등으로 촘촘히 나누어 추적하기도 하지요. 저는 이것이 그에게만 해당되는 사안이라고 보지는 않습니다. 우리의 생각도 변하기는 마찬가지여서 그것을 확정하는 것은 매우 어려운 일입니다. 우리가 인생을 다 살고 관에 들어가는 순간에도 인생에 대해 뭐라고 단언하기 어려우리라 예상해 봅니다. 비트겐슈타인은 사유의 자연스러운 흐름에 충실하고자 했을 뿐입니다.

유광선 숨겨져 있는 것은 아무것도 없다는 비트겐슈타인의 말은 숨겨진 것 자체가 아예 없다는 뜻인가요, 아니면 그런 것이 있기는 하지만 철학의 관심사는 아니라는 뜻인가요?

이승종 후자입니다. 숨겨진 것을 꿰뚫어 보는 것은 개별과학의 임무이고, 전체를 통찰하는 것은 철학의 임무라는 것입니다. 그렇다고 해서 비트겐슈타인이 숲만 보고 나무는 보지 않는다고 오해해서는 안 됩니다. 정반대로 그의 작품은 오히려 나무만 파고드는 것처럼 보이기도 합니다. 아비달마 철학을 연상케 하지요. 세부에 대한 묘사가 아주 치밀합니다. 오늘은 제가 세부에 대한 그의 묘사를 생략한 채 통찰을 부각시키다 보니, 여러분이 그에 대해 그릇된 이미지를 가질 수 있으므로 주의해야 합니다. 오늘 읽은 구절들 외에는 세부에 대한 묘사로 일관하고 있습니다. 오늘 읽은 구절들은 아리아처럼 매끄럽고 아름답지만, 나머지는 디테일과의 처절한 투쟁입니다.

이누리 비트겐슈타인의 현상학은 후설의 현상학과 어떻게 같고 다른지요?

이승종 후설의 현상학은 세계가 의식에 어떻게 현상하는가에 초점을 두는 의식의 현상학입니다. 반면 비트겐슈타인은 의식이 아니라 언어를 현상함의 매체로 잡는다는 데 차이가 있습니다. 후설은 전문 용어를 양산해 낸 전문 철학자인 반면, 비트겐슈타인은 철학이 건전한 상식과 일상 언어로 충분하다고 보았습니다. 비트겐슈타인이 자신이야말로 진정한 현상학자라고 자처했을 때 그는 후설을 의식했을 겁니다. 그럼에도 둘은 있는 그대로의 사태를 통찰한다는 신조를 공유했습니다. 생각이 아닌 봄을 강조했다는 점도 공유되어 있는 바입니다. 같은 것을 체험하고도 서술을 달리하는 경우는 얼마든지 있는데, 후설과 비트겐슈타인도 이러한 경우에 해당한다고 봅니다.

윤지훈 『문화와 가치』에서 비트겐슈타인은 자신이 철학을 계속해야 할지, 아니면 철학을 그만두고 삶을 살아야 할지 불확실하다고 했습니다. 통찰로서의 철학도 그에게는 삶의 문제를 해결하는 것과는 다른 일로 받아들여졌던 것 같은데, 교수님은 철학이 삶의 문제를 해결하는 방편으로서 필요하다고 보시는지요?

이승종 현대에 와서 철학을 위시한 인문학은 과학을 닮아 가려 합니다. 그리고 모든 학문이 대학을 중심으로 이루어집니다. 비트겐슈타인은 이것이 큰 문제라고 생각했습니다. 그는 철학은 대학을 떠나야 한다고 생각했던 것 같습니다. 그래서 스스로 케임브리지대 교수직을 벗어던졌지요. 대학에서 학문은 대학이라는 기관의 논리에 따라야 합니다. 연구자는 요구되는 논문 편수를 일정한 기간에 내에 채워야 하고, 강의자는 강의 시수를 채워야 하고, 업적과 강의에 대한 평가에 따라 임용과 재임용, 승진과 승봉, 좋은 교수와 나쁜 교수가 갈리는 등의 공정 과정을 거치게 됩니다. 비트겐슈타인은 이런 것이 철학과 상극이라고 보았습니다. 철학의 이념은 자유인데 그 자유가 제도에 길들여지는 것입니다. 이 과정에서 철학자는 철학 교수와 동의어가 되고, 그의 본령은 철학을 하는 게 아니라 논문을 쓰고 강의하는 게 되어 버립니다. 그리고 논문을 쓰기 좋은 주제가 바로 문제입니다. 게티어(Gettier) 문제, 트롤리(trolley) 문제, 심신 문제 등등. 이런 문제들을 푸는 게 철학이 되어 버립니다. 학문이 제도화되고, 그 패러다임으로 과학이 군림하고, 철학이 이를 닮아 가는 일련의 행보가 철학을 망가뜨립니다. 비트겐슈타인은 철학을 하기 위해 케임브리지를 떠나 노르웨이의 피오르 오두막에 은거하여 자신과 사투를 벌이며 정진하였습니다. 과연 그러한 진정한 철학함이 우리 시대에 또 가능한지요? 저는 비트겐슈타인 말고는 못 봤습니다. 그가 마지막 사람이 아닌가 싶습니다. 하이데거도 철학은 분과학문에 자리를 내주고 허울뿐인 학문으로 전락할 것으로 내다보았습니다. 과학의 시대에 철학이 어떻게 부활하는지요?

배성목 철학이 드러나 있는 그대로의 사태를 통찰하는 것이라는 비트겐슈타인의 말은 철학이 존재에 귀 기울임이라는 하이데거의 말과 일맥상통하는 것 같습니다. 비트겐슈타인의 경우 한편으로는 철학함이 문법의 파악에 있다고 하면서, 다른 한편으로는 철학의 어려움을 의지와의 대립에서 찾았습니다. 그렇다면 그러한 의지는 어떻게 문법에서 벗어나 그 자체로 가치를 지니는지가 궁금합니다.

이승종 지적한 비트겐슈타인과 하이데거의 유사성에 동감합니다. 하이데거의 존재는 비트겐슈타인의 표현으로는 현상의 가능성이고, 존재자는 현상입니다. 비트겐슈타인은 현상이 아니라 현상의 가능성에 대한 탐구를 철학이라고 보았습니다. 같은 맥락에서 하이데거는 존재자가 아니라 존재에 대한 탐구를 철학이라고 보았습니다. 존재는 과정이고 존재자는 결과물입니다. 현상의 가능성은 과정을, 현상은 결과물을 함축합니다. 계절의 순환을 예로 들어 보겠습니다. 지금은 겨울이므로 한기(寒氣)가 현상화되어 있습니다. 그에 반해 온기는 감추어진 채로 있습니다. 그러다가 계절이 바뀌어 봄이 되면 한기가 물러서고 온기가 점차 성해집니다. 온기와 한기가 은폐와 탈은폐의 과정을 거치며 엇갈려 반복되면서 계절의 순환이 이루어집니다.

비트겐슈타인이 말한 의지의 어려움은 실천의 어려움에 결부되어 있습니다. 나 자신을 속여서는 안 된다는 것을 누구나 다 알고는 있습니다. 그러나 그것을 실천하는 일은 그에 의하면 세상에서 가장 어려운 일입니다. 이 어려움이 의지의 어려움입니다. 그가 애독했던 『카라마조프의 형제들』에서, 영생을 얻으려면 어떻게 해야 하느냐는 표도르 카라마조프의 질문에 대한 조시마 장로의 답변이 "너 자신을 속이지 말라"였지요.

정세훈 저는 꿰뚫어 봄을 아래에 놓여 있는 것들을 수직적으로 보는 것으로, 통찰을 가능성의 세계들을 널리 수평적으로 보는 것으로 이해했습니다. 그래서 꿰뚫어 봄의 대상을 중심과 본질로, 통찰의 대상을 표면적인 다양한 가능성으로 파악했습니다. 그런데 『철학적 고찰』의 서문에서 비트겐슈타인은 세계를 그 주변, 다양성에서 보는 유럽 및 미국 문명의 정신과는 달리 자신의 철학 정신은 세계를 그 중심, 본질에서 파악하려 한다고 말하고 있습니다. 한편 그는 통찰에 대해 "사물의 본질을 이미 명백하게 드러나 있는 것, 따라서 정리의 과정을 통해 통찰하게 되는 어떤 것"(PI, §92)이라고 표현하고 있습니다. 어떻게 꿰뚫어 봄이 아닌 통찰이 세계를 그 중심, 본질에서 보게 되는 것인지 그에게 묻고 싶습니다.

이승종 사람의 삶을 형성하는 중요한 요소들은 거의 불변입니다. 태어나고 살고 죽는다는 사실이 그 예입니다. 태어났기 때문에 세상에 대한 호기심이 발동하고, 살기 위해 투쟁을 해야 하고, 잘 죽기 위해 의미 있는 삶을 살아야 한다는 것은 어느 시대나 마찬가지입니다. 이게 불변의 본질입니다. 문명과 기술의 발달에 따라 이 기본 골격에 복잡다기한 살이 붙게 되고 온갖 문제들이 출몰하게 됩니다. 이것이 비트겐슈타인이 『철학적 고찰』의 서문에서 말한, "보다 복잡한 구조를 건축하는 계속되는 운동"으로서 "세계를 그 주변—그 다양성에서 파악하려는" "유럽 및 미국 문명의 거대한 흐름을 이루는 정신"입니다. 그는 자신의 철학이 그러한 흐름에서 벗어나 있음을 강조합니다. 사람이면 누구나 겪어야 하는 이 삶의 현상, 태어나고 살고 죽는다는 것이 의미하는 바가 무엇인지, 그리고 그 삶을 어떻게 의미 있게 살아 내야 하는지가, 그가 자신의 철학이 "제자리에 머물러 언제나 같은 것을 파악하려 한다"라고 말할 때의 '같은 것'입니다. 그리고 그것이 철학의 중심이어야 한다는 것입니다.

최윤석 물리적 실재라고 할 수 있는 진리가 있지만 사람이 그것을 알 수는 없고, 수학은 사람의 삶의 형식과 용도에 맞춘 도구일 뿐이다, 혹은 진리는 없고 수학은 사람의 삶의 형식과 용도에 맞춘 도구일 뿐이다, 도구주의의 이 두 버전 중 어느 쪽이 비트겐슈타인의 입장인지요?

이승종 비트겐슈타인에게 있어 무엇이 진리다, 아니다는 사람들의 말에 귀속됩니다. 오늘이 월요일이므로, "오늘이 월요일이다"라는 말은 참이고 "오늘이 일요일이다"라는 말은 거짓입니다. 진리에 대한 논의의 출발이 언어라는 점을 환기해야 합니다. 그렇지 않을 경우

온갖 형이상학과 질병적 사유에 휘말릴 소지가 있습니다.

최윤석 직관적으로 자연법칙이 실재한다고 생각하는 경향성이 있습니다. 비트겐슈타인은 모순율도 삶의 형식의 구성물로 보았는지요? 모순율을 거부할 근거가 있는지요?

이승종 자연법칙은 보편적인 명제인데 하나하나의 구체적인 경험 현상에서 확인이 됩니다. 보편은 개별 현상에서 작동하는 방식으로 확인됩니다. 비트겐슈타인이 보여 주는 직관적 사유의 노에시스(noesis; 지성적 앎)적 측면도 경험법칙의 구체적인 적용과 일맥상통하는 바가 있다는 생각이 듭니다. 그가 플라톤이 말한 노에시스적 사유를 전개했다면, 그 사유의 특성은 보편성과 개별성의 동시 구현에 있습니다. 예컨대 우리가 마시는 물에서 H_2O를 확인한다고 할 때, H_2O는 보편자인 데 반해 우리가 마시는 물은 개별자입니다. 이게 하나로 되어 있다는 것을 이해하는 게 노에시스입니다. 오리-토끼 그림에서 오리와 토끼가 같은 그림에서 동시에 현현함을 포착하는 것에 견줄 수 있습니다. 노에시스가 비트겐슈타인이 강조하는 철학적 통찰의 핵심이라고 봅니다. 하늘에서의 뜻이 땅에서도 이루어진다는 기독교의 메시지와도 일맥상통합니다.

모순율은 둘로 나누어 살펴야 합니다. 비트겐슈타인은 자연에서 어떤 현상과 그 부정이 동시에 관찰된다는 지평에서가 아니라, 수학과 논리학에서의 모순율, 즉 어떤 적형식 p와 그 부정이 나란히 하나의 형식체계에서 발견된다는 지평에서 모순율을 거론하고 있습니다.

모순은 컴퓨터 바이러스와 같은 것이어서 거기에 감염된 형식체계는 폐기해야 한다는 것이 수학자와 논리학자의 태도였는데, 그게 근거 없는 미신이라는 것이 비트겐슈타인의 비판입니다. 이를 경험적 세계, 혹은 일상의 세계에서의 모순과 혼동해서는 안 됩니다.

윤지훈   교수님은 다른 저술(이승종 2024, 9장)에서 "놀라기 위해서 사람은 […] 깨어나야 한다. 과학은 그를 다시 잠들게 하기 위한 수단이다"(CV, 7쪽)라는 비트겐슈타인의 말을 거론한 바 있습니다. 저 말의 의미는 무엇입니까?

이승종   학생용 교재들 중에 놀라움을 벗겨낸다는 뜻을 지니는 De-mystified 시리즈가 있습니다. *Quantum Physics Demystified, Relativity Demystified* 등등. 저는 이 demystified라는 표현이 과학에 대한 이 시대의 표준적인 교재들의 태도를 잘 보여 주고 있다고 생각합니다. 양자역학의 예를 들면 교재들은 슈테른-게를라흐(Stern-Gerlach) 실험, EPR 실험 등 놀라운 현상을 보여 주는 실험들의 소개에 이어 바로 수학을 들이댑니다. 그래서 저 실험들이 수학적으로 어떻게 서술될 수 있으며 수학식에 의한 계산이 어떻게 가능한지를 주입시킵니다. 아원자 세계에 놀랄 틈이 없이 우리는 다시 잠들게 되고 마는 것입니다. 저는 현대 과학이 수학을 사용한다는 게 과학이 우리를 잠들게 하기 위한 수단이라고는 생각하지 않습니다. 수학의 사용 자체는 문제가 되지 않습니다. 다만 수학이 얼마나 놀라운 현상인지를 헤아릴 여유가 없다는 것이 문제입니다. 오늘 맞꼭지각이 서로 같음을 증명하는 과정에서 우리는 착안이라는 놀라운 현상을 경험하였습니다만,[33] 진도를 빼는데 급급한 수학/과학 교육의 현장에서는 그런 여지를 허용하지 않는 것 같습니다. 수학은 답이 있는 학문이고 그 답은 이러저러한 해법으로 나온다는 선입견이 우리의 머릿속에서 작동을 하는 한, 우리는 수학을 하면서 절대로 놀라지 않게 됩니다. 답에만 관심이 있기 때문입니다.

허윤영 (1) 교수님은 비트겐슈타인이 말한 삶의 형식에서의 일치가 인류학적 토대에 근거하는 것으로 보았는데, 저는 삶의 형식에서의 일치에 문화적, 사회적 일치도 포함한다고 봅니다. 그렇다면 사람들 간의 언어도 문화도 다양한데 어떻게 삶의 형식에서의 일치와 확실성이 성립한다는 것인지 의문이 듭니다. (2) 생각하지 말고 보라는 비트겐슈타인의 말은 있는 그대로의 사태를 보라는 뜻으로 새겨봅니다만, 경험이나 지식, 관점에 따라 눈앞의 사태는 오리로도 토끼로도 보일 수 있습니다.

이승종 (1) 비트겐슈타인은 문화적 다양성을 언급할 때는 삶의 양식이라는 표현을 썼습니다. 문화적 다양성은 소통을 통해 상당 부분 상호 이해가 가능합니다. 서로 다르지만 왜 다른지를 이해하고 존중하면서 공존할 수 있습니다. 반면 비트겐슈타인은 사람이라는 종(種)에 대해 하나의 삶의 형식을 부여했습니다. 그것은 외계인의 삶

---

[33] 이에 대해서는 다음을 참조하십시오. 이승종 2022, 7장 1절.

의 형식이나 다른 동물들의 삶의 형식과는 다릅니다. 삶의 형식의 차이는 삶의 양식의 차이와는 달리 소통의 단절을 초래하곤 합니다. 사람의 삶의 형식이 공유하는 바는 문화적인 것이 아니라 인류학적인 것입니다. 우리에게 사지가 있고, 직립을 하고, 말을 하고, 먹고, 마시고, 살다가 죽는다는 점에서 인종 간의 차이는 없습니다. 피부색 등의 사소한 차이는 인류학적 공통성을 상쇄하지 못합니다. 이러한 공통성이 확실성의 토대가 됩니다.

(2) 아는 만큼 본다는 사실은 비트겐슈타인도 인정할 겁니다. 우리의 내공이 부족해서 노에시스가 작동을 하지 않기 때문에 독사(doxa; 억견)나 디아노이아(dianoia; 추론적 사고)의 수준에서 밖에 못 보는 겁니다. 노에시스의 지혜를 갖추었을 때 비로소 세상을 있는 그대로 볼 수 있다는 것은 서양철학사의 전통적인 견해이기도 합니다.

송요중 언어는 신적인 것이고 수학도 신적인 언어라면, 언어 사용에 대한 탐구로서의 철학도 결국 신에 대한 탐구가 됩니다. 이는 논리적 모순입니다. 신에 대한 탐구는 철학이 아니라 종교의 영역이기 때문입니다.

이승종 저는 철학을 포함한 인문학, 음악을 포함한 예술 등의 근원이 종교라고 봅니다. 지금은 세속화가 이루어지고 신의 죽음이 공공연히 유포되고 있습니다. 그에 따라 인문학도 변모하게 되고 축소되고 있습니다. 그럼에도 저는 근원을 잊어서는 안 된다고 생각합니다. 종교 없는 인문학, 유물론적 인문학은 자가당착이라고 봅니다. 정신에 대한 탐구에는 종교적인 관점이 들어가게 마련입니다. 비트겐슈타인은 "나는 종교인은 아니지만 모든 문제를 종교적인 관점에서 보지 않을 수 없다"(Drury 1976, 79쪽)라고 말했습니다. 종교적인 관점에서 본다는 말의 뜻은 총체성의 관점에서 본다는 것입니다. 인문학으로서의 철학은 인간을 탐구하는 학문인데, 철학을 신에 대한 탐구로 보는 것은 모순이 아닌가를 지적하셨습니다. 저는 그렇지 않다고 생각합니다. 사람은 전통적으로 신을 갈구하는 존재자였습니다. 사람에게 있어 변모의 궁극적 지향점, 척도가 곧 신이었습니다. 그런 점에서 신에 대한 탐구와 인간에 대한 탐구는 동전의 양면이라고 봅니다. 즉 오리-토끼 그림에서 신이 토끼라면 사람은 오리가 아닐까요?34

---

34 이에 대해서는 이 책 3부 1장과 2장에서 상론할 것입니다.

2부
윤리

1장
배경

철학의 분류 방법에는 두 가지가 있습니다. 하나는 철학을 주제별로 나누는 것입니다. 이 방법으로 철학을 인식론, 존재론, 윤리학, 언어철학 등등으로 나눌 수 있는데, 언어철학은 언어에 관련된 철학적 문제를 다룹니다. 다른 하나는 사조에 따른 분류 방법입니다. 현대는 분석철학, 현상학, 해석학, 비판이론, 철학적 인간학, 실존주의, 구조주의, 해체주의, 포스트모더니즘 등 다양한 철학 사조가 군웅할거 해왔는데, 그중 분석철학은 언어의 논리적 분석에 중점을 두는 사조로 지역적으로는 영미 철학의 주류를 이루고 있습니다.

현대 철학에서 가장 두드러진 주제는 언어라고 할 수 있습니다. 언어는 현대 철학 사조 전반에서 중요한 문제로 꼽히고 있습니다. 분석철학의 경우도 예외는 아니어서 대표적 분석철학자로 꼽히는 프레게, 러셀, 비트겐슈타인은 모두 언어철학에서 큰 족적을 남겼습니다. 이들 가운데 우리가 초점을 맞추고자 하는 비트겐슈타인은 프레게와 러셀의 영향을 받았지만 독창적이면서 깊이 있는 철학을 일구어 내었습니다. 그는 현대 서양 철학자들을 통틀어 가장 뛰어나고 영향력 있는 사상가의 한 사람으로 손꼽히고 있습니다.

우리는 사조의 명칭이 경우에 따라서는 그 사조를 개척한 사람들에 의해서가 아니라 후대에 붙여진 편의적인 것일 수 있음에 유의해야 합니다. 분석철학이 그에 해당하는 경우인데 앞서 대표적 분석철학자로 열거한 프레게, 러셀, 비트겐슈타인 중 자신이 분석철학자라고 생각한 사람은 없습니다. 특히 비트겐슈타인은 분석철학을 위시해 어떠한 철학 사조와도 거리를 두었습니다.

비트겐슈타인은 여타의 현대 철학자들과는 달리 강단철학자, 즉 대학이라는 상아탑에서 강의와 연구에 안주하는 철학자가 아니었습니다. 모든 것이 제도에 의해 규격화되는 시대에 그는 대학을 떠나 제도권 밖에서 자신만의 반시대적 철학을 세웠습니다. 그는 철학을 정적(靜的)인 학설이 아니라 자신을 변화시키고자 하는 실천으로 간주했습니다.

비트겐슈타인은 16세에 쇼펜하우어의 『의지와 표상으로서의 세계』를 읽고 큰 영향을 받았습니다(Anscombe 1959, 11쪽). 그 책에서 표방하는 염세주의적 관념론뿐 아니라 형이상학과 전문적 철학에 대한 비트겐슈타인의 불신, 우리가 이 강의에서 살피게 될 유아론, 한계, 가치에 대한 그의 성찰은 쇼펜하우어에게서 유래하는 것으로 추정할 수 있습니다(Hacker 1971, 166~171쪽, Hallett 1977, 773쪽).

비트겐슈타인은 영국 맨체스터대에서 공학을 전공하다가 공학과 관련된 수학에 관심을 갖고 러셀과 프레게의 수학 관련 저술을 읽게 됩니다. 프레게를 방문한 비트겐슈타인은 그의 권유로 러셀이 있는 케임브리지대로 옮겨 러셀과 함께 논리학과 철학을 연구하면서, 곧 그로부터 높이 인정받게 됩니다. 이로 말미암아 비트겐슈타인은 프레게와 러셀의 지적 계보에 속하는 것으로 분류되곤 하는데, 이는 절반만이 참입니다. 러셀과 비트겐슈타인 사이에는 넘지 못할 문화적 차이가 있기 때문입니다. 비트겐슈타인은 러셀을 만나기 이전에 칸트, 쇼펜하우어 등 대륙의 지적 전통의 영향을 받은 바 있는 데 반해, 러셀은 영국 경험론의 전통을 계승하면서 과학에 경도된 무신론자였습니다.

1914년에 제1차 세계대전이 발발하자 비트겐슈타인은 죽음과 직면하는 것이 자신을 어떤 방식으로든 개선시킬 것이라는 생각에 자원입대하여, 그가 바라던 대로 최전방에 배치되어 용감히 싸웁니다. 그는 전쟁 중에 꾸준히 철학 일기를 써 왔는데, 이를 바탕으로 1918년에 분석철학의 고전으로 꼽히는 『논고』를 완성합니다. 전쟁 중에 쓴 일곱 권에서 아홉 권가량의 일기들(von Wright 1979, 106쪽)은 그가 사망하기 1년 전인 1950년에 그의 뜻에 따라 모두 소각된 줄 알았지만, 1914년에서 1916년 사이에 쓴 세 권의 참전 일기들이 천우신조로 살아남아 그의 사후 『노트북』(NB)이라는 이름으로 합본되어 발간됩니다.

제1차 세계대전 후 비트겐슈타인은 『논고』로 일약 세계에서 주목받는 철학자가 되었습니다. 사망한 아버지로부터 엄청난 유산도 상속받게 되었습니다. 그러나 그는 유산을 오스트리아의 문인과 예술가들에게 익명으로 나눠 주고, 본인은 초등학교 교사가 되기로 결심합니다. 『논고』로 말미암아 철학의 모든 문제는 해결되었으므로, 대학으로 돌아가 철학을 연구하는 것보다 더 가치 있는 일을 해야겠다고 생각한 것입니다.

우리는 이 강의에서 비트겐슈타인의 일기와 『논고』를 읽을 것입니다. 『논고』에서는 주로 다음 부분을 발췌해 읽겠는데 발췌한 부분의 주제도 함께 명기해 보았습니다.[35]

서문
5.62 – 5.641   유아론
6.373 – 6.374   의지
6.4 – 6.41   세계, 가치
6.42 – 6.43   윤리
6.431 – 6.4312 죽음
6.432 – 6.552   신비
6.53 – 7   철학

비트겐슈타인은 『논고』의 서문에서 이 책의 의미를 "말할 수 있는 것은 명료하게 말해질 수 있어야 하고, 말할 수 없는 것에 대해서는 침묵해야 한다"라는 말로 요약한 바 있습니다. 초기의 분석철학을 이끌었던 논리실증주의자들은 그의 이 말을 자연과학의 명제를 제외한 형이상학, 윤리, 종교 등 실증할 수 없는 것들이 말할 수 없는

---

35 『논고』의 주제별 분류는 다음의 책을 참조하십시오. Black 1964, xiii~iv쪽.

것이고, 이것들은 학문의 영역에서 추방해야 한다는 뜻으로 해석하고는 열렬히 옹호했습니다. 그러나 『논고』에서 우리가 읽을 부분은 분석철학자들이 별로 주목하지 않는 구절들입니다. 그러면 우리는 왜 이 부분을 택했을까요?

『논고』는 쓰인 부분과 쓰이지 않은 부분으로 이루어지는데, 쓰이지 않은 부분이 중요하다면서 『논고』의 요점은 윤리적인 것이라고 한 비트겐슈타인의 말(LF, 94쪽)을 논리실증주의자들은 간과하고 있습니다. 그들과는 달리 그는 실증할 수 없는 침묵의 영역을 더 중요하게 생각한 것입니다. 『논고』에서 우리가 읽을 부분은 비트겐슈타인이 『논고』의 요점이라고 지목한 윤리적인 것과 연관된 대목입니다.

『논고』는 세계를 사람의 의식작용 밖에 있는 예지계(noumena)와 사람이 의식할 수 있는 현상계(phenomena)로 구분한 다음 이 구분을 위반하는 사변철학을 비판한 칸트와, 실천이성의 영역인 의지와 현상계에 대한 표상을 구분해 세계를 의지와 표상으로 본 쇼펜하우어의 전통을 계승하고 있습니다. 『논고』에서 비트겐슈타인이 전개한, 말할 수 없는 것에 대한 침묵, 말할 수 있는 것에 대한 그림이론의 구분은 칸트의 예지계와 현상계의 구분, 쇼펜하우어의 의지와 표상의 구분을 창의적으로 재구성한 것이라 할 수 있습니다. 칸트가 근대 철학의 화두였던 인식의 지평에서 영국의 경험론과 대륙의 이성론을 자신의 이성 비판에서 종합하였듯이, 비트겐슈타인은 현대 철학의 화두인 언어의 지평에서, 그리고 그가 칸트와 쇼펜하우어에게서 배운 대륙 철학의 전통과 프레게와 러셀에게서 배운 분석철학

전통의 배경하에, 말할 수 있는 것과 없는 것 사이의 구분을 자신의 언어 비판에서 실행하고 있습니다.

비트겐슈타인은 진리 함수적 언어로 표현되는 그림(표상)으로서의 세계가 우리가 말할 수 있는 것임을 규명함으로써 말할 수 있는 것과 없는 것 사이에 한계를 그었습니다. 그는 자연과학의 명제만이 의미를 갖지만, 정말로 해결되어야 할 것은 자연과학의 문제들이 아니라고 했습니다(TLP, 6.4312). 그래서 그는 말할 수 없는 것에 대해 말하거나, 과학에 맹종하여 말할 수 없는 것을 무가치한 것으로 경시하는 태도를 모두 배격하였습니다. 그는 현대의 학문과 대학에서 자신이 배격한 이 두 경향을 목도하였고 이를 멀리하였습니다.

질문 칸트의 작업이 비트겐슈타인과 관련해 어떠한 중요성을 갖는지요?

답변 칸트가 살았던 시대는 계몽주의가 꽃피우던 때였습니다. 계몽주의는 신에 대한 도전으로 볼 수 있습니다. 그에 따르면 세계는 뉴턴의 고전역학이 잘 보여 주듯 기계적 인과율에 의해 움직이고 신도 이에 복종해야 합니다. 사람은 신의 계시를 따를 것이 아니라 자신의 이성에 의해서 세계를 파악해야 합니다. 현실적인 것이 이성적인 것이고 이성적인 것이 현실적인 것이라는 헤겔의 철학은 계몽주의 사조의 정점에 서 있습니다. 그러나 칸트는 이성의 무제약적 사용을 비판합니다. 그는 이성에 의해 알려질 수 있는 것과 그렇지 않은 것을 구분합니다. 우리는 범주가 적용되는 표상의 세계에 대해서만 알 수 있습니다. 그런데 이 표상이 물자체와 일치하는지의 여부는 알 수 없습니다. 그의 『순수이성 비판』은 표상에 대한 비판이자 그 한계를 넘어선 사변적 형이상학에 대한 비판이라고 할 수 있습니다. 저는 현상계와 예지계에 대한 그의 이분법과 이성 비판이, 말할 수 있는 것과 없는 것에 대한 비트겐슈타인의 구분과 언어 비판으로 계승된 것으로 봅니다.

칸트는 지식은 신앙에 자리를 양보해야 하며 실천이성이 순수이성보다 우위에 선다고 했습니다. 사람은 이성에 의해서가 아니라 신앙과 윤리적 실천에 의해 예지계에 도달하게 된다고 보았습니다. 비트겐슈타인은 자연과학적 명제가 말할 수 있는 표상적 지식의 영역에, 윤리나 종교 등이 말할 수 없는 침묵의 영역에 각각 속하는데 후자가 중요하다고 했습니다. 이 점에 있어서도 그는 칸트를 계승하고 있습니다.

질문 『논고』에 쓰이지 않은 부분이 중요하다는 비트겐슈타인의 말을 어떻게 이해해야 할지요? 앞으로 우리가 읽을 『논고』의 구절들이 쓰이지 않은 부분을 암시했다고 할 수 있나요?

답변 우리는 예컨대 시(詩)로부터 유의미한 정보가 아니라 인생에 대한 통찰을 얻습니다. 프로스트(Robert Frost)는 그의 시 「가지 않은 길」에서 인생을 길에 비유하고 있습니다. 인생과 길이 동의어는 아니기에 저러한 비유는 문자적으로는 언어의 남용일 수 있지만, 시의 문자적 해석은 시가 노래하는 통찰을 놓치고 있습니다. 그 통찰이 가치 있는 것에 해당합니다. 말할 수 없는 것을 말하는 무의미가 가치를 지닐 수 있다는 비트겐슈타인의 견해는 이러한 맥락에서 새겨야겠습니다. 우리는 그가 이러한 견해를 펼치고 있는 『논고』의 구절들을 함께 읽을 것입니다.

2장
『논고』의 서문

이제부터 『논고』의 서문을 읽겠습니다. 비트겐슈타인은 서문을 다음과 같이 시작합니다.

> 이 책은 아마도 이 속에 표현된 생각들—또는 적어도 그와 비슷한 생각들—을 그 자신이 이미 해 본 사람에게만 이해될 것이다.

비트겐슈타인은 왜 이러한 말을 할까요? 그의 사후에 출간된 『철학적 고찰』의 서문에서 그는 다음과 같이 말하고 있습니다.

> 이 책은 이 책의 정신을 공감하는 사람을 위해서 씌어졌다. 이 정신은 우리 모두가 처해 있는 유럽 및 미국 문명의 거대한 흐름을 이루는 정신과는 다른 것이다.

비트겐슈타인은 자신의 사유가 반시대적인 것임을 시사하고 있습니다. 이로부터 시대정신에 편승하는 사람은 그의 사유를 이해할 수 없다는 추론이 가능합니다. 그가 목도한 이 시대는 암흑기였습니다(PI, 서문). 그 시대의 한 복판에서 그는 자신의 사유가 빛이 되기를 희망했습니다. 따라서 『논고』를 위시한 그의 작품들은 반시대적 고찰로 읽힙니다.

퍼스(Charles Peirce)나 하버마스와 같은 철학자들은 담론과 토론을 통해 타인의 생각을 이해할 수 있고 일치를 볼 수 있다고 믿었습니다. 그러나 『논고』의 서문 첫 문장에서 비트겐슈타인은 자신의 책에 표현된 생각은 그것을 이미 생각해 본 사람에게만 이해될 것이라면서 퍼스와 하버마스의 논제에 대한 이견을 제시하고 있습니다.

질문 비트겐슈타인이 대표하고 있는 분석철학은 분석과 논증을 통한 객관적 지식을 추구하는 학문으로 알고 있는데, 자신과 생각이 같거나 비슷한 사람에게만 이해의 권한을 부여하는 『논고』의 서문 첫 문장은 분석철학의 정신과 어울리지 않아 보입니다. 그는 그 반대로 말했어야 하는 것 아닌가요?

답변 자신의 생각을 말하지만 말고 그것에 대한 논증을 제시하라는 러셀의 요구에 비트겐슈타인은 논증이 아름다움을 훼손시킬 것이라면서, "진흙투성이의 손으로 꽃을 더럽힌 것 같은 느낌이 들 것"(Monk 1990, 54쪽)이라고 말했다고 합니다. 비트겐슈타인은 논증에 우선성을 두는 러셀과 같은 분석철학자들과 자신을 차별화시키고 있습니다. 세계관과 시대정신을 달리하는 사람에게 논증이 무슨 의미가 있을까요? 칸트의 철학을 원시인에게 논증하는 게 무슨 의미가 있을까요? 유럽의 시대정신으로 타민족의 정신을 논증적으로 이해할 수 있을까요? 비트겐슈타인은 인류학자 프레이저(James Frazer)의 저작 『황금가지』에 대해 서구의 잣대로 그와는 전혀 이질적인 타문화권을 자의적으로 해석하였다고 비판한 바 있습니다.

『논고』의 서문은 다음과 같이 계속됩니다.

만약 이 책을 읽고 이해하는 사람에게 즐거움을 줄 수 있다면, 이 책의 목적은 달성될 것이다.

같은 책의 후반부에서는 다음과 같이 말합니다.

행복한 사람의 세계는 불행한 사람의 세계와는 다른 세계이다. (TLP, 6.43)

행복한 세계가 따로 있고 불행한 세계가 따로 있는 것은 아닙니다. 이 세계는 하나입니다. 그러나 세계에 대한 태도에 따라 세계가 다를 수 있다는 것입니다. 비트겐슈타인의 의도는 우리로 하여금 행복한 눈으로 세계를 보게 하는 것입니다.

『논고』의 서문은 다음과 같이 계속됩니다.

이 책은 철학의 문제들을 다루고 있으며—내가 믿기로는—이 문제들이 제기되는 것이 우리 언어의 논리에 대한 오해에 기인한다는 것을 보여 준다. 이 책의 모든 의미는 다음과 같이 요약될 수 있을 것이다. 어떻게든 말해질 수 있는 것은 명료하게 말해질 수 있어야 한다. 그리고 말할 수 없는 것에 대해서는 침묵해야 한다.

우리는 여기서 "이 책의 모든 의미"라는 말에 주목할 필요가 있습니다. 이 표현에 대해서는 잠시 후에 다시 살펴보겠습니다.

비트겐슈타인은 『논고』의 말미에서 다음과 같이 말합니다.

우리는 모든 **가능한** 과학적 물음이 대답되었을 때에도, 우리의 삶의 문제들은 전혀 건드려지지 않은 채로 남을 것이라고 느낀다. 물론 그때는 더 이상 아무런 물음도 남아 있지 않다. 그리고 바로 이것이 대답이다.
삶의 문제의 해결은 이 문제가 소멸됨에서 감지된다. (TLP, 6.52-6.521)

이는 대학이라는 상아탑의 학자들에 대한 일침이기도 합니다. 비트겐슈타인이 보기에 그들은 과학적 물음이 유일한 가능한 물음이라고 믿고 있거나(과학주의), 말할 수 없는 것에 대해서 말하고 있기 때문입니다(형이상학).

비트겐슈타인은 『논고』에서 철학의 문제들이 모두 해결되었다고 믿었습니다. 그는 다음과 같이 말합니다.

> 나는 문제들이 본질적인 점들에 있어서는 궁극적으로 해결되었다는 의견이다. (TLP, 서문)

『논고』가 철학의 문제들을 다루는 방법은 그 문제들이 우리 언어의 논리에 대한 오해에 기인한다는 것을 보여 줌으로써 소멸시키는 것입니다. 따라서 철학의 문제들은 진정한 문제가 아닌 셈입니다. 우리가 삶을 살아가며 부딪치는 문제들은 과학적 문제가 아니고, 과학적 문제가 대답된다고 해서 대답되지 않습니다. 그러나 저는 비트겐슈타인과 달리 삶의 문제들은 우리 언어의 논리에 대한 오해에 기인하는 사이비 문제가 아니라 진정한 문제이며, 삶의 문제의 해결은 우리 언어의 논리에 대한 오해에 기인하는 문제의 소멸과는 다른 방식으로 이루어진다고 봅니다. 즉 그것은 문법적 탐구에 의해서가 아니라 숙고, 결단, 행위, 실천, 실행 등에 의해 해결됩니다.

비트겐슈타인은 위에서 보았듯이 『논고』의 모든 의미를 다음과 같이 요약했습니다. "어떻게든 말해질 수 있는 것은 명료하게 말해질 수 있어야 한다. 그리고 말할 수 없는 것에 대해서는 침묵해야 한다." 그런데 그는 『논고』의 말미에서 다음과 같이 말합니다.

> 나의 명제들은 다음과 같이 주석으로 기여한다. 나를 이해하는 사람은 그가 그것들을 통하여—그것들을 딛고—그것들을 넘어서서 올라갔을 때, 종국에 가서는 그것들이 무의미함을 인지한다. (TLP, 6.54)

비트겐슈타인이 서문에서 요약한 "이 책의 모든 의미"에 위의 구절을 적용하자면 그 의미(Sinn)는 곧 무의미(Unsinn)[36]가 될 텐데 이는 모순입니다. 위의 인용문에서 "나를 이해하는 사람"은 무의미를 이해한 셈인데 무의미를 이해한다는 말도 모순입니다.

철학의 문제들을 모두 해결했다는『논고』가 일련의 모순을 잉태하고 있다는 사실은 흥미롭습니다. 위의 인용문에 바로 이어지는 다음에서 보듯 비트겐슈타인은『논고』의 명제들을 사다리에 비유함으로써 의미가 아닌 도구로서의 쓰임새에 주목합니다.

(말하자면 그는 사다리를 딛고 올라간 후에는 그 사다리를 내던져 버려야 한다.)
그는 이 명제들을 극복해야 한다. 그때 그는 세계를 올바로 보게 된다. (TLP, 6.54)

『논고』의 명제들이 무의미하다면서도 비트겐슈타인은 여기서 그것들에 명제의 지위를 부여하고 있는데, 이는 "명제만이 의미를 갖는다"라는『논고』3.3과 어긋납니다(이승종 2002, 2장을 참조하십시오). 그럼에도『논고』의 명제들을 극복할 것을 추천하는 그의 말에는 울림이 있습니다. 강을 건넜으면 뗏목은 버리고 가라는 불교의 가르침과도 일맥상통합니다.『논고』의 명제들이 무의미하다고 했지만 사다리의 역할을 한다는 점에서 가치가 없는 것은 아닙니다. 역으로

---

36 'Unsinn'은 문맥에 따라 무의미, 헛소리로 옮겼습니다.

자연과학의 명제들만이 의미가 있지만(TLP, 4.11, 6.53) 그 명제들에 가치는 없습니다(TLP, 6.4-6.41). 의미와 가치 사이의 이러한 반비례 관계도 그의 독특한 사유를 보여 줍니다.

『논고』의 서문은 다음과 같이 계속됩니다.

> 그러므로 이 책은 생각에, 아니 그보다는—생각이 아니라 생각들의 표현에 한계를 그을 것이다. 왜냐하면 생각에 한계를 긋기 위해서는, 우리가 이 한계의 양편을 모두 생각할 수 있어야(그래서 생각할 수 없는 것도 생각할 수 있어야) 하기 때문이다.
> 그러므로 한계는 오직 언어에만 그어질 수 있을 것이며, 한계의 다른 한편에 놓여 있는 것은 단순히 무의미한 것이 될 것이다.

이 구절에서 우리는 칸트와 비트겐슈타인 사이의 관계, 근대의 인식론과 현대의 언어철학 사이의 관계를 엿볼 수 있습니다. 칸트는 이성 비판을 통해 생각에 한계를 긋는 작업을 수행하였습니다. 그러나 이러한 작업은 "이 한계의 양편을 모두 생각할 수 있어야(그래서 생각할 수 없는 것도 생각할 수 있어야)" 하는 모순을 노정하게 됩니다.

칸트로 대표되는 근대 인식론의 기획에서 모순을 적시한 비트겐슈타인은 "그러므로 한계는 오직 언어에만 그어질 수 있을 것이며, 한계의 다른 한편에 놓여 있는 것은 단순히 무의미한 것이 될 것"이라고 선언합니다. 이는 인식론에 기울어졌던 근대 철학에서 언어철학이 헤게모니를 쥐게 되는 현대 철학으로의 주제 변환을 시사하는 언어적 전회(linguistic turn)의 한 표현입니다. 비트겐슈타인은 형이상학에 대한 칸트의 비판을 계승하면서도 칸트의 이성 비판을 언어 비판으로 바꿔 놓은 것입니다.

언어에 한계를 긋는다는 것은 무엇을 의미할까요? 말할 수 있는 것과 없는 것의 경계를 설정하여, 말할 수 있는 것에 대해서는 명료하게 말하고 말할 수 없는 무의미한 것에 대해서는 침묵하는 것입니다. 『논고』에서 이는 다음과 같이 구체화됩니다. 첫째, 언어는 세계를 그립니다. 세계를 그리지 않는 언어는 무의미합니다. 둘째, 언어와 세계는 진리 함수 논리를 얼개로 합니다. 그 논리 밖에 있는 것은 말할 수 없는 것이며 이에 대해서는 침묵해야 합니다. 그러나 칸트가 도덕형이상학을 실천이성의 영역으로 인정하고 존중한 것처럼, 비트겐슈타인도 말할 수 없는 무의미한 것의 가치를 인정하였습니다.

질문 생각과 언어에 한계를 긋는 칸트와 비트겐슈타인의 작업에 틀릴 여지는 없나요? 과거에는 생각할 수 없는 것을 지금은 생각할 수 있는 경우도 있지 않나요?

답변 비트겐슈타인은 『논고』의 서문에서 "여기에서 전달된 생각들의 **진리성**은 논파될 수 없으며 결정적인 것"이라고 확신했습니다. 그러한 그도 후기의 대표작인 『탐구』에서는 이러한 확신을 철회하면서 『논고』에 대한 해체 작업을 수행하게 됩니다.

질문 철학의 문제들이 우리 언어의 논리에 대한 오해에 기인한다고 했는데, 우주의 끝이 있는가 없는가와 같은 문제도 그렇습니까?

답변 칸트에 의하면 저 문제는 전통 형이상학이 빠지게 되는 이율배반의 경우에 해당합니다. 감성계의 현상들을 물자체로 생각해 감성계에 적용되는 원칙들을 물자체계에 적용되는 원칙들로 받아들일 때 저러한 문제가 생겨난다는 것입니다. 이는 철학의 문제에 대한 비트겐슈타인의 태도와 일맥상통한다고 볼 수 있습니다.

언어의 논리에 대한 오해로 빚어진 철학의 문제로 "현재 프랑스의 왕은 대머리이다"라는 명제를 둘러싼 마이농(Alexius Meinong)과 러셀의 논쟁을 들 수 있습니다. 마이농은 현재 프랑스 왕은 존재하지 않지만, 우리가 그를 대머리라고 생각할 때 현재 프랑스 왕이라는 지향적 대상은 존재와 비존재 너머의 가능세계에 있다고 보았습니다(Meinong 1904). 반면 러셀은 저 명제를 다음과 같은 세 명제가 연접된 형태라고 보았습니다(Russell 1905).

(l) 현재 프랑스 왕인 어떤 사람이 존재한다.
(m) 그 사람은 오직 하나만 존재한다.
(n) 그 사람은 대머리이다.

이를 하나로 묶어 기호로 표현하면 다음과 같습니다.

(o) $(\exists x)(Kx \ \& \ (y)(Ky \supset y = x) \ \& \ Bx)$

    K: 현재 프랑스 왕이다
    B: 대머리이다

위의 논리식 (o)는 "현재 프랑스의 왕은 대머리이다"가 거짓임을 보여 줍니다. 저 명제를 구성하는 요소의 하나인 (I), 즉 (∃x)(Kx)가 거짓이기 때문입니다. 따라서 존재와 비존재 너머의 지향적 대상에 대한 마이농식의 믿음은 거짓이라는 것입니다. 즉 세상에 존재하지 않는 것에 대한 어떠한 명제도 다 거짓이라는 것입니다.

마이농의 쓸데없는 형이상학을 단칼에 베어 버린 러셀의 분석은 철학적 분석의 효시로 칭송받아 왔습니다. 물론 러셀의 분석에 대한 반론도 만만찮습니다. 스트로슨은 "현재 프랑스의 왕은 대머리이다"를 거짓으로 판정한 러셀을 비판하면서, 저 명제에는 어떠한 진리치도 부여할 수 없다고 주장한 바 있는데(Strawson 1950) 저는 스트로슨의 견해가 일상 언어의 결에 더 맞다고 봅니다. 그러나 한 가지 분명한 것은 논리적 분석을 통해 잘못된 형이상학을 끝장낼 수 있다는 신념이 러셀 이후의 분석철학에 계승되었다는 점입니다. 비트겐슈타인의 『논고』도 그 연장선상에 있는 것으로 여겨져 왔습니다.

『논고』의 서문은 다음과 같이 계속됩니다.

만일 이 저술이 가치를 지니고 있다면, 그것은 다음의 두 가지 점에서일 것이다. 첫째는 이 속에 생각들이 표현되어 있다는 것이다.

비트겐슈타인은 "사실들의 논리적 그림이 생각"(TLP, 3)이며, "생각은 의미 있는 명제"(TLP, 4)라고 했습니다. 그리고 그는 앞서 보았듯이 『논고』의 명제들이 무의미하다고 했습니다(TLP, 6.54). 그러한 그가 『논고』에 "생각들이 표현되어 있다"라고 할 수 있을까요? 그가 자신의 말에 충실하다면 이렇게 말할 수 없습니다.

『논고』의 서문은 다음과 같이 계속됩니다.

다른 한편, 내게는 여기에서 전달된 생각들의 **진리성**이 논파될 수 없으며 결정적인 것으로 보인다. 그러므로 나는 문제들이 본질적인 점들에 있어서는 궁극적으로 해결되었다는 의견이다.

그러나 『논고』 자체가 저러한 주장을 불가능하게 합니다. 첫째, 앞서 보았듯이 이 책에 생각들이 표현되어 있지 않습니다. 둘째, "그림이 제시하는 것이 그림의 의미"(TLP, 2.221)이며 "그림의 의미와 실재 사이의 일치나 불일치에서 그림의 참됨이나 거짓됨이 성립"(TLP, 2.222)한다고 했습니다. 만일 이 책에 표현된 생각이 진리라면 이 책은 세계를 그려야 하고, 그 그린 것이 실재와 맞아떨어져야 합니다. 그러나 이 책은 세계를 그린 책이 아닙니다.

본문을 완성한 뒤에 집필한 것으로 보이는 『논고』의 서문은 본문의 취지와 잘 맞지 않고 본문과의 일관성도 유지되지 않고 있습니다. 비트겐슈타인의 지적 오만이 본문에서 성취한 정교한 철학적 작업을 가려 버리고 있습니다. 철학의 고전 중에는 서문만으로도 그 가치가 아주 높은 작품들이 있습니다. 칸트의 『순수이성 비판』, 헤겔의 『정신현상학』, 하이데거의 『존재와 시간』 등이 이에 해당합니다. 『논고』의 서문은 저러한 작품들의 서문과 어깨를 나란히 하기는 어렵겠습니다. 『논고』의 가치는 서문이 아니라 본문에 있습니다.

그럼에도 『논고』의 서문은 이 책의 방향성을 윤곽 잡아 주고 있습니다. 비트겐슈타인은 "참된 명제들의 총체가 전 자연과학(또는 자연과학들의 총체)"(TLP, 4.11)이며 "철학은 자연과학들 중 하나가 아니"(TLP, 4.11)라고 했습니다. 그는 철학을 자연화하여 과학의 일부로 환원하거나(환원주의), 철학을 과학이 아니라는 이유로 학문 영역에서 제거하거나(제거주의), 철학의 모범을 과학에서 찾으려는(과학주의) 시대정신과 궤를 달리합니다. 그는 철학이 자기만의 영역을 찾아 형이상학으로 회귀하는 경향과도 선을 그었습니다. 그가 보기에 형이상학은 말할 수 없는 것을 말하려는 헛된 시도에 불과합니다.

『논고』의 서문은 말할 수 있는 것과 없는 것의 대비를 통해 과학과 철학을 명확히 구분 지음으로써 과학의 시대에 철학의 나아갈 길을 새로이 모색하고 있습니다. 이러한 모색은 『논고』 이후에는 진보에 대한 믿음과 그에 대한 비판으로 발전됩니다. 쿤이 지적했듯이 진보는 과학이라고 불리는 활동에 특권적으로 부여되는 속성입니다 (Kuhn 1962, 160쪽). 『철학적 고찰』의 서문을 위한 스케치에서 비트겐슈타인은 이를 과학을 넘어 서구 문명("유럽과 미국의 진보하는 문명")에 귀속시킵니다. 진보로 특징지어지는 과학 문명이 명료성을 **수단**으로 삼는 데 반해서, 그는 명료성, 투명성을 **목적 자체**로 삼는다는 점에서 자신의 사유를 구별 짓고 있습니다(MS 109, 1930년 11월 6~7일).

비트겐슈타인은 과학 문명의 특징인 진보를 잣대로 철학의 정체성(停滯性)을 조롱하는 견해를 다음과 같이 비판합니다.[37]

---

37 칸트는 형이상학이 언제나 "결코 시들지도 충족되지도 않는 희망으로 사람의 마음을 불안한 상태로 만들고" 있으며, "다른 모든 학문은 끊임없이 진보하는 데 반해" 형이상학은 "단 한 발짝도 앞으로 나아가지 못하고 동일한 점을 영원히 맴돌고 있다"(Kant 1783, 255~256쪽)고

사람들은 철학이 실질적인 진보를 이루지 못한다고 말하곤 한다. 그리스 사람들이 문제 삼았던 철학적 문제들을 아직도 우리가 문제 삼고 있다고 말이다. 그러나 이를 언급하는 사람들은 그것이 왜 그러한지를 이해 못하고 있다. 우리의 언어가 그대로인 까닭에 똑같은 문제로 우리를 계속 오도(誤導)하기 때문인데 말이다. (MS 111, 1931년 8월 24일)

비트겐슈타인이 보기에 과학의 진보에 대비되는 철학의 정체(停滯)는 철학의 결점이 아니라 본래적인 특징입니다. 일기의 저 구절로부터 약 20년 뒤에 그는 이렇게 말합니다.

철학이 어떠한 진보도 이루지 못했다고? 어떤 사람이 자기 몸의 가려운 곳을 긁는다면 우리는 거기서 진보를 보아야 하는가? (MS 174, 1950년)

이는 비트겐슈타인이 세상을 떠나기 1년 전에 쓴 글이라는 점에서 그가 평생토록 믿어 온 견해라고 할 수 있겠습니다. 요컨대 철학의 정체성(正體性)은 진보와는 아무런 상관이 없다는 것입니다. 우리는 『논고』의 말미에서 다시 이 문제로 돌아오게 될 것입니다.

비판합니다.

3장

유아론

비트겐슈타인의 『논고』와 일기에서 유아론에 관한 부분을 발췌해 읽겠습니다.[38] 1915년 제1차 세계대전 전선에서 그는 일기에 다음과 같이 적고 있습니다.

> **나의 언어의 한계**는 나의 세계의 한계를 뜻한다. (MS 102, 1915년 5월 23일)

1918년 비트겐슈타인은 그동안 전선에서 써 둔 (일곱 권에서 아홉 권 분량의) 일기의 내용을 바탕으로 후에 『논고』로 알려진 작은 책을 편집합니다. 그 과정에서 위의 명제는 5.6이라는 번호가 매겨

---

[38] 이 주제에 주목하면서도 우리와는 각기 다른 방향으로 논의를 전개하는 다음의 글과 책들을 참조하십시오. Pears 1988/1989; 1993; 박정일 2006.

져 『논고』에 실리게 됩니다. 또 같은 날짜의 일기에서 다음의 명제가 5.62라는 번호가 매겨져 『논고』에 명제 5.6 뒤에 실리게 됩니다.

이 말은 유아론이 어느 정도까지 진리인가라는 물음에 열쇠를 제공한다. (MS 102, 1915년 5월 23일)

"**나의 언어의 한계**는 나의 세계의 한계를 뜻한다"라는 말이 유아론이 옳음을 입증하는 데 어떻게 열쇠 구실을 한단 말일까요? 『논고』에서 비트겐슈타인은 다음과 같이 계속합니다.

세계가 **나의** 세계라는 것은, 언어(내가 이해하는 오직 **그** 언어)의 한계가 **나의** 세계의 한계를 뜻한다는 데서, 그 자신을 보여 준다. (TLP, 5.62)

세계는 나의 언어로 그려지는데 그 언어의 한계가 나의 세계의 한계라는 것입니다. 이는 현상에 대한 인식의 한계가 현상계의 한계가 되는 칸트의 철학을 연상케 합니다. 그런데 왜 여기서 내가 필요할까요? 어떻게 나의 언어의 한계가 나의 세계의 한계가 될까요? 이에 대한 답변을 찾기 위해서는 위의 인용문 바로 앞에 놓이게 되는 다음의 구절을 살필 필요가 있습니다.

유아론의 **취지**는 전적으로 옳지만 그것은 **말해질** 수는 없고, 그 자신을 보여 줄 뿐이기 때문이다. (TLP, 5.62)

옳지만 말해질 수 없는 유아론이란 무엇인가요? 비트겐슈타인은 다음과 같이 말합니다.

나는 나의 세계이다. (소우주) (TLP, 5.63)

의지가 존재하지 않는다면 우리가 나라고 부르는, 윤리의 담지자인 세계의 중심도 존재하지 않을 것이다. (MS 103, 1916년 8월 5일)

두 번째 인용문의 의미는 잠시 후에 살펴보기로 하겠고, 여기서는 내가 세계의 중심이라는 표현에만 주목하기로 하겠습니다. 요컨대 비트겐슈타인의 유아론은 다음의 두 명제로 요약됩니다.

(1) 나는 나의 세계이다.
(2) 나는 세계의 중심이다.

비트겐슈타인은 유아론을 표현하는 (1)과 (2) 모두가 옳다고 봅니다. 유아론은 자연과학적 언어로 표현될 수 없는 관념론적 입장이기 때문에 말할 수는 없지만 옳다는 것입니다. 3인칭적 분석철학의 성경으로 꼽히는 『논고』가 유아론이라는 극단적 1인칭 관념론을 견지한다는 게 의아스럽습니다. 그러한 유아론이 말할 수 없지만 옳다는 그의 평가도 마찬가지입니다. 우리는 그에게 유아론이 옳음을 증명해 보라고 할 수 있을 것입니다. 고맙게도 그는 이러한 작업을 수행하고 있습니다.

앞서 보았듯이 비트겐슈타인의 유아론은 "**나의 언어의 한계**는 나의 세계의 한계를 뜻한다"라는 명제로 시작합니다. 그는 "이 말이 유아론이 어느 정도까지 진리인가라는 물음에 열쇠를 준다"(TLP, 5.62; MS 102, 1915년 5월 23일)라고 말합니다. 그리고 그는 이 명제에 관한 논의를 "세계가 **나의** 세계라는 것은, 언어(내가 이해하는 오직 **그** 언어)의 한계가 **나의** 세계의 한계를 뜻한다는 데서, 그 자신을 보여 준다"라는 명제로 끝맺고 있습니다. 이는 하나의 완결된 논의로 볼 수 있습니다. "**나의 언어의 한계**는 나의 세계의 한계를 뜻한다"라는 명제로 시작해서 같은 명제로 끝맺고 있기 때문입니다. 이 완결된 논의는 과연 유아론의 취지가 어떻게 해서 옳은지를 입증하고 있을까요? "세계가 **나의** 세계라는 것은, 언어(내가 이해하는 오직 **그** 언어)의 한계가 **나의** 세계의 한계를 뜻한다는 데서, 그 자신을 보여 준다"라는 명제의 의미는 무엇일까요?

여기서 문제되고 있는 표현은 "die Grenzen *der* Sprache(der Sprache, die allein ich verstehe)"입니다. 괄호 안의 원문을 옥덴(Charles Kay Ogden)과 램지(Frank Ramsey)는 1922년에 출간된 『논고』의 최초 영역판에서 "the language which only I understand(나만이 이해하는 언어)"로 번역하고 있으며, 앤스컴(Anscombe 1959, 167쪽), 엄슨(Urmson 1956, 135쪽), 워커(Walker 1968, 227쪽)도 이를 따르고 있습니다. 그러나 비트겐슈타인이 램지의 『논고』 영역판에 이 번역을 "the only language which I understand(내가 이해하는 오직 그 언어)"로 교정했음이 루이(Lewy 1967, 419쪽)에 의해 밝혀졌습니다. 따라서 원문의 온전한 번역은 "the limits of *the* language(the only language which I understand)[언어(내가 이해하는 오직 그 언어)"의 한계]가 되어야 합니다. 1961년에 출간된 페어스(David Pears)와 맥기니스(Brian McGuinness)의 새 영역판은 대체로 이 번역을 따르고 있지만 강조의 위치를 원문과 달리 설정함으로써 역시 아쉬움을 남기고 있습니다.

비트겐슈타인은 왜 "나만이 이해하는 언어"라는 표현 대신 "내가 이해하는 오직 그 언어"라는 표현을 택했을까요? 도대체 "나만이 이해하는 언어"란 가능할까요? 후에 『탐구』에서 비트겐슈타인은 이러한 언어를 "사적 언어"(PI, §269)라고 부르고 이 언어가 불가능함을 논증한 바 있습니다.[39] 『논고』를 집필할 당시의 비트겐슈타인이 이미 사적 언어 논증을 염두에 두고 있었는지는 알 수 없습니다. 그러나 "내가 이해하는 오직 그 언어"는 "나만이 이해하는 언어"와는 다릅니다. 따라서 그 언어는 사적 언어 논증에 의해서 무효화되지 않습니다.[40]

"내가 이해하는 오직 그 언어"란 무엇일까요? 앞서 보았듯이 청년 비트겐슈타인에 의하면 언어는 명제들의 총체이고(TLP, 4.001) 명제는 실재의 그림입니다(TLP, 4.01). 그리고 실재의 총체가 세계입니다(TLP, 2.063). 이를 묶어 보면 언어는 세계의 그림이라는 정의가 성립됩니다. 나는 언어로 세계를 그립니다. 언어가 세계의 그림이라고 하는 것은 우리가 언어에 의해 표상된 세계, 즉 언어의 구조 안에

---

[39] 이에 대한 자세한 논의는 다음을 참조하십시오. 이승종 2002, 5장.
[40] 박병철 교수는 "내가 이해하는 오직 그 언어"를 사적 언어로 보고 후기 비트겐슈타인의 사적 언어 논증이 이 언어의 가능성을 논파하고 있는 것으로 해석하고 있습니다(박병철 2002). 그러나 "내가 이해하는 오직 그 언어"가 사적 언어라는 주장은 "내가 이해하는 오직 그 언어"의 성격을 오해한 것이며, "그 언어"가 사적 언어 논증에 의해 논파되는 것도 아닙니다.

들어온 세계만을 본다는 것입니다. 그런데 언어에는 여러 종류가 있습니다. 내가 이해하지 못하는 많은 외국어가 있고, 모국어 내에서도 나의 언어 이해는 제한되어 있습니다. 가령 나는 내게 낯선 전문 분야에 관한 국내 서적의 내용을 이해하는 데 상당한 어려움을 겪곤 합니다. 따라서 나는 내가 이해하는 오직 그 언어만으로 세계를 그립니다. 그리고 나의 언어가 갖는 이러한 한계로 말미암아 내가 그리는 세계의 그림의 한계가 결정됩니다. 내가 그리지 못하는 세계는 내가 보지 못하는 세계입니다. 따라서 내가 그리는 언어의 한계는 내가 그리는 세계의 그림의 한계가 됩니다. 이를 하나의 논증으로 구성해 보면 다음과 같습니다.

1. 언어는 세계의 그림이다.
2. 언어의 한계는 세계의 그림의 한계이다.
3. 나의 언어의 한계는 내가 그리는 세계의 그림의 한계이다.

그러나 우리는 아직 비트겐슈타인이 주장하고자 하는 바에 이르지 못했습니다. 그는 나의 언어의 한계가 나의 세계의 한계라고 말하고 있기 때문입니다. 위의 논증 단계 3에서 이 명제에 이르기 위해서는 내가 그리는 세계의 그림이 곧 나의 세계임이 입증되어야 합니다. 내가 그리는 세계의 그림이 곧 나의 세계일까요? 위의 논증 각 단계에 등장하는 세 명제 1, 2, 3은 모두 동일성을 표현하는 명제입니다. 그리고 그 동일성의 핵심은 외연(外延)상의 동일성, 즉 동연성(同延性, coextensivity)입니다. 외연의 측면에서 본다면 내가 그리는 세계의 그림과 나의 세계는 같습니다. 그 이유는 위의 1, 2, 3에서 찾아집니다. 따라서 다음이 성립하게 됩니다.

4. 나의 언어의 한계는 나의 세계의 한계이다

이 논증으로 말미암아 비트겐슈타인의 유아론이 입증되었다고 볼 수는 없습니다. 유아론은 글자 그대로 오직 나만이 존재한다는 입장입니다. 그러나 이 논증은 내가 누구인지에 대한 언급을 결여하고 있습니다. 나는 누구일까요? 비트겐슈타인은 내가 나의 세계라고 말한 뒤에 이어 다음과 같이 적고 있습니다.

생각하고 표상하는 주체란 존재하지 않는다. (TLP, 5.631)

어떻게 유아론의 옹호자가 이런 주장을 할 수 있을까요? 비트겐슈타인은 이를 귀류법을 통해 논증합니다. 생각하고 표상하는 주체가 존재한다고 가정해 보겠습니다. 그렇다면 그것은 세계, 즉 나의 세계에 존재할 것입니다. 나의 세계에서 나는 발견될까요? 이에 대해 비트겐슈타인은 다음과 같이 말합니다.

만일 내가 『내가 발견한 대로의 세계』라는 책을 쓴다면, 그 책에서 나는 나의 신체에 관해 보고해야 하며, 어느 부분이 내 의지에 종속되고 어느 부분이 그렇지 않은지 등에 대해서도 말해야 할 것이다. 이는 주체를 고립시키는 한 방법일 것이다. 아니 오히려 중요한 의미에서, 주체가 존재하지 않음을 보여 주는 한 방법일 것이다. 요컨대 그 책 속에서는 오직 주체만이 언급될 수 없을 것이다. (TLP, 5.631; MS 102, 1915년 5월 23일)

내가 발견한 대로의 세계는 사실들의 총체입니다(TLP, 1.1). 거기에서 생각하고 표상하는 나는 발견될 수 있지 않을까요? 비트겐슈타인의 생각은 다음과 같아 보입니다.

세계에서 내가 발견되는지 살펴보기로 하자. 나는 내가 눈으로 보는 세계, 내 생각에 떠오르는 감정 등을 탐사한다. 그런데 '나'는 어디에 있지? '나'를 볼 수 있나? 내가 수행하는 탐사활동의 주체는 어디에 있나? (이는 마치 세계를 보지만 정작 그 보는 눈은 볼 수 없는 것과 같다.) 관찰된 세계에서 나는 발견되지 않는다. 즉 나는 세계 안에 없다. 이때 내가 취할 수 있는 선택지는 다음의 셋이다. 첫째, 내 자신이 세계 자체이다. 둘째, 내가 세계의 한계이다. 셋째, 내가 세계 바깥에 있다.

질문 유아론은 이기주의 아닌가요?
답변 아닙니다. 유아론이 자기를 중심에 놓는 세계관인 반면 이기주의는 자기 이익을 중심에 놓는 세계관입니다.
질문 '주체'를 고정된 정적(靜的)인 의미만이 아니라, '내가 세계로 확장한다'라는 식으로 운동성과 가변성이 있는 것으로 볼 수 있는 것 아닌가요?

답변 그렇습니다. 비트겐슈타인은 세계가 의미의 증감에 의해 차거나 이지러진다고 했습니다(TLP, 6.43; MS 103, 1916년 7월 5일). 이것이 가능하려면 두 번째 선택지, 즉 내가 세계의 한계여야 합니다. 앞으로 보겠지만 내가 세계의 한계라면 나의 의지로 말미암아 세계가 차거나 이지러집니다. 그리고 나의 언어의 한계(의미의 증감)가 나의 세계의 한계(차거나 이지러짐)가 됩니다(TLP, 5.6; MS 102, 1915년 5월 23일). 따라서 "주체는 세계에 속하는 것이 아니라 세계의 한계"(TLP, 5.632)인 것입니다.

비트겐슈타인의 이러한 사유는 우리에게는 낯설고 당혹스럽습니다. 그 까닭은 우리가 자기 자신을 그동안 너무 현상적으로만 보아 왔기 때문입니다. 즉 자기 자신을 생각이나 경험에 의거해 개별적으로 보아 왔기 때문입니다. 비트겐슈타인은 이를 벗어나 진정한 나 자신에 대한 성찰을 시도했습니다. 그랬을 때 '생각하는 나', '느끼는 나'는 이 세계에서 발견되지 않습니다. (흄David Hume이 포착했듯이 '감각의 다발'에 '나'를 대입시키는 것은 자의적입니다.) 그 대신 '세계의 한계로서의 나'가 부각됩니다. 앞으로 보겠지만 그것은 '윤리의 담지자로서의 나'이기도 합니다. 가치는 세계 안에서 발견되지 않지만 그럼에도 존재합니다. 가치는 윤리의 담지자인 내가 그것을 끌어들임으로써 존재하는 것입니다.

돌이켜 보건대 "생각하고 표상하는 주체란 존재하지 않는다"라는 놀라운 결론은 사실 그리 놀라운 것이 아님을 알 수 있습니다. 그것은 비트겐슈타인의 유아론 명제 (1), 즉 "나는 나의 세계이다"에 이미 함축되어 있습니다. 논리적 관점에서 보았을 때 내가 나의 세계이면서 동시에 나의 세계 안에서 발견될 수는 없기 때문입니다.

유아론의 특징은 나로부터 독립된 타자성의 완벽한 부정과 배제에 있습니다. 내가 중심이고 주인인, 나로 충만한 나의 세계에 나와 독립된 타자란 존재할 수 없습니다. 역으로 그러한 유아론적 세계는 그 어떠한 타자성의 틈입에 의해서도 일거에 무너질 수 있습니다. 그러므로 유아론은 다음과 같은 두 가지 방식으로 논박될 수 있을지 모릅니다. 첫째, 나 이외의 독립된 타자들이 실제로 존재한다는 자명한 경험적 근거에 호소하는 논박. 그러나 유아론자가 보기에 이는 그렇게 자명하지 않습니다. 유아론자는 나 이외의 타자들이 존재하는 것처럼 보이지만 사실 그들은 내가 마련한 나의 세계의 일부로 존재하며, 따라서 나에 의존하지 않을 수 없다고 응수할 것입니다.

둘째, 나의 세계 경험과는 다른 세계 경험이 가능하다는, 즉 세계가 사람 개개인에게 저마다 달리 보일 수 있다는 논박. 그러나 유아론자가 보기에 이 논박이 어떻게 수행될 수 있는지는 분명하지 않습니다. 이 논박이 수행되려면 내가 나 이외의 타자의 눈으로 세계를 보고 체험할 수 있어야 하며, 그 관찰과 체험의 내용이 나의 그것과 다른 것임을 비교를 통해 입증할 수 있어야 할 것입니다. 그러나 이것이 가능한 작업인지는 유아론자가 볼 때 매우 회의적입니다.

『논고』의 본문에서 유아론에 관한 부분을 계속 읽겠습니다. 비트겐슈타인은 다음과 같이 말합니다.

논리는 세계에 충만해 있다. (TLP, 5.61)

논리는 언어의 논리를 말하는데 그 논리는 언어에 충만해 있고 동시에 세계에 충만해 있습니다. 이것이 비트겐슈타인이 견지하는 언어-세계 동형론(isomorphism)입니다. 즉 언어와 세계가 동일한 논리적 형식을 공유하고 있다는 것입니다. 그 언어의 주인인 나는 세계의 중심이 됩니다.

나는 세계를 이해하는 나의 한계 내에서, 즉 내가 그릴 수 있는 한계 내에서 세계를 보고 있습니다. 그 한계는 논리에 의해 그어집니다. 비트겐슈타인은 다음과 같이 말합니다.

생각할 수 없는 것에 대해서는 생각할 수 없다. 그래서 생각할 수 없는 것에 대해서는 말할 수도 없다. (TLP, 5.61)[41]

『논고』의 서문에서 보았듯이 생각에 한계를 긋는 칸트의 인식론적 기획에서는 생각할 수 없는 것도 생각할 수 있어야 합니다. "생각할 수 없는 것에 대해서는 생각할 수 없다"라는 비트겐슈타인의 단언은 칸트의 기획을 불합리한 것으로 배격하고 있습니다. 생각할 수 없는 것에 대해서는 생각은커녕 말할 수도 없다는 것입니다.

유아론은 종종 근대 철학, 특히 데카르트의 인식론과 결부되어 논의되곤 합니다. 확실성을 찾아 나선 데카르트의 방법적 회의의 여정은 적어도 회의하고 있다는 사실만큼은 회의될 수 없다는 코기토

---

[41] "생각할 수 없는 것에 대해서는 말할 수도 없다"라는 명제는 다음에서도 보입니다. MS 103, 1916년 10월 15일.

명제, 즉 "나는 생각한다. 그러므로 나는 존재한다"로 귀착됩니다. 생각하는 주체로서의 나의 확실성이 데카르트의 세계를 정초합니다. 데카르트의 철학이 유아론이라는 하나의 스테레오타입(stereotype)으로 규정될 수 있는지에 대해서는 논의의 여지가 있을 것입니다. 그러나 후세의 데카르트주의자들은 코기토 명제의 유아론적 함축을 인정해 왔습니다.

생각하는 나의 존재에 대한 의심은 데카르트의 합리론과 경합하던 경험론의 진영에서 일기 시작합니다. 지각됨을 존재의 기준으로 제시한 버클리(George Berkeley)의 후계자 흄은 생각하는 내가 지각되는지를 검색합니다. 그의 방법은 비트겐슈타인이 수행했던 바로 그 방법, 즉 『내가 발견한 대로의 세계』라는 책을 쓰는 것이었습니다. 흄이 발견한 세계는 지각의 바다였고 그 바다에서 지각의 주체로서의 나는 발견되지 않습니다. 오직 지각의 다발만이 존재할 뿐입니다. 후세의 사가들은 데카르트의 유아론이 흄에 이르러 와해되었다고 적고 있습니다.

그러나 비트겐슈타인의 생각은 이와 다릅니다. 한편으로 그는 유아론이 옳다고 봅니다. 다른 한편으로 그는 흄의 논증을 통해 데카르트가 말하는 생각하는 내가 존재하지 않는다고 결론짓습니다. 이는 자기모순이 아닐까요? 양립 불가능한 것처럼 보이는 데카르트와 흄이 어떻게 화해될 수 있을까요? 어떻게 유아론이 옳은 동시에 틀릴 수 있을까요? 칸트가 이율배반 논증을 통해 뉴턴과 그의 제자 클락(Samuel Clarke), 그리고 이에 맞서는 라이프니츠의 명제가 각각 옳은 동시에 틀림을 인정함으로써 경험론과 합리론 양 진영 사이의 대립을 해소시키고 있듯이, 비트겐슈타인은 데카르트의 유아론과 흄의 경험적 실재론을 화해시키려 합니다. 그 계기는 칸트적 관념론의 도입에서 마련됩니다.

내가 나의 세계임을 표방하는 유아론에서 나는 생각하고 표상하는 내가 아닙니다. 그러한 나는 나의 세계에 존재하지 않습니다. 그러나 이는 내가 존재함을 송두리째 부인하는 것이 아닙니다. 비트겐슈타인에 의하면 철학적 나, 형이상학적 주체가 존재합니다. 그는 다음과 같이 말합니다.

> 나는 "세계는 나의 세계이다"라는 것을 통하여 철학에 들어온다. 철학적 나는 사람이 아니고, 사람의 육체나 심리학에서 다루는 사람의 영혼도 아니며, 형이상학적 주체, 세계의—일부가 아닌—한계이다. (TLP, 5.641)

사람도, 신체도 아닌 철학적 나, 세계의 한계로서의 형이상학적 주체란 무엇일까요? 비트겐슈타인은 다음과 같이 말합니다.

> 생각하는 주체란 분명 환상에 불과하다. 그러나 의지의 주체는 존재한다.
> 의지가 존재하지 않는다면 우리가 나라고 부르는, 윤리의 담지자인 세계의 중심도 존재하지 않을 것이다. (MS 103, 1916년 8월 5일)

> 주체는 세계에 속하는 것이 아니라, 세계의 한계이다. (TLP, 5.632)

비트겐슈타인은 여기서 두 가지 점을 분명히 하고 있습니다. 첫째, 생각하는 나는 세계에서 발견되지 않을뿐더러 그 어디에서도 발견되지 않는, 존재하지 않는 환상에 불과합니다. 둘째, 반면 철학적 나는 윤리의 담지자로서의 의지의 주체이며 그것은 세계에서 발견되는 것이 아니라 세계의 한계로서 존재합니다.

비트겐슈타인은 다음과 같이 말합니다.

> 윤리적인 것의 담지자로서의 의지에 대해서 우리는 아무것도 말할 수 없다.
> 그리고 현상으로서의 의지는 단지 심리학의 관심사일 뿐이다.
> (TLP, 6.423)

> 만약 선의지를 냄이나 악의지를 냄이 세계를 변경시킨다면, 그것은 세계의 한계들을 변경시킬 수 있을 뿐, 사실들을 변경시킬 수는 없다. 언어에 의해 표현될 수 있는 것들을 변경시킬 수는 없다.
> 간단히 말해 세계는 그것에 의해 전혀 다른 세계가 되어야 한다. 세계는 이를테면 그 전체로서 차거나 이지러지거나 해야 한다. 행복한 사람의 세계는 불행한 사람의 세계와는 다른 세계이다.
> (TLP, 6.43)

의지를 내는 주체는 세계의 한계이자 윤리의 담지자인 까닭에 그 주체의 선의나 악의로 인하여 세계는 차거나 이지러지게 됩니다. 이로써 행복한 사람의 (혹은 선의의) 세계와 불행한 사람의 (혹은 악의의) 세계는 서로 다른 세계가 됩니다.

비트겐슈타인은 다음과 같이 말합니다.

나의 표상이 세계인 것처럼, 나의 의지는 세계의 의지이다. (MS 103, 1916년 10월 17일)

실제로 단 하나의 세계영혼만이 존재하는데 그것을 나는 **나의** 영혼이라고 부르고 싶다. (MS 102, 1915년 5월 23일)

이는 비트겐슈타인의 유아론의 정점을 이루는 명제라고 할 수 있습니다. 일상적인 세계 내에 존재하는 여러 현상적인 의지가 아닌, 자아의 윤리적인 의지가 세계영혼이며 나의 영혼입니다. 세계 내에 존재하는 단 하나의 의지, 그것은 바로 나의 의지입니다.

비트겐슈타인의 유아론에는 어떤 매력이 있는 것일까요? 그것은 세계의 한계에서 세계를 한눈에 조망할 수 있도록 해 줍니다. 이러한 봄의 대상인 세계와 삶의 의미와 가치는 말할 수 없는 것이며, 그 방점은 윤리적이고 종교적인 데 있습니다. 그는 "삶의 의미, 세계의 의미는 신(神)"(MS 103, 1916년 6월 11일)이라는 비약적인 결론에 이르게 됩니다.

앞서 살펴본 "나는 나의 세계이다(소우주)"(TLP, 5.63)라는 구절에서의 '나'는 의지의 주체로서의 나이며, '나의 세계'란 의지의 주체인 내가 한계 짓는 세계가 됩니다. 즉 생각하고 표상하는 주체로서의 내가 존재하지 않는다는 회의론은 옳지만, 의지의 주체로서의 내가 있어서 "나는 나의 세계이다"라는 유아론의 명제가 성립하게 되는 것입니다.

질문 유아론은 내가 하나가 아니라는 점에서 상대주의라고 볼 수 있나요?

답변 유아론의 나는 개별적인 내가 아니라 단 하나의 세계영혼에 대한 별칭입니다. 이는 유아론이 상대주의가 아님을 보여 줍니다.

질문 정신의 문제를 현상계에서 예지계로 넘기고 있는 것 같은데, 그렇다면 과학으로서의 심리학은 비트겐슈타인의 철학에서 어떠한 위상을 갖게 되나요?

답변 비트겐슈타인은 다음과 같이 말합니다.

> 오늘날의 피상적인 심리학에 의해 파악된 것과 같은 영혼—주체 등—은 실재하지 않는다. (TLP, 5.5421)

이것이 『내가 발견한 대로의 세계』라는 책을 쓰는 프로젝트의 결과였습니다. 심리학이 다루는 사람, 의지, 영혼은 현상으로 파악된 사람, 의지, 영혼일 뿐입니다. 이에 대한 과학으로서의 심리학은 가능하겠지만 비트겐슈타인의 관심사는 아닙니다. 윤리의 담지자로서의 주체, 세계의 한계를 변경시키는 의지 등이 그가 추구하는 철학의 주제입니다.

질문 심리학이 다루는 자아와 철학이 다루는 자아를 구분하면 오히려 더 혼란스럽지 않을까요?

답변　현상계와 예지계를 종합하기보다 둘 사이의 차이를 인정하고 병존을 모색하는 게 비트겐슈타인의 방향성입니다.

4장

의지와 표상으로서의 세계

생각하고 표상하는 내가 나의 세계에 존재하지 않음을 귀류법을 통해 논증했을 때 그러한 내가 세계의 한계이거나, 혹은 한계 밖에 존재할 수 있는 논리적 가능성은 여전히 열려 있었습니다. 그러나 앞서 보았듯이 비트겐슈타인은 이 가능성을 정면으로 부인하고 있습니다 (MS 103, 1916년 8월 5일). 그 이유는 무엇일까요? 생각하고 표상하는 내가 세계 밖에 존재한다고, 예컨대 세계의 한계라고 가정해 보겠습니다. 비트겐슈타인에 의하면 세계의 한계로서의 나는 세계를 영원의 관점에서 하나의 전체로서 봅니다.

> 통상적으로 바라보는 방식은 말하자면 대상들 가운데서 대상들을 바라보는 것이며, 영원의 관점에서 보는 것은 바깥에서 보는 것이다. (MS 103, 1916년 10월 7일)

세계를 영원의 관점에서 보는 것은 세계를—한계 지어진—하나의 전체로서 보는 것이다. (TLP, 6.45)

생각하고 표상하는 내가 세계의 한계라면 그러한 나는 세계를 (1) 영원의 관점에서 (2) 하나의 전체로서 생각하고 표상할 수 있어야 할 것입니다. 비트겐슈타인에게 있어 생각이나 표상은 모두 그림을 말합니다(TLP, 2.11, 3). 그런데 그림은 논리적 공간 **안**의 상황을 표상합니다(TLP, 2.11). 아울러 그림도 하나의 사실입니다(TLP, 2.141). 생각과 표상은 공간의 제약을 받는, 세계 안의 사건이요 사실입니다. 그런데 위의 인용문에 의하면 세계의 한계로서의 나는 시간과 공간 모두를 초월해 세계를 하나의 전체로 봅니다. 나는 세계의 밖에 있다는 점에서 공간을 초월해 있고, 세계를 영원의 관점에서 본다는 점에서 시간을 초월해 있습니다. 그러한 내가 시공의 제약하에 있는 세계 안에서 발견될 수는 없습니다. 그러나 그러한 내가 생각하고 표상하는 나라고 보기도 어렵습니다. 나의 생각과 표상은 시공의 세계를 구성하는 실재를, 명제를 매개로 그릴 뿐입니다(TLP, 4.01, 2.063).

물론 논리적 관점에서 본다면 나의 모든 명제를 연접(conjunction)으로 일괄해 묶었을 때 그 묶음은 시공의 세계를 총체적으로 그릴 수 있습니다. 그러나 그것은 세계를, 시공을 초월해 하나의 전체로서 보는 것과는 거리가 멉니다. 그러한 그림도 그것이 그림인 한 여전히 시공의 세계 내의 사실이기 때문입니다(TLP, 2.141). 요컨대 그 어떠한 생각과 표상도 시공의 세계 내의 사실일진대 생각하고 표상하는 내가 시공을 초월한 세계의 한계일 수는 없을 것입니다. 세계의 한계로서의 나는 시공의 세계를 그리는 나의 명제를 연접시킴으로써 시공의 세계를 총체적으로 그리고, 생각하고, 표상하는 내가 아닙니다.

여기서 우리는 비트겐슈타인이 빈(Wien)의 청소년 시절부터 『논고』를 집필할 때까지 읽었던 칸트와 쇼펜하우어의 관념론의 자취를 발견하게 됩니다. 그것은 다음과 같이 표현될 수 있습니다. 나의 언어에 의해 표상되는 현상계로서의 세계가 있습니다. 그리고 그 세계의 한계는 나의 언어의 한계에 의해 설정됩니다. 그러나 언어로 표상되는 현상계 너머에 물(物)자체로서의 세계가 있습니다. 이 세계를 하나의 전체로 보는 나는 시공의 제약을 벗어나 있는 물자체로서의 나, 세계의 한계로서의 나입니다. 요컨대 비트겐슈타인의 유아론은 초월적 관념론입니다. 그리고 유아론의 참다운 의미는 윤리적인 데 있습니다. 칸트와 쇼펜하우어에서처럼 초월적 나는 윤리의 담지자이자 의지의 주체이기 때문입니다. 비트겐슈타인은 다음과 같이 말합니다.

나의 표상이 세계인 것처럼, 나의 의지는 세계의 의지이다. (MS 103, 1916년 10월 17일)

유아론으로서의 초월적 관념론에서 나는 더 이상 너와 다른 내가 아닙니다. 시간과 공간의 제약이 그러한 것처럼 너와 나의 같음과 다름의 구분도 현상계에서만 유효할 뿐입니다. 위의 인용문에 앞서 비트겐슈타인은 다음과 같이 쓰고 있습니다.

그리고 이러한 의미에서 나는 전 세계에 공통된 의지에 대해서도 말할 수 있다.
그러나 이 의지는 더 높은 의미에서 **나의** 의지이다. (MS 103, 1916년 10월 17일)

같은 맥락에서

내가 다른 사람들의 영혼이라고 부르는 것도 나는 오직 나의 영혼으로서 이해한다. (MS 102, 1915년 5월 23일)

지금까지의 논의를 근대 철학에서 데카르트의 유아론과 흄의 경험적 실재론 사이의 대립에 적용시켜 보겠습니다. 생각하고 표상하는 나의 존재를 인정하는 유아론은 흄의 비판에 의해 무너집니다. 경험적 실재는 대상의 총체에 의해 한계 지어지며 그 한계는 나의 언어의 한계에 의해 드러나는데(TLP, 5.5561), 나는 대상이 아니기 때문입니다(MS 103, 1916년 8월 7일). 그러나 비트겐슈타인에 의해 보다 엄격히 관철된 유아론, 즉 초월적 관념론에서 나는 그 대신 윤리의 담지자로서, 세계의 한계로서 부활됩니다. 그러한 나는 더 이상 현상계의 사실이나 대상이 아니며 비유하자면 기하학에서의 점과 같은 것입니다. 칸트의 경우에서와 마찬가지로 비트겐슈타인의 초월적 관념론은 이제 경험적 실재론과 병립합니다. 비트겐슈타인은 다음과 같이 말합니다.

> 여기에서 우리는 엄격히 관철된 유아론이 순수한 실재론과 합치됨을 본다. 유아론의 나는 연장(延長) 없는 점으로 수축되고, 그와 병립하는 실재가 남게 된다. (TLP, 5.64)

> 이것이 내가 걸어온 길이었다. 관념론은 세계로부터 사람을 고유한 것으로 끄집어내고, 유아론은 오직 나만을 끄집어낸다. 그리고 결국 나는 내가 나머지 세계에 속함을 보게 된다. 그래서 한편으로는 **아무것**도 남지 않게 되고 다른 한편으로는 **세계**가 고유한 것으로 남게 된다. 이러한 방식으로 엄격히 관철된 관념론은 실재론에 이르게 된다. (MS 103, 1916년 10월 15일)

"무엇이 존재하는가?"라는 물음에 유아론자는 "나만이 존재한다"라고 답하고 실재론자는 "세계만이 존재한다"라고 답합니다. 유아론에서 나는 세계 안의 '나'가 아니고 세계 안의 대상이 아닙니다. 이를테면 그것은 연장 없는 점으로 수축됩니다. 따라서 유아론은 "세계만이 존재한다"라는 실재론과 양립이 가능합니다. 요컨대 초월적 관념론으로서의 유아론과 경험적 실재론의 취지는 모두 옳다고 할 수 있습니다. "다만 그것[유아론]은 말해질 수는 없고, 그 자신을 보여 줄 수 있을 뿐"(TLP, 5.62)입니다. 말, 즉 언어는 오로지 경험적 실재를 그리는 데만 적용되기 때문입니다. 따라서 초월적 관념론으로서의 유아론은 무의미합니다. 그러나 그것은 표상으로서의 현상적 세계와 병립하는 의지로서의 물자체의 세계를 보여 줍니다. 칸트가 보았던 것처럼 세계는 비트겐슈타인에게도 초월적으로는 관념적이고 경험적으로는 실재적입니다.

홍진기 (가톨릭관동대 VERUM교양대학 철학 교수) 그러나 칸트는 생각하고 표상하는 주체를 인정했습니다. 이를 부정했다는 점에서 비트겐슈타인은 칸트보다는 흄에 더 가깝습니다. 한편 비트겐슈타인의 유아론은 참혹한 전쟁터라는 극한상황에서의 실존적 체험과 무력감에서 비롯된 사유라는 점에서 카뮈(Albert Camus)를 연상케 합니다. 그러면서도 부조리 체험의 묘사에 그친 카뮈와는 달리 구원에 대한 갈망으로 신을 찾았다는 점에서 비트겐슈타인은 카뮈를 넘어서 그와는 다른 길을 걷고 있습니다.

윤유석 (연세대 철학과 박사과정 대학원생) 비트겐슈타인이 말하는 '의지'가 정확히 무엇을 의미하는지 이해하기 어렵습니다. 그의 철학에서 두 가지 주체, 곧 '표상하는 주체'(혹은 '생각하는 주체')와 '의지하는 주체'가 서로 구별된다는 점은 알겠습니다. 하지만 비트겐슈타인이 의지가 "심리학적" 현상이 아니라고 한다는 점 때문에 이해가 쉽지 않습니다(TLP, 5.5421). 특히 의지하는 주체가 "세계의 한계"(TLP, 5.632)이고, "인간이 아니고"(TLP, 5.641), "대상"이 아니고(MS 103, 1916년 8월 7일), "연장 없는 점"으로 축소된다는 주장은 너무 신비주의적으로 들립니다. 비트겐슈타인의 의지에 대해 더 구체적으로 설명해 주실 수 있나요? 의지의 예시가 있다면 제시해 주실 수 있나요?

답변 의지는 세계에 대한 형이상학적 주체의 태도이며, 선의지와 악의지를 그러한 의지의 예로 꼽을 수 있겠습니다. 형이상학적 주체와 선악의 소재에 대해 비트겐슈타인은 다음과 같이 말합니다.

> 주체는 세계의 일부가 아니라 그 존재의 전제조건이므로, 주체의 술어인 선과 악은 세계의 속성이 아니다. (MS 103, 1916년 8월 2일)

선과 악이 세계의 속성이 아니듯이 선의지와 악의지도 세계의 속성이 아닙니다. 비트겐슈타인은 다음과 같이 말합니다.

> 선과 악은 단지 **주체**를 통해서 들어온다. 그리고 주체는 세계의 일부가 아니라 한계이다.
> (쇼펜하우어식으로) 이렇게 말하는 게 가능할 것이다. 선하거나 악한 것은 표상의 세계가 아니라 의지를 내는 주체이다. (MS 103, 1916년 8월 2일)

표상의 세계와 의지의 주체는 비트겐슈타인 스스로도 인정하고 있듯이 쇼펜하우어에게서 빌려온 개념입니다.

질문 유아론의 내가 연장 없는 점으로 수축된다는 표현에서 '점'의 의미는 무엇입니까?

답변 기하학에서 점은 대상이 아닙니다. 연장이 없기 때문입니다. 그렇다고 존재하지 않는 것은 아닙니다. 점이 모여 선이 되고, 선이 모여 면이 되고, 면이 모여 부피가 됩니다. 연장이 없다는 말은 내가 이 세계 안에서 연장을 갖는 대상으로서 발견되는 것은 아니라는 뜻입니다. 이때 나의 존재는 세계의 안이 아닌 바깥 혹은 경계에 마련됩니다.

질문 세계와 연장 없는 점으로 수축된 나 사이에 연결선이 있어야 하지 않을까요?

답변 비트겐슈타인은 "나는 완전히 무기력하다"(MS 103, 1916년 6월 11일)라고 말합니다. 세계를 하나의 전체로서 보고, 세계의 한계이자 의미의 한계로서 세계를 차고 이지러지게 하면서도 내가 세계의 사실들을 변경시킬 수는 없는 것입니다.

질문 기하학에서의 점에 비유된 비트겐슈타인의 '나'는 모나드(monad)와 유사하다고 볼 수 있습니까?

답변 모나드는 라이프니츠의 개념이기 때문에 그의 철학을 배경으로 해서만 이해될 수 있겠습니다. 점이 없으면 기하학은 불가능합니다. 점이 선이 되고, 선이 면이 되고, 면이 입체가 되기 때문입니다. 점은 그런 면에서 철학적 자아와 유사한 역할을 맡고 있습니다. 점이 기하학적 세계의 기초이듯이 유아론에 따르면 내가 있어야 세계가 있기 때문입니다.

질문 세계를 의지의 세계와 표상의 세계로 구분하자면 논리의 세계는 표상의 세계가 아닌가요? 표상의 세계는 논리적으로 표현되고 있지 않은가요?

답변 표상의 세계인 현상계에는 개연성이, 논리에는 필연성이 관철되고 있다는 점에서 둘은 구별됩니다. 비트겐슈타인은 다음과 같이 말합니다.

> 우리 경험의 어떤 부분도 선험적이지 않다.
> 우리가 보는 모든 것은 그와 달랐을 수 있다.
> 도대체 우리가 기술할 수 있는 모든 것은 그와 달랐을 수 있다.
> 사물들의 선험적인 질서는 없다. (TLP, 5.634)

질문 언어의 한계가 세계의 한계라고 말할 때, 그 세계는 현상계를 의미하나요, 혹은 본체계(물자체계)를 의미하나요?

답변 『논고』에서 비트겐슈타인은 다음과 같이 말합니다.

> 세계는 사실들의 총체이다. (TLP, 1.1)

> 총체적 실재가 세계이다. (TLP, 2.063)

> 명제들의 총체가 언어이다. (TLP, 4.001)

> 명제는 실재의 그림이다.
> 명제는, 우리가 생각하는 대로의, 실재의 모형이다. (TLP, 4.01)

> 그림은 하나의 사실이다. (TLP, 2.141)

이를 정리하자면 다음과 같습니다.

세계 = 사실들의 총체 (TLP, 1.1)

세계 = 실재의 총체 (TLP, 2.063)

언어 = 명제의 총체 (TLP, 4.001)

명제 = 실재의 그림 (TLP, 4.01)

그림 = 사실 (TLP, 2.141)

그리고 이를 도표화하면 다음과 같습니다.

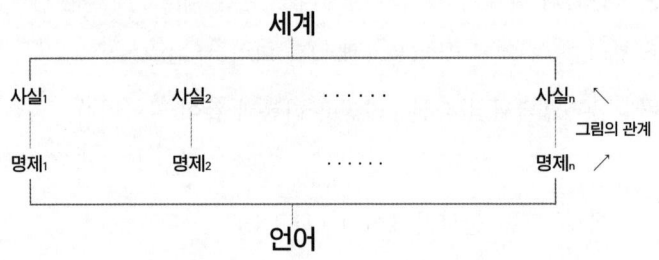

언어는 사실들(실재)의 총체인 세계에 대한 논리적인 그림입니다. 사실1, 사실2 …… 사실n은 명제1, 명제2 …… 명제n과 그림의 관계에 있는데 이는 명제가 사실에 대한 표상임을 의미합니다. 비트겐슈타인은 다음과 같이 말합니다.

사례인 것, 즉 사실은 사태들의 존립이다. (TLP, 2)

사태들의 존립과 비존립이 실재이다.
(우리는 사태들의 존립을 적극적 사실, 사태들의 비존립을 부정적 사실이라 부르기도 한다.) (TLP, 206)

그림은 논리적 공간 속의 상황을, 즉 사태들의 존립과 비존립을 표상한다. (TLP, 2.11)

사실들의 논리적 그림이 생각이다. (TLP, 3)

참된 생각들의 총체가 세계의 그림이다. (TLP, 3.01)

비트겐슈타인은 생각, 표상, 그림, 앎을 동일하게 취급하고 있습니다. 우리에게 알려지는 세계는 실재, 즉 생각된(그려진, 표상된) 사태들의 총화입니다. 여기서 세계는 칸트의 분류법에 의하면 현상계에 해당하겠습니다.

질문 생각하고 표상하는 내가 『내가 발견한 대로의 세계』에 존재하지 않는다는 비트겐슈타인의 주장은 성급한 결론이 아닐까요? 생각하고 표상하는 내가 세계 바깥에, 세계의 한계에 존재한다고 볼 수 있지 않을까요?
답변 러셀과 같은 경험론자는 생각하고 표상하는 나는 직접지(knowledge by acquaintance)나 기술지(Knowledge by description)의 대상이라고 주장할 것입니다. 생각하고 표상하는 내가 『내가 발견한 대로의 세계』에 존재하지 않는다는 비트겐슈타인의 주장은 내가 직접 지의 대상이 아니라는 것일 뿐인데, 내가 기술지에 의해서 구성된 것이라는 대안이 남아 있다는 것입니다. 이에 대해 비트겐슈타인은 세계의 한계로서의 나는 세계를 영원의 관점에서 한계 지어진 전체로서 본다는 점에서, 즉 시간과 공간을 초월해 있다는 점에서 경험의 대상이 아니라고 주장합니다. 나는 세계의 한계라는 점에서 공간을, 세계를 영원의 관점에서 본다는 점에서 시간을 초월해 있다는 것입니다. 그러한 나는 칸트의 구분법에 따르자면 현상계가 아닌 예지계(물자체계)에 속하는 것으로 묘사될 수 있습니다.

반면 경험론자는 '하나의 한계 지어진 전체로서의 세계'는 물자체의 개념을 빌지 않고도 구성이 가능하다고 주장할 것입니다. 즉 하나의 한계 지어진 전체로서의 세계는 실재의 총체이고, 실재는 그것을 표상하는 명제들의 연접에 의해 시공의 세계 내의 사실로서 한꺼번에 주어질 수 있다는 것입니다. 그러나 시공의 세계를 총체적으로 그리는 초(超) 명제(super proposition)가 실제로 가능한지는 의문입니다. 설령 가능하다고 해도 그것은 비트겐슈타인이 말한 시간을 초월한 영원의 관점에서, 공간을 초월한 한계 지어진 전체로서 세계를 보는 것과는 다릅니다. 세계가 경험적으로는 실재적이고, 초월적으로는 관념적이라는 칸트의 구분은 양자를 무분별하게 한데 섞거나 어느 한 쪽을 부정하는 것이 아닌 조화로운 공존 방안입니다. 즉 경험적 실재론자에게 현상계를, 초월적 관념론자에게 본체계(물자체계)를 각각 할당하는 분업 안인 것입니다.

비트겐슈타인에게 초월적 관념론의 세계는 윤리의 영역입니다. 세계를 하나의 한계 지어진 전체로서 바라보는 나는 인식론적 '나'가 아니라 윤리적 행위의 담지자로서의 '나'입니다. 그는 다음과 같이 말합니다.

> 인식하는 주체는 세계 내에 존재하지 않으며 인식하는 주체는 없다는 것은 참이다. (MS 103, 1916년 10월 20일)

비트겐슈타인의 이러한 입장은 초월적 자아를 인식론적 자아로 상정하는 후설의 현상학과도 대비됩니다. 비트겐슈타인은 20세기 초반의 현대 인식론을 양분한 러셀의 경험적 실재론 및 후설의 초월적 관념론과 거리를 두면서, 윤리적 행위의 담지자로서의 '나'를 부각시킨 칸트의 전통을 계승하고 있는 것으로 평가할 수 있습니다.

5장

초월적 관념론과 경험적 실재론

비트겐슈타인에게 있어 경험적 실재론은 현상계에 관한 언어의 그림이론과 연관되어 있습니다. 그 이론에 따르면 세계를 이루는 실재를 그리는 참된 명제의 총체가 전 자연과학입니다(TLP, 4.11). 따라서 실재는 오직 자연과학의 언어에 의해서만 표상되며, 자연과학에서의 명제 이외의 어떠한 명제도 참된 의미를 지닐 수 없습니다. 한편 그에게서 초월적 관념론은 현상계 너머의 신비, 요컨대 윤리, 세계와 삶의 의미, 미학과 신 등을 보여 줌과 연관되어 있습니다. 초월적 관념론은 특히 나를 세계의 한계로 설정함과 동시에 의지의 주체로, 윤리의 담지자로 부각시킵니다. 경험적 실재론이 끝나는 자리에서 초월적 관념론은 시작합니다. 그러나 양자는 하나의 울타리로 나뉜 이웃이라기보다는 세계를 바라보는 두 채널, 혹은 두 인칭에 더 가깝습니다. 따라서 그들은 영토권이나 주도권을 놓고 대립할 필요가 없습니다. 두 인칭 사이의 화해와 공존은 비트겐슈타인의 작품 여러 곳에서 묘사되고 있습니다. 예컨대 그는 다음과 같이 말합니다.

> 우리는 모든 **가능한** 과학적 물음이 대답되었을 때에도, 우리의 삶의 문제들은 전혀 건드려지지 않은 채로 남을 것이라고 느낀다. 물론 그때는 더 이상 아무런 물음도 남아 있지 않다. 그리고 바로 이것이 대답이다.
> 삶의 문제의 해결은 이 문제가 소멸됨에서 감지된다.
> (이것이, 오랫동안의 회의 끝에 삶의 의미가 분명해진 사람들이, 그 의미가 무엇으로 이루어졌는가를 말하지 못하는 이유가 아닐까?)
> (TLP, 6.52-6.521)

인용문의 각 단락은 한결같이 초월적 관념론의 입장으로 시작해서 경험적 실재론으로 끝납니다. 초월적 관념론은 경험적 실재론이 삶의 문제들을 건드리지 못하고 있다고 비판합니다. 그러나 초월적 관념론이 떠맡은 삶의 문제는 그 문제가 말할 수 없는 무의미한 것임에 대한 자각으로, 즉 문제의 소멸로 해결이 나 버립니다. 요컨대 경험적 실재론이 끝나는 자리에서 시작한 초월적 관념론은 경험적 실재론에서 한 걸음도 더 나아가지 못합니다. 비트겐슈타인은 "이 문제들이 해결되었을 때 이루어진 것이 얼마나 적은 것인가를 보여 주는 것"(TLP, 서문)이 『논고』의 가치라고 말합니다.

초월적 관념론의 언어는 무의미합니다. 세계를 그리는 언어, 즉 경험적 실재론의 언어 이외의 어떠한 언어도 성립할 수 없기 때문입니다. 그러나 초월적 관념론의 가치는 그것을 이루고 있는 언어의 의미에 있는 것이 아니라, 그것을 딛고 올라가 세계를 올바로 보게 해주는 사다리로의 역할에 있습니다. 삶의 문제에 대한 해답은 없습니다. 그러나 우리는 삶을 문제시하고 삶의 의미를 추구하는 과정에서 보다 성숙해지고 세계를 달리 보게 됩니다. 요컨대 관건은 삶의 문제가 있느냐 없느냐, 삶에 의미가 있느냐 없느냐에 대한 해답에 달려 있는 것이 아닙니다.

삶에 의미가 있느냐 없느냐는 신이 존재하느냐 아니냐의 문제와 같이 인생관과 세계관 전체가 걸려 있는 중차대한 태도의 문제입니다. 비트겐슈타인은 다음과 같이 말합니다.

> 신을 믿는다는 것은 삶의 의미에 관한 문제를 이해함을 뜻한다.
> 신을 믿는다는 것은 세계의 사실들이 문제의 끝이 아님을 본다는 것을 뜻한다.
> 신을 믿는다는 것은 삶이 의미를 지님을 본다는 것을 뜻한다. (MS 103, 1916년 7월 8일)

초월적 관념론자와 경험적 실재론자의 차이는 유신론자와 무신론자의 차이에 비견됩니다. 경험적 실재론자나 무신론자의 입장에서 보았을 때 초월적 관념론자나 유신론자의 명제는 무의미합니다. 그들은 말할 수 없는 것에 관해 말하고 있기 때문입니다. 그러나 초월적 관념론자와 경험적 실재론자의 차이는 말할 수 있는 것에 관해서가 아닙니다. 예컨대 어느 한쪽이 자연과학을 부정하고 있는 것이 아닙니다. 또한 엄밀한 의미에서 보았을 때 양자는 상호 모순된 주장을 펴고 있는 것도 아닙니다. 예컨대 경험적 실재론자나 무신론자의 입장에서 보았을 때 초월적 관념론자나 유신론자의 명제는 자신들의 명제와 모순되는 명제나 틀린 명제가 아니라 무의미한, 따라서 이해할 수 없는 명제입니다. 반면 초월적 관념론자나 유신론자의 입장에서 보았을 때 경험적 실재론자나 무신론자의 명제는 자신들의 명제와 모순되는 명제나 틀린 명제가 아니라 핵심이 빠진 하찮은 명제입니다. 비트겐슈타인이 보기에 이들은 대립할 필요가 없습니다. 양자의 주장이 결코 대립되는 것이 아니기 때문입니다.

양자는 서로에 대해 간섭하거나 주도권을 행사할 수도 없습니다. 예컨대 경험적 실재론은 초월적 관념론이 보여 주는 세계의 의미나 가치에 대해 침묵합니다. 비트겐슈타인은 다음과 같이 말합니다.

> 모든 명제들은 동가치적(同價值的)이다.
> 세계의 의미는 세계의 밖에 놓여 있어야 한다. 세계 속에서는 모든 것은 있는 그대로 있고, 일어나는 그대로 일어난다. 세계 **속에** 가치는 없다. (TLP, 6.4-6.41)

세계 속에 가치는 없으므로 세계 속의 사실을 그리는 명제들도 가치를 갖지 않습니다. 따라서 그들은 모두 0의 가치를 갖는다는 점에서 동가치적입니다.

마찬가지로 초월적 관념론에서 나는 경험적 실재에 아무런 영향도 미치지 못합니다. 비트겐슈타인은 다음과 같이 말합니다.

나는 세계의 사건을 내 의지에 따르게 할 수 없다. 나는 완전히 무기력하다.

나는 사건에 대한 모든 영향력을 포기함으로써 세계로부터 나 자신을 독립시킬 수 있다—그리고 어떤 의미에서는 그렇게 함으로써 세계를 정복할 수 있다. (MS 103, 1916년 6월 11일)

세계는 나의 의지로부터 독립해 있다. (MS 103, 1916년 7월 5일)

세계에 대한 윤리적 태도를 지칭하는 나의 선의지는 세계의 사실들에 영향받지 않는다는 점에서 현상계 안에 놓여 있는 개별적 의지와는 구별됩니다. 두 의지 중에서 전자는 초월적 관념론에, 후자는 경험적 실재론에 귀속됩니다. 초월적 관념론과 경험적 실재론의 역할 분담은 가치의 영역과 사실의 영역 사이에 "아무런 모순이 없음"(Kant 1785, 456쪽)을 입증하려는 칸트적 전통의 계승입니다. 그러나 양자 사이의 무모순은 양자 사이의 같음이 아니라 다름에 기초한 것입니다. 따라서 하나를 다른 하나에 의해 설명하거나 환원하려는 그 어떠한 형이상학이나 윤리학(예컨대 자연주의)도 배격됩니다. 바로 이것이 비트겐슈타인이 『논고』의 전 의미를 "말해질 수 있는 것은 명료하게 말해질 수 있어야 하고 말할 수 없는 것에 대해서는 침묵해야 한다"(TLP, 서문)라고 요약했을 때 그가 뜻했던 바이기도 합니다. 그러나 이는 "말할 수 없는 것"을 배격하고 "말할 수 있는 것"

만을 인정하는 선언으로 이해되어서도 안 됩니다.[42] 그가 『논고』에 대한 논리실증주의자들의 해석을 인정하지 않았던 이유도 여기에서 찾아집니다. 말할 수 있는 것과 없는 것을 서로 다른 지평에서 무모순적으로 공존하는 것으로 보는 것이 비트겐슈타인의 원 의도였기 때문입니다.

질문 "초월적 관념론과 경험적 실재론의 역할 분담은 가치의 영역과 사실의 영역 사이에 "아무런 모순이 없음"을 입증하려는 칸트적 전통의 계승"이라고 했는데 양자 사이의 무모순은 역할 분담이 아니라 종합의 의미로 보아야 하지 않을까요?

답변 칸트는 뉴턴의 기계론적 결정론과 가치의 세계가 양립 가능함을 보여 주고자 한 것입니다. 비트겐슈타인은 사실 영역과 가치 영역이 서로 다름에 기초한다고 보고, 하나를 다른 하나에 의해 설명하거나 환원하려는 어떠한 형이상학이나 윤리학도 배격한 것입니다.

질문 "나는 사건에 대한 모든 영향력을 포기함으로써 세계로부터

---

[42] 이러한 관점에서 보았을 때 『논고』를 문자 그대로 그냥 무의미한 것으로 간주하는 소위 단호한 해석은 이 책의 진정한 취지를 놓치고 있는 피상적인 해석임이 드러납니다. 단호한 해석의 비판자인 해커는 『논고』에서 말할 수 없는 진리들을 보여 주는 것은 사이비-명제들이 아니라 (논리학의 명제들을 포함해) 적형식의(well-formed) 명제들이라 주장합니다 (Hacker 2000, 356쪽). 그러나 이로부터 적형식의 명제들만이 말할 수 없는 것을 보여 준다는 결론은 따라 나오지 않습니다. (다음 논문이 이러한 오류를 저지르고 있는 것처럼 보입니다. 김현균·김도식 2021, 359쪽.) 적형식의 명제들은 해커도 인정하고 있듯이(Hacker 2000, 383쪽) 논리, 언어, 사고, 세계의 논리적 구조를 보여 줍니다. 형이상학, 신, 윤리, 미학 등을 포함하는 철학은 저러한 명제들이 아닌 『논고』의 무의미한 명제들을 통해 보여 진다고 할 수 있습니다.

나 자신을 독립시킬 수 있다—그리고 어떤 의미에서는 그렇게 함으로써 세계를 정복할 수 있다"(MS 103, 1916년 6월 11일). 이 말은 무엇을 뜻하는 것입니까?

답변 나는 세계의 사건을 내 의지에 따르게 할 수 없다는 점에서 완전히 무기력합니다. 그러나 세계에 대해 어떤 태도를 취하느냐에 따라 나는 세계의 한계를 변경할 수 있습니다. 이것이 "세계를 정복할 수 있다"라는 말의 뜻입니다.

질문 말할 수 없는 것에 대한 비트겐슈타인의 말은 기존의 철학에서 담아낼 수 없었던, 그래서 인정하지 않았던 삶의 문제에 대한 개인의 주관적인 소감에 불과한 것 아닐까요?

답변 모든 과학적 물음이 해결되었다고 할지라도 삶의 문제는 건드려지지 않은 채로 남아 있다는 비트겐슈타인의 말(TLP, 6.52)은 삶의 문제에 대한 매우 독특한 관점을 드러냅니다. 그에게 있어서 삶의 문제는 과학적 물음들과는 전혀 다른 차원의 것입니다. 우리는 그의 이러한 대비를 초월적 관념론과 경험적 실재론의 대비와 통합이라는 철학사적 시각을 원용해 살펴보았습니다.

유의해야 할 것은 비트겐슈타인에 의하면 삶의 문제에 대한 해결은 초월적 관념론에 의해서가 아니라 이 문제의 소멸(TLP, 6.521)에 의해서 이루어진다는 점입니다. 즉 그에게 있어서 칸트식의 초월적 관념론 체계는 삶의 문제에 대한 해결책이 아닙니다. 칸트, 피히테, 셸링, 헤겔로 이어지는 독일 관념론의 초월적 형이상학은 비트겐슈타인의 길이 아니라 비판의 대상일 뿐입니다.

질문 (1) 철학적 나와 신은 동일한 것인가요? (2) "신을 믿는다는 것은 삶의 의미에 관한 문제를 이해함을 뜻한다"라는 비트겐슈타인의 말은 삶의 문제가 신을 믿음으로써만 이해된다는 뜻인가요?

답변 (1)에 대한 답변의 실마리는 비트겐슈타인의 다음과 같은 언명에서 찾을 수 있습니다.

> 이러한 의미에서 신은 단순히 운명이고, 또는 똑같은 의미에서 세계—이는 우리의 의지와는 독립적이다—이다.
> [...]
> 두 가지 신성(神性)이 있다. 하나는 세계이고 또 하나는 나의 독립적인 자아(Ich)이다. (MS 103, 1916년 7월 8일)

신은 곧 세계이므로 두 가지 신성은 신과 나의 독립적인 자아입니다. 그러나 이로써 철학적 나와 신이 동일하다고 할 수는 없겠습니다. 내가 세계라는 신과 마주하고 있는 것이 비트겐슈타인의 구도입니다.

(2)에 대한 **일반적인 답변**은 "그렇지 않다"입니다. 신을 믿는 사람은 삶의 문제가 신을 믿음으로써 이해될 것입니다. 그러나 이로부터 삶의 문제가 신을 믿음으로써만 이해된다는 명제가 연역되는 것은 아닙니다. 신에 대한 믿음은 삶의 의미에 관한 문제를 이해함에 대한 충분조건이지만 필요조건은 아닙니다. (2)에 대한 **비트겐슈타인의 답변**은 "그렇다"입니다. 그는 삶의 의미를 곧 신으로 보았기 때문입니다(MS 103, 1916년 6월 11일).

질문 "문제의 소멸이 문제의 해결"이라는 비트겐슈타인의 말은 철학자로서의 직무유기가 아닐까요?

답변 비트겐슈타인은 세계를 그리는 경험적 실재론자들의 언어 이외의 언어는 모두 무의미하다고 하였습니다. 거기에는 『논고』의 언어도 포함됩니다. 그럼에도 그는 자신의 명제들을 통하여—그것들을 딛고—그것들을 넘어서서 올라감으로써 세계를 올바로 보게 된다고 했습니다. 이것이 과연 철학자의 직무 유기일까요?

질문 세계를 올바로 본다고 할 때 올바름의 의미는 무엇인가요?

답변 세계를 영원의 관점에서 보는 것, 즉 세계를 한계 지어진 하나의 전체로서 보는 것입니다. 이는 세계를 표상으로 보는 경험적 실재론을 넘어서 있습니다.

비트겐슈타인의 윤리는 나를 의지의 주체로 설정하는 데서 출발합니다. 그는 "논리가 세계에 충만"(TLP, 5.61)해 있듯이 "나의 의지가 세계를 관통하고 있다"(MS 103, 1916년 6월 11일)라고 말합니다. 이때의 의지는 "선과 악의 담지자"(MS 103, 1916년 7월 21일)요 "윤리적인 것의 담지자"(TLP, 6.423)이며, 심리학이 다루는 '현상으로서의 의지', 즉 행위로서의 의지와는 구별됩니다(TLP, 6.423). 요컨대 윤리의 담지자로서의 의지는 "세계에 대한 주체의 태도"(MS 103, 1916년 11월 4일)를 말합니다. 윤리의 담지자로서의 "나의 의지는 세계의 완전한 밖에서 마치 이미 존재하는 어떤 것에 들어오듯이 세계에 들어온다"(MS 103, 1916년 7월 8일)라는 것입니다.

그러나 의지가 세계로 들어와 세계를 관통하는 방식은 세계의 사실을 나의 의지에 종속시키는 방식이 아닙니다(MS 103, 1916년 6월 11일). 세계에 대한 태도로서의 의지가 세계의 사실을 변경시킬 수는 없기 때문입니다. 나의 의지가 세계의 사실을 변경시킨다면 그 것은 이미 현상으로서의 의지이며, 이는 그 자체 윤리와 무관한 세 계의 사실의 하나에 불과할 것입니다. 이처럼 세계가 나의 의지로부 터 독립해 있다면, 그래서 내가 완전히 무기력하다면(MS 103, 1916년 6월 11일), 어떻게 나의 의지가 세계로 들어와 세계를 관통할 수 있단 말인가요?

나의 의지가 세계로 들어와 세계를 관통하는 방식은 결국 나의 의지를 포기하는 방식을 의미한다고 해석해 보겠습니다. 이는 비트 겐슈타인에 영향을 미친 쇼펜하우어의 철학에서 의지의 본성을 감 안할 때 설득력을 갖습니다. 쇼펜하우어에서 의지는 맹목적인 충동 이며(Schopenhauer 1883, 213쪽) 따라서 사람의 고통의 근원이 되는 악한 것입니다. 그러므로 의지를 부정한 사람만이 참된 행복을 얻습 니다(Schopenhauer 1883, 501쪽). 다음 구절에서 비트겐슈타인은 이에 동의하는 것처럼 보입니다.

그리고 어떤 의미에서는 바라지 않는 것이야말로 유일하게 선한 것이다. (MS 103, 1916년 7월 29일)

아무것도 바라지 않는 사람은 바람이 충족되지 않아 야기되는 좌절과 불행으로부터 면제됩니다. "행복한 유일한 삶은 세계의 쾌적함을 거절할 수 있는 삶이다"(MS 103, 1916년 8월 13일). 의지와 바람을 부정하는 사람에는 의지로서의 세계, 즉 물자체의 세계를 부정하는 경험적 실재론자, 신의 의지와 존재를 부정하는 무신론자가 포함될 것입니다. 그러나 다른 한편으로는 의지와 바람의 부정은 신의 의지를 행하는 것으로 받아들여질 수도 있습니다. 세계에 어떠한 영향력을 미치려는 의지와 바람을 부정함으로써 우리는 비로소 세계와 일치를 이루고, 신의 의지를 행할 수 있기 때문입니다(MS 103, 1916년 7월 8일). 이러한 해석하에서 의지로서의 세계와 표상으로서의 세계는 서로 충돌을 일으키지 않으며, 유신론과 무신론은 서로 양립할 수 있게 됩니다.

그러나 이는 비트겐슈타인 스스로 인정하듯이(MS 103, 1916년 7월 29일) 잘못된 해석입니다. 가령 이 해석이 옳다면 "네 이웃을 위해 **아무것도** 바라지 않는 것이 선하단 말인가?"(MS 103, 1916년 7월 29일). 아무것도 바라지 않는 사람은 바람이 충족되지 않아 야기되는 좌절과 불행으로부터 면제되는 것이 사실입니다. 그러나 이는 행복을 위한 최소한의 필요조건일 뿐입니다. 혹은 보다 엄격한 의미에서, 바람이 충족되거나 충족되지 않는 것은 비트겐슈타인이 말하는 행복과 무관하다고 할 수 있습니다. 행복은 신의 의지와 양심에 복종하는 데서 성취되는 것이지 현상으로서의 의지나 바람에 의존하는 것이 아니기 때문입니다. 어떤 행동의 선함과 악함은 행동의 귀결이 아니라 행동에 서려 있는 의지에 놓여 있습니다. 더 나아가 심지어 신체적 장애로 말미암아 의지를 실천할 수 없는 사람이 타인을 통해 선이나 악을 행했을 때도 그는 윤리적 의미에서 의지의 담지자입니다(MS 103, 1916년 7월 21일).

선과 행복은 타인의 고통에 대한 무관심, 무의지에서 얻어지는 것이 아닙니다. 비트겐슈타인이 아무것도 바라지 않는 것을 선한 것으로 간주했을 때, 그것은 자기 자신을 위해 아무것도 바라지 않는 것을 의미한다고 보아야 할 것입니다. "네 이웃을 사랑하라"라는 말은 선의지의 표현입니다. 그것은 나 자신을 위한 의지와 바람의 부정과 상호 모순되는 것이 아닙니다.

그렇다면 나의 의지가 세계로 들어와 세계를 관통한다는 표현의 올바른 의미는 무엇인가요? 우리는 다음의 구절에서 그 실마리를 찾을 수 있습니다.

> 만약에 선의지를 냄이나 악의지를 냄이 세계를 변경시킨다면, 그것은 세계의 한계들을 변경시킬 수 있을 뿐, 사실들을 변경시킬 수는 없다. 언어에 의해 표현될 수 있는 것들을 변경시킬 수는 없다.
> 간단히 말해, 세계는 그것에 의해 전혀 다른 세계가 되어야 한다. 세계는 이를테면 그 전체로서 차거나 이지러지거나 해야 한다.
> 행복한 사람의 세계는 불행한 사람의 세계와는 다른 세계이다.
> (TLP, 6.43)

선의지나 악의지로 말미암아 변경되는 세계의 한계는 세계에 대한 주체의 태도입니다. 세계에 대한 주체의 태도 변경을 비트겐슈타인은 세계가 그 전체로서 차거나 이지러지는 것으로 묘사하고 있습니다. 그는 또한 세계의 이러한 참과 이지러짐을 의미의 증감에 비유하고 있습니다(MS 103, 1916년 7월 5일). 앞서 보았듯이 비트겐슈타인에게 있어 세계는 나의 세계입니다. 그런데 선의지로 말미암은 세계의 의미 증가는 나의 세계의 영역을 확장하고, 악의지로 말미암은 세계의 의미 감소는 나의 세계의 영역을 축소시킵니다. 확장된 세계는 나만의 행복과 이기심의 추구를 넘어서는 이타적 세계이고, 축소된 세계는 나만의 행복과 이기심으로 수렴되는 이기적 세계입니다. 이타적 세계와 이기적 세계는 그 범위에서의 넓음과 좁음만으로 구별되는 세계가 아니라, 행복한 사람의 세계와 불행한 사람의 세계만큼이나 다른 세계입니다. 이타적 세계는 내 것에 대한 집착을 버림으로써 커진 세계이고, 이기적 세계는 타인에 대한 배려를 버림으로써 좁아진 세계입니다. 이타적 세계는 집착이 없으므로 행복한 세계이고, 이기적 세계는 집착으로 말미암아 불행한 세계입니다.

질문 경험적 실재론과 초월적 관념론의 의지는 어떻게 다른가요?
답변 초월적 관념론의 의지는 선의지, 무의지, 악의지로 대별할 수 있겠습니다. 선의지에는 의미의 증가를 뜻하는 플러스(+), 무의지에는 의미의 증감이 없음을 뜻하는 제로(0), 악의지에는 의미의 감소를 뜻하는 마이너스(-)를 각각 부여할 수 있겠습니다. 경험적 실재론의 경우 선의지나 악의지는 의미의 증감이 아닌 현상적인 개별적 의지로서만 성립합니다. 초월적 관념론에서의 무의지와 경험적 실재론의 무의지가 같은 것도 아닙니다. 전자의 경우는 자제를 통해 성취된 것임에 반해 후자는 의지의 현상적 결여상태를 지칭하기 때문입니다. 초월적 관념론자들이 경험적 실재론자들보다 도덕적으로 우위에 있다고는 볼 수 없는 것이, 전자의 의지는 선할 수도 악할 수도 있기 때문입니다.

비트겐슈타인은 "행복하게 살기 위해서는 세계와 일치해야 한다"(MS 103, 1916년 7월 8일)라고 말합니다. (1) 행복이란 세계와의 조화 속에서 찾아야 하고(MS 103, 1916년 7월 30일) 그러한 조화는 세계와 나 자신 간의 상호독립 속에서 이루어집니다. 세계와의 일치는 세계로부터의 독립을, 행복한 삶은 세계가 내게 주는 모든 혜택의 포기를 의미합니다. 혹은 (2) 세계와의 일치는 선의지의 실천에 있습니다. 선의지는 신의 의지이자 양심입니다.

요컨대 나는 내가 의존하고 있는 것처럼 보이는 그 낯선 의지와 일치하고 있다. 즉 "나는 신의 의지를 행하고 있다". (MS 103, 1916년 7월 8일)

양심에 위배되는 의지는 신의 의지를 어기는 것이므로 세계와의 조화를 깨뜨리며 불행을 초래합니다.

(1)과 (2)는 세계와의 일치에 대한 상반된 해석입니다. 비트겐슈타인은 둘 사이에서 갈등합니다. 선의지를 포함한 모든 의지를 끊고 세계를 단순히 관조하는 것만이 윤리적인 것인가요? 행복이란 나와 세계와의 일체의 관계를 끊을 때만이 성취될 수 있는가요? 의지의 주체로서의 내가 의지를 내지 않을 때만 행복하다면, 선의지는 무엇인가요? 선의지는 세계로 향해 있으므로 이는 곧 세계에 영향을 주

려는 것이 아닌가요?

다음의 인용문은 비트겐슈타인의 고민을 보여 주고 있습니다.

> 선의지를 내는 것, 악의지를 내는 것, 의지를 내지 않는 것이 가능한가?
> 아니면 의지를 내지 **않는** 사람만이 행복한가?
> "이웃을 사랑함"은 의지를 냄이다!
> […]
> 여기서 나는 여전히 미숙한 실수들을 범하고 있다! 의심할 여지가 없다! (MS 103, 77~78쪽, 1916년 7월 29일)

위에서 보다시피 의지와 무의지에 관한 문제는 비트겐슈타인 자신에게서는 미결의 상태에 머물러 있었습니다. 그래서 그는 자신의 일기를 편집해 『논고』를 출간하는 과정에서 이 부분을 빼놓았습니다.

의지에 대한 비트겐슈타인의 고민 배후에는 쇼펜하우어가 있습니다. 쇼펜하우어에게 있어서 세계는 의지로 충만해 있습니다. 여기서 의지란 삶에의 의지, 생명에의 의지를 말합니다. 쇼펜하우어는 의지 개념을 칸트에게서 빌어 왔지만 그것을 불교의 금욕주의적 세계관과 연결 지었습니다. 참된 행복은 의지를 끊음으로써 성취된다는 쇼펜하우어의 성찰은 비트겐슈타인에게 큰 영향을 주었습니다.

의지에 대한 비트겐슈타인의 사유는 하이데거의 그것과도 닮아 있습니다. 하이데거는 자연에 대한 사람의 간섭―생태계의 파괴―

5장 초월적 관념론과 경험적 실재론

을 조장하는 표상적, 계산적 사유의 대안으로 존재의 진리에 대한 참다운 사유로서의 숙고(뜻새김 Besinnung)와 내맡김(Gelassenheit)을 역설한 바 있습니다. 내맡김의 태도는 비트겐슈타인이 말한 무의지와 일맥상통합니다(이승종 2010, 6장을 참조하십시오).

질문 말할 수 없는 것에 대해서는 침묵하라는 『논고』야말로 말할 수 없는 것에 대해 말하고 있는 작품입니다. 비트겐슈타인은 이를 시인하면서도 『논고』를 사다리로 간주해 이를 딛고 올라간 후에는 내던져 버리라는데 자기 지시적 순환논증 아닌가요?

답변 데리다의 입장에서 보자면 철학사에 등장한 담론들의 상당수가 자기 지시적 순환논증을 내포하고 있습니다. 이를 찾아내 드러내는 작업이 그가 말하는 해체의 골자입니다. 순환논증의 문제는 1) 논증의 근거를 댈 수 없으며, 2) 비판의 화살이 오히려 자기에게로 향해진다는 것입니다. 이러한 자가당착적 상황은 철학자가 사용하는 개념 속에 그 개념과 상반되는 의미가 이미 개입되어 있음으로 해서 야기됩니다. 데리다는 플라톤의 『티마이오스』에 나오는 개념인 파르마콘(pharmakon)이 '약'과 '독'의 의미를 함께 가지고 있음을 들춰낸 바 있습니다.

칸트는 『순수이성 비판』에서 이성이 무제약적으로 오용될 가능성을 지니고 있음에 주목하지만, 이러한 오용 가능성을 바로 잡는 것 역시 그 이성에 의해서라고 보았습니다. 이성을 교정하는 메타 이성을 요청하지 않은 것입니다. 비트겐슈타인은 철학의 오류를 언어(일상 언어)에서 찾았습니다. 즉 언어 안에 이미 그것이 잘못 사용될 가능성이 잠재하고 있는 것입니다. 그러나 그것을 치료하는 것도 바로 그 언어에 의해서라고 보았습니다. 일상 언어가 아닌 이상 언어를 요청하지 않은 것입니다. 그런 점에서 칸트의 이성 비판과 비트겐슈타인의 언어 비판은 서로 닮은꼴이고 순환논증처럼 보이기도 합니다. 그러나 그것은 악순환이 아닌 해석학적 선(善)순환으로 자비롭게 해석할 수 있습니다. 이러한 선순환의 구도에서는 이성과 언어의 자기 지시성도 문제될 것이 없습니다(이승종·윤유석 2024, 376~382쪽을 참조하십시오).

순환을 잘못된 것으로 보는 시각은 철학을 근거를 추구하는 학문으로 간주하고 철학을 그 근거로 환원시키려는 정초주의(foundationalism)와 환원주의(reductionism)의 영향이 서려 있습니다. 만물의 아르케(arche)는 무엇인가를 물은 밀레토스학파에서부터 라이프니츠의 충족이유율을 거쳐 현대의 물리주의에 이르기까지 서양철학사는 정초주의와 환원주의로 점철되어 왔다고 해도 과언이 아닙니다. 그러나 칸트와 비트겐슈타인은 저러한 주류와 대비되는 비판적 전통에 섰다는 공통점이 있습니다.

『논고』에서 비트겐슈타인이 취한 입장들 중 경험적 실재론은 정초주의와 환원주의의 형태를 하고 있습니다. 언어를 명제로, 명제를 요소명제로, 요소명제를 이름으로 분석하고, 그에 맞춰 세계를 사실로, 사실을 대상으로 환원한다는 점에서 그렇습니다. 그러나 앞서 보았듯이 그는 같은 책에서 경험적 실재론과는 다른 초월적 관념론을 펼치기도 합니다. 이 초월적 관념론이 칸트의 비판철학을 계승하고 있는 것입니다. 비트겐슈타인의 초월적 관념론은 과학을 인정하는 경험적 실재론과 양립하면서도 과학이 철학의 영역을 침범하는 것에 대해서는 거부합니다. 앞서 인용한 다음 구절이 그 예입니다.

> 우리는 모든 **가능한** 과학적 물음이 대답되었을 때에도, 우리의 삶의 문제들은 전혀 건드려지지 않은 채로 남을 것이라고 느낀다. (TLP, 6.52)

초월적 관념론의 초월은 경험적 세계로부터의 초월뿐 아니라 그 세계를 다루는 과학에 대한 초월로 새길 수 있으며, 철학과 과학의 이러한 구도는 비트겐슈타인의 후기 사유에서도 유지되고 있습니다. 저는 그의 후기 사유를 (자연)과학주의에 맞서는 자연주의로 이름 붙여 본 바 있습니다. 후기 비트겐슈타인은 과학을 포함하는 사람의 활동의 최종 근거를 관념적인 것이 아닌 사람의 자연사와 삶의 형식으로 보고 있습니다. 그래서 저는 그의 자연주의를 초월적 자연주의보다는 사람의 얼굴을 한 자연주의, 혹은 자연사주의라고 부르기도 했습니다(이승종 2022). 사람의 얼굴을 한 자연주의는 인식적 정당화의 문맥에서 사용되곤 하는 정초주의보다는 사람의 자연사와 삶의 형식을 주어진 것(소여)으로 인정하고 그로부터 논의를 출발한다는 점에서 일종의 소여주의라고도 할 수 있겠습니다.

질문 과연 아무런 의지도 내지 않는 것이 가능한가요?
답변 초월적 관념론에서의 무의지는 경험적 실재론에서의 무의지와 구별해야 합니다. 전자는 세계에 대한 태도이며 비트겐슈타인은 바로 이것에 대해서 말하고 있습니다. 후자는 현상적 의지의 총체적 결여상태를 말하며 이는 현실적으로 불가능하겠습니다.

질문 유아론에 빠진 비트겐슈타인이 타자의 행복과 불행에 대해서 말할 자격이 있나요?
답변 유아론으로서의 초월적 관념론에서 나는 더 이상 타자와 다른 내가 아닙니다. 시간과 공간의 제약이 그러한 것처럼 타자와 나의 같음과 다름의 구분도 현상계에서만 유효할 뿐입니다.

지금까지의 논의가 어떤 의의를 갖는다면 그것은 청년 비트겐슈타인의 철학에 대한 종래의 해석과 차별화되는 다음과 같은 두 지점에서 찾아질 것입니다. 먼저 그에 대한 해석이 지니는 내재적 의의입니다. 그에게 언어의 한계를 긋는 『논고』의 목적과 1인칭적 유아론의 문제는 그가 강조했듯이 하나가 다른 하나에 열쇠를 제공한다고 할 수 있을 정도로 서로 밀접히 연관되어 있습니다. 그러나 『논고』에 대한 종래의 논의는 언어의 한계를 둘러싼 해석과 논쟁이 무성했을 뿐, 정작 이를 1인칭적 유아론과 연결 지어 정밀하게 사고하지는 못했습니다. 그에 대한 온전한 논의는 언어의 한계와 유아론 사이의 이 잃어버린 연결고리를 복원하는 데서 다시 시작해야 합니다. 우리는 한 걸음 더 나아가 그에 대한 종래의 해석 일반이 견지해 온 3인칭 시점에 대한 방향 전환을 촉구하고 있기도 합니다.

비트겐슈타인은 현대 철학계에서 그 누구보다도 영향력 있는 사상가의 한 사람으로 간주되어 왔습니다. 특히 청년기의 대표작인 『논고』는 지금까지도 분석철학의 성경으로 꼽히고 있습니다. 그러나 청년 비트겐슈타인의 철학이 데카르트의 유아론, 칸트와 쇼펜하우어의 관념론 등 대륙의 전통 철학과 어떻게 연계되어 있는지에 대한 심도 있는 논의는 충분히 이루어지지 않았습니다. 이로 말미암아 비트겐슈타인에게서 비롯되는 분석철학 역시 전통과의 관계 정립 없이 몰역사적인 분석의 도구로만 발전되어 온 감이 없지 않습니다. 지금까지 우리는 그의 철학을 1인칭과 3인칭이라는 서로 대비되는 관점에서 데카르트의 유아론, 칸트의 관념론, 흄의 경험론 등의 전통 철학 사조와 연결 지어 재해석해 보았습니다. 이러한 작업은 청년 비트겐슈타인에 대한 하나의 새로운 해석을 더한다는 것 이상의 의의를 지닐 수 있습니다. 그가 이들 전통 철학 사조의 어떠한 부분을 계승하고 또 어떠한 부분을 개선했는지를 평가함으로써 비트겐슈타인과 그에서 비롯된 분석철학의 철학사적 위상을 바로 세울 수 있을 것이기 때문입니다. 이로 말미암아 그의 철학이 지니는 의의와 중요성도 더 온전하게 입체적으로 부각되리라고 봅니다. 이것이 우리가 궁극적으로 지향하는 외재적 의의입니다.

질문 비트겐슈타인이 경험론과 합리론을 칸트식으로 절충한 것은 적당한 해결이었다고 볼 수 있나요? 혹시 다른 방법으로 양자를 절충한 예는 없습니까?

답변 근대 철학은 표상하는 주체의 문제를 주요 화두로 삼았으며, 현대 철학은 이에 대한 지양을 꾀했다고 볼 수 있습니다. 비트겐슈타인은 그 연장선상에서 표상하는 주체를 부정하고 의지의 주체를 확립하려 한 것입니다. 표상하는 주체의 부정은 곧 근대 인식론의 헤게모니에 대한 부정으로 새길 수 있습니다. 그는 인식론을 "심리학의 철학"으로 봅니다(TLP, 4.1121).

비트겐슈타인과는 정반대로 근대 인식론의 연장선상에서 주체의 문제를 계승한 철학자로 후설을 들 수 있습니다. 데카르트의 자아관을 현상학으로 보완한 후설의 관념론은 거센 비판에 직면하게 되는데 그러한 비판의 선두 주자로 하이데거를 꼽을 수 있습니다. 하이데거는 후설이 데카르트로 대변되는 근대성의 이념에 사로잡혀 합리성 일변도로 주체를 이해하였음을 통렬히 비판하였습니다.

표상주의가 견지해 온 합리성에 대한 현대 철학의 비판은 크게 두 부류로 나눌 수 있습니다. 첫 번째 부류는 인지과학의 영향을 받은 분석철학자들의 비판입니다. 이들은 사람의 이성이 생각보다 비합리적임을 경험과학적인 설명을 통해 입증하고 있습니다. 두 번째 부류는 해체주의자들입니다. 그들은 이성 중심주의가 주류를 이루어 온 서양철학의 텍스트에서 이성의 자기모순을 텍스트 안에서 찾아냄으로써 이성 중심주의를 해체하고 있습니다.

6장

1인칭 윤리

비트겐슈타인에게 있어 경험적 세계 밖의 초월적 세계는 어떠한 세계일까요? 그것은 윤리의 영역이자 논리의 영역입니다. 그는 다음과 같이 말합니다.

> 윤리는 초월적이다. (TLP, 6.421)

> 논리는 초월적이다. (TLP, 6.13)

> 윤리는 세계를 다루지 않는다. 논리와 마찬가지로 윤리는 세계의 조건임에 틀림없다. (MS 103, 1916년 7월 24일)[43]

---

[43] 비트겐슈타인의 텍스트에서 'Ethik'은 '윤리'나 '윤리학'으로, 'Logik'은 '논리'나 '논리학'으로 옮겼습니다. 번역어의 선택은 문맥을 고려해 결정하였습니다.

윤리와 논리는 초월적이라는 점에서, 세계의 조건이라는 점에서 같습니다. 그리고 윤리와 논리의 영역은 우연성이 지배하는 현상계와 구별됩니다. 비트겐슈타인은 다음과 같이 말합니다.

만약 가치를 갖는 가치가 있다면, 그것은 일어나는 모든 일과 그렇게 있는 모든 것의 밖에 놓여 있어야 한다. 왜냐하면 일어나는 모든 일과 그렇게 있는 모든 것은 우연적이기 때문이다.
그것을 우연적이 아닌 것으로 만드는 것은 세계 **속에** 놓여 있을 수 없다. 세계 속에 놓여 있다면, 그것은 다시 우연적일 것이기 때문이다.
그것은 세계의 밖에 놓여 있어야 한다. (TLP, 6.41)

그런데 비트겐슈타인은 "필연성에는 오직 **논리적** 필연성만 있다"(TLP, 6.375)라고 말합니다. 윤리에는 필연성이 아닌 당위성이 귀속되어야 하는 것입니다.

논리적 필연성의 부정은 논리적 불가능성입니다. 논리적 필연성을 부정했을 때 우리는 논리적 불가능성, 즉 모순에 빠지게 됩니다. "논리학의 선험성은 우리가 비논리적으로는 생각**할 수** 없다는 데서 성립한다"(TLP, 5.4731). 윤리적 당위성을 부정했을 때에도 우리는 과연 같은 귀결에 이르게 되는 것일까요? 비트겐슈타인은 다음과 같이 말합니다.

"그대는 … 해야 한다"라는 형식의 윤리적 법칙이 세워졌을 때 가장 먼저 드는 생각은, "내가 그것을 하지 않으면 어떻게 되는가" 하는 것이다. 그러나 윤리학이 일상적 의미에서의 벌이나 상과 무관하다는 것은 분명하다. 그러므로 행동의 **결과**에 대한 이러한 물음은 중요하지 않은 것이어야 한다. […] 어떤 종류의 윤리적 상이나 윤리적 벌이 있어야 하기는 하지만, 이것은 행동 자체 속에 놓여 있어야 한다. (TLP, 6.422)

윤리적 당위성을 구현하는 윤리적 법칙에 대한 긍정과 부정은 그 결과에 상관없이 그 긍정과 부정의 행동 자체 속에 이미 윤리적 상과 벌이 각각 놓여 있어야 합니다. 그것은 행동의 결과에 대한 일상적 의미의 상벌과는 무관한 것입니다. 그것은 양심의 문제이며, "양심은 신의 음성"이지(MS 103, 1916년 7월 8일) 법제도 차원의 문제가 아니기 때문입니다. 윤리적 당위성을 구현하는 윤리적 법칙을 어긴 사람은 양심을 어긴 사람이며 신의 의지에 역행하는 사람입니다. 신의 의지를 거스름은 그 자체 벌받아야 마땅한 죄에 해당합니다.

그렇다면 사람은 왜 신의 의지를 좇아야 하나요? 사람은 왜 양심을 좇아야 하나요? 이는 왜 우리가 도덕적이어야 하는가, 혹은 왜 우리가 행복하게 살아야 하는가 하는 문제와 마찬가지로 정당화될 수 없는 정언 명법(categorical imperative)에 해당합니다. 윤리적 상벌의 필요성을 언급한 이후 비트겐슈타인은 다음과 같이 계속합니다.

나는 이러한 점으로 되돌아오곤 한다! 단순히 행복한 삶은 선한 것이고 불행한 삶은 악한 것이다. 그리고 **이제** 내가 나 스스로에게 다음과 같이 묻는다면: 그러나 왜 나는 **행복하게** 살아야 하는가? 이는 내게는 그 자체 동어반복적인 질문처럼 보인다. 행복한 삶은 그 자체로 정당화되는 것 같다. 그것은 유일한 올바른 삶인 것 같다. (MS 103, 1916년 7월 30일)

우리는 여기서 비트겐슈타인이 행복하게 살아야 한다는 정언명법을 동어반복적인 것으로 간주하고 있다는 점에 주목하고자 합니다. 동어반복은 논리적 필연성을 구현하고 있는 명제 형식입니다. 행복하게 살아야 함이 동어반복적인 것이라면 불행하게 살아야 함은 모순적인 것입니다. 양심, 혹은 신의 의지의 복종과 위반도 마찬가지입니다. 윤리적 법칙의 부정, 예컨대 언제나 자신과 남을 속이고, 간음하고, 이웃을 미워해야 한다는 것은 자기모순에 해당합니다.

그렇다면 어떻게 사는 것이 행복하게 사는 것일까요? 비트겐슈타인은 도스토옙스키를 인용하면서 다음과 같이 말하고 있습니다.

행복한 사람은 존재의 목적을 충족시키는 사람이라는 도스토옙스키의 말은 옳다. (MS 103, 1916년 7월 6일)

비트겐슈타인이 즐겨 읽던 『카라마조프의 형제들』에서 도스토옙스키는 신이 존재하지 않는다면 모든 것이 허용된다고 말하고 있습니다. 이는 역으로 표현하자면 모든 것이 다 허용되는 것이 아니라면 신은 존재한다는 말에 해당합니다. 요컨대 윤리적 규제와 상벌이 있는 곳에 신은 존재하는 것입니다. 비트겐슈타인은 이에 관해 다음과 같이 말합니다.

> 행복하게 살기 위해 나는 세계와 일치해야 한다. 그리고 그것이 "행복"의 **의미**이다.

> 요컨대 나는 내가 의존하고 있는 것처럼 보이는 그 낯선 의지와 일치하고 있다. 즉 "나는 신의 의지를 행하고 있다". (MS 103, 1916년 7월 8일)

그러므로 존재의 목적을 충족시키는 사람, 즉 행복한 사람은 신의 의지를 행하고 있는 사람, 신이 부과한 필연적 의무에 복종하는 사람입니다.

남승민 (이화여대 의예과 강사) 왜 "행복한 삶은 선한 것이고 불행한 삶은 악한 것"인가요?
답변 비트겐슈타인은 다음과 같이 말합니다.

> 행복한 사람은 두려움이 없어야 한다. 죽음 앞에서도 말이다.

> 시간이 아닌 현재를 사는 사람만이 행복하다. (MS 103, 1916년 7월 8일)

현재를 사는 사람은 "영원한 삶을 누리는 사람"(MS 103, 1916년 7월 8일)입니다. 우리는 이로부터 행복한 사람이 영원의 관점에 연결되어 있음을 추론할 수 있습니다. 그리고 그 관점에 섰을 때 그는 윤리의 담지자가 되고 신의 의지와 일치하게 됩니다. 이로부터 우리는 행복이 윤리 및 종교와 연결되어 있음을 보게 됩니다. 그랬을 때 우리는 "행복한 삶은 선한 것이고 불행한 삶은 악한 것"이라는 비트겐슈타인의 말을 이해할 수 있습니다.

지금까지 우리는 논리와 윤리가 모두 (1) 초월적이고, (2) 세계의 조건이며, (3) 각각 필연성과 당위성으로서의 강제력을 지님을 보았습니다. 그러나 아직도 우리는 다음과 같은 의문을 지울 수 없습니다. 논리적 필연성과는 달리 오직 윤리적 당위성에만 신이 요청되고 있는 것이 아닐까요? 이를 살펴보기로 하겠습니다.

우선 비트겐슈타인은 논리와 연관해서도 신을 언급하고 있음이 강조되어야 할 것입니다. 가령 그는 다음과 같이 말합니다.

신은 논리의 법칙에 위배되는 것을 제외하고는 모든 것을 창조할 수 있다고 사람들은 말했었다―이는 "비논리적" 세계가 어떠한 것일지에 대해 우리가 **말할** 수 없으리라는 것이다. (TLP, 3.031)

만약 신이, 어떤 명제가 참이 되는 세계를 창조한다면, 그로 말미암아 그는 또한 그 명제로부터 나오는 모든 명제도 참이 되는 세계를 창조하는 것이다. 그리고 이와 유사하게, 명제 *p*의 모든 대상을

창조하지 않고는, 명제 "*p*"가 참이 되는 세계를 창조할 수 없을 것이다. (TLP, 5.123)

위의 인용문은 신도 논리를 위반할 수는 없다는 상식적 의미일까요? 그러나 위의 인용문은 신이 곧 논리라는 해석도 마찬가지로 허용하고 있음에 주목할 필요가 있습니다. 예컨대 제마(Zemach 1964, 364쪽)는 비트겐슈타인이 신과 명제의 일반형식을 모두 "사례가 이러저러하다"(TLP, 4.5; MS 103, 1916년 8월 1일)라고 정의했다는 점을 근거로 양자를 동일한 것으로 보고 있습니다. 이는 잘못된 해석입니다. 그 오류의 책임은 비트겐슈타인의 『노트북』을 번역한 앤스컴에게도 있습니다. 그녀는 "Gott ist, wie sich alles verhält"를 "God is, how things stand"(NB, 79쪽)로 번역하고 있습니다. 그리고 이 번역은 비트겐슈타인이 『논고』에서 명제의 일반형식으로 제시한 "Es verhält sich so und so"에 대한 페어스와 맥기니스의 번역 "This is how things stand"(TLP, 4.5)와 공교롭게도 일치합니다. 제마는 독일어 원문을 대조해 보지 않고 영역본에만 의거해 신과 명제의 일반형식을 동일한 것으로 보게 된 것입니다. 『논고』의 다음 구절에서 보듯이 세계가 어떠한가(개별 사례의 이러저러함)는 보다 높은 존재(신)에게는 관심의 대상이 아닙니다.

세계가 **어떠한가**는 보다 높은 존재에게는 완전히 아무래도 좋은 일이다. 신은 자신을 세계 **속에** 드러내지 않는다. (TLP, 6.432)

『노트북』에서 신에 대한 정의의 올바른 번역은 가버(Garver 1971, 134쪽)가 제안하듯 "God is, how everything hangs together"(신은 모든 것이 어떻게 연관되어 있는가이다)가 되어야 할 것입니다. 신은 개별이 아닌 전체에, 순간이 아닌 영원에 관여합니다.

신은 윤리적 당위성의 담지자, 즉 양심의 목소리였습니다. 가치와 필연성이 세계 속에서 발견되지 않는 것처럼, 신은 세계 속에 자신을 드러내지 않습니다. 신은 곧 세계이며(MS 103, 1916년 7월 8일), 이때의 세계는 한계 지어진 하나의 전체로서의 세계, 즉 물자체의 세계입니다. 그러한 신이 현상계의 사례가 이러저러함을 그리는 명제의 일반형식일 수는 없을 것입니다.

질문 신이 자신을 세계 **속에** 드러내지 않는 이유는 무엇입니까?
답변 신이 세계라면 바로 그 정의에 의하여 신은 자신을 세계 **속에** 드러낼 수 없습니다. 세계가 세계 **속에서** 자신을 드러낼 수는 없기 때문입니다.

신과 명제의 일반형식을 동일시하는 제마의 해석이 잘못되었다 해서 신이 곧 논리라는 해석 자체가 무효화되는 것은 아닙니다. 신이 곧 논리라는 해석을 입증할 수 있는 근거를 제마가 찾던 곳과는 다른 곳에서 찾아야 함이 요청될 뿐입니다. 이와 관련해 우리는 비트겐슈타인이 유아론을 도입하는 과정에서 다음과 같은 흥미로운 구절을 발견합니다.

> 논리는 세계에 충만해 있다. 세계의 한계는 논리의 한계이기도 하다. (TLP, 5.61)

그리고 이 구절은 다음 구절과 어우러집니다.

> 논리적 명제들은 세계의 골격을 기술한다. 혹은 오히려 제시한다. (TLP, 6.124)

> 논리는 이설(理說)이 아니라, 세계가 반영된 상(像)이다. (TLP, 6.13)

논리는 세계를 한계 지어진 하나의 전체로, 즉 물자체로서 바라보게 합니다. 요컨대 논리는 현상계에서 발견된다기보다는 물자체계에 속하는 것으로 보아야 할 것입니다. 이는 신이 자신을 세계 속에 드러내지 않는 것과 같은 맥락에서입니다. 논리는 우리에게 세계를 논리적으로 완벽히 정돈된 모습으로 보여 줍니다. 세계와 동일한 논리적 형식을 공유하는 "우리 일상 언어의 모든 명제가 사실상, 있는 그대로, 논리적으로 완벽하게 정돈되어 있기"(TLP, 5.5563) 때문입니다.

이제 앞서 제기된 문제로 되돌아가 보겠습니다. 논리적 필연성과는 달리 오직 윤리적 당위성에만 신이 요청되고 있는 것은 아닐까요? 논리적 필연성에도 윤리적 당위성에도 신은 요청되지 않습니다. 논리적 필연성과 윤리적 당위성 그 자체가 신이기 때문입니다. 물론

이러한 사실이 논리학과 윤리학이 동일한 학문임을 의미하는 것은 아닙니다. 예컨대 "논리학의 명제는 동어반복이지만"(TLP, 6.1), "윤리학의 명제란 있을 수 없다"(TLP, 6.42). "어떤 명제가 논리학에 속하는지의 여부는 **부호**의 논리적 속성들을 계산함에 의해 계산할 수 있"지만(TLP, 6.126), 같은 기준이 윤리학에 적용될 수는 없을 것입니다. 단지 우리는 논리적 필연성과 윤리적 당위성이 함축하는 강제력이 동등한 것임을 살펴보았을 뿐입니다.

질문 신의 정체는 무엇입니까? 기독교의 신인가요? 아니면 필요상 요청되는 것을 지칭하나요?

답변 비트겐슈타인은 신을 두 가지 측면에서 파악하고 있습니다. 첫째, 신은 논리이고 논리는 언어에 담겨 있는 질서입니다. "태초에 말씀이 있었다"라는 『성경』의 구절에서의 '말씀'은 논리를 뜻하는 로고스의 번역어입니다. 언어에는 완벽한 제 질서가 있지만 사람이 언어를 잘못 사용해서 문제가 발생하는 것입니다. 논리의 이름으로 말의 질서를 바로잡는 작업에는 신의 질서를 바로잡는다는 신학적인 의의가 있습니다. 둘째, 신은 윤리이고 "행복하게 살아야 한다", "정직하게 살아야 한다"와 같은 윤리적 언명의 당위성은 논리적 필연성과 함께 신적인 것으로서 나의 양심에 새겨져 있으며 바른 삶을 이끄는 등불의 역할을 합니다.

질문 행동의 **결과**에 대한 물음을 경시하는 비트겐슈타인의 윤리학은 결과주의 윤리 이론과 대비되지 않나요?

답변 결과주의는 행동의 결과를 그 행동의 옳고 그름에 대한 판단의 궁극적인 기초로 보는 윤리 이론입니다. 결과주의에 따르면 우리는 가장 좋은 결과를 불러올 행동을 해야 합니다. 최대 다수의 최대 행복을 그러한 결과로 꼽는 공리주의는 결과주의의 한 예입니다. 살아 있을 때 선행을 하면 천당에 가고, 악행을 하면 지옥에 간다는 종교의 가르침도 결과주의에 해당합니다. 그러나 저 가르침대로라면 우리는 천당에 가려는 목적으로 선행을 하는 셈입니다. 이에 반해 비트겐슈타인은 행동의 선함과 악함은 행동의 결과가 아니라 행동에 깃들어 있는 의지에 놓여 있다고 보았습니다. 결과는 도덕과 무관하다는 것입니다.

질문 플라톤과 비트겐슈타인은 서로 연결될 수 있나요?

답변 논리학과 윤리학이 초월적이라는 비트겐슈타인의 말(TLP, 6.13, 6.421)은 플라톤의 이데아론을 연상시킵니다. 비트겐슈타인이 견지한 초월적 관념론의 초연한 태도도 플라톤적입니다. 그러나 후기에 와서 비트겐슈타인은 이러한 플라톤주의적 경향과 결별하며 자연주의적 철학을 전개하게 됩니다.

질문 『논고』에서 윤리학과 논리학은 어떻게 다른가요?

답변 『논고』에 의하면 세계 속에 가치는 존재하지 않습니다(TLP, 6.41). 즉 윤리적 사실은 없는 것입니다. 세계에서 일어나는 모든 일은 우연적이고 명제는 세계의 그러한 사실을 그립니다. 윤리학은 가치를 다루지만 가치는 세계에 없으므로 윤리학의 명제들도 있을 수 없습니다(TLP, 6.42). 반면 논리학의 명제들은 세계의 골격을 기술하며(TLP, 6.124) 이는 동어반복으로 표현됩니다(TLP, 6.1). 논리학은 필연성을(TLP, 5.4731, 6.375), 윤리학은 당위성을 다룹니다.

질문 그럼에도 둘을 같은 것으로 보는 바이닝거를 비트겐슈타인이 흠모한 까닭은 무엇인가요?

답변 춘추시대를 살았던 공자는 이름을 바로잡는다는 의미의 정명론(正名論)으로 난세를 바로잡고자 했습니다. 그의 이러한 시도는 어지럽혀진 윤리를 논리로써 바로잡겠다는 뜻으로 해석할 수 있겠습니다. 비트겐슈타인도 시대의 어둠을 논리로써 밝히고자 했습니다. (1) 말할 수 있는 것은 명료하게 말하고 (2) 말할 수 없는 것에 대해서는 침묵해야 한다는 선언이 이에 해당합니다. (1)은 논리와 (2)는 윤리와 각각 연관되는데 이로써 세계와 조화를 꾀함과 아울러 세계를 있는 그대로 바라보고자 한 것입니다. 즉 비트겐슈타인에게 논리와 윤리는 서로 동떨어진 것이 아닙니다. 『**논리**-철학논고』의 의미가 **윤리**적인 데 있다는 그의 말(LF, 94쪽)이 이를 입증합니다. 그는 논리와 윤리를 동시에 확립하고 옹호하려 했던 것입니다.

다음에서 보듯이 비트겐슈타인은 윤리학을 미학과 연결시키기도 합니다.

> 윤리학과 미학은 하나이다. (TLP, 6.421)

예술작품이란 영원의 관점에서 본 대상이고 좋은 삶이란 영원의 관점에서 본 세계이다. 이것이 예술과 윤리학의 연관성이다. (MS 103, 1916년 10월 7일)

행복한 눈으로 세계를 고찰한다는 것이 미학적 고찰 방식의 본질인가? (MS 103, 1916년 10월 20일)

예술의 목적이 아름다움이라는 데에는 확실히 무언가가 있다. 그리고 아름다움이 행복을 만든다. (MS 103, 1916년 10월 21일)

윤리학과 미학은 영원의 관점에서 봄을 공유하고 있습니다. 저 학문들은 (1) "대상들 가운데서 대상들을 바라보는 통상적인 방식"과는 달리 (2) "전 세계를 배경으로" 대상들을 "밖에서" 바라봅니다(MS 103, 1916년 10월 7일). 칸트의 구분을 따르자면 (1)은 현상계를 다루는 경험적 실재론에, (2)는 예지계를 다루는 초월적 관념론에 속한다고 할 수 있습니다. 위의 인용문 마지막 문장에서 비트겐슈타인은 미학과 윤리학의 관계를 아름다움과 행복 간의 함수관계로 표현하고 있습니다.

질문 신이 세계와 같다는 말의 의미는 무엇인가요?
답변 비트겐슈타인은 다음과 같이 말합니다.

신을 믿는다는 것은 삶의 의미에 관한 문제를 이해함을 뜻한다.

신을 믿는다는 것은 세계의 사실들이 문제의 끝이 아님을 본다는 것을 뜻한다.

신을 믿는다는 것은 삶이 의미를 지님을 본다는 것을 뜻한다. (MS 103, 1916년 7월 8일)

삶의 의미, 즉 세계의 의미를 우리는 신이라 부를 수 있다. (MS 103, 1916년 6월 11일)

신이 세계라는 말은 신이 사실의 총체로서의 세계가 아니라 삶의 의미로서의 세계라는 뜻입니다. 신은 사실의 총체로서 세계 안에서 나타나는 것이 아니라 삶의 의미로서 세계 밖에서 세계를 바라봅니다.

질문 왜 삶의 의미가 신이며 신을 믿는다는 것이 삶의 의미에 관한 문제를 이해함을 뜻하나요?

답변 삶의 의미에 대한 부정, 신에 대한 부정은 두 양상을 보입니다. 첫째는 모든 가치에 대한 부정, 일체의 권위에 대한 부정으로서 이는 허무주의를 야기합니다. 카뮈가 묘사한 『이방인』의 세계입니다. 둘째는 모든 가치를 상대적인 것으로 보는 상대주의로서 이는 가치의 무정부주의를 야기합니다. 비트겐슈타인은 현대의 영향력 있는 저 두 사조에 맞서 신의 절대성을 옹호한 절대주의자였습니다. 『논고』의 말미에서 그가 말한 "세계를 올바로 보게 된다"(TLP, 6.54)라는 표현은 곧 세계로서의 신을 이해하고 받아들임을 뜻하는 것으로 새길 수 있습니다. 그때의 세계는 칸트의 용어로 말하자면 현상계가 아닌 예지계, 물자체계입니다.

우리는 『논고』와 일기에 나타나 있는 청년 비트겐슈타인의 윤리관이 유아론에서 시작함을 보았습니다. 일반적으로 유아론은 1인칭만을 허용하는 철학입니다. 우리는 비트겐슈타인의 1인칭 유아론이 칸트와 쇼펜하우어의 초월적 관념론의 계승이며, 그것이 어떻게 경험적 실재론과 양립하는지를 살펴보았습니다. 일반적으로 경험적 실재론은 1인칭을 부정하는 3인칭의 철학입니다. 경험적 실재론의 입장에서 보았을 때 경험적 세계의 실재성은 3인칭 서술만을 허용하는 객관적인 것으로서 이 객관성은 1인칭의 여지를 인정하지 않습니다. 그러나 비트겐슈타인은 유아론/관념론과 실재론이 서로 모순되지 않음을 보임으로써 자신의 유아론의 1인칭적 한계를 극복하고 있습니다. 그는 유아론이 1인칭에 머물고 있음 그 자체가 유아론의 결함이 아니듯이, 유아론에서 비롯되는 자신의 윤리관이 1인칭에 머물고 있음이 그 자체 결함이 아니라고 보았습니다. 오히려 그는 윤리에 대해서는 오직 자기 자신에 관해서 밖에 말할 수 없음을 시인하고 있습니다(NTW, 16쪽). 이는 비트겐슈타인에게 윤리에 관한 어떠한 3인칭 시점의 설명이나 이론이 불가능함을 함축합니다. 그는 자신이 윤리에 관한 이론이나 설명을 부정하는 까닭이 그것이 틀려서가 아니라, 그것이 이론이나 설명이기 때문이라고 말하고 있습니다(NTW, 16쪽).

비트겐슈타인에게 윤리는 전적으로 신과 나 사이의 문제입니다. 그가 세계와 나를 동등한 신적인 위치에 놓는 구절의 바로 앞에는 세계가 곧 신이라는 힌트가 주어져 있습니다(MS 103, 1916년 7월 8일). 이는 그가 예찬했던 키르케고르에서 신과 나와의 실존적 관계를 연상케 합니다. 비트겐슈타인에게 윤리가 1인칭일 수밖에 없는 까닭은 그것이 신의 절대 명령, 즉 양심에 기초한 것이기 때문입니다. 그에게 신의 죽음, 허무주의, 가치 상대주의 등은 과학주의, 형이상학, 자연주의 윤리학, 공리주의 유의 결과주의 등의 3인칭 윤리만큼이나 생소하고 위험스런 것이었습니다. 그가 보기에 이들 사조가 우리 시대의 주류를 이루고 있다는 사실은 우리 시대가 암흑기임을 입증하는 것이었습니다(PI, 서문). 그가 보았을 때 카뮈의 『이방인』은 신이 부재한 이 시대의 부도덕을 대변하는 작품이었을 것입니다. 비트겐슈타인이 도스토옙스키를 좋아한 이유는 아마도 그 자신이 『이방인』의 뫼르소와는 달리, 『죄와 벌』의 주인공 라스콜리니코프처럼 자신의 의무를 윤리의 최후 근거로 삼았기 때문이 아닐까요.

7장

신비와 신

『논고』의 후반부에서 비트겐슈타인은 다음과 같이 말합니다.

> 대답이 언표될 수 없으면 그 물음 역시 언표될 수 없다.
> […]
> 물음이 제기될 수 있으면 대답**될 수**도 있어야 한다. (TLP, 6.5)
> […]
> 의문은 물음이 존립하는 곳에서만 존립할 수 있고, 물음은 대답이 존립하는 곳에서만 존립할 수 있으며, 대답은 무엇이 **말해질 수** 있는 곳에서만 존립할 수 있기 때문이다. (TLP, 6.5-6.51)

물음과 대답은 한 짝으로 되어 있습니다. 그리고 그 둘은 말할 수 있는 곳에서만 존립합니다. 그렇다면 말할 수 없는 것에 대해서는 물음도 대답도 존립할 수 없다는 추론이 가능합니다.

비트겐슈타인은 다음과 같이 계속합니다.

우리는 모든 **가능한** 과학적 물음이 대답되었을 때에도, 우리의 삶의 문제들은 전혀 건드려지지 않은 채로 남을 것이라고 느낀다. 물론 그때는 더 이상 아무런 물음도 남아 있지 않다. 그리고 바로 이것이 대답이다.
삶의 문제의 해결은 이 문제가 소멸됨에서 감지된다. (TLP, 6.52-6.521)

과학은 물음과 대답이 가능한 담론입니다. 반면 삶의 문제들과 삶의 의미는 그렇지 못합니다. 즉 과학적 물음과 대답과는 달리 삶의 문제들과 삶의 의미는 말할 수 없는 것들입니다. 대답에 의해 해결되는 과학적 물음과는 달리 삶의 문제는 문제 자체의 소멸로 해결됩니다. 이는 과학과 철학이 확연히 다른 활동임을 시사합니다.

비트겐슈타인은 철학에 대해 다음과 같이 말합니다.

철학의 올바른 방법은 본래 다음과 같은 것이리라. 말할 수 있는 것, 즉 자연과학의 명제들―즉 철학과는 무관한 것―을 제외하고는 아무것도 말하지 않기. 그러고는 다른 어떤 사람이 형이상학적인 것을 말하려고 할 때에는 언제나, 그가 그의 명제들 속의 어떤 기호들에 아무런 뜻도 부여하지 않았다는 것을 지적해 주기. 이 방법이 그 사람에게는 만족스럽지 못하겠지만―그는 우리가 그에게 철학을 가르치고 있다는 느낌을 갖지 않을 것이다—**이것**이야말로 엄밀하게 올바른 유일한 방법일 것이다. (TLP, 6.53)

비트겐슈타인은 윤리와 신에 대한 『논고』의 언명이 형이상학적인 것이 아님을 분명히 하고 있습니다. 윤리와 신에 대한 『논고』의 언명들은 언표될 수 없는 것으로서 그 자신을 **보여 주는** 신비스러운 것입니다(TLP, 6.522). 『논고』에 서려 있는 초월적 관념론의 핵심도 말함이 아닌 보여 줌에 있다고 할 수 있습니다. 즉 그것은 형이상학적 체계와는 구별되어야 합니다.

이제부터는 비트겐슈타인이 『논고』를 편집하기 이전에 쓴 참전일기를 다시 한번 집중적으로 들여다보도록 하겠습니다. 앞서 보았듯이 그의 초월적 관념론은 유아론에서 출발합니다.

나의 언어의 한계는 나의 세계의 한계를 뜻한다.

실제로 단 하나의 세계영혼만이 존재하는데 그것을 나는 **나의** 영혼이라고 부르고 싶다. 내가 다른 사람들의 영혼이라고 부르는 것도 나는 오직 나의 영혼으로서 이해한다. (MS 102, 1915년 5월 23일)

'나의 세계'는 너의 세계와는 다른 나만의 세계를 의미하는 것이 아니라, 칸트와 쇼펜하우어로 대표되는 초월적 관념론의 연장선상에 있는 유아론의 입장을 나타냅니다. 즉 여기서의 '나'는 생각하고 표상하는 내가 아니라 세계를 하나의 전체로 바라보는, 세계의 한계로서 복수성이 없는 단 하나의 초월적인 자아입니다.

비트겐슈타인은 다음과 같이 계속합니다.

> 만일 내가 『내가 발견한 대로의 세계』라는 책을 쓴다면, 그 책에서 나는 나의 신체에 관해 보고해야 하며, 어느 부분이 내 의지에 종속되고 어느 부분이 그렇지 않은지 등에 대해서도 말해야 할 것이다. 이는 주체를 고립시키는 한 방법일 것이다. 아니 오히려 중요한 의미에서, 주체가 존재하지 않음을 보여 주는 한 방법일 것이다. 요컨대 그 책 속에서는 오직 주체만이 언급될 수 **없을** 것이다. (MS 102, 1915년 5월 23일)

『내가 발견한 대로의 세계』에 생각과 표상은 나타나지만 생각과 표상을 담지하는 주체는 나타나지 않는다는 것이 흄의 논증입니다. 이로써 그는 "생각한다. 고로 나는 존재한다"라는 데카르트의 추론이 잘못되었음을 지적합니다. 추론의 타당한 결론은 "생각이 존재한다"이지 "생각의 주체로서의 내가 존재한다"일 수 없다는 것입니다. 이것이 바로 "중요한 의미에서, 주체가 존재하지 않음"의 함축입니다.

비트겐슈타인은 다음과 같이 계속합니다.

> 신비로운 것에 대한 충동은 우리의 바람이 과학에 의해서 충족되지 않음에서 비롯된다. 우리는 모든 **가능한** 과학적 물음이 대답되

었을 때에도, **우리의 문제는 전혀 건드려지지 않은 채로 남을 것**이라고 **느낀다**. 물론 그때는 더 이상 아무런 물음도 남아 있지 않다. 그리고 바로 이것이 대답이다. (MS 102, 1915년 5월 24일)

비트겐슈타인이 말하는 '신비로운 것'은 우리 시대의 신비로운 것에 대한 정의나 의미와는 약간 다르다고 볼 수 있습니다. 신비로운 것은 우리 시대에는 통상적으로 초자연적인 어떤 것으로 여겨지면서도, 사실 알고 보면 별것 아니라는 함축이 들어가 있습니다. 신비는 미신이나 무지와 다르지 않고 계몽에 의해 배격되어야 할 대상이라는 것입니다. 신비라는 개념이 이렇게 초라하게 여겨지게 된 것은 과학의 대두에 편승한 과학주의적 세계관의 영향 때문입니다. 라이프니츠는 모든 사물의 존재 또는 진리에는 그에 상응하는 충분한 이유가 있어야 한다는 충족이유율을 들어 신비주의를 배격했습니다. 이 원리에 따르면 어떤 사실에 대해 '왜?'라고 묻는다면 반드시 '왜냐하면'이라는 형태의 설명이 주어져야 합니다.

중세 때만 해도 '신비주의'라는 사상의 갈래가 있었습니다. 신비주의의 거장 마이스터 에크하르트(Meister Eckhart)는 종교적 체험이라든가 삶의 의미, 가치의 문제 등 '왜?'라는 질문이 통하지 않는 영역들을 신비로 돌리면서 그 영역을 더 중요한 것으로 보았습니다. 그의 사유를 실레지우스(Angelus Silesius)는 다음과 같이 노래합니다.

장미는 이유를 모른다.
장미는 피기 때문에 핀다.

장미는 자신에게 관심이 없고
누가 자기를 보는지 묻지 않는다.

비트겐슈타인의 다음 구절은 우리 시대에는 절맥되다시피 한 에크하르트와 실레지우스의 신비주의를 연상케 합니다.

신비스러운 것은 세계가 **어떠한가**가 아니라 세계가 존재한다는 **것**이다. (TLP, 6.44)

신비는 초자연적인 현상에 대해서라기보다는, 우리 눈앞에 있는 모든 것에 대해서입니다.

세계가 존재한다는 것, 즉 존재하는 것이 존재한다는 것이 미학적 기적이다. (MS 103, 1916년 10월 20일)

비트겐슈타인에게 잠재해 있었던 신비와 신에 대한 경외감은 1916년 6월 11일에 마치 화산이 폭발하듯이 한꺼번에 글로 표출됩니다.

나는 신과 삶의 목적에 대해 무엇을 아는가?
나는 이 세계가 존재함을 안다.
나는 마치 나의 눈이 나의 시야에 놓여 있는 것처럼 내가 이 세계에 놓여 있음을 안다.

나는 이 세계의 어떤 것, 즉 우리가 이 세계의 의미라고 부르는 것이 문제가 있음을 안다.

나는 이 의미가 세계 안이 아니라 밖에 있음을 안다.

나는 삶이 세계라는 것을 안다.

나는 나의 의지가 세계를 관통하고 있음을 안다.

나는 나의 의지가 선하거나 악함을 안다.

따라서 나는 선과 악이 세계의 의미와 일정한 방식으로 연관되어 있음을 안다.

삶의 의미, 즉 세계의 의미를 우리는 신이라 부를 수 있다.

그리고 이것과 연관하여서 우리는 신을 아버지에 비유한다.

기도한다는 것은 삶의 의미에 관해서 생각하는 것이다.

나는 세계의 사건을 내 의지에 따르게 할 수 없다. 나는 완전히 무기력하다.

나는 사건에 대한 모든 영향력을 포기함으로써 세계로부터 나 자신을 독립시킬 수 있다—그리고 어떤 의미에서는 세계를 정복할 수 있다. (MS 103, 1916년 6월 11일)

이 중 먼저 다음의 두 문장에 주목해 보겠습니다.

(1) 나는 나의 의지가 세계를 관통하고 있음을 안다.
(2) 나는 세계의 사건을 내 의지에 따르게 할 수 없다. 나는 완전히 무기력하다.

이 문장들이 어떻게 양립 가능한가요? 여기서의 의지는 뭔가 먹고 싶다는 의지 따위의 현상적 의지가 아닙니다. 그러한 의지는 성취되거나 성취되지 않는 방식으로 세계의 사실들에 관여하기 때문입니다. 비트겐슈타인은 "의지란 세계에 대한 주체의 태도이다"(MS 103, 1916년 11월 4일)라고 말하고 있습니다. 즉 그것은 칸트의 어법으로 표현하자면 현상적 의지가 아니라 예지적(noumenal) 의지, 물자체로서의 의지입니다.

(1)에 이어지는 문장에서는 나의 의지에 대해 선하거나 악하다고 했습니다. 즉 세계를 관통하는 의지는 선의지이거나 악의지입니다. 세계에 대한 태도가 세계의 사실을 바꿀 수는 없습니다. 이로부터 (2)가 따라 나옵니다. 그럼에도 불구하고 의지가 세계를 관통한다는 (1)의 의미는 무엇일까요? 『논고』의 다음 구절이 이를 해명하고 있습니다.

> 만약 선의지를 냄이나 악의지를 냄이 세계를 변경시킨다면, 그것은 세계의 한계들을 변경시킬 수 있을 뿐, 사실들을 변경시킬 수는 없다. 언어에 의해 표현될 수 있는 것들을 변경시킬 수는 없다.
> 간단히 말해 세계는 그것에 의해 전혀 다른 세계가 되어야 한다.
> 세계는 이를테면 그 전체로서 차거나 이지러지거나 해야 한다.
> 행복한 사람의 세계는 불행한 사람의 세계와는 다른 세계이다.
> (TLP, 6.43)

이 구절은 의지가 사실의 변경에 있어서는 무기력하지만 세계의 한계를 변경시킬 수는 있음을 역설하고 있습니다. (1)에서 말하는, 의지가 세계를 관통한다함은 나의 선의지나 악의지로 말미암아 세계의 한계가 변경됨을 말합니다. 그리고 이 한계의 변경이 세계를 차거나 이지러지게 하는 것입니다.

세계는 나의 세계이므로 세계가 확장된다는 것은 나의 세계가 확장된다는 것이고, 나의 한계가 넓어지는 것입니다. 그렇게 확장된 나는 나와 너의 구분에 연연하지 않는 통이 큰 사람이며 쾌적함의 집착을 끊을 수 있는 행복한 사람입니다. "행복한 유일한 삶은 세계의 쾌적함을 거절할 수 있는 삶이다"(MS 103, 1916년 8월 13일). 반대로 불행한 나는 그렇지 못한 관계로 나의 세계는 축소됩니다.

다음으로 앞서 인용한 1916년 6월 11일의 일기 중에서 신의 문제를 살펴보겠습니다. 비트겐슈타인은 삶의 의미, 즉 세계의 의미가 신이라고 했습니다. 삶의 의미를 인정하는 사람은 유신론자가 되고, 부정하는 사람은 무신론자가 되는 것입니다. 삶과 세계의 의미를 숙고할 때 우리는 삶과 세계를 한계 지어진 하나의 전체로서 놓고 보게 됩니다. 영원의 관점에서 삶과 세계를 하나의 전체로서 보는 태도는 삶과 세계의 한계에 선 신의 태도와 마주하게 됩니다. 이러한 태도를 공유함으로써 나는 신성(神性)을 얻게 됩니다(MS 103, 1916년 7월 8일).

신에 대한 비트겐슈타인의 사유는 다음과 같이 계속됩니다.

신은 모든 것이 어떻게 연관되어 있는가이다. (MS 103, 1916년 8월 1일)

세계가 **어떠한가**는 보다 높은 존재에게는 완전히 아무래도 좋은 일이다. 신은 자신을 세계 **속에** 드러내지 않는다. (TLP, 6.432)

모든 것이 어떻게 연관되어 있는가는 세계를 한눈에 바라보는 전체론(holism)적 태도를 함축하는데 비트겐슈타인은 이것을 신으로 규정합니다. 스피노자의 범신론을 연상케 하는 구절입니다. 세계를 영원의 관점에서 한눈에 바라보는 것은 신인데, 그 신을 세계와 같은 것으로 놓고 있다는 점에서 그렇습니다.

질문 세계의 사실은 나의 한계 안에 있는 것입니까?
답변 그렇습니다.

질문 나의 의지는 세계의 사실들에 대해서는 아무런 관여도 할 수 없는데, 나의 한계가 변한다고 그 사실들이 첨가되거나 빠질 수가 있나요?
답변 세계가 늘어나고 줄어드는 것은 하나의 비유이지, 그렇다고 해서 세계의 사실들의 숫자가 늘고 준다고 할 수는 없겠습니다. 나의 의지나 태도의 변경으로 말미암아 세계의 사실이 변화하는 것은 아닙니다. 세계에 대한 나의 태도가 변경된다는 것은 내가 세계를 어떠한 정서와 분위기로 보느냐의 문제이지 사실의 들고 남의 문제는 아닙니다.

질문 비트겐슈타인은 말할 수 없는 것에 대한 절대적인 경계를 그어 놓았습니까?

답변 그렇습니다. 그러나 사실 말할 수 있는 것과 없는 것의 경계는 우리가 긋는 것이 아니라 이미 주어져 있는 것입니다. 『논고』는 그 주어진 경계를 보이고자 하는 것입니다. 반면 윤리적 담지자인 나의 한계는 절대적이지 않습니다.

질문 신과 의지의 관계는 무엇입니까?

답변 비트겐슈타인에 따르면 세계로서의 신과 나는 신성을 공유하고 있습니다. 그런데 내가 행복해지려면 신의 의지와 나의 의지를 일치시켜야 합니다. 나에게 있어서 신의 의지를 반영하는 것이 양심입니다. 나의 의지를 올바로 행하는 것은 신의 의지에 복종하는 것입니다. 신의 의지를 관철시키는 것이 윤리적 삶인 것입니다.

비트겐슈타인의 종교관은 이성을 중시하는 헬레니즘보다는 신의 명령과 의무를 중시하는 헤브라이즘의 전통에 더 가깝습니다. 물론 이 두 전통이 그의 사유에서 모두 확인되기는 합니다만, 스스로도 시인하듯이 후자가 더 우위를 점하고 있습니다(Drury 1981, 161쪽). 그는 논리를 초월적인 것으로 보았습니다. 논리를 담론의 합리성으로서가 아니라, 세계의 합리성으로서 파악한 것입니다.

질문 선의지도 현상적 의지처럼 세계에 간섭하지 않나요?

답변 비트겐슈타인은 그렇게 보지 않았습니다. 그리고 그는 세계의 사실에 간섭하려는 의지를 버리고자 했습니다.

질문 비트겐슈타인의 신은 기독교적입니까 범신론적입니까?

답변 신이 세계라는 점에서 비트겐슈타인의 신관은 범신론이라고 부를 수 있겠습니다. 그러나 범신론이 각개의 사물들에 신성이 깃들어 있다는 신관인 데 반해, 비트겐슈타인의 신은 세계 안에서 자신을 드러내지 않습니다. 기독교적 신은 세계를 간섭하고 세계 안에 자신을 드러내는데 비트겐슈타인의 신은 그렇지 않습니다.

질문 윤리학과 미학이 하나라는 비트겐슈타인의 말(TLP, 6.421)은 무슨 뜻인가요?

답변 그는 "예술작품이란 영원의 관점에서 본 대상이고 좋은 삶이란 영원의 관점에서 본 세계"(MS 103, 1916년 10월 7일)라는 점에서 둘을 연관시킵니다. 예를 들어 우리는 예술작품에 몰입할 때 자신이 시공간의 밖에 있는 듯한 느낌을 갖게 됩니다. 이것이 예술의 힘입니다. 영원의 관점에서 세계를 본다 함은 세계의 의미를 묻는다는 것이고, 세계의 의미를 묻는다 함은 삶의 의미를 묻는다는 것입니다. 이러한 물음은 종교적, 윤리적 태도에서 연원합니다.

질문 비트겐슈타인의 윤리학이 현대의 도덕적 문제들을 해결할 수 있을까요? 예를 들어 낙태, 사형이 윤리적인가의 여부에 대해 그는 어떤 입장을 취할 것인가요? 이런 문제들이 과연 그의 말대로 양심에 비추어 보면 해결되나요?

답변 비트겐슈타인의 윤리학은 자신이 고민했던 문제에 대한 답변으로 제출된 1인칭 윤리학이지, 현대 사회의 윤리적 문제들을 염두에 둔 3인칭의 처방전이 아닙니다. 그는 다음과 같이 말합니다.

> 윤리학은 세계를 다루지 않는다. 윤리학은 논리학처럼 세계의 조건이어야 한다. (MS 103, 1916년 7월 24일)

"양심이 신의 음성"(MS 103, 1916년 7월 8일)이라는 그의 말도 신에 대한 성찰의 문맥에 놓여 있음을 감안해서 파악해야 합니다. 그에게 있어서 윤리는 무엇보다 개인의 문제입니다.

질문 그렇다면 윤리는 개인마다 차이가 있게 되어 의견의 일치가 불가능해지지 않을까요?
답변 (1) 낙태, 사형 등과 같이 의견의 불일치가 있는 윤리적 문제가 있지만 (2) 그렇지 않은 경우도 있습니다. 자신을 속이지 말라, 행복하게 살아라 등이 (2)의 예입니다. 비트겐슈타인의 윤리학은 (1)보다 더 근원적이라 할 수 있는 (2)에 관한 것입니다.

질문 비트겐슈타인의 윤리학은 절대적인 책임과 의무를 강조하는 절대론인 것 같습니다. 그런데 윤리적 법칙의 절대성이 실제의 삶에서 실천 가능한가요? 예를 들어 아버지를 살해하려는 살인자가 내게 아버지의 행방을 묻는다면 어떻게 할 것인가요? 그때에도 정직해야 한다는 윤리적 법칙을 고수해야 하나요?
답변 선의의 거짓말은 정직함과 불일치한다고 보지 않습니다. 언급한 상황에서 한 거짓말이 해당 법칙의 도덕적 절대성을 무너뜨리는 것이 아닙니다.

질문 신의 음성이 양심이라면 그것은 사람에 내재된 것인지요, 아니면 그때그때의 계시인지요?

답변 두 표현이 상반된 것이 아닙니다. 하늘에서 이루어지는 신의 역사가 양심의 이름으로 땅에서도 사람의 역사로서 이루어지기를 염원하고 있습니다.

질문 말할 수 없는 것이 사람에게 내재되어 있다면 사람은 그 내재된 것에 대해 말할 수 있지 않을까요?

답변 『논고』에 따르면 말한다는 것은 세계를 이루는 사실에 대한 그림을 그리는 것에 해당합니다. 양심으로서의 윤리는 그러한 그림이 아니라 윤리적 사례와 실천을 통해 스스로를 내보입니다. 비트겐슈타인이 톨스토이의 우화를 좋아한 것도 이러한 맥락에서입니다.

질문 우화를 통해 윤리를 알게 된다는 것은 현상계에서 가치를 본다는 의미가 되지 않나요?

답변 현상계에 가치가 들어 있다는 뜻은 아닙니다. 가치는 세계에 대한 태도에 귀속됩니다.

질문 비트겐슈타인에게 있어서 윤리란 체계인가요?

답변 아닙니다. 체계란 명제의 집합인데 그에 따르면 윤리적 명제란 성립하지 않습니다.

8장
새로운 모색

1916년 비트겐슈타인의 일기는 다음과 같이 계속됩니다.

> 삶의 문제의 해결은 이 문제가 소멸됨에서 감지된다. (MS 103, 1916년 7월 6일; TLP, 6.521)

비트겐슈타인은 삶이 더 이상 문제가 되지 않는 상태를 목표로 삼았습니다. 그러한 삶이야말로 시공간을 초월한 영원 속의 삶이자 행복한 삶이었습니다. 그리고 이때

> 우리는 낯선 의지에 의존되어 있음을 느낀다.
> **그렇다 할지라도** 어쨌든 우리는 어떤 의미에서 의존되어 **있으며**, 의존의 대상을 우리는 신이라 부를 수 있다. (MS 103, 1916년 7월 8일)
> [⋯]

요컨대 나는 내가 의존하고 있는 것처럼 보이는 그 낯선 의지와 일치하고 있다. 즉 "나는 신의 의지를 행하고 있다". (MS 103, 1916년 7월 8일)

낯선 의지는 신의 의지를 말합니다. 세계로서의 신과 나 사이의 독립성을 역설한 비트겐슈타인이 여기서는 나의 의지가 신의 의지에 의존되어 있음을 역설하고 있습니다. 이 두 의지는 원래는 서로 독립성을 유지하고 있지만, 나의 의지를 신의 의지에 일치시킴으로써 내가 신의 의지를 행하고, 그렇게 함으로써 행복을 성취한다는 의미로 해석할 수 있겠습니다. 즉 나의 의지를 신의 의지에 의존시켜 일치를 보게 함은 비트겐슈타인이 추구하는 윤리의 목표이자 방향성인 것입니다.

비트겐슈타인은 다음과 같이 말합니다.

나는 행복하거나 불행하다. 이것이 전부이다. 선이나 악은 존재하지 않는다고 말할 수 있다. (MS 103, 1916년 7월 8일)

도덕실재론자들의 주장과는 달리 선이나 악 그 자체가 아니라 선의지와 악의지만이 존재할 뿐입니다. 저 두 의지는 윤리의 담지자인 내가 세계에 대해서 취하는 태도에서 연원합니다. 비트겐슈타인은 이렇게 말합니다.

의지가 존재하지 않으면 우리가 윤리의 담지자인 나라고 부르는 세계의 중심 역시 존재하지 않을 것이다. (MS 103, 1916년 8월 5일)

비트겐슈타인은 현상적 의지보다 관조적인 의지에 더 많은 관심을 기울였습니다. 한때 그는 쇼펜하우어(가 이해한 불교)의 영향으로 모든 의지의 적멸(寂滅)을 고려하기도 했지만, 세계에 개입하지 않는 조건하에 관조적인 (신의) 선의지는 인정하는 것으로 귀착하였습니다. (이는 비트겐슈타인의 유신론에서는 필연적인 조처이기도 합니다.) 그러다 보니 그의 윤리는 행위가 거세된 스토아적 초연함을 유지하고 있습니다. 그는 다음과 같은 문답을 펼칩니다.

생명체라고는 나만이 존재한다 해도 윤리가 가능할까?
윤리가 근원적인 어떤 것이라면 그렇다! (MS 103, 1916년 8월 2일)

비트겐슈타인에 의하면 세상에 나 혼자만이 존재한다 해도 윤리는 가능합니다. (1) 윤리는 공동체의 사회적 규범이 아니고 (2) 나 자신의 문제, 혹은 신과 나 사이의 문제입니다. 그가 철학자를 어느 공동체에도 속하지 않은 시민으로 본 것도 같은 맥락에서인 것으로 풀이할 수 있습니다(Z, §455). 그가 말하는 근원적인 윤리는 사회윤리에 해당하는 (1)이 아니라 (2)를 의미합니다. 그것은 양심을 따르는 것, 즉 신의 의지에 따르는 것을 의미합니다. 양심은 신에 의해서 주어지는 것이므로 양심을 따르지 않는다는 것은 신의 의지에 복종하지 않는 것이 됩니다.

질문 양심이 왜 자기 자신만의 문제인가요? 다른 사람에 대한 사회적 양심이 더 중요하지 않나요?

답변 좋은 지적입니다만 비트겐슈타인은 사회적 양심 역시 자신에 대한 양심에 근원한다고 답할 것 같습니다. 예컨대 자기 자신을 속이지 않음으로써 다른 사람을 속이지 않음도 성립하기 때문입니다.

비트겐슈타인의 일기는 다음과 같이 계속됩니다.

세계 그 자체는 선도 악도 아니다.
윤리의 존재는 세계 안에 생명체가 있고 없고와는 상관이 없기 때문이다. 무기물만이 존재하는 세계는 선도 악도 아님이 분명하고, 심지어 생명체의 세계 역시 선도 악도 아닐 수 있음이 분명하다.
(MS 103, 1916년 8월 2일)

선이나 악은 세계 그 자체에 귀속되는 것이 아니라, 윤리의 담지자로서의 나의 의지에 귀속됩니다.

질문 선과 악의 구별은 신에 의해서 가능한 것인가요?
답변 그렇습니다. 비트겐슈타인에게는 신과 양심이 척도입니다.

비트겐슈타인의 일기는 다음과 같이 계속됩니다.

선과 악은 단지 **주체**를 통해서 들어온다. 그리고 주체는 세계의 일부가 아니라 한계이다.

(쇼펜하우어식으로) 이렇게 말하는 게 가능할 것이다. 선하거나 악한 것은 표상의 세계가 아니라 의지를 내는 주체이다.

나는 이 문장이 아주 불명확하다는 것을 안다.

위에 의거하자면 의지의 주체는 행복하거나 불행해야겠지만, 행복과 불행은 세계의 일부일 수가 없다.

주체는 세계의 일부가 아니라 그 존재의 전제조건이므로, 주체의 술어인 선과 악은 세계의 속성이 아니다. (MS 103, 1916년 8월 2일)

표상된 세계는 윤리와는 무관한 까닭에 거기에는 행복과 불행, 선과 악이 존재하지 않습니다. 그것들은 세계의 존재를 가능하게 하는 전제로서의 윤리적 주체가 취하는 세계에 대한 태도와 의지에 적용될 뿐입니다.

비트겐슈타인의 일기는 다음과 같이 계속됩니다.

생각하는 주체는 결국 미신에 불과한 것이 아닐까?

형이상학적 주체는 이 세계의 어디에서 발견되는가?

당신은 여기에서 사정은 눈(目)과 시야의 경우와 전적으로 같다고 말한다. 그러나 당신은 실제로 눈은 볼 수 **없다**.

그리고 나는 시야 속의 아무것도 그것을 눈이 보고 있다고 추론하는 것을 허용하지 않는다고 믿는다. (MS 103, 1916년 8월 4일)

우리는 세계를 봅니다. 테이블과 창밖의 풍경과 여러 사람을 봅니다. 이러한 것들이 보인다는 사실은 분명하지만, 나의 눈이 이것들을 보고 있다는 것은 불분명합니다. 내가 나의 눈을 보는 것은 아니기 때문입니다. 거울을 통해서 나의 눈을 볼 수 있지 않을까요? 거울에 비친 나의 눈은 눈의 이미지이지 눈 자체는 아닙니다. 내 눈은 스스로는 볼 수 없습니다. 데카르트의 "나는 생각한다. 그러므로 나는 존재한다"라는 말도 마찬가지입니다. 이로부터 생각하는 주체가 있다는 추론을 할 수 있는 근거가 없습니다. "내가 발견한 대로의 세계"에서는 결코 "그 세계를 발견한 나"는 발견할 수 없습니다.

비트겐슈타인의 일기는 다음과 같이 계속됩니다.

생각하는 주체는 확실히 환상에 불과하다. 그러나 의지를 내는 주체는 존재한다.
의지가 존재하지 않으면 우리가 윤리의 담지자인 나라고 부르는 세계의 중심 역시 존재하지 않을 것이다.
선하거나 악한 것은 본질적으로 나이지, 세계가 아니다.
나는 정말이지 신비로운 존재자이다! (MS 103, 1916년 8월 5일)

신비로운 것으로 묘사된, 의지를 내는 주체(나)는 윤리의 정립을 위해 가정된 것이지 논증된 것이 아닙니다. 윤리가 그러하듯이 의지를 내는 주체(나)는 초월적인 것으로 가정되어 있습니다.

비트겐슈타인의 일기는 다음과 같이 계속됩니다.

나는 대상이 아니다. (MS 103, 1916년 8월 7일)

나는 객관적으로 모든 대상과 마주한다. 그러나 나와는 아니다. 따라서 철학에서 **비(非)심리학적 의미**로서의 나에 대해서 언급할 수 있고 언급해야 하는 방법이 정말로 있다. (MS 103, 1916년 8월 11일)

나는 세계가 **나의** 세계임을 통해 철학에 등장한다. (MS 103, 1916년 8월 12일)

"**비심리학적 의미**로서의 나"는 의지를 내는 주체를 말합니다. 그러나 그 주체는 대상이 아니며 따라서 표상될 수 없습니다. 의지와 표상의 이러한 구분에는 청년 비트겐슈타인에게 큰 영향을 미쳤던 쇼펜하우어의 『의지와 표상으로서의 세계』가 그 배경에 깔려 있습니다.

비트겐슈타인의 일기는 다음과 같이 계속됩니다.

사람이 자신의 의지를 행사할 수 없으며, 이 세상의 모든 고통을 다 겪어야 한다면, 그는 무엇에서 행복을 얻을 수 있겠는가?
이 세상의 고통에서 벗어날 수 없는 사람이 어떻게 행복을 얻을 수 있겠는가?
깨달음의 삶을 통해서.
선한 양심이란 깨달음의 삶이 보증하는 행복이다.

깨달음의 삶이란 세계의 고통에도 불구하고 행복한 삶이다.
행복한 유일한 삶은 세계의 쾌적함을 거절할 수 있는 삶이다.
행복한 유일한 삶에 있어서 세계가 주는 쾌적함이란 운명의 은총이다. (MS 103, 1916년 8월 13일)

내가 만약 고통의 운명을 짊어진 시시포스(Sisyphus)라 해도 나는 깨달음을 통해 행복할 수 있습니다. 깨달음이 인도하는 삶은 선한 양심에 의한 삶이고, 신의 목소리에 따르는 삶입니다. 우연적으로 주어지는 쾌적한 삶을 거절할 수 있는 것이 진정 행복한 삶입니다.

질문 저런 삶은 재미가 없지 않을까요?
답변 재미도 거절할 수 있는 것이 행복한 삶이 아닐까요?
질문 비트겐슈타인이 그리고 있는 삶은 기독교적인 삶의 전형이 아닐까요?
답변 일리가 있습니다. 그런데 그는 전도유망한 케임브리지의 대학원생들에게 철학을 그만두고 공장 노동자가 되라고 했다지요. 머리로 먹고살려 하지 말고 손과 발로 먹고살라는 취지였습니다.

질문 비트겐슈타인이 말하고 있는 깨달음은 신앙과 관련이 있지 않을까요?
답변 깨달음은 진리와 연결됩니다. 『성경』에 "진리가 너희를 자유롭게 하리라"라는 구절이 있습니다. 진리 추구를 위해 모든 걸 포기할 수 있을 때, 진정으로 그 무엇으로부터도 자유로울 수 있습니다.

비트겐슈타인의 일기는 다음과 같이 계속됩니다.

> 고찰의 통상적 방식은 말하자면 대상들을 대상들 가운데서 바라보지만, 영원의 관점에서 고찰하는 방식은 밖에서 바라본다.
> 후자는 대상들을 전 세계를 배경으로 바라보는 방식이다.
> 이는 아마도 대상을 시공간 **안에서**가 아니라 시공간과 **함께** 보는 방식이 아닐까?
> 각 사물은 논리적 세계 전체, 말하자면 논리적 공간 전체에 영향을 미친다.
> (다음과 같은 생각이 강하게 떠오른다.) 영원의 관점에서 본 사물은 논리적 공간 전체와 함께 본 사물이다. (MS 103, 1916년 10월 7일)

앞서 우리는 영원의 관점에서 봄이 윤리나 미학의 관점임을 살핀 바 있습니다. 여기서는 그것을 통상적 봄과 대비시켜 일반화하고 있습니다. 영원의 관점에서 봄은 통상적 봄과 달리 대상을 전체와 함께 본다는 점에서 초월적인 봄이라고 할 수 있겠습니다.

비트겐슈타인의 일기는 다음과 같이 계속됩니다.

> 사물들 중의 하나로서 각 사물은 동등하게 중요치 않다. 그러나 하나의 세계로서 각 사물은 동등하게 중요하다. (MS 103, 1916년 10월 8일)

이 구절은 앞서의 구절을 부연하면서도 새로운 시도를 추가하고 있습니다. 같은 사물이라도 수많은 사물 중의 하나로 볼 때는 중요하지 않습니다. 그러나 그 사물을 하나의 세계로 볼 때는 중요합니다. 사물을 하나의 세계로서 본다 함은 사물에 대한 3인칭적 관점을 거두고 그것에 2인칭적 중요성을 부여한다는 뜻으로 새길 수 있습니다. 3인칭이 사물에 일정한 거리를 두는 평준화된 관점이라면, 2인칭은 사물의 고유한 의미와 가치를 발견하고 나의 세계로 끌어들이는 관점입니다.

비트겐슈타인은 다음과 같이 계속합니다.

난로를 생각해 온 내게 누군가가 난로가 당신이 아는 것의 전부라고 말한다면 나의 결과는 실로 하찮은 것이다. 왜냐하면 이는 내가 난로를 세상의 많은 것들 중의 하나로 살폈음을 의미하기 때문이다. 그러나 내가 난로를 생각했다면 **그것**은 나의 세계였고 그 외의 모든 것들은 그와 대비하자면 의미가 없었다.
(전체는 좋은 어떤 것이지만 부분은 나쁜 것이다.)
왜냐하면 현재 이미지에 불과한 것을 시간적 세계 전체의 무가치한 순간적 그림으로 간주하는 것이나 그림자들 중에서 참된 세계로 간주하는 것이 동등하게 가능하기 때문이다. (MS 103, 1916년 10월 8일)

난로에 대해서도 세상 사물 중의 하나로 간주할 때는 사소한 것이나, 반대로 그것이 나의 세계일 때는 중요한 것으로 달리 보입니다. 비트겐슈타인은 세상의 많은 것들 중의 하나였던 난로가 나의 세계로 변모하는 과정을, 현재 이미지에 불과한 것을 시간적 세계 전체의 무가치한 순간적 그림으로 간주하는 것에서, 그것을 그림자들 중에서 참된 세계로 간주하는 시각 전환으로 묘사하고 있습니다. 그러나 그가 모색한 이 새로운 2인칭적 관점 전환은 『논고』에서는 더 다듬어지거나 충분히 부각되지 못한 아쉬움이 있습니다.

질문 비트겐슈타인의 윤리학은 태도나 시각의 차원에 머무르는 한계가 있지 않나요? 행위로 이어지지 않는 윤리는 생명력이 없는 것 아닌가요?

답변 행위는 태도나 시각에서 비롯된다는 점에서 비트겐슈타인의 윤리학에 의의를 부여할 수 있겠습니다. 태도로서의 윤리를 행위로서의 윤리와 어떻게 연결시켜야 하는지는 그의 윤리학이 풀어야 할 과제입니다.

질문 이론과 실천은 원래 서로 분리된 것 아닌가요?

답변 "내용 없는 사유는 공허하고 개념 없는 직관은 맹목적이다"라는 칸트의 명제를 적용해 이론과 실천 사이의 관계를 이렇게 표현해 볼 수 있겠습니다. 실천 없는 이론은 공허하고, 이론 없는 실천은 맹목적이라고 말입니다. 그러나 이 표현이 의미를 갖기 위해서는 실천의 의미와 외연을 넓게 잡아야겠습니다. 예컨대 이 표현이 수학을 위시한 과학 이론에도 적용되기 위해서는 실천이 숫자를 세기, 계산하기, 측정하기, 실험하기, 관찰하기 등의 실행도 포함해야 할 것입니다. "x는 이론에 불과하다"라는 말은 '이론' 자체에 무언가 모자라는 구석이 있다는 인상을 줍니다. 이를 불식시키기 위해서라도 이론은 실천(실행)과 접목되어야 합니다.

질문 언어는 윤리도 그릴 수 있지 않나요?
답변 비트겐슈타인에게 있어서 '그린다'는 말은 언어를 구성하는 명제들이 세계를 구성하는 사실들을 표상한다는 뜻입니다. 언어가 윤리를 그릴 수 있으려면 윤리는 세계의 사실이어야 하고, 언어에 의해 표상될 수 있어야 합니다. 그러나 윤리는 세계에서 발견되는 사실이 아닙니다. 그것은 세계에 대한 주체의 태도에서 연원하며 그 주체 역시 세계에서 발견되지 않습니다. 윤리는 표상되지 않고 드러날 뿐입니다.

질문 어떤 태도를 갖느냐에 따라서 세계의 그림도 달라지는 것 아닙니까?
답변 비트겐슈타인의 경험적 실재론은 태도, 가치, 의미 등과는 상관없이 사실을 중립적으로 그릴뿐입니다. 그러나 쿤은 자연과학에도 태도, 가치, 의미가 개입함을 자신의 패러다임 이론을 통해 여실히 보여 준 바 있습니다. 『논고』의 과학관은 시대적 한계를 지니고 있습니다.

질문 유아론의 언어는 비트겐슈타인이 『탐구』에서 비판한 사적 언어 아닌가요?

답변 유아론의 언어는 "내가 이해하는 오직 그 언어"이고 이 말의 의미에 대해서는 이미 충분히 설명한 바 있습니다. 사적 언어는 "나만이 이해하는 언어"입니다. 즉 사적 언어는 언어 사용의 바르고 그름에 대한 공적 기준이 없기에 타자가 이해하는 것이 논리적으로 불가능한 언어입니다. 유아론의 언어와 사적 언어는 바로 이 공적 기준의 유무에서 갈립니다.

질문 "내가 이해하는 오직 그 언어"는 내가 이해하지 못하는 언어가 있음을 함축하는데 후자의 여지가 유아론에 마련되어 있습니까?

답변 유아론은 내가 전지전능하다는 뜻이 아닙니다. 그것은 오직 나만이 존재하고 타자는 완벽히 배제된다는 것이라기보다는, 타자가 나에 비추어서만 이해된다는 뜻으로 받아들여져야 합니다. 나와 독립된 타자가 있을 수 없다는 것이지 타자가 존재하지 않는다는 것은 아니기 때문입니다. 비트겐슈타인은 다음과 같이 말합니다.

> 내가 다른 사람들의 영혼이라고 부르는 것도 나는 오직 나의 영혼으로서 이해한다. (MS 102, 1915년 5월 23일)

> 뱀의 영혼, 사자의 영혼은 **당신의** 영혼이라는 것을 기억하라. 당신이 영혼에 대해 아는 것은 오로지 당신을 통해서이기 때문이다. (MS 103, 1916년 10월 15일)

터키인, 위구르인이 존재함이 유아론과 양립 불가능하지 않듯이, 내가 이해하지 못하는 그들의 언어가 존재함은 유아론과 양립 불가능한 것이 아닙니다.

질문   유아론과 관념론은 어떠한 관계인가요?
답변   둘 사이의 관계를 비트겐슈타인은 다음과 같이 말합니다.

> 이것이 내가 걸어온 길이었다. 관념론은 세계로부터 사람을 고유한 것으로 끄집어내고, 유아론은 오직 나만을 끄집어낸다. 그리고 결국 나는 내가 나머지 세계에 속함을 보게 된다. 그래서 한편으로는 **아무것**도 남지 않게 되고 다른 한편으로는 **세계**가 고유한 것으로 남게 된다. 이러한 방식으로 엄격히 관철된 관념론은 실재론에 이르게 된다. (MS 103, 1916년 10월 15일)

비트겐슈타인은 관념론과 유아론을 하나의 연장선상에 놓고 그것이 어떻게 실재론에 이르게 되는지를 설명하고 있습니다. 유아론은 관념론의 일종 혹은 부분집합으로 볼 수 있겠습니다. 둘은 동일한 세계관을 공유합니다.

질문   이타적인 사람만이 행복한가요?
답변   이기적인 사람은 자신의 이익에 집착해 세계의 사실들을 자신의 이익에 부합하도록 변경시키는 사람입니다. 세계는 우연적이고 가변적이므로 이기적인 사람의 목적 달성이 순간적으로는 가능할 수 있어도 지속적으로는 유지될 수 없습니다. 따라서 궁극적으로 그는 세계와 일치할 수 없습니다. 비트겐슈타인에 의하면 세계와의 일치가 바로 행복이므로, 이기적인 사람은 행복할 수 없는 것입니다. 집착을 버려야만 행복이 가능할 것입니다.

집착을 버린다는 말은 아무런 의지도 내지 않는다는 뜻일까요? 그렇게 되면 신의 의지도 거부하게 되므로 이는 받아들일 수 없는 것입니다. 하지만 현상적인 의지를 끊는 것과 윤리적인 선의지를 갖는 것은 서로 모순되지 않습니다.

질문 논리학의 필연성과 윤리학의 당위성은 어떤 점에서 연관이 있나요?

답변 둘 다 동어반복으로밖에는 표현이 되지 않습니다. 논리학의 필연성이 동어반복으로 표현된다는 것은 『논고』의 논리학을 통해 잘 알려져 있습니다. 동어반복이란 더 이상의 정당화가 불가능하다는 점에서 윤리학에서 당위성에 대한 표현으로도 채택됩니다. 예를 들어 "우리는 무엇 때문에 선(善)을 행해야 하는가?"라는 질문은 자칫 선을 목적이 아닌 다른 것을 위한 수단으로 간주하는 오류를 범할 수 있습니다. 선은 무조건 실천해야 하는 당위성을 지니고 있다는 게 저 질문에 대한 최선의 답변인 것 같습니다.

질문 사람의 태도만으로 그가 선(善)하다고 규정할 수 있나요?

답변 비트겐슈타인에 의하면 선은 (1) 행동이나 (2) 그 결과보다 (3) 의지와 태도에 귀속됩니다. (2)는 (1)로부터, 그리고 (1)은 (3)으로부터 발원하기 때문입니다. 물론 고의로 행동하지 않는 의지나 태도는 올바른 것이 될 수 없습니다. 선의지를 가지고 악한 행동을 한다는 것은 그 의지가 선의지가 아님을 말해 줍니다. (여기서도 윤리학의 동어반복적 성격이 잘 나타나고 있습니다.)

9장
슐릭과의 토론

슐릭은 저명한 물리학자 막스 플랑크(Max Planck)의 제자로서 빈(Wien) 대학의 교수였습니다. 그는 철학, 과학, 수학에 관심 있는 학자들을 규합하여 빈 서클로 알려진 스터디 그룹을 결성하였습니다. 빈 서클의 멤버들은 과학적 철학을 추구하였고 이들의 철학은 논리실증주의로 불립니다.

빈 서클의 철학적 입장은 한마디로 철학의 과학화라 할 수 있습니다. 지금까지의 철학을 사람의 사변과 독단의 산물로 간주하고, 이를 극복하기 위해서 20세기에 눈부신 발전을 보인 바 있는 물리학과 수학 등의 과학적 성과들을 철학에 반영하여 철학의 과학화를 추구하는 것입니다. 마치 고대 그리스의 철학이 세계에 대한 신화적 설명을 극복하면서 출현했던 것처럼, 현대에는 사변적이고 독단적인 철학을 과학적 철학이 극복해야 한다는 것입니다. 그러므로 이러한 입장의 철학자들은 '과학'이라는 말을 대단히 중요한 의미로 사용합니다. 빈 서클의 철학에 동조하는 라이헨바흐의 저서 『과학적 철학의 대두』(Reichenbach 1951)는 그 표제에서부터 이러한 이념을 잘 반영하고 있습니다.

빈 서클은 극복해야 할 사변적이고 독단적인 철학으로 형이상학을 지목하였습니다. 빈 서클의 멤버인 카르납은 하이데거의 「형이상학이란 무엇인가?」(Heidegger 1929)를 논리적으로 분석하여 그의 논지가 헛소리임을 논증하기도 했습니다.[44] 이러한 시대적 상황에서 1927년부터 비트겐슈타인과 빈 서클이 만나게 되었습니다. 빈 서클의 멤버들은 비트겐슈타인의 『논고』를 강독하면서 그의 철학에 큰 영향을 받았습니다. 그들은 그의 철학이 자신들의 입장과 동일할 것으로 기대하면서 그와 만나고 토론을 지속했지만, 빈 서클의 멤버인 바이스만(Friedrich Waismann)이 작성한 토론의 속기록에서 알 수 있듯이 양자 간에는 입장의 차이가 뚜렷이 존재했습니다.

우리가 읽을 속기록에는 비트겐슈타인과의 만남을 주도한 슐릭의 질문은 적혀 있지 않습니다. 1929년 12월 30일의 토론 주제는 하이데거였습니다. 아마 슐릭은 하이데거에 대한 카르납의 비판에 동조하면서 이에 대한 비트겐슈타인의 의견을 물었을 것입니다. 그런데 이날의 논의는 1965년 철학 학술지에 처음 공개될 때(NTW) 비트겐슈타인이 말한 다음과 같은 첫 문장이 삭제되었습니다.

---

44 카르납의 논문은 1931년에 학술지에 처음 게재되었지만 1928년에 출간된 저서의 연장선상에 있다고 할 수 있습니다. 이에 대해서는 다음을 참조하십시오. Carnap 1928; 1931.

나는 하이데거가 존재와 불안으로 의미한 바를 잘 생각할 수 있습니다. (WVC, 68쪽)

빈 서클의 예상과는 달리 비트겐슈타인은 하이데거의 입장에 공감을 표명하고 있습니다. 아마 이것이 저 문장이 삭제된 이유인 것 같습니다. 슐릭과의 대화가 공개된 1965년만 해도 분석철학자인 비트겐슈타인이 형이상학자인 하이데거에 공감한다는 것은 서구 철학계에서 받아들이기 어려웠기 때문입니다.[45]

비트겐슈타인은 다음과 같이 말합니다.

사람은 언어의 한계에 부딪치려는 충동을 지니고 있습니다. 예컨대 무언가 존재한다는 사실에 대한 경이를 생각해 보십시오. 이 경이는 질문의 형식으로 표현될 수 없으며 그에 대한 해답도 없습니다. 우리가 말하고 싶은 모든 것은 선험적으로 무의미할 수 있을 뿐입니다. 그럼에도 우리는 언어의 한계에 부딪칩니다. 키르케고르 또한 이 부딪침을 알고 있었고 심지어 같은 방식으로 (역설에 부딪침으로) 묘사하기도 했습니다. 언어의 한계에 부딪침이 **윤리학**입니다. (NTW, 12~13쪽)

---

[45] 비트겐슈타인의 유고 편집자들이 그가 남긴 『대타자본』(BT)을 바탕으로 『철학적 문법』(PG)을 편집할 때 현상학에 관한 『대타자본』의 장을 삭제한 채로 출간한 것도 같은 이유 때문으로 여겨집니다. 분석철학자인 비트겐슈타인이 자신의 철학을 분석철학과 대척점에 있는 것으로 여겨지는 현상학으로 규정하는 것을 유고 편집자들은 감추고 싶었던 모양입니다.

여기서 우리는 몇 가지 문제를 제기할 수 있습니다. 첫째로 무언가 존재한다는 사실에 대한 경이로부터 우리는 어떻게 언어의 한계에 부딪치며, 둘째로 그것이 어떻게 윤리학인가 하는 점입니다.

우선 첫 번째 문제를 살펴보도록 하겠습니다. 비트겐슈타인은 다음과 같이 말합니다.

나는 윤리학에 대한 일체의 잡담―윤리학에 있어서 지식이 있는지, 가치가 실재하는지, 선(善)이 정의될 수 있는지 등―을 끝장내는 것이 매우 중요하다고 생각합니다. 윤리학에서 우리는 언제나 문제의 본질이 아닌 것 그리고 절대로 문제의 본질일 수 없는 것에 대해 말하려 합니다. 어떤 사람이 선에 대해 무슨 정의를 내린다 하더라도 그 정의가 선이 실제로 의미하는 바에 부합한다고 생각하는 것이 오류라는 점은 선험적으로 분명합니다. (무어.) 그러나 이러한 경향, 이러한 부딪침은 **무언가를 가리킵니다**. (NTW, 13쪽)

무어는 고전적인 윤리학 교과서를 저술하였는데 그는 이 책을 선에 대한 정의에서 출발하였습니다. 비트겐슈타인은 이를 언급한 것입니다.

비트겐슈타인의 논의는 원래 다음과 같이 끝나는데 1965년 철학 학술지에 수록될 때(NTW) 이 부분도 삭제되었습니다.

아우구스티누스는 이러한 점을 이미 알고 다음과 같이 말했습니다. 불쌍한 사람아, 그래 헛소리를 피하고 싶은가? 헛소리 좀 한다고 해서 달라지는 것은 없다! (WVC, 69쪽)

아우구스티누스의 말은 그의 『고백록』으로부터 인용한 것입니다. 위의 구절은 비트겐슈타인이 헛소리의 옹호자로 비쳐질까봐 삭제된 것 같습니다. 그런데 앞으로 보겠지만 그의 논의에서 핵심은 이 삭제된 부분에 있습니다.

1929년 12월 30일의 토론은 윤리학과 헛소리(무의미)의 관계를 다루고 있습니다. 비트겐슈타인의 입장에 따르면 윤리학에 대한 어떠한 언명도 언어의 한계와 부딪치는 헛소리(무의미)입니다. 윤리학에 있어서 지식이 있는가 하는 점, 가치가 실재하는가 하는 점, 선(善)이 정의될 수 있는가 하는 점 등에 대한 논의는 잡담에 불과하며 이러한 논의는 침묵에 의해 종지부를 찍어야 한다는 것입니다. 그러나 "이러한 경향, 이러한 부딪침은 **무언가를 가리킵니다**"라고 하면서 여운을 남기고 있습니다. 삭제된 끝부분에서 잘 드러나듯이 그는 윤리학에 대한 언명이 언어의 한계와 부딪친다는 것은 불가피하다고 생각했던 것 같습니다. 그가 인용한 아우구스티누스는 이러한 헛소리(무의미)에 대해 관대했습니다.

비트겐슈타인이 보기에 윤리학에 있어서 지식이 있는가 하는 점, 가치가 실재하는가 하는 점, 선(善)이 정의될 수 있는가 하는 점 등에 대한 논의가 헛소리인지도 모르는 사람들은 잡담을 하고 있는 것이지만, 윤리는 사람에게 불가피한 것이므로 헛소리(무의미) 아니면 침묵, 둘 중 하나를 택해야 합니다. 윤리학에 대한 언명이 헛소리(무의미)임을 인정한다면 해롭지 않지만, 헛소리(무의미)임을 인정하지 않는다면 그것은 잡담에 불과한 것이며 침묵으로 논의의 종지부를 찍어야 하는 것입니다.

카르납은 하이데거를 분석하여 헛소리(무의미)임을 증명하였다지만 비트겐슈타인은 오히려 하이데거의 견해를 잘 생각할 수 있다고 했습니다. 비트겐슈타인의 이러한 입장은 다음에서도 엿볼 수 있습니다. 왜 아무것도 없지 않고 어떤 것이 있나요? 라이프니츠(Leibniz 1969a)와 하이데거(Heidegger 1953)가 물었던 이 물음에 대해 비트겐슈타인은 그것이 신비스러운 것이라 답합니다.

> 신비스러운 것은 세계가 **어떠한가**가 아니라 세계가 존재한다는 **것**이다. (TLP, 6.44)

비트겐슈타인은 이러한 경이와 신비는 물음이라는 형태로 표현될 수 없으며 그것에 대한 답도 있을 수 없다고 보았습니다. 하이데거가 다루는 것은 물음과 대답이 불가능한 헛소리(무의미)이지만 무가치한 것이 아니라 **무언가를 가리킨다**는 입장에 서 있는 것입니다.[46]

이제 두 번째 문제, 즉 언어의 한계에 부딪침이 어떻게 윤리학인가를 살펴볼 차례입니다. 이 문제에 대한 대답은 1930년 12월

---

46 이는 전통적 의미의 형이상학을 부정했으나 그것이 다룬다고 공언하는 신, 영혼, 자유에 대해 무관심할 수 없음을 인정하는 칸트의 입장과도 일맥상통합니다. 이에 대해서는 다음을 참조하십시오. Kant 1781, 초판의 머리말.

17일에 있었던 슐릭과 비트겐슈타인의 토론에서 찾을 수 있습니다. 이날도 윤리학이 주제였고 이어서 종교의 문제가 다루어졌습니다. 1930년에 슐릭이 윤리학에 관한 저서를 냈는데(Schlick 1930), 이에 대해서 비트겐슈타인은 다음과 같이 논평하고 있습니다.

> 슐릭은 신학적 윤리학에는 선(善)의 본질에 대한 두 가지 이해가 있다고 말합니다. 보다 피상적인 해석에 의하면 선은 신이 그것에 의지를 내기 때문에 선하며, 보다 더 심오한 해석에 의하면 신은 선의지를 내는데 그것이 선하기 때문이라는 것입니다.
> 나는 첫 번째 이해가 더 심오하다고 생각합니다. 선이란 신이 명령하는 바인데 첫 번째 이해는 선의 '이유'에 대한 어떠한 설명의 길도 봉쇄하기 때문입니다. 반면 두 번째 이해는 아주 피상적이고 합리주의적인 것이며 마치 선에 어떤 근거를 부여할 수 있는 것처럼 주장합니다.
> 첫 번째 이해는 선의 본질이 사실과는 아무 상관이 없으며 그러므로 어떤 명제에 의해서도 설명될 수 없다고 분명히 말하고 있습니다. 내가 뜻하는 바를 명제로 표현한다면 그것은 다음과 같을 것입니다. 선은 신이 명령하는 바이다. (NTW, 15쪽)

1931년 5월 6일의 일기에서 비트겐슈타인은 다음과 같이 부연합니다.

"신이 명령했기 때문에 그것은 선하다"라는 말은 근거 없음에 대한 올바른 표현이다. (MT, 83쪽)

우리는 지금까지의 논의를 바탕으로 슐릭과 비트겐슈타인의 상반된 견해를 다음과 같이 정리해 볼 수 있겠습니다.

	선에 대한 두 가지 이해	슐릭	비트겐슈타인
(1)	선은 신이 그것에 의지를 내기 때문에 선하다.	피상적임	심오함
(2)	신은 선이 선하기 때문에 그것에 의지를 낸다.	심오함	피상적임

슐릭은 (1)은 종교를 우위에 두고 있는 데 반해, (2)는 윤리학을 우위에 두고 신도 그 아래에 있다고 보므로 (2)가 더 심오한 이해라고 주장합니다. 서양의 지적 전통은 (1)처럼 윤리적 이유의 물음과 그에 대한 궁극적 해답을 신에서 찾는데, 슐릭은 그에 대해 반론을 제기하고 있는 것입니다.

반면 비트겐슈타인은 신이 의지를 내는 것에 대해서도 그보다 상위의 이유를 열어두고 있는 (2)는 윤리학에 대한 합리주의적인 입장으로서 더 피상적인 이해이며, 오히려 어떠한 설명이나 더 이상의 근거에 대한 질문을 차단하고 있는 (1)의 이해가 더 심오하다고 주장합니다. 즉 그는 윤리학에 근거를 제시하려는 여러 가지 합리주의적 시도들—예를 들어 공리주의, 계약론, 자연주의—은 무의미한 잡담에 불과하며, 윤리학은 이러한 잡담들—윤리학에 대한 설명, 이유, 근거의 물음—로부터 벗어나 있다는 것입니다. 이유를 묻는 과학적 탐구 방법은 슐릭의 주장과는 달리 가치나 윤리의 문제에는 적용될 수 없으며, 오히려 윤리학은 그러한 방법이 멈추어지는 침묵의 지평에서 해명될 수 있다고 본 것입니다.

비트겐슈타인에 있어서 언어의 한계 안쪽에 있는 명제들은 과학적 지식으로서 사실을 설명하는 명제들입니다. 따라서 우리는 그 명제들에 대해 설명이나 이유, 근거를 물을 수 있습니다. 반면 언어의 한계 바깥에는 사실을 설명하는 명제가 아니라 과학적인 탐구로 파악될 수 없는 가치나 윤리에 관한 것들이 놓이게 됩니다. 이들은 세계에 사실로서 주어지는 것들이 아니기 때문에 사실을 서술하는 방식으로 말해질 수 없는 것입니다. 언어의 한계에 부딪침이 윤리학이라는 것은 이를 두고 한 말입니다.

비트겐슈타인은 슐릭을 위시한 논리실증주의자들과는 달리 윤리나 가치는 엄밀한 과학적 탐구의 대상이 될 수 있는 물리적 세계에 실재하는 3인칭적 대상이 아니라, 우리 자신에게 1인칭적으로 주어지는 문제라고 보았습니다. 그런데 윤리의 담지자인 1인칭으로서의 나는 상대주의나 정서주의(emotivism)에서와 같이 개개인 저마다의 감정에 의거해 판단하고 행위 하는 것이 아니라, 신의 명령, 즉 양심의 소리를 통하여 신과 연결되어 그와 마주하는 것입니다.

질문 (2) "신은 선이 선하기 때문에 그것에 의지를 낸다"라는 말은

"선이 선하다"라는 동어반복 때문에 "신이 그것에 의지를 낸다"라는 뜻인가요? 그렇다면 (1)이나 (2)나 더 이상의 근거에 대한 질문을 차단하고 있기는 마찬가지 아닌가요?

답변 아닙니다. (2)를 그렇게 해석할 경우 신이 아닌 선에 동어반복적 자명성을 부여하게 되기 때문입니다. (2) "신은 선이 선하기 때문에 그것에 의지를 낸다"라는 말은 비록 (2)에서는 밝혀지지 않았지만 선이 선한 별도의 이유가 있고(Schlick 1930, 366쪽 이하) 신이 그것에 의지를 내는 것도 바로 그 이유 때문이라는 뜻입니다.

질문 윤리학은 합리주의적이어서는 안 되나요?
답변 합리주의는 이유의 사슬로 일관성을 유지하는 체계입니다. 비트겐슈타인이 보기에 (2)가 이에 해당합니다. 합리주의는 언어의 한계 안쪽의 질서를 관장합니다. 그러나 그에게 윤리학은 언어의 한계에 부딪침으로써 성립합니다. 따라서 합리주의와 윤리학은 함께 갈 수 없습니다.

1930년 12월 17일에 있었던 슐릭과 비트겐슈타인의 토론은 슐릭의 윤리학에서 가치와 종교의 문제로 넘어갑니다. 비트겐슈타인은 다음과 같이 말합니다.

말이 종교에 본질적인가요? 나는 교리가 없는, 따라서 말이 없는 종교를 쉽게 상상할 수 있습니다. 분명 종교의 본질은 말이 있다는 사실과 하등 상관이 있을 수 없습니다. 혹은, 사람들이 말할 때 이는 그 자체로 종교행위의 일부이지 이론이 아닙니다. 그러므로 사용되는 말이 참인지 거짓인지 무의미한지는 전혀 문제가 되지 않습니다. (NTW, 16쪽)

종교에서 언어는 중요한가는 비트겐슈타인의 종교관에서 중심이 되는 물음입니다. 지금까지 모든 현상은 언어에 의해 설명되고 언어에 의해 이론화되어 왔습니다. 이것이 서구 학문의 이념이며 여기에는 과학에서의 혁명적 성과가 일조를 해 왔습니다. 과학의 영향으로 언어의 이론적 사용이 부각되었고 종교에서도 신학을 통해 이론화 작업이 수행되었습니다. 그러나 그의 견해로는 신학은 과학을 닮으려는 잘못된 시도로서 종교의 본질에 대한 왜곡의 산물입니다. 그는 종교에서 교리가 중요한 것이 아니라고 명백히 못 박고 있습니다. 종교를 정당화해 주는 학문으로서의 신학에 대해 강한 거부감을 지녔던 그가 교리, 즉 말이 없는 원시종교에 관심을 돌린 것은 매우 당연한 것이라 할 수 있습니다.

비트겐슈타인은 종교적 행동인 의식(儀式, ritual)을 강조했습니다. 유아세례를 예로 종교에 대한 그의 생각을 살펴보겠습니다. 어떤 사람이 다음과 같은 질문을 던진다고 가정해 보겠습니다. "유아세례는 무엇을 위한 것인가요? 이 의식이 실제로 아기의 미래의 삶에 영향을 미칠 수 있나요? 그렇지는 않을 텐데 그렇다면 무엇을 위해 이런 미신을 행하나요?" 유아세례를 받은 경우와 그렇지 않은 경우 아기의 삶이 동일했다고 가정해 보겠습니다. 이는 질문을 던진 사람의 비판이 옳음을 함축하지 않을까요?

비트겐슈타인은 이에 대해 다음과 같이 응수할 것입니다. "성모상 앞에 아기를 데리고 간 어머니의 마음은 그 아기의 현세적인 행복만을 바라는 데 있는 것이 아닙니다. 만일 아기의 현세적인 행복만이 목표라면 그것이 1차적이고 종교는 그것에 대한 2차적 도구적 가치만을 갖게 됩니다. 현세적 목표를 실현하기 위한 수단으로서의 종교는 잘못된 과학이며 미신이라고 할 수 있습니다. 그러나 어머니가 참된 종교인이라면 의식과 기도 그 자체의 종교적인 경건성에 더 의미를 둘 것입니다. 종교의식이 얼마나 종교적이고 얼마나 미신적인가 하는 것은 그 의식을 행하는 사람의 마음가짐과 자세에 달려 있습니다. 종교의 본질은 세속의 이익과 교환이 불가능한 최종적 가치에 있습니다."

그러나 이를 가치가 마음의 상태라는 환원적 설명에 해당하는 것으로 오해해선 안 됩니다. 비트겐슈타인은 다음과 같이 말합니다.

> 가치는 마음의 특정한 상태인가요? 혹은 의식의 이러저러한 자료에 귀속되는 형식인가요? 무어라고 말하든 나는 거부하겠다고 답하겠습니다. 이는 그 설명이 틀려서가 아니라 그것이 **설명**이기 때문입니다. (NTW, 15~16쪽)

비트겐슈타인은 원인이나 이유나 근거를 대는 설명이 종교에 적합하지 않다고 봅니다. 그러한 시도는 종교를 원인, 이유, 근거(에 의한 설명)에 비해 2차적인 것으로 강등시키기 때문입니다. 반면 종교는 그 어떠한 것보다도 그 자체로 궁극적인 것이기에 이에 대해

취할 수 있는 것은 설명이 아닌 있는 그대로의 기술(記述)입니다. 예컨대 종교의 기적은 그것을 설명하려 해부하는 순간 그 아우라를 잃게 됩니다. 설명이 아닌 기술이 기적을 훼손하지 않은 채 간직하는 바람직한 방법입니다. 그런데 현대에는 기적이 사라진지 오래입니다. 현대인은 기적을 경이로움으로 간직하지 못하고 그것을 어떻게든 설명하고자 하며 그 과정에서 기적은 기적으로 남을 수 없게 되는 것입니다.

어떤 종교인이 다음의 질문을 자기 자신에게 던진다고 가정해보겠습니다. "참된 종교인은 언제나 승리한다는데 현실 속의 나는 왜 언제나 패배를 반복할까? 참된 종교인은 언제나 행복하다는데 왜 불행은 나에게 쉬지 않고 일어나는 것일까? 왜 내게 기적과 은총은 오지 않을까? 나의 삶은 복음서의 말씀과 모순되는 것일까?"

비트겐슈타인은 이렇게 대답할 것입니다. "당신은 자신의 승리와 패배, 행운과 불행을 현세적 관점에서 이해하고 있습니다. 통념을 벗어나지 않고 있는 것입니다. 복음서에서 말하는 행복과 승리, 기쁨은 종교적 관점에서 이해해야 합니다. 기적과 은총도 마찬가지입니다. 현세적 관점과 종교적 관점은 서로 다른 것입니다. 그렇지 않다고 생각한다면 당신은 참다운 종교인이 아닙니다."[47]

언어의 표상적 성격을 강조하면서도 윤리학, 미학, 종교 등에서 보이는 언어의 한계에 부딪침을 주목하면서 그 의의를 인정했다는

---

[47] 저는 이 문제를 서영은의 소설 「먼 그대」를 평론하는 자리에서 다룬 바 있습니다. 이승종 2020, 6장.

점에서 비트겐슈타인은 신앙을 위해 지식을 양보한 칸트의 연장선 상에 있는 것으로 평가할 수 있습니다. 비트겐슈타인은 다음과 같이 말합니다.

> 종교에서 말은 **비유**가 아닙니다. 그것이 비유라면 같은 것을 산문으로 말하는 것도 가능해야 할 것이기 때문입니다. (NTW, 16쪽)

표현 형태로서의 비유나 상징은 사실에 관한 진술로 바뀔 수 있어야 합니다. 그리고 대부분의 경우에 있어서 그것은 가능합니다. 그렇지 않다면 비유나 상징은 수사학적 치장에 불과한 것이 됩니다. 하지만 종교의 언어는 치환 불가능한 고유의 언어이기 때문에 사실에 관한 진술로 바꿀 수 없습니다.

비트겐슈타인은 다음과 같이 말합니다.

> 윤리학에 대한 강의의 말미에서 나는 1인칭으로 말했습니다. 나는 이것이 아주 중요하다고 믿습니다. 여기서 내가 할 수 있는 것은 개인으로서 1인칭으로 말하는 것 말고는 없습니다. (NTW, 16쪽)

비트겐슈타인은 자신의 윤리학이 1인칭적임을 시인합니다. 그가 강조하는 정직, 성실, 신에 대한 복종 등의 덕목은 모두 1인칭적인 가치입니다. 근거에 의한 설명적 정당화를 제시하는 이론으로서의 윤리학은 3인칭 시점일 때에야 가능합니다. 그의 1인칭 윤리는 근거에 대한 설명을 거부합니다.

종교인은 어떤 근거에서 종교를 믿는 것이 아닙니다. 설령 어떤 사람이 종교인에게 "당신의 믿음은 잘못된 근거에 바탕을 두고 있습니다"라고 논박할지라도 종교인은 논박에 대해 눈감아 버릴 것입니다. 신앙과 윤리에 근거가 있다면 그것은 자기 자신의 양심일 것입니다. 종교인에게는 그것이 확실하며 그 외의 객관적으로 검증 가능한 근거는 그에게 근거가 될 수 없습니다.

윤유석 저는 이 주장에 기본적으로 동의하면서도, 이 주장을 받아들일 경우 사이비 종교를 비판하기 어려워지는 문제가 생기지 않을까 합니다. 가령, 이장림 목사의 다미선교회는 1992년 10월 28일에 휴거가 일어난다는 시한부 종말론으로 전국을 떠들썩하게 만들었죠. 다미선교회에 가담했던 사람들의 가정이 파탄나거나 재정이 파산하는 등 수많은 피해가 있기도 했고요. 비트겐슈타인의 입장에서는 과연 시한부 종말론 같은 사이비 종교를 비판할 가능성이 있는지 의문스럽습니다. 다만, 예전에 앤스컴의 논문에서 다음과 같은 일화를 읽은 적이 있습니다.

> 나는 비트겐슈타인에게 만약 주술 치료에 관심이 있는 친구가 있다면, 그가 그 친구를 저지하기를 원할 것인지에 대해 물어 본 적이 있다. 그는 이 문제에 대해 잠시 생각하더니 말했다. "저지할 거예요, 하지만 왜 그런지는 모르겠습니다." 나는 이러한 반대가 종교적인 것이었다고 믿는다. (Anscombe, 1976, 125쪽)

비트겐슈타인이라면 다미선교회에 대해서도 비슷한 입장을 취할까요? 다미선교회에 가담한 사람을 저지하긴 하겠지만, 자신이 왜 그 사람을 저지하는지에 대해서는 이유를 댈 수 없다고 말할까요?

답변 목사의 사기행각으로 기독교가 사이비 종교가 되는 것은 아닙니다. 시한부 종말론은 기독교의 가르침과도 맞지 않습니다. 둘을 혼동해서는 안 되겠습니다.

비트겐슈타인은 다음과 같이 종교인을 "외줄 타는 사람"에 비유합니다.

> 훌륭한 종교 사상가는 외줄 타는 사람과 같다. 그는 마치 공기 위를 걷는 것처럼 보인다. 그를 지지해 주는 것이라고는 외줄 말고는 우리가 상상할 수 있는 그 어느 것도 없다. 그럼에도 불구하고 외줄을 타는 것은 실제로 가능한 일이다. (MS 137, 1948년 7월 5일)

밑에 있는 구경꾼들은 외줄 타는 사람을 보고 위험천만한 행동이라 우려할 것이고 그것이 객관적으로는 맞지만, 외줄 타는 사람에게는 바닥의 외줄이 마치 땅처럼 확실한 지지대가 되어 줍니다. 훌륭한 종교 사상가는 자신이 하늘에 계신 신의 가호를 받고 있다는 믿음에 마치 신이 계신 하늘을 걷고 있는 것처럼 보입니다.

비트겐슈타인의 제자인 리즈는 다음과 같이 말합니다.

1942년에 내가 윤리에 대한 탐구에 관한 어떤 것을 질문했을 때 비트겐슈타인은 진정한 윤리적, 도덕적 문제에 대한 어떠한 언급도 없는 윤리학 책들을 발견할 수 있다는 것이 기이하다고 말했다. 내 생각에 그는 해답을 상상하거나 인정할 수 있는 문제에 대해 거론하기를 원했다. (Rhees 1965, 21~22쪽)

첫 문장에 나오는 윤리학 책은 예컨대 윤리적 문제를 설명하는 공리주의나 사회계약론 등 3인칭적 이론을 다루고 있을 것입니다. 그러나 이러한 책이 키르케고르, 비트겐슈타인, 카프카가 번민했던 1인칭적 삶의 문제를 설명하거나 해결할 수 있을까요? 그들이 번민했던 삶의 문제는 기존의 윤리학설에 의해 해결될 수 있는 문제가 모두 해결된 뒤에도 여전히 문제로 남습니다. 그 이유는 삶의 문제가 해결될 수 있는 문제가 아니기 때문입니다. 둘째 문장에서 비트겐슈타인이 거론하기를 원했던 문제는 삶의 문제가 아니라(삶의 문제는 말할 수 없습니다), "해답을 상상하거나 인정할 수 있는 문제"에 국한됩니다.

이어지는 토론에서 비트겐슈타인은 브루투스가 카이사르를 살해한 행위가 도덕적인 것인지(플루타르코스) 아닌지(단테)에 대한 리즈의 질문에 대해 그것은 토론조차 될 수 없는 것이라고 말합니다. "당신은 그가 카이사르를 살해하려고 결심하기 전 그의 속마음을 아무리 해도 알 수 없을 것입니다"(Rhees 1965, 22쪽). 어떤 사람은 플루타르코스와 단테의 평가 중 분명 어느 하나는 옳고 다른 하나는 틀린 것이라고 판정할 것입니다. "그러나 우리는 이러한 판정이 어떠할 것인지—어떻게 판정이 날는지, 어떠한 종류의 기준이 사용될 것인지에 대해서 알지 못 합니다"(Rhees 1965, 23쪽).

어떤 사람은 경합하는 윤리 체계 중 어느 하나가 옳음에 틀림없다고 말할지 모릅니다. 예컨대 그가 기독교 윤리 체계를 옳은 것이라 말한다고 가정해 보겠습니다. 그렇다면 그는 가치 판단을 내리고 있는 것이며 이는 기독교 윤리를 차용하는 것에 해당합니다. 그것은 경합하는 물리학 이론 중 어느 하나가 옳은 것임에 틀림없다는 말과는 다릅니다. 물리학 이론은 실재와 부합하거나 부합하지 않으며 이에 의해 참이거나 거짓으로 판정됩니다. 그러나 윤리 체계의 경우에는 이러한 기준이 적용되지 않습니다.

10장

「윤리학에 대한 강의」

비트겐슈타인의 유고 중에는 아무런 제목이 붙어 있지 않은 강의 원고가 있는데, 이는 그가 1929년에 작성한 윤리학에 대한 강의를 위한 원고로서 통상적으로 「윤리학에 대한 강의」로 불립니다. 이 강의에서 비트겐슈타인은 윤리학을 선(善)에 대한 일반적 탐구로 정의하는 무어의 견해를 소개하면서 다음과 같이 말합니다.

> 나는 윤리학이라는 용어를 일반적으로 미학이라 불리는 학문의 가장 본질적 부분을 포함하는 보다 광범위한 의미로 사용하겠습니다. (LE, 38쪽)

윤리학이 추구하는 선이나 미학이 추구하는 미나 가치에 속하므로 비트겐슈타인은 윤리학을, 미학을 포함하는, 보다 광범위한 의미로 사용하겠다는 것입니다. 이는 윤리학과 미학을 하나로 보는

(TLP, 6.421) 『논고』의 연장선상에 있는 견해로 판단됩니다.

비트겐슈타인은 윤리학을 선에 대한 일반적 탐구라고 말하는 대신, 가치 있거나 정말로 중요한 것에 대한 탐구, 혹은 삶의 의미, 삶을 살 만한 가치가 있도록 만드는 것, 혹은 삶의 올바른 방식에 대한 탐구라고도 말할 수 있었다고 합니다(LE, 38쪽). 『논고』에서는 불투명했던 윤리학과 삶 사이의 관계가 이로써 분명해진 셈입니다.

비트겐슈타인은 윤리학에 대한 위의 표현들이 (1) 지엽적이거나 상대적인 의미와 (2) 윤리적이거나 절대적인 의미로 사용됨을 환기시킵니다. 여기서 우리는 그의 문법을 엿볼 수 있습니다. 그에 따르면 '윤리적'이라는 형용사는 '절대적'이라는 형용사와 한데 묶이며, '지엽적'이거나 '상대적'이라는 형용사와 구분됩니다. '상대적'이라는 표현은 그 표현이 수식하는 것이 사실에 대한 명제로 전환될 수 있는지의 여부가 하나의 기준이 됩니다(LE, 38~39쪽). 예컨대 "그는 훌륭한 단거리 육상선수이다"라는 명제는 "그는 100미터를 10초 안팎으로 주파한다"라는 명제로 전환될 수 있다는 점에서 '훌륭한'이라는 표현은 (1)에 속합니다. 반면 "훌륭한 사람이 되어야 한다"라는 명제에서의 '훌륭한'은 사실에 대한 명제로 전환될 수 없다는 점에서 (2)에 속한다고 할 수 있습니다. "훌륭한 사람이 되어야 한다"라는 명제는 이견이나 반대를 허용하지 않는 보편적이고 절대적인 당위로 여겨집니다.

비트겐슈타인은 세계가 사실만으로 이루어져 있다면 그러한 세계를 서술한 책에서는 참인 (과학적) 명제와 상대적 가치 판단만이 발견될 뿐, 윤리적 판단은 발견되지 않을 것이라고 말합니다(LE,

39쪽). 저 책은 『논고』에서 언급한 『내가 발견한 대로의 세계』와 같은 책인 것 같습니다.

질문 베버(Max Weber)나 쿤은 과학도 가치와 연관되어 있음을 입증하지 않았습니까?
답변 그들이 과학에서 발견한 가치는 (1)의 경우처럼 사실에 대한 진술로 전환될 수 있는 상대적 가치에 국한됩니다. 반면 비트겐슈타인의 윤리학은 그러한 가치가 아닌 절대적 가치에 관한 것입니다.

질문 "슈바이처는 훌륭한 사람이다"라는 말도 "슈바이처는 아프리카에서 의술로 봉사했다"와 같이 사실에 대한 명제로 전환될 수 있지 않은가요?
답변 아프리카에서 의술로 봉사한 사람은 그 이유만으로 훌륭한 사람일까요? 슈바이처가 받은 노벨평화상을 자신도 받고자 하는 속물적 공명심으로 아프리카에서 의술로 봉사한 인물이 있다면, 그는 슈바이처와 동등한 훌륭한 사람일까요? 그의 행동을 선의지의 발로라고 볼 수 있을까요? 같은 행동을 한 두 사람이건만 그 행동에 깃든 의지에서 차이를 보이고 있습니다. 비트겐슈타인에 의하면 절대적 가치로서의 훌륭함은 아프리카에서 의료봉사와 같은 사실이 아니라 이를 넘어서 있는 선의지에 귀속됩니다. 어떠한 사실도 절대적 가치가 지니고 있는 강제적 당위성을 지니고 있지 못합니다.

질문 의지는 선한데 행동의 결과가 나빴을 경우에는 어떻게 평가될까요?

답변 어느 마을에 흑사병이 돌았습니다. 마을 사람들이 죽어 가는데 목사님이 사람들을 예배당으로 불러 함께 신에게 기도를 했습니다. 예배당에 모인 사람들은 흑사병에 전염되어 죽었습니다. 바람직한 행동은 아니었지만 그렇다 해도 목사님의 의지만큼은 선했다고 평가할 수 있겠습니다.

석가모니는 자신에게 공양으로 바쳐진 돼지고기가 상했음을 알고도 공양을 바친 사람의 선의지를 마다할 수 없어서 그 고기를 먹고 복통에 시달리다 세상을 떠났다고 합니다. 이 역시 공양을 바친 사람의 의지는 선했으나 행동의 결과가 나빴을 경우에 해당할 텐데, 석가모니는 공양을 바친 사람의 선의지를 인정한 것입니다.

비트겐슈타인은 "어떠한 것도 선하거나 악하지 않다. 다만 우리의 생각이 그런 걸 만들어 낼 따름이다"라는 햄릿의 견해를 인용하면서 다음과 같이 말합니다.

> 그러나 이 또한 오해를 불러일으킬 수 있습니다. 햄릿의 말은 선악이 비록 우리 밖의 세계에 귀속되는 성질은 아닐지라도 우리 마음의 상태에 귀속되는 속성임을 함축하는 것처럼 보입니다. 그러나 마음의 상태가 우리가 기술할 수 있는 사실을 의미한다면, 그것은 어떠한 윤리적 의미에서도 선하거나 악하지 않다고 봅니다. (LE, 39쪽)

우리 밖의 세계를 구성하는 사실을 분석해 거기서 질소나 탄소를 발견하는 것처럼 세계에서 선악과 같은 윤리적 가치나 미추와 같은 미학적 가치를 발견할 수 있는 것이 아니라면, 저러한 가치는 우리 안의 마음 상태에서 발견할 수는 없을까요?

저러한 가치가 마음의 상태에서 발견할 수 있다고 가정해 보겠습니다. 그렇다면 내가 살인사건을 보고 악을 느낄 때 그 악은 살인이 아닌 내 마음의 상태에 귀속되고, 내가 무지개를 보고 아름다움을 느낄 때 그 아름다움은 무지개가 아닌 내 마음의 상태에 귀속됩니다. 그랬을 때 윤리학과 미학은 심리학이 되어 버립니다. 그러나 살인이 악하고 무지개가 아름다운 것이지 그것을 목격한 내 마음이 악하거나 아름다운 것은 아닙니다. 비트겐슈타인에 있어 윤리학과 심리학은 서로 놓인 층위가 다릅니다. 전자는 초월적이고 후자는 경험적이기 때문에 서로 섞일 수 없는 것입니다.

비트겐슈타인은 이어서 다음과 같이 말합니다.

> 윤리학은 초자연적이고 우리의 언어는 사실만을 표현합니다. 이는 우리가 물을 아무리 많이 부어도 찻잔은 찻잔만큼만 물을 담을 수 있는 것과 같습니다. (LE, 40쪽)

찻잔에 비유된 우리의 언어는 찻잔에 담을 수 있을 만큼으로 한정된 물에 비유된 사실만을 표현하는 데 반해, 윤리학은 행동이나 마음의 상태와 같은 사실에 관한 학문이 아닙니다. 이로부터 윤리학은 말할 수 없는 것이라는 『논고』의 명제가 도출됩니다. 언어의 의미는 사실 세계의 서술에서 확보되지만 윤리적 태도나 결단은 언어를 넘어서는 것입니다. 윤리학에 대해 말하는 순간 우리는 언어의 한계에 부딪치게 됩니다.

그럼에도 비트겐슈타인은 자신의 윤리학에서 중추에 놓여 있는 절대적 가치에 대한 자신의 세 가지 경험을 소개하고 있습니다(LE, 41~42쪽). 그 첫째는 세계의 존재에 대한 경이, 둘째는 절대적으로 안전하다는 느낌, 셋째는 죄책감입니다. 우리는 그도 시인하듯이 열거한 이 세 경험이 모두 기독교에 영향받은 종교적인 것임을 어렵지 않게 알 수 있습니다. 첫째는 창조주인 신에 대한 경이이고(신은 곧 세계입니다(MS 103, 1916년 7월 8일)), 둘째는 신의 가호 때문에 가능한 것이고, 셋째는 신이 우리의 행동을 인정하지 않음에서 느껴지는 감정이기 때문입니다. 비트겐슈타인은 이들을 언어로 표현하려 하거나 논리적으로 분석하려 하면 이들이 어떻게 해서 헛소리에 불과함이 드러나는지를 하나하나 보여 줍니다.

첫째, "…이 경이롭다"라는 언어적 표현은 …에 해당하는 것이 우리의 예상과 다를 때 (…의 반대를 예상했을 때) 사용합니다. 예컨대 황소만한 개에 대한 경이는 개의 크기가 예상을 훨씬 뛰어넘기에 생겨나고, 아주 오래된 집에 대한 경이는 그 집이 당연히 허물어졌으리라는 예상을 깼기에 생겨납니다. 그러나 세계의 존재에 대한 경이는 이러한 경우에 속하지 않습니다. 우리는 세계가 존재하지 않는 상황을 상상할 수 없기 때문입니다. 따라서 "세계가 존재한다는 것이 경이롭다"라는 말은 성립할 수 없는 헛소리입니다(LE, 41~42쪽).

둘째, 안전하다는 표현은 …로부터 안전하다는 뜻으로 …가 내게 일어나는 것이 물리적으로 불가능할 때 사용합니다. 예컨대 내가 어떤 병을 앓았고 그 결과 그 병에 대한 내성이 생겼다면 나는 그 병으로부터 안전합니다. 그러나 절대적 안전은 이러한 경우에 속하지 않습니다. 무엇이 일어나건 나는 안전하다는 말은 헛소리이며 안전이라는 말을 잘못 사용하는 것입니다(LE, 42쪽).

질문 절대적 가치는 경험의 영역에서 벗어나 있다는 지론을 펴온 비트겐슈타인이 절대적 가치에 대한 경험의 예들을 소개하는 것은 자가당착 아닌가요?

답변 가치와 경험은 존재론적으로는 서로 분리되어 있지만 사람에 의해 매개됩니다. 그를 매개로 선의지는 세계를 관통합니다. 절대적 가치에 대한 비트겐슈타인의 세 가지 경험은 그 관통의 흔적인 것 같습니다. 그는 세계가 존재한다는 것을 기적으로 보았습니다(LE, 43쪽, MS 103, 1916년 10월 20일). 그의 세 가지 경험은 세계를 기적으로 보는 종교적 태도에서 유래합니다. 그리고 이는 『논고』에서 보았던 초월적 관념론의 연장선상에 있다고 할 수 있으며, 기적을 인정하지 않는 과학의 토대인 경험적 실재론과 대척점을 이룹니다.

토론[48]

1. 논평_우환식[49]

한 철학자가 자신의 글을 통해 무엇을 보여 주려 했는가를 이해하는 방식은 상당히 다양할 수 있습니다. 금세기 초 영미 철학의 흐름에 큰 영향을 끼친 것으로 간주되는 비트겐슈타인 역시 예외가 아닙니다. 기존의 영미 권에서 그에 대한 탐구는 언어와 그 의미 가능성에 초점이 맞추어져 이루어져 왔고, 이로부터 그의 철학을 이해하려고 시도했습니다.

그러나 과연 이러한 이해가 옳은 것인지에 대해서는 상당한 논란의 여지가 있습니다. 왜냐하면 비트겐슈타인은 위에서 제시된 것과 같은 방식의 이해는 자신에 대한 오해로 보고 이러한 이해에 상

---

[48] 이 장은 2부 1장부터 6장까지의 초고를 주제로 1995년 9월 30일 철학문화연구소에서 있었던 한국사회윤리학회에서의 논평, 답론, 토론을 옮긴 것입니다.
[49] 연세대 철학과 강사.

당한 거부감을 표시했기 때문입니다.

비트겐슈타인이 다루는 문제들 중 윤리에 대한 직접적인 언급은 비교적 적은 양에 불과합니다. 그러나 그는 자신의 전기 철학의 주저인 『논고』에서 핵심적으로 다루고자 했던 것은 "윤리적인 것"이라고 말하고 있습니다. 또한 우리는 『논고』와 다른 전기의 저작들에서 그가 윤리적인 것의 핵심을 "1인칭적인 것", 즉 초월적 자아 내지 의지에 두고 있음을 알 수 있습니다.

평자의 생각으로 논자는 이와 같은 점에 초점을 맞추어 비트겐슈타인의 전기 철학에서 드러난 윤리에 대한 논의를 전개하고 있습니다. 평자가 이해하는 논자의 논의는 다음과 같습니다.

먼저 논자는 비트겐슈타인의 윤리 근거가 유아론에서 출발하는 것으로 다루고 있습니다. 즉 세계의 근거는 자아라는 것입니다. 그러나 이 자아는 데카르트적인 세계 속의 사실로서의 자아가 아닙니다. 비트겐슈타인이 말하듯이 사고하거나 표상하는 주체란 존재하지 않습니다. 그가 말하는 자아 내지 주체는 형이상학적이고 철학적인 자아, 더 나아가 윤리 담지자로서의 의지 주체이며, 이것을 그는 세계 속의 사실적 존재가 아닌 세계의 한계로 보기 때문입니다. 여기에서 그가 말하는 유아론에서 자아 내지 주체는 칸트와 쇼펜하우어의 독일 관념론적인 초월적 자아 내지 의지로부터 영향받은 바 크다고 할 수 있으며, 이를 기반으로 한 윤리 역시 적지 않게 그들로부터 영향받고 있음을 지적하고 있습니다. 비트겐슈타인이 말하는 주체는 세계 속의 사실일 수 없기 때문에 세계의 안에서가 아니라 영원의 관점에서, 다시 말해 세계의 밖에서 세계를 전체로서 바라보는 주체라고 논자는 말하고 있습니다.

비트겐슈타인 윤리의 핵심이라고 할 수 있는 의지로서의 주체는 세계 속의 사실이 아니라 한계입니다. 따라서 주체는 세계의 사실이나 사건에 대해 전적으로 무력한 주체입니다. 즉 세계는 '나'의 의지로부터 독립되어 있다는 것입니다.

이러한 견해에 따라 논자는 윤리, 즉 삶의 의미에 대한 추구는 신의 존재 문제와 같이 인생관과 세계관과 연관된 중대한 문제라고 말하고 있습니다. 그러나 이와 연관된 입장의 차이가 상반되거나 모순된 것이라기보다는 전혀 다른 차원의 입장으로 해석하고 있습니다. 그러기에 그가 말하는 유아론이나 실재론은 동일한 세계의 사실에 대해 서로 모순된 입장에 서는 것이 아님을 밝히고 있습니다.

또한 논자는 초월적인 조건으로서의 논리와 윤리 양자의 연관성에 대해 다루고 있습니다. 이 둘은 비트겐슈타인이 우연적인 세계에 속하는 것이 아닌 초월적이고 필연적인 것으로 다루고 있는 것입니다. 논자는 양자의 필연성이 어떻게 조화될 수 있을지에 대해 다루면서, 이 가능성을 비트겐슈타인이 자신의 글 속에서 언급하고 있는 신에게서 찾고 있는 것으로 보입니다. 즉 논리적 필연성과 윤리적 당위성 그 자체를 신으로 간주함으로써, 양자를 신과 연관해 해석하고 있습니다.

또한 양자를 언급하는 데서 논자는 윤리적 동어반복으로서의 '행복한 사람'을 존재의 목적을 충족시키는 사람, 신의 의지를 행하고 있는 사람, 신이 부과한 필연적 의무에 복종하는 사람으로 표현하고 있습니다.

앞서 보았듯이 비트겐슈타인이 말하는 윤리의 담지자로서 의지는 현상으로서 의지나 행위로서의 의지와는 달리 "세계에 대한 주체의 태도"입니다. 이 의지는 앞서 보았듯이 초월적 영역의 것으로 세계 속의 사실을 변경시킬 수도 없다는 것입니다. 따라서 그가 말하는 행복은 신의 의지와 양심에 복종하는 데서 성취되는 것이지 의지나 바람에 의존하는 것이 아니며, 한 행동의 선함과 악함은 행동의 귀결이 아니라 행동에 서려 있는 의지에 있다고 합니다.

그리고 선한 의지나 악한 의지에 의해서 세계의 사실이 변경되는 것이 아니라 전체로서 세계의 한계가 바뀌는 것입니다. 다시 말해 선하거나 악한 의지는 전혀 다른 세계를 초래한다는 것입니다. 특히 논자는 선의지로 말미암아 세계의 의미는 증가하며 이로부터 나의 세계의 영역은 확장되고, 그러한 세계는 나만의 행복과 이기심의 추구를 넘어서는 이타적 세계라고 말하고 있습니다.

결국 논자는 위와 같은 논의를 통해 윤리는 신과 나와의 문제이며, 이러한 의미에서 윤리는 신의 절대명령, 즉 양심에 기초한 1인칭적 윤리라는 논의를 펴고 있습니다.

또한 논자는 논문의 곳곳에서 비트겐슈타인이 윤리를 '말할 수 없는 것'이라고 하면서, 그가 1인칭적 윤리를 강조하는 것은 결국 인간의 삶과 그 의미는 3인칭적 관점—과학적 해결을 꾀하고자 하는 과학주의, 형이상학, 자연주의 윤리학, 공리주의 유의 결과주의 등의 입장—에서 설명하고 이론화될 수 없는 것으로 본다는 점을 밝히고 있습니다.

이상이 평자가 이해하는 논문의 요지입니다. 논자의 전반적인 논의는 비트겐슈타인의 전기 철학에서 견지되고 있는 윤리 문제를 유아론의 근거로 초월적 주체와 윤리의 담지자로서의 의지적 주체와 신과의 연관성으로 많은 부분을 설명하고 있는 것으로 보입니다.

그러나 평자의 이해 부족으로 논자의 글을 이해하는 데 설명을 요하는 몇 가지 난점이 있어 그것을 적어 보자면 다음과 같습니다.

먼저 논자가 의지에 대해 논의하는 부분에 대한 것입니다. 필자가 알기에 비트겐슈타인에게서 의지는 윤리의 담지자인 동시에 초월적 영역에 속하는 것으로, 그것은 구체적 행위가 이루어지는 사실의 영역에 속하는 것이 아닙니다. 결국 그에게서 윤리의 문제는 도덕적 행위자(agency)의 문제가 아니라고 할 수 있습니다. 의지를 '세계에 대한 태도'라고 하는 그의 말에 비추어 볼 때, 오히려 그것은 세계에 대한 태도의 문제입니다. 즉 세계를 바라보는 주체의 태도이며, 의지의 변경에 의해 세계 속의 사실이 아닌 그 한계가 바뀌는 것입니다. 따라서 의지의 변경으로 세계는 전혀 다른 세계로 등장하며, 이것은 적어도 그가 말하는 올바른 논리적 관점에서 세계를 바라보는 태도의 문제라고 할 수 있을 것입니다. 그러나 본 논문에서 논자가 언급하고 있는 의지는 단순히 초월적 주체의 의지만을 다루는 것이 아니라 구체적 세계 속에서 행위자의 의지 문제 역시 다루고 있는 것으로 여겨지며, 그럴 경우 세계 속의 사실이 우연적이며, (초월적) 의지는 세계 속의 사실에 대해 무력하다는 표현과 어떻게 양립할 수 있을지에 대해 다소 의문이 갑니다. 다시 말해 구체적인 "네 이웃을 사랑하라"는 것이 어떻게 의지는 세계 속의 사실에 대해 무력하다는 말과 양립할 수 있는지 의문입니다.

다음으로 논자는 윤리와 논리의 관계와 행복한 사람에 대한 논의에서, 아울러 "비트겐슈타인에게 있어 윤리는 전적으로 신과 나와의 문제이다"라고 표현하는 데서 신에 대해 적지 않은 언급을 하고 있습니다. 그러나 세계가 곧 신이라는 표현과 "세계는 나의 세계이다"라는 표현에서 함께 볼 경우 논리와 윤리의 필연적 강제력은 신이 아니라 나로부터 나온다고 말할 수 있는 것인지, 세계가 나의 세계라는 유아론적 입장에 신이 들어올 여지가 있는 것인지, 있다면 어떤 식으로 가능한지, 또한 나와의 관계는 어떤 것인지에 대해 다소의 논의가 필요할 것으로 생각됩니다.

특히 이 문제는 비트겐슈타인의 철학을 이해하는 데 상당히 중요한 것으로 생각됩니다. 왜냐하면 그의 철학은 종교적인 색채를 강하게 띠고 있으며, 실제로 그는 종교 내지 종교적인 관점, 종교적인 삶의 형식과 이러한 관점에서 제시되는 새로운 삶의 형식에 대해 상당히 많은 관심을 기울이고 있기 때문입니다.

마지막으로 논자는 선의지나 악의지로 말미암아 세계의 의미가 증가하거나 감소한다는 표현을 쓰고 있습니다. 여기에서 평자는 비록 사소한 언어적 문제에 불과할지도 모르지만, 세계의 의미가 증가하거나 감소한다는 말이 무엇을 의미하는지에 대해 충분히 이해가 되지 않습니다. 논자의 말대로 선한 의지로 말미암아 세계의 의미가 증가한다는 것이 말 그대로 세계의 영역의 확대를 의미하는 것이라면, '세계의 영역이 확대한다는 것'의 의미에 대한 이해를 보충해 주기 바랍니다.

2. 답론

1. "네 이웃을 사랑하라"가 구체적인 세계 속에서 행위자의 현상적 의지일까요? 비트겐슈타인에게 "네 이웃을 사랑하라"는 "원수를 사랑하라"와 마찬가지로 선의지의 표현입니다. 그리고 그것이 그가 이해한 기독교의 본질입니다. 그것은 "그 섬에 가고 싶다", "오늘은 고전 음악이나 들으련다" 등과 같은 현상적 의지와 구별됩니다.

"네 이웃을 사랑하라"와 의지가 세계 속의 사실에 대해 무력하다는 말은 양립합니다. "네 이웃을 사랑하라"는 세계에 대한 태도를 반영하고 있을 뿐이며, 태도로 말미암아 세계 속의 사실이 변하는 것은 아니기 때문입니다.

2. 논리와 윤리의 필연적 강제력이 신이 아니라 나로부터 나온다고 말할 수 있는 것일까요? 논평자는 이러한 추론의 근거로 "세계는 […] 신이다"(MS 103, 1916년 7월 8일) "세계는 나의 세계이다"(TLP, 5.63)를 인용하고 있습니다. 그러나 위의 근거로부터의 추론의 올바른 귀결은 신과 나의 일치이지 분리가 아닙니다. 비트겐슈타인은 세계와 나 사이의 일치가 행복의 의미이며 이때 나는 신의 의지를 행함으로써 신의 의지와 일치하고 있다고 말합니다(MS 103, 1916년 7월 8일).

세계가 나의 세계라는 유아론적 입장에 신이 들어올 여지가 있을까요? 그 여지는 세계가 곧 신이라는 사실에서 마련됩니다. 그 세계 속에 신이 자신을 드러내지 않는 것처럼(TLP, 6.432) 나는 나의 세계에서 발견되지 않습니다(TLP, 5.361).

    3. 논평자가 언급한 종교적인 삶의 형식이 무엇을 의미하는지 저는 알 수 없습니다. 종교인은 종교적인 삶의 형식을 갖고 비종교인은 비종교적 삶의 형식을 갖나요? 만일 그렇다면 양자 사이의 차이는 기독교인의 삶의 형식과 불교도의 삶의 형식의 차이와는 또 어떻게 구별되나요? 이러한 문제는 비트겐슈타인의 사유에서는 발견되지 않습니다.

    사람의 삶의 형식이 다양하다는 해석, 종교가 그러한 삶의 형식의 하나라는 해석은 그것을 지지하는 문헌적 근거 제시와 아울러 그것이 상대주의라는 비판에 대한 명확한 답변을 요구합니다. 저는 비트겐슈타인에 대한 이러한 해석이 이 두 요구를 충족시키지 못한다고 봅니다.

    4. 비트겐슈타인은 세계의 의미 증감이라는 표현을 세계의 참(wax)과 이지러짐(wane)을 설명하기 위해 도입하였습니다(MS 103, 1916년 7월 5일). 선의지는 세계를 확장하고 악의지는 세계를 축소시킵니다. 이는 무엇을 뜻하나요? 확장된 세계는 나만의 행복과 이기심의 추구를 넘어서는 이타적 세계이고, 축소된 세계는 나만의 행복과 이기심으로 수렴되는 이기적 세계입니다. 이타적 세계는 내 것에 대한 집착을 버림으로써 넓어진 세계이고, 이기적 세계는 타인에 대한 배려를 버림으로써 좁아진 세계입니다.

3. 토론[50]

박정순   철학과 윤리에 대한 비트겐슈타인의 사유가 어떻게 변모했는지 설명해 주기 바랍니다.

이승종   비트겐슈타인의 후기 철학에 나타나는 큰 특징의 하나는 청년 시절에 보이던 관념적 경향성의 완화입니다. 사람이 나이를 먹어감에 따라 청년 시절의 이상주의적 꿈이 완화되는 일반적 경향과도 연관이 있다고 봅니다. 대신 사람이 실제로 어떻게 살고 있는가에 대한 구체적인 자연사적 서술, 문맥에 대한 고려가 부각됩니다. 이는 청년 시절의 초월적 관념론적 경향에서는 소홀히 다루었던 요소들이죠.

황경식   윤리에 대한 기본 입장에서 본질적인 차이는 없습니까?

이승종   저는 그렇다고 봅니다. 윤리가 1인칭적 측면을 가지고 있다는 입장은 비트겐슈타인이 끝까지 버리지 않은 것 같습니다. 대신 그것이 사람의 삶의 맥락에서 어떠한 위상에 있는가에 대한 정밀한 관찰이 보다 강화되었습니다.

---

50 토론 참가자는 다음과 같습니다. 박정순(연세대 미래캠퍼스 철학과 교수), 황경식(서울대 철학과 교수), 김주성(한국교원대 일반사회교육과 교수), 우환식, 권용혁(울산대 철학과 교수), 허란주(미국 벤틀리대(Bentley University) 철학과 교수), 주동률(한림대 철학과 교수).

박정순 청년 비트겐슈타인의 윤리와 논리실증주의자들의 비인지주의(non-cognitivism), 정서주의와의 관계는 어떻습니까?

이승종 비트겐슈타인은 1929년의 「윤리학에 대한 강의」에서, 만일 정서주의가 윤리를 인간의 감정 상태와 동일시하는 이론이라면 그것은 거부되어야 할 것이라고 비판하고 있습니다. 감정 상태도 서술될 수 있는 일종의 사실이므로 과학의 영역에 속합니다. 그러나 윤리는 결코 사실에 관한 과학과 혼동될 수 없는 것입니다. 그는 가치와 사실, 혹은 윤리와 사실의 엄격한 분리에서 자신의 윤리관을 정립하고 있습니다. 이러한 관점에서 보았을 때 정서주의는 가치를 사실로 환원하는 일종의 환원주의입니다.

박정순 그러나 정서주의를 정서적 서술주의(emotional descriptivism)가 아니라 정서적 표현주의(emotional expressivism)로 본다면 정서주의는 가치를 태도의 표명으로 간주한다고 할 수 있습니다. 뒤에 스티븐슨(Charles Stevenson)에 의해서 발전되었듯이 후자의 의미에서의 정서주의는 소견에 대한 믿음이 아니라 소견에 대한 태도를 강조합니다. 발표자는 정서주의를 일종의 자연주의, 서술주의로 보고 있지만, 정서주의자들은 자신들이 비인지주의자(non-cognitivist)로서 자연주의와 서술주의에 반대함을 강조하고 있습니다. 예컨대 헤어(R. M. Hare)가 그 대표자입니다. 정서주의를 이렇게 본다면 그것은 비트겐슈타인의 입장과 차이가 없지 않습니까?

이승종 비트겐슈타인 철학의 특징은 그것이 하나의 패키지로 되어 있다는 점입니다. 윤리가 삶에 대한 주체의 태도라는 입장을 받아들이면 그 주체가 형이상학적 주체라는 유아론도 받아들여야 하며, 유아론을 받아들이면 초월적 관념론도 받아들여야 하고, 초월적 관념론을 받아들이면 그것이 경험적 실재론과 양립할 수 있다는 칸트적 이상도 받아들여야 합니다. 따라서 그 패키지에서 윤리가 삶에 대한 주체의 태도라는 입장만을 따로 떼어서 그것을 정서주의의 주장과 동일시하려 한다면, 패키지의 나머지 부분들은 어떻게 되는지 되묻고 싶습니다. 물론 비트겐슈타인이 수용한 태도로서의 윤리가 정서주의와 비슷한 면이 없지는 않습니다. 그러나 그의 입장은 관념론에서 유도되는 것인 반면, 정서주의는 그러한 관념론을 받아들이지 않습니다.

황경식 그러나 그 패키지가 유지되느냐는 비트겐슈타인 자신의 부담이지 비판자의 부담은 아닙니다. 비트겐슈타인 철학의 외부에서 그를 정서적 표현주의자라고 규정한 것을 받아들였을 때 비트겐슈타인 패키지의 다른 부분이 다 무너진다면, 그것은 그의 철학 자체의 박약성을 의미하는 것일 뿐입니다. 비판자가 패키지의 다른 부분까지 받아들일 필요는 전혀 없습니다. 저는 박정순 선생이 분류한 정서적 서술주의와 정서적 표현주의에서 후자는 비트겐슈타인의 윤리와 상당히 유사하다고 봅니다. 그러나 그렇다고 해서 정서적 표현주의자들이 비트겐슈타인의 윤리의 나머지 부분도 받아들여야 할 필요는 없죠.

이승종 이것이 비트겐슈타인의 철학이 영미 철학에 합류되는 과정에서 겪게 되는 비극입니다. 실제로 많은 사람들이 그의 철학을 토막내어 부분만 가지고 해석하려 해 왔습니다. 가령 명제의 의미가 그것이 그리는 바에 의해서 결정된다는 구절을 따서 의미의 검증론이 탄생했고, 이것이 논리실증주의라는 이름으로 유포되었습니다. 그러나 명제의 의미에 대한 비트겐슈타인의 입장은 그의 전체론적 언어관을 배경으로 해서 이해되어야 하는데, 논리실증주의의 의미 검증이론은 이에 대한 고려를 빠뜨리고 있다는 점에서 그의 언어관과 구별됩니다. 물론 논리실증주의의 의미 검증이론이 그것을 다 받아들일 필요는 없습니다. 그러나 명제의 의미가 그것이 그리는 바에 의해서 결정된다는 구절이 독립되어서 하나의 강령으로 고착될 때, 그것은 비트겐슈타인이 바라던 철학의 이념과는 거리가 멀게 됩니다. 정서주의 윤리이론도 그러한 위험성이 있습니다.

박정순 청년 비트겐슈타인의 윤리에서 발견되는 칸트와 쇼펜하우어의 영향에 대해서 질문해 보겠습니다. 실천이성의 우위에 대한 칸트의 논의는 이미 잘 알려져 있는 바입니다. 그런데 칸트가 요청하는 자유의지, 신의 존재, 양심 등이 청년 비트겐슈타인의 윤리에 도입될 때 그것이 과연 칸트가 이러한 개념을 사용했던 맥락과 같은 맥락인가요?

이승종 비트겐슈타인은 쇼펜하우어에 영향을 받았지만 그의 철학을 극복하고 있습니다. 의지의 포기에 기반한 행복의 이념은 비트겐슈타인에게 그가 간직하고 있던 기독교의 윤리와 충돌합니다. 가령 "네 이웃을 사랑하라"가 기독교 윤리의 뿌리인데, 쇼펜하우어에 의하면 이를 비롯한 모든 의지를 끊는 사람이 선한 사람이고 행복한 사람입니다. 이러한 충돌과 갈등에서 비트겐슈타인의 선택은 쇼펜하우어를 버리는 대신 신에 복종하는 것이었습니다. 이는 쇼펜하우어보다는 칸트에게서 더 동질성을 찾고자 하는 것으로 여겨집니다. 칸트적인 선의지의 철학이 비트겐슈타인 윤리관의 본령이라고 생각합니다.

쇼펜하우어의 경우 의지는 충동적이며 현상 내적인, 즉 현상으로서 세계의 의지입니다. 그리고 그것은 염세주의로 흐릅니다. 비트겐슈타인이 쇼펜하우어의 의지론에 영향을 받았지만 결국 그는 그것을 극복하여 칸트에 더 가까이 가는 것으로 보입니다.

박정순 발표자는 본문에서 도스토옙스키의 『죄와 벌』에 등장하는 라스콜리니코프에 대해 언급하고 있습니다. 그런데 초월적 의지에서 현상적 의무로 나가게 될 때는 분명 현실 내적 기반을 갖게 되는데, 과연 이러한 이행과 기반이 비트겐슈타인의 윤리에서 어떻게 마련되는지 궁금합니다.

이승종 의지의 초월성에서 의무의 현상성으로의 이행이 어떻게 가능한가의 문제를 살펴보겠습니다. 의무는 실천적인 개념인데 그것이 어떻게 초월적인 태도에서 도출되는가, 현실적인 토대가 부재하고 있지 않은가는 비트겐슈타인에 대한 적절한 지적입니다. 신의 의지에는 무조건적으로 복종해야 한다는 것이 그의 입장인데 이는 오늘날에는 중세적으로 들립니다. 그는 최후의 중세인입니다. 거의 맹목적인 절대복종이 윤리의 최후 근거라고 생각했다는 점에서 그렇습니다.

황경식 그러나 비트겐슈타인의 신 개념이 중세적이라고 할 수 있나요? 신의 명령에의 절대복종은 중세적으로 보이지만 그가 말하는 신 개념이 중세인들이 꿈꾸었던 것 같지는 않은데요?

박정순 범신론적인 요소도 있고요.

김주성 복종을 강조했다는 점에서 중세적이라는 말이겠죠?

황경식 그러나 신의 개념이 다르면 형식적 복종이 중요한 것이 아니죠. 비트겐슈타인의 신관은 기독교적이라기보다는 훨씬 더 불교적입니다. 세계를 논리적 관점에서 있는 그대로 바라보는 것이 윤리적 태도라는 점, 세계를 있는 그대로 바라보지 않는 데서 윤리적 문제와 번민이 발생한다는 점은 비기독교적으로 해석될 수 있다고 봅니다.

이승종 비트겐슈타인의 일기에는 신에 대한 사유와 자신의 유대적 뿌리에 대한 사유가 보입니다. 그가 간직했던 범주는 신, 무조건 복종해야 하는 신은 구약성서에서, 구원자로서의 신은 신약성서에서 연원하는 것 같습니다. 전자는 정신분석학적으로는 비트겐슈타인의 아버지가 투영된 것일 수도 있습니다. 비트겐슈타인 형제들의 잇단 자살 중 특히 첫째 형 한스의 자살은 아버지의 카리스마에 대한 항거로 추측됩니다. 청년 비트겐슈타인도 자살의 문제로 고민했습니다. 그러나 그의 자살 충동은 아버지에 대한 반항의 표현이 아니었습니다. 그는 집안에서 아버지에게 절대복종하는 막내였습니다. 그의 자살 충동은 스스로에게 성실하지 못하다는, 정직하지 못하다는 결벽증에 기인합니다. 그는 신에 대한 죄의식으로 자신을 단죄하려 했습니다. 그는 하늘을 우러러 한 점 부끄럼 없기를 갈망하는 윤동주와 매우 닮았습니다.

박정순 발표문에서의 유아론은 이기주의와 어떻게 연관되고 있는지요? 우환식 선생님이 논평문에서 지적하고 있듯이 의미의 확장으로서 타인에 대한 고려가 곧 세계의 확장이라는 주장은 유아론에서 이타주의로의 이행의 표현입니다. 발표문에 유아론을 반박하는 두 논증이 나옵니다. 유비(analogy)에 대한 논증(같은 경험same experience), 상대주의의 논증입니다. 만일 유아론을 반박하는 그 두 논증이 귀류법에 의해 다시 논박되었다면 어떻게 유비나 같은 경험에 의해 타인의 고통과 불행에 대한 고려를 하게 될 수 있는지, 즉 유아론에서 어떻게 이타주의가 유도될 수 있는지 묻고 싶습니다.

이승종 비트겐슈타인의 유아론은 이기주의와는 구별됩니다. 그래도 문제는 여전히 유효합니다. 어떻게 유아론에서 이타주의가 유도

되는가? 그의 유아론은 세상에 오직 나만 존재한다는 것이 아니라 세계에 존재하는 모든 타자가 나와 연관해서 그 위상이 설정된다는 취지입니다.

황경식 불교에서 말하는 유아독존도 사실은 그러한 뜻입니다. 자기의 관점에서 모든 것이 표상된다는 뜻입니다.

이승종 비트겐슈타인의 이타주의는 나르시시즘과 모순되지 않다고 봅니다. 내가 나의 세계에 충만해 있다면, 나의 세계에 존재하는 모든 것들을 사랑하는 것은 결국 나를 사랑하는 것이기 때문입니다. 이는 나의 이기심에 복종하는 것이 아니라 나의 이기심을 끊으면서 다른 것들에 사랑과 구원을 끊임없이 나누어줌으로써 나의 세계를 확장하고 풍부하게 하는 것입니다. 에드워즈(Edwards 1982, 70~71쪽)에 의하면 비트겐슈타인은 그리스도의 삶을 살려는 생각에 빠져 있었다고 합니다. 막대한 유산을 다 다른 사람들에게 나누어주고, 명예와 권력도 거절하고, 독신으로 사는 생활방식이 모두 이러한 생각에서 비롯됩니다.

박정순 전통적으로 의지의 문제는 의지 나약(the weakness of the will)의 문제와 연관되어 있습니다. 정신과 육체의 이분법적 측면에서 볼 때 육체는 현상으로, 의지는 초월적 자아로 귀속됩니다. 자아가 육체를 어떻게 통제하느냐가 문제가 됩니다. 비트겐슈타인은 의지 나약의 문제에 대해 어떠한 견해를 갖고 있었나요?

이승종 의지 나약의 문제는 의지가 어떻게 실천적으로 관철되느냐 하는 문제일 텐데, 그 문제는 비트겐슈타인의 철학에서 빠져 있습니다. 우환식 선생님이 지적한 행위자의 문제 역시 비트겐슈타인의 철학에는 탈락되어 있습니다. 이는 오늘 토론을 통해서 보완해야 할 한 계입니다.

박정순 자유의지와 결정론의 입장에서 본다면 비트겐슈타인도 이 분법은 인정하고 있는 것 아닙니까? 즉 현상 세계는 인과율에 의해 포섭되는 결정론이 유효한 세계이고 의지는 그렇지 않다는 이분법 말입니다. 그것에 관한 언급은 그의 철학에는 없습니까?

이승종 비트겐슈타인은 현상계의 삶을 포섭하는 인과율을 우연적인 것으로 간주했습니다. 그것은 아마 흄의 영향이거나 혹은 흄에 영향받은 러셀의 영향일 것입니다. 현상적인 것은 우연적인 것인데 그 우연성 바깥에 있는 것이 논리와 윤리라고 보았습니다. 그것들은 필연성(윤리의 경우에는 당위성)의 영역이고 따라서 논리를 위반하면 모순을 범하게 되고, 윤리를 위반하면 모순에 필적하는 죄를 범하게 되는 것이라고 보았습니다. 비트겐슈타인은 논리와 윤리를 모두 신적인 것으로 보았습니다. 그러나 논리와 윤리는 현상적 세계에 인과적으로 영향을 주는 방식으로 개입하는 것은 아니라는 점에서 무기력한 것이죠.

박정순 주체의 문제에서 비트겐슈타인은 생각하고 표상하는 주체

는 거부하지만 의지의 주체는 인정합니다. 그러나 다음 구절을 보면

> 만일 내가 『내가 발견한 대로의 세계』라는 책을 쓴다면, 그 책에서 나는 나의 신체에 관해 보고해야 하며, 어느 부분이 내 의지에 종속되고 어느 부분이 그렇지 않은지 등에 대해서도 말해야 할 것이다. (TLP, 5.631.)

여기에서 생각하고 표상하는 주체와 의지의 주체는 혼동되고 있습니다.

전통적 영혼의 삼분법은 지(知)·정(情)·의(意)입니다. 비트겐슈타인은 삼분법에서 의지 하나만을 인정하고 있는 셈입니다. 그러나 삼분법의 세 개념은 서로가 서로를 함축하고 의존하는 관계에 있습니다. 과연 생각하고 표상하는 주체가 없이 어떻게 의지의 주체가 있을 수 있나요?

이승종 지(知)·정(情)·의(意) 문제에 연관해서 생각하는 주체를 거부하면서 의지를 내는 주체를 선택적으로 받아들일 수 있는가? 비트겐슈타인은 온 마음으로 그렇게 받아들였습니다.

우환식 비트겐슈타인이 의지의 담지자로서의 윤리적 주체 외에 형이상학적 주체를 말할 때, 그것은 유아론적 관점에서 세계의 논리적 구조와 형식을 파악할 수 있는 주체라고 보아야 하지 않겠습니까? 그런 의미에서는 데카르트적 의미는 아니지만 생각하는 주체가 주

체의 한 성격으로서 드러나는 것이 아닐까요?

이승종 문제는 생각하고 표상하는 주체가 형이상학적 주체와 같은 것이냐인데요, 비트겐슈타인은 생각하고 표상하는 주체는 존재하지 않고 환상일 뿐이라고 명백히 말한 바 있습니다. 그리고 그는 형이상학적 주체, 의지의 담지자로서의 주체는 받아들이고 있습니다. 여기서 형이상학적 주체는 생각하고 표상하는 인식론적 주체와는 거리가 먼 윤리적 주체입니다.

우환식 데카르트적 자아가 아니라 세계를 바라보는 주체, 세계에 대한 태도로서의 주체, 세계를 올바른 논리적 관점에서 바라보는 논리적 주체가 바로 의지의 주체에 포섭되는지, 혹은 세계를 바라보는 태도 자체도 부정되는 것인지요?

이승종 논리적 주체라는 말은 비트겐슈타인의 작품에서 발견되지 않습니다.

우환식 세계라는 책을 쓰는 주체가 단지 의지의 주체인지요?

이승종 논란이 되는 구절을 다시 읽어 보겠습니다.

만일 내가 『내가 발견한 대로의 세계』라는 책을 쓴다면, 그 책에서 나는 나의 신체에 관해 보고해야 하며, 어느 부분이 내 의지에 종속되고 어느 부분이 그렇지 않은지 등에 대해서도 말해야 할 것이다. 이는 주체를 고립시키는 한 방법일 것이다; 아니 오히려 중요한 의미에서, 주체가 존재하지 않음을 보여 주는 한 방법일 것이다. 요컨대, 그 책 속에서는 오직 주체만이 언급될 수 **없을** 것이다. (TLP, 5.631)

우환식 선생님은 『내가 발견한 대로의 세계』라는 책을 쓰는 주체는 있어야 한다고 주장합니다. 반면 비트겐슈타인은 그 책 속에서는 오직 그 주체만이 발견될 수 없다고 말합니다.

우환식 왜냐하면 그것이 세계 속의 사실이 아니기 때문이죠. 초월적 주체이기 때문에 발견될 수 없는 것입니다. 그런데 그 책을 쓰는 주체가 단지 의지의 주체일 것인가 하는 것이 제 의문입니다.

이승종 비트겐슈타인에게 있어 주체는 하나인 것 같습니다. 우선 생각하고 표상하는 주체는 없습니다. 이 점에서 그는 흄을 받아들입니다. 지각의 바다, 표상의 바다에서 나는 검색되지 않습니다. 그렇다면 주체는 세계를 영원의 관점에서, 세계의 한계로서 바라보는 주체입니다. 그것은 『내가 발견한 대로의 세계』라는 책을 쓰는 주체가 아닙니다. 주체는 하나일 뿐입니다.

김주성 그때 하나라는 말이 무슨 뜻입니까?

이승종 논리적 주체가 따로 있고, 의지의 주체가 따로 있고, 윤리의 주체가 따로 있는 것이 아니라는 뜻입니다. 비트겐슈타인은 세계를 영원의 관점에서, 세계의 한계로서 바라보는 것을 그 자체 윤리적인 것이라 본 것 같습니다.

우환식 비트겐슈타인이 세계를 영원의 관점에서 바라본다고 했을 때 거기에는 스피노자적 의미가 내포되어 있습니다. 비트겐슈타인은 세계를 논리적 형식과 더불어 바라본다고 말한 적이 있습니다. 여기서 세계를 논리적 형식과 더불어 바라보는 것에는 윤리적 의미가 전혀 개입되어 있지 않습니다. 이것은 세계를 의지의 담지자로서 윤리 주체의 관점에서 보는 것과 구별되어야 하지 않을까요?

이승종 저는 비트겐슈타인에게 있어 논리와 윤리가 아무런 관련이 없다고 보지 않습니다. 양자는 같은 것은 아니지만 상당한 부분 중복됩니다. 예컨대 양자는 신의 두 얼굴, 두 양상입니다. 가령 논리를 어기는 것을 생각할 수 없는 것처럼 윤리도 어길 수 없는 것입니다. 어기는 것 자체가 죄를 짓는 것입니다. 그리고 논리적 관점에서 보았을 때 우리의 언어가 완벽한 제 질서하에 있고, 그로 말미암아 세계가 완벽한 질서하에 있는 것이겠죠. 저는 그러한 질서에 윤리적 함축도 있다고 봅니다. 즉 신의 관점에 보았을 때 세계는 일정한 질서를 가지고 있는데, 인간이 그것을 어기기 때문에 죄가 발생하는 것입니다.

따라서 인간이 해야 할 바는 질서를 존중하는, 자기의 의무를 다하는 것입니다.

우환식 세계를 바라볼 때에 어떤 틀을 가지고 바라보는 주체가 비록 생각하고 표상하는 주체는 아니라 할지라도 의지의 주체는 아니지 않을까요?

이승종 모든 것은 태도라는 말에 이미 함축되어 있는 것 아닐까요? 윤리를 세계에 대한 주체의 태도라고 정했을 때의 태도 말입니다.

김주성 그런데 세계를 영원의 관점에서 볼 수 있는 세계의 한계로서의 나는 현상적인 것이 아니므로 우리 모두에게 똑 같은, 하나 밖에 없는 나 아닙니까?

이승종 네.

김주성 그렇다고 그것이 유아론일까요? 개나 돼지가 본 것과는 달리 우리 인간이 본 세계라는 점에서 유아론이라면 문제가 없지만, 우리 인간 모두에게 적용되는 유아론이라면 좀 이상한데요? 유아론이라고 말하는 근거가 무엇인지요?

이승종 비트겐슈타인은 세계를 현상계가 아니라 물자체계로 보았을 때, 우리가 하나라는 초월적 관념론과 유아론을 같은 것으로 간주합니다. 그는 유아론을 초월적 관념론의 한 형태라고 봅니다.

황경식 그렇다면 비트겐슈타인은 칸트도 유아론자로 해석합니까?

이승종 비트겐슈타인이 칸트에 대해서 어떤 철학적 해석을 내린 적은 없습니다.

황경식 그렇지만 "나는 생각한다"에서 생각하는 보편적인 자아를 상정하는 초월적 관념론자는 비트겐슈타인의 관점에서 볼 때 칸트를 포함해서 다 유아론자 아닙니까?

이승종 "나는 생각한다"에서 생각하는 보편적인 자아는 비트겐슈타인의 관점에서는 존재하지 않습니다. 생각하고 표상하는 주체는 존재하지 않는다는 것이 그의 입장입니다. 그의 유아론은 인식론이 아니라 윤리적 입장입니다. 그가 세계를 본다고 말할 때의 봄은 인식론적 봄이 아닌 윤리적인 봄입니다.

황경식 김주성 선생님은 개별자로서 나가 아니라 보편자로서 나를 설정할 때 그때 유아론이라는 말은 잘 맞지 않는다고 했는데요?

김주성 여기서 나는 보편자로서의 나(universal I)라기보다는 인간(ethno-I)에 더 가깝죠. 그렇다면 칸트보다 나의 범위가 좁아지는 것이죠. 칸트의 이성적 존재는 외계인(E. T.)까지도 포함할 수 있지만 비트겐슈타인의 나는 외계인은 배제하고 있으니까요.

이승종 비트겐슈타인의 유아론의 취지는 결국 세계를 1인칭적 관점에서 본다는 것입니다.

김주성 그러나 그때 2인칭과 3인칭은 사라져 버리죠.

이승종 그렇게 되면 아무 말도 할 수 없죠. 2인칭과 3인칭이 사라지면 나도 없고 너도 없는 것이고, 그렇게 되면 단 하나만의 내가 있다고도 말할 수 없는 것이죠.

김주성 그렇다면 다시 봅시다. "**나의 언어의 한계**는 나의 세계의 한계를 뜻한다"(TLP, 5.6). 여기서 나는 보편적인 나이고, 언어는 현상적 언어가 아니라 보편자가 쓰고 있는 언어이겠고, 그 한계는 보편적 나의 세계의 한계를 뜻합니다. 그러나 엄격한 의미에서 **나의** 세계라는 말은 쓸 수 없습니다. 그렇다면 "나는 나의 세계이다"(TLP, 5.63)도 "나는 세계다"로 고쳐 써야 할 것입니다. "나는 세계의 중심이다"도 성립할 수 없습니다. 중심과 변두리는 현상계로서의 세계에나 적용될 수 있는 표현이기 때문입니다. 보편자로서의 세계에는 중심과 변두리가 있을 수 없습니다. 그 세계의 밀도는 다 똑같으니까요. 저는 이 모든 언명이 불교적으로 느껴집니다. 현상계와 초월계, 개별자와 보편자가 서로 중첩되어 그 실체를 규명하기 매우 어렵습니다. 양자 사이를 넘나들게 규정하고 있는지, 양자 사이를 넘나들고 있는지 영 풀리지 않습니다.

박정순 플라톤의 이데아론도 마찬가지 아닙니까?

김주성 이데아는 넘어와 있는 것 아닙니까?

박정순 아니죠. 이데아도 현상계에 참여하고 있는 것이죠. 양자는 떨어져 있지만 또 서로 관계 맺고 있죠.

김주성 초월자를 상정할 때에는 반드시 초월자만 상정하는 것은 아닙니다.

박정순 그것은 플라톤을 포함한 모든 두 세계 이론가들의 부담이죠. 칸트도 물자체로부터의 촉발을 이야기하고 있고, 기독교도 신의 역사함을 이야기 하지 않습니까? 비트겐슈타인의 이분법도 여기서 벗어날 수는 없을 것입니다.

김주성 비트겐슈타인의 앞서의 명제들에서 "나의", "나의 세계", "중심" 등은 현상적인 언어들이고 "나", "세계" 등은 보편적인 것인데, 이러한 것들이 서로 섞여 있습니다. 보편적인 나의 입장에 서면 "네 이웃을 사랑하라"는 성립할 수 없는 표현입니다. 나와 남이 구별되지 않는 세계에서는 이웃이 나이므로 이는 나 자신을, 나의 세계를 사랑하라는 말이 되어 버리니까요.

황경식 그렇다면 아까 말한 이타주의와 나르시시즘의 구분도 사라져 버리는 것이죠.

박정순 그렇다면 결국 촘스키(Noam Chomsky)의 보편적 변형 생성 문법에서 말하는 보편자도 이와 연관이 되겠네요?

김주성 촘스키의 언어도 잘 분류해 보면 유사한 혼동이 발견될 것입니다.

이승종 청년 비트겐슈타인의 언어관에서는 오직 현상적인 언어만이 있습니다. 물자체에 대한 언어 사용은 무의미합니다. 그런데 사람들은 물자체의 영역에 속하는 가치, 신, 삶의 의미 등에 대해서 말합니다. 비트겐슈타인은 이에 대해 침묵으로 답하는 것이 자신의 과제라고 생각했습니다. 따라서 "말할 수 없는 것에 대해서는 침묵해야 한다"라는 명제가 성립합니다. 그런데 이는 자기 자신에게도 적용됩니다. 『논고』의 명제들, 예컨대 유아론에 관한 명제들은 이러한 관점에서 보면 역시 무의미합니다. 현상적인 언어 서술이 아니기 때문입니다. 그래서 그는 『논고』의 말미에서 『논고』의 명제들이 딛고 넘어 올라가서는 버려야 할 사다리와 같은 것이라고 말하고 있습니다.

황경식 그 말도 불교와 같습니다.

이승종 "유아론의 **취지**는 옳지만 그것은 **말해질 수 없다**"(TLP, 5.62).

이것이 비트겐슈타인의 자기 고백입니다. 옳지만 말할 수 없다는 역설의 고백 말입니다. 언어의 한계가 걸리기 때문입니다.

김주성 그렇다면 침묵해도 소용없는 것 아닙니까?

이승종 비트겐슈타인은 그럴수록 침묵해야 한다고 보았습니다.

황경식 윤리적 당위성이 논리적 필연성과 같은 강도와 의미로 사용될 수 있는 것인가요? 비트겐슈타인은 자신의 유대적 전통에서 그렇게 사용할 심리적 필요를 느꼈는지 모르겠지만, 일반적인 용어법으로서는 많은 의문의 여지를 남기고 있습니다.
비트겐슈타인의 철학이 발생학적으로는 유대적 전통에 뿌리내리고 있겠지만 다른 한편으로는 매우 불교적입니다. 우선 유아론에서 출발한다는 것 자체가 불교적입니다. 불교에서 말하는 천상천하 유아독존은 바로 유아론의 천명입니다. 의지와 표상으로서의 세계도 마찬가지입니다. 불교가 쇼펜하우어에게 전해져 다시 비트겐슈타인에게 간접적으로 영향을 주었을 수 있습니다.
윤리의 핵심은 칸트적 의미에서 자율성(autonomy)입니다. 자율적 의지와 관련해서 윤리의 세계가 열리는데 윤리적 당위성과 자율적 의지가 어떻게 양립할 수 있나요?

이승종 비트겐슈타인에게 윤리와 자율성은 무관합니다. 그에게 윤리는 자율성보다는 오히려 의무에 대한 복종에 더 가깝습니다. 신의 의지에 대한 복종 말입니다. 왜 그런지에 대한 합리적 설명은 찾기 어려울 것입니다. 그는 신을 모든 정당화를 부정하는 마지막 보루로 삼고 있기 때문입니다.

황경식 윤리와 논리가 상당 부분 중첩되어 있는데 그러면 그 나머지가 윤리에서 무엇입니까? 자율성과 윤리가 관계없다면 말입니다. 저는 윤리와 논리의 중첩은 나머지가 없는 완전한 중첩이라야 한다고 봅니다.

이승종 비트겐슈타인은 논리학에서의 필연성이 진리표를 통해서 드러나며, 논리적 명제의 필연성은 증명을 통해서 드러난다고 보았습니다. 그러나 윤리는 증명이나 진리표에 의한 기계적 조작과는 거리가 멉니다.

황경식 그렇다면 윤리에서의 당위성은 전혀 다른 의미이겠군요.

이승종 드러남의 방식이 다를 뿐입니다.

황경식 그럴 경우에 당위성은 심리적 필연성 아닙니까? 즉 논리적 필연성은 아니지 않습니까?

이승종 비트겐슈타인은 필연성에는 오직 논리적 필연성만이 있다고 보았습니다(TLP, 6.375). 논리적 필연성과 윤리적 당위성은 같은 것, 신적인 것입니다. 심리적인 것과는 상관없습니다.

황경식 그것은 비트겐슈타인이 느끼기에만 신적인 것이겠죠. 다른 사람이 동의하느냐 안하느냐는 딴 문제이죠.

이승종 그러나 비트겐슈타인은 그것을 심리적 문제라고 보지는 않았습니다. 윤리적 당위성이 왜 요청되는지에 대해서는 도스토옙스키를 참조할 만합니다. 신이 부정된다면 모든 것이 다 무너진다는 것이 그의 생각입니다. 신이 마지막 보루로 등장하는 것이 비트겐슈타인이 열독했던 『카라마조프의 형제들』의 세계관이었습니다. 신이 부정되었을 때 우리 시대의 비극이 초래된다고 보았습니다. 비트겐슈타인은 상대주의, 자연주의 윤리학, 결과주의 윤리학 등등의 세속적 윤리학은 윤리와 인간성을 과학으로 희석, 환원하려는 시도로 보았습니다.

권용혁 두 가지 질문이 있습니다. (1) 비트겐슈타인이 생각하는 자아를 부정한다고 했는데 세계의 한계를 그을 때 한계 안쪽도 고려해야 하지만 한계 바깥도 고려해야 한다면, 그 바깥을 볼 수 있는 것이 생각하는 자아가 아닐까요? 한계를 그을 수 있는 능력이 사유에서 비롯되는 것이 아니겠습니까? 초월적 관념론에서는 경험적 자아와 초월적 자아를 분리시킵니다. 칸트도 초월적 변증론에서 경험적 자아로 만족할 수 없는 자아의 새로운 영역으로 올라갈 수밖에 없다고 말하고 있습니다. 결국 경험 세계 내에만 사유를 국한시키려는 태도, 그리고 그 한계 밖으로 나올 때에는 사유가 되지 않는다는 것은 경험 세계에서 사용했던 사유의 방식이고 그 한계를 넘어서서 생각하려 했을 때는 또 다른 사유 패턴이 필요하지 않겠습니까? 생각하고 표상하는 자아가 없다는 비트겐슈타인의 주장은 세계 내에서만 적용되는 것이지 세계 외부에 대해서는 또 다른 해석을 내리는 것이 가능하지 않겠습니까?

(2) 1인칭적 양심의 소리가 다른 문화권에서 다양한 내용과 언어로 표현될 때 그것도 윤리적 표현이라고 저마다 인정을 해 주어야 하는지요?

우환식 이와 연관되어 질문이 있습니다. 유대적 신은 인격신일 텐데 비트겐슈타인은 모든 것이 어떻게 연관되어 있는가를 신으로 보지 않았습니까? 여기에는 인격성이 빠져 있습니다. 양심의 소리는 그럴 경우 유대적으로만 해석해서는 안 될 것이라고 생각합니다.

이승종 권용혁 선생님의 두 질문에 차례로 답변해 보겠습니다. (1) 비트겐슈타인은 세계의 한계를 세계의 안쪽에서 그을 수밖에 없다고 말하고 있습니다(TLP, 서문). 세계의 한계를 세계 바깥에서 그으려면 생각할 수 없는 것에 대해서도 생각할 수 있어야 할 텐데, 이는 논리적으로 불가능하기 때문입니다. 그에게 세계의 한계, 혹은 세계의 바깥은 또 다른 세계가 아니라 윤리와 논리입니다. 이 양자가 신의 두 얼굴입니다. 세계의 바깥에 인식되어야 할 또 다른 세계가 있는 것은 아닙니다. 비트겐슈타인에게 영향을 준 칸트에서의 초월적 자아는 세계의 바깥을 인식하는 자아가 아니라, 윤리가 가능한 실천이성과 선의지로서의 자아입니다. 이를 뒷받침하는 간접적인 자료가 있습니다. 비트겐슈타인은 동시대의 철학자에 대해서 별로 알고 있거나 논의하지 않았지만, 후설에 대해서는 비판적인 짤막한 논평을 한 적이 있습니다(WVC, 67~68쪽). 그 요지는 후설의 초월적 인식론이 불가능하다는 것입니다. 비트겐슈타인은 초월적 관념론이 인식론으로 변모하는 것에 대해서 경계했던 것 같습니다. 그에게 초월적 관념론은 윤리의 문제에 요청될 뿐입니다.

2) 양심에 따른다고 하지만 양심이 저마다 다를 수 있지 않을까? 신을 섬긴다지만 신이 종교마다, 문화권마다 다를 수 있지 않을까? 이는 문화인류학에 의해 밝혀진 이제는 너무도 자명한 사실들입니다. 비트겐슈타인도 이를 잘 알고 있었습니다. 그러나 그는 세계에 다양한 종교가 있고, 다양한 규범 체계가 있다는 사실 자체가 곧 윤리에서의 상대주의를 귀결 짓는다고 보지는 않았습니다. 그의 윤리관, 종교관은 언제나 절대주의입니다. 이는 그의 전, 후기 철학에 모두 해당됩니다. 그는 문화인류학에서의 상대주의가 자신의 절대주의와 양립 불가능하다고 보지 않았습니다. 인류는 저마다의 윤리 체계와 종교 안에서 살아가고 있지만, 인류가 저마다의 윤리와 종교에 대해 갖는 믿음은 절대적인 것이기 때문입니다. 예컨대 우리나라에도 여러 종교가 들어와 있지만 우리가 그렇다고 다신교도는 아니지 않습니까? 모든 신을 다 인정하는 것은 위선일 것입니다.

황경식 그러나 각자가 저마다의 종교를 절대적으로 신봉한다고 해서 상대주의가 논박되는 것은 아닙니다. 그것은 심리적 확신만 입증할 뿐입니다. 즉 우리는 다만 심리적으로 그렇게 조건 지어져 있기 때문에 절대적 신앙을 가질 뿐이라는 것입니다. 상대주의를 논박하려면 상대성을 관통하는 보편적 신앙, 윤리가 있음을 입증해야 할 것입니다.

이승종 종교와 윤리 체계의 다양성을 인정하는 상대주의는 인류학이나 사회학에서 허용됩니다. 그것은 엄연한 경험적 사실이기 때문입니다. 그러나 1인칭적 시점에서 윤리의 상대주의는 성립할 수 없다는 것이 비트겐슈타인의 견해라고 봅니다. 유아론에서는 상대성이 있을 수 없기 때문입니다. 황 교수님은 그것이 자기만의 심리적 확신에 지나지 않는다고 보시지만, 저는 그것이 비트겐슈타인에게 큰 상처를 준다고 생각하지 않습니다. 그는 어차피 종교와 윤리를 신과 나 사이의 개인적인 문제로 보고 있기 때문입니다. 후기 비트겐슈타인은 인간이 세계를 윤리적 관점, 종교적 관점에서 본다는 것이 인간에게 고유한 자연사적 본질임을 윤리와 종교에 대한 절대주의 옹호의 논변으로 삼고 있는 것처럼 보입니다.

허란주 비트겐슈타인이 옹호한 윤리의 절대성이 윤리 체계에 관한 것인지 묻고 싶습니다. 만일 그렇다면 그것은 다른 사람에게도 적용이 되어야 하는 것 아닙니까? 그렇다면 그의 유아론, 말할 수 있는 것이 현상계에만 국한된다는 주장, 윤리와 신에 대한 언명이 무의미하다는 주장 등에 어떤 모순이 있는 것은 아닌지요?

이승종 무엇과 무엇 사이의 모순 말입니까?

황경식 신과 윤리에 관한 언명이 무의미하다는 주장과 신과 윤리에 관해 무언가 적극적으로 말하고 있는 비트겐슈타인의 입장 사이의 모순 말입니다.

질문 의지가 현상계에 영향을 미친다는 것은 경험적 사실인데, 어떻게 해서 비트겐슈타인은 의지가 세계에 아무런 영향을 미치지 못하는 무기력한 것이라고 보고 있습니까?

이승종 허란주 선생님의 질문에 먼저 답변해 보겠습니다. 비트겐슈타인이 볼 때 이론적 체계는 현상계의 사실을 설명하는 언어입니다. 그러나 윤리는 현상계의 사실이 아닙니다. 따라서 설명해야 할 무엇이 없습니다. 그러므로 그는 이론으로서 윤리의 가능성, 설명적 체계로서 윤리의 가능성에 대해서 부정적입니다.

허란주 네 이웃을 사랑하라는 언명이 만일 이론적인 체계로 정립될 수 없는 것이라면 그것의 위상은 비트겐슈타인의 철학에서는 어떻게 되는 것입니까?

이승종 그것은 선의지로 바라보는 세계에 대한 태도입니다.

허란주 개인적인 표현으로 머무는 것인가요?

이승종 비트겐슈타인에게서 윤리의 문제는 윤리학 교과서에 등장하는 문제, 예컨대 낙태나 안락사의 정당성 여부 등과 같은 것이 아닙니다. 그것은 그가 생각하는 삶의 문제와는 핀트가 맞지 않습니다. 그는 이론을 통해서 해결될 수 있는 문제는 윤리적 문제로 보지 않았습니다. 제가 보기에 그에게 윤리적 문제는 카프카의 작품이나 키르케고르의 철학에서 언급되는 문제, 인간이 유토피아에 살아도 가질 수밖에 없는, 인간이 존재한다는 사실로 말미암아 발생되는 피할 수 없는 문제인 것 같습니다. 따라서 그는 윤리에 이론이 필요 없다고 보았습니다.

황경식 그렇다면 비트겐슈타인은 네 이웃을 사랑하라는 말을 다른 사람에게 설득할 수 있습니까? 만일 그렇다면 그것은 학문으로서의 윤리학과 다를 바가 무엇이겠습니까? 학문이란 설득을 통한 보편화 아닙니까?

이승종 우리가 강단에서 가르치고 배우는 윤리학에서는 체계성이 중요시됩니다.

황경식 윤리적인 당위성보다 더 체계를 강조하는 표현이 어디 있겠어요?

이승종 그러나 비트겐슈타인에게 윤리적 당위성은 윤리학 체계에서처럼 정당화나 증명으로 이루어지는 것은 아닙니다. 아울러 그에게 윤리적 문제는 해결되는 것이 아닙니다. 윤리적 문제에 대한 해답은 없습니다.

황경식 윤리는 당위성의 영역이므로 무조건적인 것이겠죠?

이승종 네.

황경식 결국 그의 윤리에는 정당화 과정이 없는 것이군요?

이승종 그렇습니다.

허란주 그렇게 되면 그것이 다른 사람에게 설득력을 가질까요?

이승종 비트겐슈타인은 윤리적 설득력이 실천을 통해 드러나는 것이지 논증이나 정당화를 통해서 얻어지는 게 아니라고 보았습니다. 다음으로 세계에 대한 태도로서의 의지가 인간의 행위에 규제적 역할을 주는 것이 아닌지에 대한 질문에 답해 보겠습니다. 비트겐슈타인이 의지를 무기력하다고 본 근거는 그가 취한 입장의 일관성에서 유도됩니다. 칸트의 용어를 빌면 의지나 윤리, 가치의 영역은 현상계 밖에 있는 물자체계에 속하는 것이며, 물자체계는 인과 법칙의 포섭을 받지 않습니다. 그것이 시간과 공간의 밖에 놓여 있기 때문입니다. 그러한 물자체로서의 의지가 나의 행위를 매개로 세계의 영향을 준다는 것은 현상적인 설명이긴 하지만, 그로 말미암아 물자체로서의 세계가 인과력을 발휘해서 세계에 직접 영향을 준다고 말할 수는 없습니다. 의지의 담지자로서의 내가 현상계에 영향을 줄 수는 있지만 그 영향은 안 일어날 수도 있는 것입니다. 현상계의 인과성은 필연성을 결여한 우연적인 것이기 때문입니다. 따라서 필연성의 영역에 속하는 태도로서의 초월적 의지가 현상계에 영향을 주려면 그것이 경험적, 현상적 의지로 탈바꿈해야 할 것이기에, 이를 비트겐슈타인은 의지가 무기력하다고 표현한 것입니다.

주동률 비트겐슈타인의 윤리관에 대한 이승종 선생님의 입장은 무엇입니까?

이승종 언젠가부터—그리고 우리 시대에 더 악화된 일이라고 보는데—사람들이 설명에 대해서 큰 신뢰를 부여하고 아울러 모든 것이 설명되고, 문제로 정식화되고 해결되어야 한다는 생각 혹은 일종의 강박 관념을 갖게 되었습니다. 따라서 이유를 묻는 태도가 근대에서부터 현대에 이르기까지 근간을 이루고 있습니다. 그러나 비트겐슈타인은 그것이 세계를 드러내는, 혹은 세계를 살아가는 여러 방식 중에 하나의 방식에 지나지 않는 것이지 그것이 모든 다른 방식을 제압해서는 안 된다고 보았습니다. 이유를 묻는 태도가 중요성을 더해가는 데는 충족 이유율이라는 라이프니츠의 이념과 함께 성장한 근대 과학의 성공과 확장이 큰 역할을 하고 있습니다. 이론이 중요시되고, 언어가 이론적 설명의 도구로서만 사용되고, 윤리의 문제도 과학과 유사한 이론 체계에 의해 구성되고 해결되어야 한다는 생각이 주류를 이루게 되었습니다. 그러나 비트겐슈타인은 이를 인간성에 대한 모독이자 신으로부터의 일탈로 보았습니다. 즉 그것은 윤리적으로 불행한 사건이었습니다. 이것이 그의 윤리가 보여 주는 반시대적 성격입니다. 의무의 강조, 양심의 명령 등은 이미 우리에게는 생소하거나 낡은 용어로만 들립니다. 이는 우리 시대의 흐름이 그의 윤리관과는 동떨어진 방향으로 흘러왔음을 방증합니다. 그는 우리 시대를 암흑기로 보았습니다. 그는 자신의 철학이 이러한 어두움을 밝혀 주리라고 보지는 않았습니다. 잘못은 인간이 하는 것이지만 용서는 신의 일이기 때문입니다. 이런 맥락에서 그는 자신의 철학적 작업을 신의 영광을 위한 것이라고 쓴 적이 있습니다(PR, 서문). 저는 그의 윤리관에서 시대와의 불화와 아울러 시대를 초극하고자 하는 외로운 노력을 봅니다.

윤유석 앞서 이승종 교수님은 이렇게 말씀하셨습니다.

> 윤리는 결코 사실에 관한 과학과 혼동될 수 없는 것입니다. [비트겐슈타인은] 가치와 사실, 혹은 윤리와 사실의 엄격한 분리에서 자신의 윤리관을 정립하고 있습니다. (이 책 280쪽)

'사실'이라고 불리는 영역조차 실제로는 수많은 가치 평가에 근거하여 탐구되고 있다는 주장에 대해 비트겐슈타인은 어떻게 반응할까요? 가령 퍼트남(Hilary Putnam)은 과학적 사실을 탐구하는 과정에서도 '단순성'(simplicity), '아름다움'(beauty), '그럴듯함'(plausibility) 같은 인식적 가치들이 도입된다고 지적하면서 사실/가치의 이분법을 공격합니다. 가다머(Hans-Georg Gadamer)도 자연과학과 정신과학이 모두 해석학적 현상의 보편성을 벗어나지 못한다고 지적하면서 자연과학/정신과학의 이분법을 거부하죠. (개인적으로, 전기 비트겐슈타인은 사실/가치가 엄격하게 구분된다고 본 것 같지만, 후기 비트겐슈타인은 퍼트남과 가다머의 입장에 동의하지 않을까 합니다.)

이승종 유석 씨의 지적이 모두 맞습니다. 그러나 이로써 사실/가치의 이분법, 자연과학/정신과학의 이분법이 폐기된다고는 보지 않습니다. 몸과 마음이 상호작용을 한다는 사실이 몸과 마음의 이분법을 폐기하지는 않는 것처럼 말입니다. 저 구분들은 여전히 유효합니다. 구분지들이 상호작용하지 않는다는 전제가 폐기될 뿐입니다.[51]

---

[51] 윤유석 씨와의 토론은 후에 추가된 것임을 밝혀 둡니다.

3부
종교적 믿음

1장
「종교적 믿음에 대한 강의」 I

1.[1]

철학이란 삶과 세계에 대한 반성과 성찰의 산물입니다. 철학함이란 삶과 세계에 대한 반성과 성찰, 그리고 이를 바탕으로 한 실천을 의미합니다. 이는 곧 사람의 삶 그 자체라 할 수 있습니다. 사람은 이미 철학 안에, 그의 삶은 철학함 안에 들어와 있는 것입니다. 철학함에 방법이 있다면 그것은 반성과 성찰을 수행하는 데에서 찾아지는 것이지, 철학으로부터 방법만을 따로 분리해 내기는 어렵습니다.

반성은 돌이켜 보는 것인데 여기에 철학의 핵심이 있습니다. 사람뿐 아니라 모든 생명체는 자신의 삶과 주위 세계에 대한 나름대로

---

[1] 이하 번호는 제가 실제로 대학에서 했던 강의 순서대로 부여하였습니다. 즉 1은 3부 1장의 첫 강의를 뜻합니다.

의 이해 양식을 갖추고 있습니다. 삶과 주위 세계가 올바로 이해되지 않으면 생존할 수 없기 때문입니다. 어미 거북이 해변에 낳아 묻어둔 알에서 갓 부화한 새끼 거북이들은 곧 바다로 달려갑니다. 본능에 이끌리는 운동이지만 거기에도 육지보다 바다가 상대적으로 더 안전하다는 선(先)이해가 각인되어 있는 것입니다. 그러한 이해가 본능의 형태로 각인되어 있지 못한 새끼 거북이 있다면, 녀석은 생존하지 못할 겁니다.

그러나 세계는 생명체에게 너그럽지 않습니다. 새끼 거북의 상당수는 바다에 도달하기 전에 온갖 포식자들에 의해 잡아먹힙니다. 다윈의 적자생존은 출생과 동시에 작동하며 모든 생명체는 처절한 투쟁을 통해 가까스로 생존할 수 있습니다. 주위 세계에 대한 올바른 이해와 투쟁을 통한 생존은 사람의 경우도 마찬가지입니다. 계절에 대한 이해나 준비가 없을 때, 그래서 예컨대 겨울에 몸을 보호할 옷을 마련하지 못했을 때, 우리의 먼 선조들은 추위로 얼어 죽었을 겁니다. 아담 스미스(Adam Smith)가 보이지 않는 손이라고 표현한 시장의 원리인 자유경쟁도 자연계에서의 적자생존을 닮았습니다.

삶과 세계에 대한 이해는 생존을 위해서 갖추어야 할 최소한의 양식입니다. 철학도 이러한 이해 양식으로부터 비롯됩니다. 삶과 세계를 어떻게 볼 것인가는 이해의 문제이자 철학의 문제이기도 합니다. 이 강의에서 우리가 다룰 문제도 바로 이것입니다. 우리는 삶과 세계에 대한 명확한 이해에 도달하고자 합니다.

돌이켜 봄으로서의 반성에 철학의 핵심이 있다고 했습니다. 그런데 봄에 관련해 다음 사항들을 짚고 넘어갈 필요가 있습니다. 우선 어떠한 대상도 하나 이상의 방식으로 볼 수 있습니다. 예컨대 다음 그림들 중 첫 번째 그림은 형태의 변형 없이도 입방체로 볼 수도, 육각 평면체로 볼 수도 있습니다.

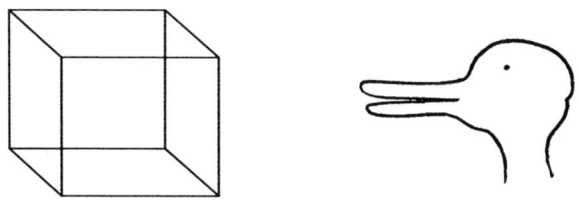

어떤 대상을 어떻게 보느냐의 문제는 직관적이어서 해석이 불필요한 듯싶기도 합니다. 예컨대 우리에게 첫번째 그림은 직관적으로 입방체로 보이고 두 번째 그림은 오리로 보일지 모릅니다.

그러나 다른 사람이 첫 번째 그림을 육각 평면체라고 하고, 두 번째 그림을 토끼라고 한다면 우리는 그게 어떻게 가능한지 그림을 다시 찬찬히 다시 살피고는 아, 그렇게 볼 수도 있구나 하고 고개를 끄덕이게 됩니다. 이 살핌이 해석에 해당합니다. 봄에도 해석이 개입하는 것입니다. 앞서의 직관에도 기본값(디폴트(default))으로 우리에게 익숙한 해석이 개입한 것으로 볼 수 있습니다.

사람이건 동물이건 기본은 직관적, 본능적 이해이겠지만, 이것이 먹혀들지 않을 때에는 시행착오를 거쳐 이해 방식을 바꿀 수 있습니다. 본다는 것이 암암리에 보는 사람의 생각을 반영함을 알 수 있습니다. 전초지에서 밤에 보초를 서던 군인은 주변에 적들이 서성거리는 것처럼 보여 잔뜩 경계를 하다가 나중에야 그것이 바람에 흔들리는 나뭇가지들을 알게 됩니다.

마찬가지로 삶과 세계도 사람마다 다르게 보일 수 있으며, 사람들은 삶과 세계를 저마다의 방식으로 이해한다고 할 수 있습니다. 우리는 그것을 인생관, 세계관이라고 하는데 이는 철학에 해당하기도 합니다. 사람이 이미 철학 안에, 그의 삶이 철학함 안에 들어와 있다는 앞서의 말은 이를 뜻합니다. 철학자의 인생관과 세계관이라고 일반 사람들의 그것과 완전히 다를 수는 없습니다. 사람은 동일한 생물종(種)에 속한다는 공통의 생물학적 기반을 지니고 있습니다. 철학자를 포함해 모든 사람은 같은 세계(지구)에서 유한한 삶을 살다 가는 존재입니다.

철학은 반성의 소산이고 넓은 의미에서 문화의 일부입니다. 사람만이 문화를 영위하는데 이로써 사람은 삶과 세계에 대해 다른 동물보다 더 깊고 다양한 관점을 가지게 됩니다. 사람이면 누구나 철학을 할 수 있고 이해할 수 있습니다. 과학과 예술을 아우르는 상징 체계로서의 문화는 삶과 세계에 대한 다양한 관점의 다양한 이해를 도모합니다. 문화의 일부로서의 물리학은 물리적 현상, 경제학은 경제 현상에 대한 이해를 제공합니다. 철학은 어느 한 측면의 이해에 머무는 다른 학문과 달리 총체적 이해를 지향합니다. 그 점에서 철학은 종교와 유사성이 있습니다. 종교는 신이라는 절대자를 축으로 삶과 세계를 총체적으로 바라보기 때문입니다.

비트겐슈타인은 다음과 같이 말한 적이 있습니다.

나는 종교인은 아니다. 그러나 나는 모든 문제를 종교적 관점에서 보지 않을 수 없다. (Drury 1976, 79쪽)

우리는 이 말을 이정표로 삼아 비트겐슈타인이 1938년 여름에 케임브리지대학에서 행한 「종교적 믿음에 대한 강의」를 함께 읽어 보겠습니다.

2.

「종교적 믿음에 대한 강의」는 비트겐슈타인이 행한 강의를 스마이티스가 받아 적은 노트를[2] 배럿이 편집한 것인데, I, II, III 이렇게 세 부로 이루어져 있습니다(Barrett 1991, vii쪽). 비트겐슈타인이 이를 읽거나 검독하지는 않았지만, 스마이티스가 받아 적은 비트겐슈타인의 다른 강의들이 그러하듯이 내용이 충실하여 학적 가치가 높습니다. 받아 적는 과정에서 의미가 불명료해진 부분은 제가 [ ] 안에 이해를 돕는 표현을 보충하겠습니다만,[3] 원래의 노트에 충실하고자 하는 의미에서 꼭 필요한 부분에 대한 최소한의 보충에 그치겠음을 밝혀 둡니다.

「종교적 믿음에 대한 강의」의 I에서 II의 중간까지는 한 문단도 빠짐없이 제가 번역하여 인용하겠고, II의 나머지와 III은 발췌 번역하여 인용하겠습니다. 제 강의는 「종교적 믿음에 대한 강의」의 인용

---

2 그러나 배럿은 「종교적 믿음에 대한 강의」 중 III에 대해서는 리즈가 받아 적었다고 하기도 합니다(Barrett 1991, 267쪽). 저는 배럿이 아마 I과 II는 스마이티스의 노트를, III은 스마이티스와 리즈의 노트를 저본으로 편집하지 않았을까 추정합니다.
3 「종교적 믿음에 대한 강의」 중 III의 [ ]는 강의의 편집자인 배럿이 보충한 것입니다.

과 주석, 질의 토론을 위주로 진행됩니다. 그리고 비트겐슈타인의 일기와 유고에서 연관되는 구절들을 필요할 때마다 인용하겠습니다.

「종교적 믿음에 대한 강의」는 들어가는 말이나 서문 없이 바로 I로 시작하는데 그 첫 구절은 다음과 같습니다.

> 오스트리아 장군이 어떤 사람에게 말했다. "가능하다면 나는 죽은 뒤에도 당신을 생각하겠소." 우리는 이 표현을 어떤 사람은 우스꽝스럽다고 생각하고 다른 사람은 그렇지 않다고 생각하는 경우를 상상할 수 있다.
> (제1차 세계대전 중에 비트겐슈타인은 미사 때 제단에 올리는 성스러운 빵이 은쟁반이 아닌 크롬 강철에 담겨 운반되는 것을 보았다. 이 광경은 그에게 우스꽝스러워 보였다.) (LC, 53쪽)

내가 죽은 뒤에도 다른 사람을 생각한다는 것이 가능할까요? 그런 말이 어떤 사람에게는 우스꽝스러워 보일 수 있겠습니다. 죽음 너머의 세계를 이야기하기 때문입니다. 죽은 뒤에 우리는 생각을 할 수 없을 겁니다. 하지만 일상생활에서 우리는 그런 말을 사용합니다. 꼭 죽은 뒤에도 망자의 영혼이 살아 있는 사람을 보는 것으로 상상해서가 아닙니다.

사람은 상가(喪家)에서 곡을 하고, 장례 행렬을 따라가고, 어떤 미망인은 사무치는 슬픔에 망자를 입관할 때 무덤으로 뛰어들어 관을 부둥켜안기도 합니다. 이를 비과학적이고 무의미한 짓거리라고 우스꽝스러워할 수만 있을까요? 죽은 사람을 배웅하는 태도에 대해 과학을 들먹이며, 망자는 이 세상 사람이 아니므로 배웅할 대상이 아니고 따라서 그에 대한 작별 인사는 의미가 없다고 할 수 있을까요?

어떤 사람은 최후의 심판을 믿고 나는 믿지 않는다고 가정해 보자. 그러면 나는 그와 반대되는 것, 즉 최후의 심판이 존재하지 않는다는 것을 믿는다는 뜻인가? 이 질문에 대하여 나는 절대로 그렇지 않다거나 혹은 항상 그렇지는 않다고 답변하겠다. (LC, 53쪽)

여기에는 두 가지의 입장이 대비되고 있습니다. 최후의 심판을 믿는 사람의 입장과 비트겐슈타인의 입장이 그것입니다. 이 둘은 상호 모순된 입장일까요?

갑은 "지금 비가 온다"라고 하고, 을은 "지금 비가 오지 않는다"라고 했다고 합시다. 둘은 특정한 사실에 대한 판단에서 서로 대립하고 있습니다. 그들의 대립은 각각 "p"와 "~p"로 표기될 수 있습니다. 형식 논리적으로 저렇게 표기되는 문장들에 대해 우리는 상호 모순의 관계에 있다고 합니다. "나는 최후의 심판을 믿는다"와 "나는 최후의 심판을 믿지 않는다"도 형식 논리적으로 각각 "p"와 "~p"로 표기될 수 있으므로 상호 모순의 관계에 있다고 할 수 있습니다.

그런데 인용문에서 비트겐슈타인의 답변이 특이합니다. 어떤 사람은 최후의 심판을 믿고 나는 믿지 않는다고 할 때 나는 그와 반대되는 것, 즉 최후의 심판이 존재하지 않는다는 것을 믿는다는 뜻은 아니라고 합니다. 이게 무슨 말일까요? 앞으로 보겠지만 최후의 심판에 대한 믿음의 유무는 어떤 사실에 대한 믿음의 유무가 아니라 세계관의 차이라는 것입니다. 여기서 최후의 심판은 기독교적 세계관의 아이콘으로 사용되고 있습니다.

최후의 심판을 믿지 않는다고 했을 때 그것은 비트겐슈타인의 진심일까요? 그는 논의를 끌어가기 위해 그러한 입장을 취하고 있는지도 모릅니다. 왜냐하면 그의 일기에는 그가 최후의 심판을 믿는 것 같은 구절이 있기 때문입니다. 그는 거기서 이렇게 말합니다.

신은 나에게 이렇게 말할 수도 있을 것이다. "나는 네가 한 말을 바탕으로 너를 심판할 것이다. 다른 사람이 너와 같이 행동하는 것을 보았을 때 너는 네가 한 행동 때문에 혐오감으로 치를 떨 것이다."
(MS 175, 56r쪽, 1951년 3월 15일)

질문 최후의 심판이 존재하지 않는다는 것을 믿지 않는다는 비트겐슈타인의 말은 결국 최후의 심판이 있다고 믿는다는 말이 아닌가요?
답변 이중부정은 긍정이므로 ($\sim\sim p \equiv p$) 형식 논리적으로는 그렇습니다. 그러나 비트겐슈타인이 보기에는 이 역시 자신이 뜻하는 바를 제대로 담아내고 있지 못합니다. 이 문제에 대해서도 곧 살펴보겠습니다. 여기서는 앞서와 마찬가지로 형식 논리적 해석과 비트겐슈타인의 진의(眞意) 사이에 간극이 있음을 확인하는 것으로 족합니다.

다시 「종교적 믿음에 대한 강의」를 읽겠습니다. 비트겐슈타인은 다음과 같이 계속합니다.

가령 나는 육체는 죽은 다음에 썩을 것이라고 말하고, 다른 사람은 "아니오. 육체를 구성하고 있는 분자들은 천년 후 재결합하여 당신은 부활할 것입니다"라고 말했다고 가정해 보자.

어떤 사람이 나에게 "비트겐슈타인, 당신은 이것을 믿습니까?"라고 물으면 나는 "아니오"라고 대답하겠다. 그리고 그가 "그러면 당신은 그 사람과 모순되는 것입니까?"라고 물으면 나는 다시 "아니오"라고 대답하겠다.

만약 여러분이 이렇게 말한다면 모순은 이미 여기에 있는 것이다. 여러분은 "나는 그 반대를 믿습니다"라고 말할 것인가, 아니면 "그런 걸 가정해야 할 이유가 없지 않습니까?"라고 말할 것인가? 나는 양쪽 다 아니라고 말하겠다. (LC, 53쪽)

비트겐슈타인은 부활을 믿지 않는 입장에 선 채 부활을 믿는 사람과 대화를 이끌어 갑니다. 그런데 여기서도 비트겐슈타인은, 그렇다면 당신은 부활하지 않는다는 것을 믿느냐는 질문에 대해 부정적으로 답변합니다. 형식 논리적으로는 "p"를 믿지 않는다면, "~p"를 믿는다고 할 수 있습니다. 그러나 비트겐슈타인은 이를 거부합니다. 그는 "p"도 "~p"도 믿지 않는다는 것입니다.

비트겐슈타인은 다음과 같이 계속합니다.

어떤 사람이 신자이고 다음과 같이 말했다고 가정해 보자. "나는 최후의 심판을 믿습니다." 그리고 나는 이렇게 말했다고 가정해 보자. "글쎄요, 나는 확실하지 않은데요. 아마 그럴지도 모르죠." 여러분은 우리 사이에 커다란 심연이 존재한다고 말할 것이다. 만약에 그가 "저 위에 독일 비행기가 있습니다"라고 하고 나는 "확실하지 않은데요. 그럴지도 모르죠"라고 말한다면 여러분은 우리는 상당히 근접했다고 말할 것이다. (LC, 53쪽)

비행기에 대한 의견의 불일치는 그리 심각한 것으로 보지 않는 반면, 최후의 심판에 대한 의견의 불일치는 커다란 심연으로 묘사하고 있습니다. 전자는 세계의 사실에 대한 불일치인 반면, 후자는 세계관에서의 불일치이기 때문입니다. 이 두 불일치의 차이를 부연하자면 다음과 같습니다.

태양계가 지구를 중심으로 돈다는 프톨레마이오스의 천동설과 지구가 태양을 중심으로 돈다는 갈릴레오의 지동설은 세계의 사실에 대한 불일치를 드러내고 있습니다. 그리고 천동설과 지동설은 모두 과학적 세계관의 산물입니다. 그런데 갈릴레오는 자신의 지동설로 말미암아 본의 아니게 당시의 종교계와 대립하게 됩니다. 당시의 종교계는 프톨레마이오스의 천동설을 종교적으로 해석하여 갈릴레오의 지동설을 종교에 대한 위협으로 간주하였습니다. 즉 종교를 "p"로 놓고 갈릴레오의 과학을 "~p"로 간주하여 이 둘이 모순을 일으킨다고 생각한 것입니다. 그러나 이는 범주 오류에 해당합니다. 프톨레마이오스의 천동설과 갈릴레오의 지동설은 과학에 속하므로 각각 "p"와 "~p"로 표기할 수 있으며, 이들은 실제로 서로 모순의 관계하에 있습니다. 그로 말미암아 천동설은 폐기되었고 지동설이 선택되었다는 것은 역사적 사실입니다. 반면 종교와 과학은 "p"와 "~p"의 모순의 관계하에 있지 않습니다. 천동설은 폐기되었지만 그로 말미암아 종교가 폐기된 것은 아닙니다. 종교와 과학은 서로 범주가 다르며 세계관에서 불일치할 수 있지만, 그것은 세계의 사실에 대한 불일치와는 구별되어야 합니다.

3.

비트겐슈타인은 세계가 사실로 이루어져 있지만 가치는 세계 안에서 발견되는 것이 아니라(TLP, 6.41) 양심에 의해서 부여된다고 보았습니다. 양심은 곧 신의 소리로(MS 103, 1916년 7월 8일) 사람이면 누구나 공유하고 있다고 생각했습니다. 종교는 윤리학 및 미학과 더불어 그러한 가치를 구현하고 있습니다. 그는 이렇게 말합니다.

> 선(善)은 또한 신성한 것이다. 이상하게 들릴지 모르지만 그것이 나의 윤리학이다. 오로지 초자연적인 어떤 것만이 초자연적인 것을 설명할 수 있다. (MS 107, 1929년 11월 10일)

> 당신은 사람들을 선으로 이끌 수 없다. 당신은 단지 그들을 이런저런 장소로만 이끌 수 있다. 선은 사실의 세계 밖에 있는 것이다. (MS 107, 1929년 11월 15일)

비트겐슈타인은 선을 신성한 것이라고 말하고 있습니다. 선은 신이 부여한 양심에 의해 표출되는 것이기 때문에 신성합니다. "오로지 초자연적인 어떤 것만이 초자연적인 것을 설명할 수 있다"에서 첫 번째 초자연적인 것은 신성을, 두 번째 초자연적인 것은 선을 나타내고 있습니다. 최후의 심판에 대한 믿음은 초자연적인 것에 대한 믿음이고, 이는 사실에 대한 믿음과는 다른 차원에 속합니다. 이 두 믿음 사이에도 커다란 심연이 존재한다고 할 수 있습니다.

질문 양심도 개인에 따라 다르다고 생각합니다. 종교인의 양심과 비종교인의 양심이 완전히 일치하는 것은 아닙니다. 신의 명령이 다 같은 것은 아니며 그중에는 부도덕한 명령도 있지 않습니까?
답변 도덕의 기준을 신으로 삼고 있는 종교인에게는 신이 부도덕한 명령을 내릴 수도 있다는 말은 성립할 수 없는 표현입니다. 신과 도덕이 따로 놀고 있기 때문입니다. 신의 소리로서의 양심의 경우도 마찬가지입니다. 양심이 부도덕하다는 것은 형용모순입니다.

질문 도덕과 가치의 근거를 신의 영역에 넣어야 할 이유는 무엇인가요? 종교가 윤리적으로 무조건 옳다는 생각은 독단적입니다. 저는 비트겐슈타인과 달리 윤리가 종교에 앞선다고 봅니다. 종교에는 비이성적인 데가 있는 반면, 윤리는 공적(public)이라는 것입니다.
답변 윤리가 공적이라는 말에는 윤리는 사람이 설정하는 것이라는 인간중심주의나 휴머니즘의 함의가 담겨 있습니다. 그러한 윤리가 종교에 앞선다는 말은 사람이 신에 앞섬을 함축하는데, 이는 비트겐슈타인에게서는 성립할 수 없습니다. 종교에서 비이성적인 것을 확인하고 이를 공적 윤리와 대비시키는 구도는 비이성에 대한 이성의 우위를 함축합니다. 그러나 비트겐슈타인에게 종교는 사람이 설정한 이성과 비이성을 넘어서 있습니다.

질문 신은 절대자이므로 가치를 신의 영역에 둔다면 가치 또한 절대적인 것이어야 하겠습니다. 그러나 가치는 실제로는 사회와 문화권역에 따라 차이가 나는 상대적인 것이 아닌가요?

답변 비트겐슈타인에게 선은 절대적으로 신성하지만, 무엇이 선한 것인지에 대해서는 상대성의 여지가 있겠습니다. 그렇다고 차이와 상대성이 이해나 소통의 불가능성을 함축할 만큼 극단적인 것은 아닙니다. 차이는 어떻게 다른지를 헤아릴 수 있을 때에야 의미를 가집니다. 상호 이해가 전혀 불가능하다면 차이나 상대성에 대해서 언급조차 할 수 없게 되고 맙니다.

무엇이 선한 것인지에 대한 견해의 차이와 상대성을 인정한다고 해서 선 자체에 대한 믿음의 절대성이 훼손되는 것도 아닙니다. 둘은 다른 문제입니다. 이를 양지한다면, 세상의 종교는 다양하지만 그 다양성이 종교인이 지니고 있는 종교적 믿음의 절대성을 훼손하는 것은 아님도 알 수 있습니다.

종교적 믿음의 절대성은 절실함에서 비롯됩니다. 비트겐슈타인의 다음 구절들은 종교에 대한 절실한 갈구를 잘 표현하고 있습니다.

어떠한 절규도 **한** 사람의 절규보다 더 클 수 없다.

혹은 **어떠한** 고난도 한 사람이 겪을 수 있는 고난보다 더 클 수 없다. 그러므로 한 사람은 끝없는 고난을 겪을 수 있으며, 그래서 끝없는 도움을 요할 수 있다.

기독교는 오직 끝없는 도움을 요하는 사람, 그러니까 오직 끝없는 고난을 느끼는 사람을 위한 종교이다.

온 지구도 **하나의** 영혼보다 더 큰 고난을 겪을 수는 없다. (MS 128, 50쪽, 1944년 경)[4]

인용구에서 서술된 고난과 절규의 절절함으로부터 구원에 대한 절실한 갈구가 우러나오며, 그것이 종교를 싹틔웁니다. 비트겐슈타인은 그 고난과 절규의 한가운데에 있고자 했습니다. 그러한 장소로 전쟁터만한 데가 있겠습니까? 그는 제1차 세계대전 당시 자원하여 최전선의 가장 위험한 곳으로 달려갔습니다. 죽음과 가까이하고자 스스로를 사지로 내몬 것인데, 거기서 얻은 깨달음으로 자신의 대표작인 『논고』를 길어 냈습니다.

죽음은 종교와 철학과 예술의 중요한 화두입니다. 인용문에서의 고난과 절규를 머금고 있기 때문입니다. 젊은 왕자 석가모니도 생로병사를 목도하고는 꽃길을 버리고 출가를 결심하였습니다. 저는

---

[4] 『문화와 가치』에는 이 구절의 출처가 MS 128, 49쪽으로 표기되어 있으며 기독교로 시작하는 단락이 그 앞 단락과 붙어 있습니다(CV, 52~53쪽). 둘 다 편집 과정에서 발생한 오류로 판단됩니다.

죽음이 주제인 진혼곡(requiem)이 가장 종교적이고 철학적인 음악 장르라고 생각합니다. 진혼곡 풍인 말러의 교향곡 2번의 5악장은 제게 절실한 깨달음으로 와 닿습니다.

4.

다시 「종교적 믿음에 대한 강의」를 읽겠습니다. 비트겐슈타인은 다음과 같이 계속합니다.

> 그것은 나와 그가 가까운 어딘가에 있다는 문제가 아니라 전혀 다른 지평에 있다는 문제이다. 여러분은 이를 이렇게 표현할 것이다. "비트겐슈타인, 당신은 전혀 다른 것을 의미하고 있어요."
> [여러분과 나 사이의] 차이는 어떠한 의미의 설명에서도 전혀 나타나지 않을 수 있다. (LC, 53쪽)

퍼트남은 이 구절에서 비트겐슈타인이 "낱말의 의미는 언어에서 그 낱말의 사용"(PI, §43)이라는 자신의 입장을 위반하고 있는 것으로 해석하고 있습니다(Putnam 1992, 151쪽). 그러나 퍼트남의 해석과는 달리 이 구절의 취지는 의미의 문자적 설명에서 나타나지 않는 차이도 두 사람이 언어를 어떻게 사용하는지를 관찰하면 알 수 있다는 것입니다. 즉 비트겐슈타인은 의미가 사용이라는 자신의 입장을 일관되게 견지하고 있습니다.

앞서 기독교인과 비트겐슈타인은 이런 대화를 나누었습니다.

기독교인: "나는 최후의 심판을 믿습니다."
비트겐슈타인: "나는 확실하지 않은데요. 아마 그럴지도 모르죠."

이 둘 사이에 커다란 심연이 존재한다고 했고, 여기서는 둘이 전혀 다른 지평에 있다고 말하고 있습니다. 그 까닭은 '최후의 심판'이 일상적인 의미가 아닌 다른 의미로 사용되어서라거나, 비트겐슈타인이 그 표현의 의미를 이해하지 못해서가 아닐 수 있습니다.
비트겐슈타인은 다음과 같이 계속합니다.

이 경우에 내가 모든 요점을 놓치고 있어 보이는 까닭은 무엇인가? 어떤 사람이 최후의 심판에 대한 믿음을 이 삶의 길잡이로 삼았다고 가정해 보자. 그가 무엇을 하건 이것이 그의 마음에 떠오른다. 우리는 그가 이런 일이 일어나리라고 믿는다고 말해야 할지의 여부를 어떻게 알 수 있는가?
그에게 묻는 것으로는 충분하지 않다. 그는 자기가 증거를 갖고 있다고 말할지도 모른다. 그러나 그는 확고부동한 믿음이랄 만한 것을 가지고 있는 것이다. 그것은 추론이나 믿음에 대한 일상적 근거에 대한 호소에 의해서가 아니라, 그의 삶의 모든 것에 대한 규제의 역할을 하는 것으로 드러날 것이다. (LC, 53~54쪽)

문제는 두 사람이 사는 방식의 차이에서 옵니다. 이 차이가 최후의 심판이라는 용어에 대한 두 사람의 상이한 사용에 서려 있습니다. 비트겐슈타인과 달리 기독교인의 삶은 최후의 심판에 대한 믿음에 의해 규제됩니다. 그 믿음은 확고부동하여 어떠한 통상적 추론이나 증거에 의한 정당화도 필요가 없습니다. 자신의 믿음을 증명이나 증거를 가지고 정당화하려는 태도는 종교인의 자세가 아닙니다. 저러한 태도를 갖는 사람은 자신의 종교적 믿음도 정당화되지 않는 경우에는 헌신짝처럼 버릴 수 있을 테니까요.

기독교인에게 최후의 심판은 어느 특정한 날에 행해지는 것이 아니라, 자신의 삶 중심에 놓여 있습니다. 비트겐슈타인의 다음 구절은 이에 대한 하나의 해명으로 유익합니다.

> 종교적 믿음은 내게 하나의 준거 체계에 대한 열정적 자기 결정과 같은 어떤 것으로 여겨질 수 있을 뿐이다. 그러므로 그것은 **믿음**이기는 해도 하나의 삶의 방식, 또는 삶을 판단하는 방식이다. 그것은 이 해석에 열정적으로 매달리는 것이다. 따라서 종교적 믿음에 대한 가르침은 저 준거 체계에 대한 묘사, 기술(記述)임과 동시에 양심에 대한 호소여야 할 것이다. 그리고 이 둘로 말미암아 저 가르침을 받은 사람 스스로가 저 준거 체계에 열정적으로 매달리게 되어야 할 것이다. (MS 136, 1947년 12월 21일)

종교적 믿음은 세계를 바라보는 준거 틀이자 삶의 방식, 삶의 평가 방식입니다. 그렇다고 저러한 틀과 방식을 수용하는 종교인과 그렇지 않은 비종교인 사이에 의사소통이 전혀 불가능한 것은 아닙니다. 둘 다 사람이고, 같은 언어를 사용하고, 지구라는 같은 환경에 놓여 있기 때문입니다. 이러한 근본적 공통성도 중요합니다.

정리하자면, 기독교인과 비기독교인 사이의 커다란 심연은 언어적 의사소통의 불가능성에서 비롯되는 것이 아니라, 삶의 방식, 세계관의 차이에서 비롯되는 것입니다. 비기독교인은 최후의 심판이라는 말은 이해하면서도 받아들이지 않는 것입니다. 기독교인의 세계관은 최후의 심판, 부활, 성체에 대한 믿음 등등으로 이루어져 있는 데 반해, 비기독교인은 저 표현들을 이해는 하지만 그것들을 낱낱으로나 하나의 세계관으로서 받아들이지는 않습니다. 그러나 종교는 이해나 수용의 차원에 방점이 있는 것은 아닙니다. 이해하거나 수용하고도 행하지 않는다면 그는 진정한 의미의 종교인이 아닙니다. 종교인은 자신의 종교적 믿음대로 살아야 합니다. 그것이 그를 종교인이게끔 합니다.

5.

다시 「종교적 믿음에 대한 강의」를 읽겠습니다. 비트겐슈타인은 다음과 같이 계속합니다.

> 쾌락을 삼가고 언제나 이[최후의 심판의] 그림에 호소하는 것이 훨씬 더 강력한 사실이다. 어떤 의미에서는 모든 믿음 중에 이것을 가장 확고하다고 일컬어야 하는데, 그 까닭은 그 사람[최후의 심판

을 믿는 사람]은 보다 잘 확립된 믿음에 의거해서는 하지 않을 모험을 바로 이 믿음 때문에 감행하기 때문이다. 비록 그가 잘 확립된 믿음과 그렇지 않은 믿음을 분간하기는 해도 말이다. (LC, 54쪽)

종교인의 믿음은 통상적 증거나 증명보다 더 투철한 것입니다. 예컨대 기독교인은 자신의 삶을 최후의 심판이라는 그림에 비추어 저울질하고 그에 맞춰 행동합니다. 그는 자신의 종교적 믿음 때문에 박해를 감수하고 기꺼이 순교자가 되기도 합니다. 갈릴레오조차 자신의 지동설에 대한 믿음을 목숨과 맞바꾸려 하지는 않았는데 말입니다.

다시 「종교적 믿음에 대한 강의」를 읽겠습니다. 루이(Casimire Lewy)5와 비트겐슈타인이 문답을 주고받습니다.

루이: 분명 그[최후의 심판을 믿는 사람]는 그것[최후의 심판에 대한 믿음]이 아주 잘 확립되어 있다고 말할 것입니다.

우선 그는 "잘 확립된"이라는 표현을 사용하거나 전혀 사용하지 않을 것이다. 그는 이 믿음을 잘 확립되어 있는 것으로 간주하기도 하고, 다른 면에서는 전혀 그렇지 않은 것으로 간주하기도 할 것이다.

---

5 케임브리지대 철학과 교수.

우리가 어떤 믿음을 가지고 있다면 어떤 경우에 우리는 어떤 근거에 거듭 호소한다. 동시에 우리는 이 믿음으로 목숨을 걸어야 한다면 그런 모험까지 감수하지는 않는다.
여러분이 신앙을 가지고 있어 "나는 믿습니다"라고 말하는 경우가 있다. 다른 한편으로 이 믿음은 우리의 일상적 믿음이 통상적으로 의거하는 사실에 의거하지 않는다. (LC, 54쪽)

루이는 종교인은 자신의 믿음이 아주 잘 확립되어 있다고, 즉 잘 정당화될 수 있기 때문에 믿는 것이라고 주장합니다. 이에 대해 비트겐슈타인은 그렇기도 하고 그렇지 않기도 하다고 답합니다. 그는 일반적인 믿음의 경우와 종교적 믿음의 경우를 비교합니다. 일반적인 믿음의 경우 우리는 통상적 근거에 비추어 믿습니다. 그러나 거기에 목숨을 걸지는 않습니다. 지동설의 믿음에 대한 갈릴레오의 경우가 이에 해당합니다. 대부분의 사람은 그런 믿음에 별 영향을 받지 않습니다. 반면 종교적 믿음은 일상적인 믿음이 통상적으로 의거하는 사실에 의거해 있지 않습니다. 그렇지만 종교인은 순교자의 경우에서 보듯이 그 믿음에 목숨을 걸기도 합니다. 종교적 믿음에는 이처럼 일반적인 믿음 이상의 것이 있습니다. 잘 확립되어 있다는 말의 의미도 두 종류의 믿음에 따라 다릅니다. 일반적인 믿음의 경우에는 사실에 의거해 정당화될 수 있다는 의미에서 잘 확립되어 있고, 종교적 믿음의 경우에는 그것을 위해 자신이 소중히 여기는 것(심지어 목숨)을 버릴 수 있다는 의미에서 잘 확립되어 있습니다. 역으로 우리는 일반적인 믿음을 위해 자신이 소중히 여기는 것을 버리지는 않고,

종교적 믿음이 사실에 의해 정당화될 수 있는 것도 아닙니다.

비트겐슈타인은 다음과 같이 계속합니다.

> 우리는 믿음을 어떻게 서로 비교해야 하는가? 그들을 비교한다는 게 무슨 뜻인가?
> 여러분은 이렇게 말할지 모르겠다: "그건 마음의 상태를 비교하는 것이다."
> 마음의 상태를 어떻게 비교하는가? 분명 이게 일의적으로 될 수 있는 것은 아니다. 첫째, [믿음에 대한] 말은 믿음의 확고함에 대한 척도로 간주되지는 않을 것이다. 그러나 예컨대 여러분은 어떤 위험을 감수하겠는가?
> 믿음의 강도는 고통의 강도와 비교할 수 없다.
> 믿음을 비교하는 전혀 다른 방식의 하나로, 그가 어떠한 종류의 근거를 대는지를 보는 게 있다.
> 믿음은 마음의 순간적 상태와 같은 게 아니다. "5시에 그에게 심한 치통이 왔다." (LC, 54쪽)

믿음을 비교할 수 있으려면 먼저 믿음이 무엇인지를 살펴야 합니다. 비트겐슈타인은 "믿음은 마음의 상태이다"라는 가설을 논합니다. 마음의 상태로 우리는 기쁨, 고통, 증오, 사랑 등의 감정이나 감각을 들 수 있습니다. 믿음이 마음의 상태라면 믿음의 강도도 마음 상태의 강도라고 볼 수 있겠습니다. 그런데 예컨대 믿음의 강도가 치통의 강도에 비견될 수 있을까요? 치통의 강도처럼 믿음의 강도가 시시각각으로 변한다고 할 수 있을까요? 이는 불합리해 보입니다.

비트겐슈타인은 이로써 믿음이 마음의 순간적 상태와 같은 게 아님을 환기시킵니다. 둘을 같은 것으로 보는 앞서의 가설은 틀렸습니다. 어떤 가설이 불합리한 귀결을 초래함을 보임으로써 해당 가설이 틀렸음을 보이는 방법을 귀류법이라고 합니다. 그는 믿음이 마음의 상태라는 가설을 논파하는데 이 방법을 사용한 것입니다.

질문 치통을 앓는 사람에게 기쁜 일이 생겼을 때 그의 이빨이나 잇몸은 아프지만, 그의 마음은 기쁩니다. 박해를 받아 죽어 가는 종교인들은 몸은 고통스럽지만, 마음은 행복하지 않을까요? 이런 면에서 볼 때 치통은 어느 부분의 감각이지만, 종교적인 믿음은 마음의 상태가 아닐까요?

답변 마음의 상태는 가변적입니다. 한 여자를 사랑했던 남자가 그 여자가 배신한 줄 알고 증오의 감정을 품게 되었다가, 그것이 오해였음을 깨닫고 다시 관계를 회복하는 경우를 상상할 수 있습니다. 그러나 종교적인 믿음은 삶 전체를 좌지우지하는 인생관, 세계관인 까닭에 이렇게 순간순간 변하는 것이 아닙니다.

질문 "믿음은 마음의 상태이다"라는 가설을 논하기에 앞서 먼저 마음의 개념을 정의하고 증명해야 옳지 않을까요?

답변 유클리드의 기하학을 구성하는 용어들이 완벽하게 정의되어 있음을 보고 모든 언어가 다 저렇게 정의되어야 한다고 생각하는 경향이 있습니다. 그러나 우리는 일상 언어의 용어들을 완벽히 정의해 사용하지는 않습니다. 어떻게 사용되는지를 보면 뜻을 알 수 있습니다. 비트겐슈타인의 「종교적 믿음에 대한 강의」에서 마음은 감정이나 생각의 과정이나 상태를 뜻하는 용어로 사용되고 있다고 보면 될 것 같습니다.

질문 마음은 지속적일 수도 있다고 봅니다. 종교적 믿음은 그러한 지속적 마음의 상태가 아닐까요?
답변 잠을 잘 때, 운전을 할 때, 시험을 볼 때에도 종교적 믿음으로서의 마음 상태가 지속된다고 할 수 있을까요? 비트겐슈타인은 종교적 믿음이 자신의 행위를 규제하는 태도나 원칙으로 작용하며 믿는 사람의 행위를 통해서 드러난다고 봅니다. 마음의 상태도 그러한 믿음의 영향으로 생겨나고 유지되는 것입니다.

질문 종교는 마음의 문제가 아니라 의지의 문제로 보이는데요?
답변 종교에서 중요한 의지는 선(善)의지입니다. 종교인은 모든 사실과 사건을 선의지로 이해하고 선의지를 행동으로 실천합니다. 인과응보나 최후의 심판에 대한 믿음도 선의지의 실천에 결부되어 있습니다.

질문 종교적 믿음이 종교인의 삶을 규제한다고 할 때, 그의 삶의 구석구석을 다 규제한다고 할 수 있을까요?

답변 평소에 우리가 세계의 존재를 의식하지는 않더라도 당연히 전제하고 살아가는 것처럼, 기독교인은 예컨대 최후의 심판을 늘 의식하지는 않더라도 당연한 전제로 받아들이고 살아갑니다.

질문 윤리는 경험의 세계, 즉 마음의 상태로, 종교는 경험의 바깥 세계, 즉 마음 밖의 상태라고 보아야 옳지 않을까요?
답변 젊은 날의 비트겐슈타인은 윤리와 종교를 포함한 일체의 가치는 세계의 밖에 있다고 보았습니다. 윤리와 종교는 그에게 삶을 규제하는 가치의 영역입니다. 그것이 마음에 양심으로 발현된다는 것입니다.

질문 십계명의 경우에서 보더라도 윤리와 종교는 겹치는 부분이 있지 않을까요?
답변 윤리와 종교는 세계의 구성 요소가 아니라 인생과 세계를 바라보는 인생관, 세계관의 구성 요소라고 할 수 있습니다. 그 관점들이 세계의 사실들을 바꾸는 것은 아니지만, 세계의 한계에 변화를 초래하고 그로 말미암아 세계는 전혀 다른 세계가 됩니다(TLP, 6.43).

6.

다시 「종교적 믿음에 대한 강의」를 읽겠습니다. 비트겐슈타인은 다음과 같이 계속합니다.

갑과 을 두 사람이 있는데 어떤 일을 결정함에 있어 갑은 징벌을 생각했고 을은 그렇지 않았다고 가정해 보자. 예컨대 갑은 자신에게 일어나는 모든 일을 상이나 벌로 생각하는 경향이 있고, 을은 전혀 그런 생각을 하지 않는다.

갑은 병을 얻으면 "내가 무슨 잘못을 했기에 이 고통을 받는 걸까?"라고 생각한다. 이는 징벌을 생각하는 하나의 방식이다. 그가 자신에게 수치를 느낄 때마다 "이러면 벌받아"라고 생각하는 것도 또 다른 하나의 방식이다.

갑은 자신의 행동과 자신에게 일어나는 일을 징벌의 관점에서 말하고, 을은 그렇지 않다. 이 둘은 전혀 다르게 생각한다. 그렇지만 여러분은 아직 그들이 다른 것을 믿는다고까지는 말할 수 없다.

갑은 병을 얻자 "벌받는 거야"라고 말하고, 나는 "나는 병에 걸린다 해도 벌 따위는 생각 안 해"라고 말한다고 가정해 보자. 여러분이 "그럼 당신은 그 반대를 믿는가?"라고 묻는다면, 여러분은 이를 일컬어 그 반대를 믿는 것이라고 할 수 있다. 그러나 이는 우리가 통상 그 반대를 믿는 것이라 일컫는 것과는 전혀 다르다.

나는 다른 방식으로 생각하고, 다른 것을 내게 말하며, 다른 그림을 갖는 것이다.

이런 식으로 말이다. 누가 내게 "비트겐슈타인, 당신은 병을 벌로 여기지 않는군. 그렇다면 당신은 무얼 믿지?"라고 말한다면 나는 이렇게 말하겠다. "나는 벌에 대해서는 아예 생각을 않소." (LC, 54~55쪽)

갑은 행동에 대한 결과를 신의 처벌이라고 여기고, 을은 신의 처벌과는 상관없는 것이라고 말할 때, 상벌에 대한 둘의 생각에는 차이가 있습니다. 을과 달리 갑이 말하는 상벌은 신앙을 삶의 지팡이로 내면화한 사람이 스스로에 대해 내리는 평가입니다.

앞서 기독교인과 비트겐슈타인은 이런 대화를 나누었습니다.

기독교인: "나는 최후의 심판을 믿습니다."
비트겐슈타인: "나는 확실하지 않은데요. 아마 그럴지도 모르죠."

이 둘 사이에 커다란 심연이 존재한다고 했습니다. 그 심연은 갑과 을 사이에도 존재합니다. 기독교인과 비트겐슈타인이 바로 갑과 을이기 때문입니다. 그런데 이 커다란 심연이 의미하는 것은 무엇일까요?

첫째, 을은 최후의 심판의 날을 지구가 멸망하는 날 정도로 생각합니다. 즉 그에게 최후의 심판은 종교적 사건이 아닙니다. 을은 갑이 말하는 최후의 심판에 대해서 이해할 수는 있겠지만 그 예측의 타당성은 검사해 보아야 한다고 주장하면서, 만약 증거가 있다면 믿고 그렇지 않다면 믿지 않겠다는 태도를 취합니다. 그래서 그는 "나는 확실하지 않은데요. 아마 그럴지도 모르죠"라고 말하는 것입니다.

둘째, 그렇다면 갑은 증거가 충분해서 최후의 심판을 믿는 것일까요? 최후의 심판에 대한 과학적인 근거는 0에 가깝습니다. 인류 멸망의 시나리오는 늘 있어 왔지만 사람들은 거기에 별 관심을 두지 않습니다. 그러나 최후의 심판일에 대한 갑의 믿음은 자신의 목숨과도 바꿀 수 있을 만큼 확고부동합니다. 이는 다음 예에 비견됩니다.

내게 가장 소중한 사람이 있어 내가 "나는 그 사람을 믿는다"라고 말할 때, 나는 그 사람의 말과 행위의 진실성을 모두 믿는 것입니다. 만약 누군가가 그 사람의 행적을 조사하여 그가 항상 진실했는지를 밝히려고 한다면, 나는 그것을 부질없는 불순한 행위라고 여길 것입니다. 이 경우의 믿음은 경험적, 과학적 근거에 놓여 있지 않은 심리적인 믿음이며 절대적으로 신뢰하는 사람에 대한 믿음입니다.

우리가 갑에게 왜 최후의 심판을 믿느냐고 질문한다면, 그는 그것이 신의 말씀이기 때문이라고 답할 것입니다. 왜 신의 말씀을 믿느냐는 질문은 그에게는 의미 없는 불경한 투정일 뿐입니다. 신의 말씀에 대한 갑의 믿음은 부모의 말씀에 대한 어린아이의 믿음과도 같은 것입니다. 따져보고 믿는 게 아니라 부모니까 믿고 따르는 것입니다 (MS 128, 51쪽, 1944년경).

자신의 행동과 자신에게 일어나는 일에 대한 갑과 을의 인식 차이는 최후의 심판에 대해 둘 사이에 존재했던 심연보다 훨씬 더 깊습니다. 최후의 심판에 대해서 그 이해 가능성 자체를 완전히 배제하지는 않았던 을도 "내가 얻은 병은 내가 한 일에 대한 신의 징벌이다"라는 갑의 믿음에 대해서는 터무니없다고 거부합니다. 질병이 신의 벌이냐 아니냐는 경험적으로 검증되거나 반증될 수 없습니다. 모든 것을 신의 섭리로 이해하는 종교관은 그것의 반대 사례를 허용하지 않기 때문입니다.

"모든 포유류는 육지에서 산다"라는 명제는 바다에 사는 포유류인 고래라는 반례에 의해 반증됩니다. 그러나 "내가 얻은 병은 내가 한 일에 대한 신의 징벌이다"라는 갑의 믿음에 대해서는 반례를 찾아낼 수 없습니다. 을에게는 세상의 모든 사건과 사실이 갑의 믿음에 대한 반례가 되겠으나, 정작 갑은 세상의 모든 사건과 사실이 자신의 믿음을 예증하고 있다고 여깁니다.

 갑과 을은 서로 다른 색안경을 끼고 세상을 바라보는 두 사람에 비견됩니다. 갑과 을 둘 다 자신들의 믿음을 검토하는 과정에 각기 다른 세계관을 전제하고 있는 것입니다. 세계관이 다르다 보니 검증의 양식도 달라, 두 세계관에 대한 교차 검증은 불가능합니다. 이로부터 우리는 다음과 같은 귀결을 이끌어 낼 수 있겠습니다.

종교인에게는

1. 믿음의 확실성은 일반적 확실성과 그 본질에서 다르다.
2. 믿음은 경험적으로 검증되거나 반증될 성질의 것이 아니다.
3. 믿음은 경험적으로 회의될 수 없다.
4. 믿음이 자신의 모든 것을 걸 수 있는 윤리적 지표이다.

질문 일반인의 세계관의 다른 원초적 믿음들, 예를 들면 "세계가 존재한다"라든지 "내가 존재한다"와 같은 믿음 또한 확실하고, 검증이나 반증할 수 없으며, 회의가 불가능한데, 이러한 믿음과 종교적 믿음은 동일한 것인가요?

답변 아닙니다. 종교적 믿음은 윤리적 지팡이로서 종교인에게는 그 어떤 것과도 맞바꿀 수도 없는 최고의 가치를 지닌 것입니다. 종교적 믿음의 확실성과 일반적 믿음의 확실성의 차이를 살펴본다면, 종교적 믿음은 나의 행위나 반성에 평가적으로 개입하는 반면 일반적 믿음은 그런 역할을 하지 않습니다. 일반적 믿음이 누구에게나 공유되는 것인 데 비해 종교적 믿음은 그렇지 않습니다. 예나 지금이나 종교인과 비종교인은 나란히 존재합니다. 이로부터 우리는 다음과 같은 귀결을 추가할 수 있겠습니다.

 종교적
 5. 믿음은 행위나 반성에 평가적으로 개입한다.
 6. 믿음은 모든 사람에게 다 공유되는 것은 아니다.

질문 인과응보를 믿는 선한 사람은 병에 걸리고 신을 믿지 않는 악한 사람은 잘살고 있다면, 이는 어떻게 설명해야 하나요?
답변 종교인의 답변은 이렇습니다. 신의 섭리는 우리가 다 알 수 없는 것입니다. 이 또한 신의 뜻이니 받아들일 수밖에 없습니다. 신의 섭리를 우리가 다 알아야 한다는 것은 인간중심주의적 생각입니다.

질문 신을 믿지 않는 일반인이 신이 존재하지 않음을 증명해야 하는 것이 아니라, 종교인이 신의 존재를 먼저 증명해야 순서가 맞는 게 아니겠습니까?
답변 신의 존재를 증명하고자 하는 노력은 꾸준히 있어 왔습니다. 칸트에 이르러서는 이전의 철학자들과 구별되는 결론을 볼 수 있습니다. 그는 그때까지 이루어진 신의 존재 증명에서의 결함을 지적하였습니다. 신은 증명이 아니라 믿음과 결단의 문제라고 생각합니다.

종교적 믿음은 증명의 방식으로 강요되거나 공유될 수 없습니다. 종교는 낯선 사람이나 친구처럼 다가와 우리에게 말 건넵니다. 우리는 이를 거절할 수도 있고 받아들일 수도 있습니다. 거절한다면 그 전과 이후는 다름이 없습니다. 그러나 받아들인다면 그로써 모든 것이 변하게 됩니다. 전혀 다른 세상을 살게 되는 것입니다.

7.

질문 신의 존재를 증명할 수는 없다고 생각합니다. 신은 내적인 부분과 외적인 부분이 있는데, 인간이 느낄 수 있는 부분은 외적인 부분뿐입니다. 내적인 부분인 신의 계획은 알 수 없습니다. 신의 고유 영역은 헤아릴 수 없다고 생각합니다. 신의 존재에 대한 증명의 과정에서 저 고유성은 사라지고 맙니다. 신 존재의 증명은 신의 권위에 도전하는 것이며 이는 신의 본질을 침범하여 절대자를 인정하지 않으려는 것이라는 점에서 신의 붕괴를 초래합니다.

종교인은 종교 경전에 의거해, 일반인은 과학 이론에 의거해 세상을 이해합니다. 그러나 종교 경전이나 과학 이론은 서로 범주가 달라 증명의 도구로서의 호환성이 없습니다. 그러므로 어느 하나로 다른 하나를 증명할 수 없습니다.

답변 신을 믿지 않는 일반인이 신이 존재하지 않음을 증명해야 하는 것이 아니라, 종교인이 신의 존재를 먼저 증명해야 한다는 주장에 반해, 신의 존재 증명 자체가 신의 내적인 영역을 침범하여 신앙을 약화시키므로 종교인이 먼저 신의 존재를 증명해야 하는 것은 아니라는 주장입니다. 이것이 비트겐슈타인의 입장에 더 가깝습니다.

신의 존재를 증명하려 했던 두 가지 시도를 들어 보겠습니다. 첫째, 다음과 같은 존재론적 증명이 있습니다.

1. 신은 무엇이든지 할 수 있다.
2. 가장 위대한 것은 실제로 존재해야 한다.
3. 따라서 신은 존재한다.

이것이 타당한 증명인가 봅시다. 신이 가장 위대하다는 말은 무슨 뜻입니까? 전지전능으로 묘사되는 신의 완전성이라고 해석해 보겠습니다. 저 증명은 어떤 것이 가장 위대하다 함은 그것이 존재함을 내포한다고 전제하고 있습니다. 칸트는 바로 이 전제를 의심합니다. 이와는 별도로 저는 신에게 귀속되곤 하는 전지전능에 대해 비판적입니다. 신에게 무소불위의 능력을 부여할 수 있는가 하는 것입니다. 다음의 논증을 보겠습니다.

1. 신은 무엇이든지 할 수 있다.
2. 신은 자신이 들 수 없는 무거운 바위도 창조할 수 있다.
3. 신은 무엇이든 들 수 있다.
4. 신은 저 바위도 들 수 있다.
5. 그러나 저 바위는 정의에 의해 신도 들 수 없다.
∴ 4와 5는 모순.

질문 두 번째 명제 안에 모순이 있지 않나요? 무엇이든 할 수 있다고 했는데 들 수 없다고 하니까요.

답변 그렇습니다. 전능으로서의 완전성이 모순을 초래할 수 있다는 것이 제 비판의 요지입니다. 전능한 신은 둥근 사각형도 창조할 수 있어야 하고, 눈금 없는 자와 컴퍼스만을 유한 번 사용하여, 주어진 임의의 각을 3등분할 수 있어야 합니다. 그러나 그것이 불가능한 일임을 우리는 알고 있습니다.

질문 저는 전지전능한 신의 개념에 문제가 있다고 보지는 않습니다. 다만 그것을 인간의 논리로 잡으려 할 때 문제가 생길 뿐이라고 생각합니다.

답변 신의 존재를 증명하려 했던 학자들은 자신의 종교적 믿음을 논리적으로 증명해 보이려고 했습니다. 인간은 이성적인 동물인데 신이 인간의 영역 밖에 있는 존재라고 해서 그냥 있어서는 안 된다고 생각했던 것입니다.

질문 신의 전능함에 대한 교수님의 비판은 무엇을 의미하나요? 신을 부정하기 위한 것인가요?

답변 신의 전능함이 모순을 초래할 수 있을 때, 우리는 신도 모순을 범해서는 안 된다고 신의 전능함에 제한을 가할 수 있겠습니다. 모순을 범해서는 안 된다는 논리학의 모순율이 신보다 우위에 서게 되는 것으로 해석할 수도 있겠지만, 저는 그보다는 무반성적으로 이해해 온 신의 전능함에 대해 보다 분명한 이해를 갖게 되는 것으로 해석합니다.

"가장 위대한 것은 실제로 존재해야 한다. 그것은 자신의 존재를 이미 내포하고 있다." 존재론적 증명으로 돌아가 그 핵심이 되는 이 주장을 다시 살펴봅시다. 우리가 가장 위대한 존재자에 관한 소설을 읽는다고 가정합시다. 그 소설의 주인공이 가장 위대하다 해서 그가 곧 실재한다는 결론은 따라 나오지 않습니다.

그러나 존재론적 증명이 틀렸다고 신을 부정하는 것은 섣부른 단정입니다. 다른 증명을 보겠습니다.

삼라만상을 보라. 이것들이 얼마나 완벽한 질서하에 움직이고 있나? 이 질서의 세계가 신적인 관여 없이 가능하겠는가? 그러므로 신은 존재한다.

직관과 정서에 호소하는 이 증명은 자연신학(natural theology)적 증명이라 불립니다. 이는 자연의 힘과 그 힘을 가능하게 하는 질서에 대한 놀라움에 기초하고 있습니다. 자연에서 관철되는 섭리를 신에게 귀속시키고 있습니다. 이는 섭리가 자연을 결정한다는 결정론과 결부됩니다. 고전물리학을 완성시킨 뉴턴이나 상대성 이론으로 현대물리학의 새 지평을 연 아인슈타인이 대표적 결정론자였습니다.

그런데 양자역학으로부터 결정론적 자연관에 대한 중요한 반론이 제기되었습니다. 입자의 위치와 운동량에 대한 완전한 정보는 동시에 얻어질 수 없다는 하이젠베르크(Werner Heisenberg)의 불확정성 원리, 파동함수의 붕괴에 통계적 우연성이 개입된다는 보른의 규칙, 그리고 이를 토대로 양자역학을 미결정론으로 정립한 코펜하겐 해석이 그 대표적인 예입니다. 이에 대한 아인슈타인의 반론이 벨(John Bell)의 정리와 이를 구현한 아스페(Alain Aspect)의 실험에 의해 부정되면서 양자역학의 입지는 더욱 확고해진 셈입니다. 우연성을 인정하는 양자역학이 불완전한 게 아니라, 우연성을 부정하는 고전역학과 아인슈타인이 틀린 것입니다. 그로 말미암아 결정론에 의지하던 자연신학적 증명도 퇴색된 감이 있습니다.

8.

질문 병에 걸린 선한 종교인에게 "그래도 신을 믿습니까?"라고 질문했을 때 그는 "이 또한 신의 뜻입니다"라고 답합니다. 이러한 종교적 세계관은 분명 과학적 세계관과는 다릅니다. 최후의 심판이 있을 수도 있고 없을 수도 있다고 생각하는 사람과는 달리, 과학적 세계관을 신봉하는 사람에게는 세계를 종교의 관점에서 바라본다는 것이 설득력이 전혀 없는 일 아닐까요?

답변 과학적 세계관은 과학적 근거가 있는 것만을 받아들이겠다는 입장으로 요약됩니다. 그런데 그에 반대되는 입장은 다음의 셋으로 나뉩니다. 첫째는 과학의 정반대를 믿는 입장입니다. 둘째는 과학에 회의적인 입장입니다. 셋째는 과학과 무관한 입장입니다. 저는 종교적 세계관은 세 번째에 해당한다고 봅니다. 종교와 과학은 같은 지평에서 경합한다기보다는, 다른 지평에서 공존이 가능한 것으로 자리매김 되는 게 맞습니다. 서로에 대해 대립각을 세우거나 회의적일 필요가 없는 것입니다.

과학과 종교의 차이는 근거나 원인에 대한 물음에서도 찾아볼 수 있습니다. 근거나 원인에 대한 물음은 그 속성상 꼬리에 꼬리를 물게 되어 있습니다. A의 근거나 원인이 B라고 할 때 우리는 다시 B의 근거나 원인을 묻게 되고, B의 근거나 원인이 C라고 할 때 우리는 다시 C의 근거나 원인을 묻게 되고… 이런 식으로 말입니다. 이것이 불합리하기 때문에 최종 근거나 원인으로서 신이 존재하지 않을 수 없다는 추론이 있습니다. 이는 우주론적 증명이라고 불립니다.

아버지 제임스 밀(James Mill)이 어린 아들 존 스튜어트 밀(John Stuart Mill)에게 신이 만물을 창조했다는 이야기를 들려주었다고 합니다. 그러자 총명했던 아들 밀은 "아빠, 그럼 신은 누가 창조했나요?"라고 물었다고 하지요. 저 일화가 시사하듯이 과학의 입장에서 볼 때 우주론적 증명은 근거나 원인에 대한 매우 자의적인 문제 해결 방식입니다. 신의 존재가 증명되었다기보다는 요청되고 있기 때문입니다. 논리적으로는 과학의 비판이 맞다고 봅니다. 근거나 원인에 대한 물음이 꼬리에 꼬리를 물고 제기되는 게 불합리하다기보다는, 이를 허용하는 게 더 자연스러워 보입니다.

그러나 삶의 현실에서 근거나 원인에 대한 물음과 답변은 어딘가에서 끝납니다. 한 사람의 사망 원인은 질병, 사고, 살인, 자살, 자연사 등으로 갈무리되고, 인재의 발탁 근거는 지원자의 서류와 면접 심사 성적, 능력이나 학벌, 정실 인사 등으로 갈무리됩니다. 예외적인 경우를 제하고는 그에 대한 더 이상의 물음은 제기되지 않습니다. 매사에 근거와 원인을 무한히 캐묻는 식으로는 살 수 없습니다. 그런 태도는 본인과 주변 모두를 불편하게 할 뿐입니다.

다음에서 보듯이 비트겐슈타인은 신의 존재 증명 전반에 대해 부정적이었습니다. 논점을 잘못 맞추었다는 것입니다.

신의 존재 증명은 원래는 우리가 신의 존재를 확신할 수 있는 수단과 같은 어떤 것이어야 했다. 그러나 내 생각으로는 그러한 증명을 한 **신자**들은 그들의 '믿음'을 지성으로 분석해 근거를 대려 했다. 비록 그들 자신은 결코 그러한 증명의 결과로 믿게 된 것은 아니었는데도 말이다. '신의 존재를 확신시키는 일'은 모종의 교육을 통해, 삶을 이러이러한 방식으로 형성하도록 해줌으로써 가능할 것이다. (MS 174, 1~2쪽, 1950년)

괴델, 플란팅가(Alvin Plantinga), 쿤스(Robert Koons) 등 현대의 논리학자나 철학자들이 내놓은 신의 존재 증명을 따라가노라면 비트겐슈타인의 저 말이 떠오릅니다. 그들은 신의 존재를 골드바흐의 추측(Goldbach's conjecture)이나 페르마의 마지막 정리(Fermat's last theorem)와 같은 수학적 난제와 유사한 것으로 상정하고 그 해법에 매진합니다. 그들의 증명으로 말미암아 과연 신에 대한 믿음이 강화되는지는 미지수입니다.

과학은 검증과 반증에 늘 열려 있는 객관적 학문입니다. 완벽한 확실성은 과학에서는 요원한 염원일 뿐입니다. 반면에 종교에서는

3인칭의 객관성보다 신과 나와의 2인칭적 관계가 초점입니다. 사랑이나 우정이 그러하듯이 그것은 검증이나 반증의 영역이 아닙니다. 그렇기 때문에 역설적으로 종교적 믿음은 확실성을 확보합니다. 그 믿음이 종교인의 삶에 확고부동한 최종 근거가 되어 줍니다.

일기에서 비트겐슈타인은 다음과 같이 말합니다.

> 훌륭한 종교 사상가는 외줄 타는 사람과 같다. 그는 마치 공기 위를 걷는 것처럼 보인다. 그를 지지해 주는 것이라고는 외줄 말고는 우리가 상상할 수 있는 그 어느 것도 없다. 그럼에도 불구하고 외줄을 타는 건 실제로 가능한 일이다. (MS 137, 1948년 7월 5일)

종교적 믿음을 외줄에 비유하고 있습니다. 일반인의 눈으로는 불가능해 보이지만 종교 사상가는 실낱같아 보이는 그 외줄 위로 걸어갑니다. 외줄이 그가 의지하고 있는 유일한 근거인 것입니다.

비트겐슈타인은 다음과 같이 말합니다.

> 나는 "성령을 힘입지 않고서는 아무도 '예수는 주님이시다' 하고 말할 수 없습니다"(『고린도전서』, 12장)를 읽는다. 이 말은 참이다. 나는 예수를 결코 **주님**이라 부를 수 없다. 왜냐하면 그것은 내게 아무것도 말해 주지 않기 때문이다. […] 나는 '주님'이라는 말을 의미 있게 말할 수 없다. 그가 나를 심판할 것임을 **믿지 않기 때문에**, 내게 **그것**이 아무것도 말해 주지 않기 때문이다. 그 말은 내가 **전혀** 다

른 방식의 삶을 살 때에야 내게 뭔가를 말해 줄 수 있으리라. (MS 120, 1937년 12월 12일)

믿음이 빠진 지식으로서의 종교는 신의 존재 증명이 그러하듯이 내게 아무것도 말해 주지 않습니다. 그것이 비트겐슈타인이 『고린도전서』에서 인용한 구절의 의미입니다. 내가 종교의 가르침대로 삶을 살 때에야 종교적 믿음은 의미를 갖습니다. 그가 "**전혀** 다른 방식의 삶"으로 의미한 바는 종교의 가르침대로 사는 삶입니다. 그렇지 않고서는 예수는 '주님'으로 다가오지도, 그의 말씀이 뭔가를 말해 주지도 않습니다.

비트겐슈타인은 다음과 같이 계속합니다.

무엇 때문에 나 같은 사람까지 예수의 부활에 대한 믿음에 기우는가? 나는 이런 생각을 해 본다. 그가 부활하지 않았다면 **그는 죽어서 썩어 문드러졌다**. 그렇다면 […] 그는 더 이상 [우리를] **도와줄 수 없**다. 우리는 다시 고아가 되고 홀로 된다. 우리는 지혜와 사변에 만족해야 한다. 말하자면 우리는 꿈만 꿀 수 있을 뿐이며, 덮개에 씌어 천국과는 차단된 지옥에 있게 된다. 그러나 내가 **정말로** 구원받으려면—지혜, 사변, 꿈이 아니라—**확실성**을 필요로 한다—그리고 이 확실성이 믿음이다. 그리고 믿음이란 나의 사변적 이해력이 아니라 나의 **가슴**, 나의 **영혼**이 필요로 하는 것에 대한 믿음이다. 왜냐하면 나의 추상적인 정신이 아니라 나의 영혼이 그 고통과 함께,

즉 그 살과 피와 함께 구원받아야 하기 때문이다. (MS 120, 1937년 12월 12일)

비트겐슈타인은 여기서 그 어느 종교인보다 더 간절하게 종교적 믿음의 중요성을 역설하고 있습니다. 왜 믿는가? 구원받기 위해서입니다. 예수가 부활하지 않았다면 그는 영영 구원받지 못할 것으로 생각하고 있습니다. 그러므로 그는 자신이 예수의 부활을 믿지 않을 수 없다고 말합니다. 그런 믿음하에서만 삶이 달리 보이고 자신도 전혀 다른 삶을 살게 된다는 것입니다.

비트겐슈타인의 사유는 논리적 관점에서는 명백한 오류입니다. 자신이 구원받기 위해서는 예수가 부활해야 한다는 말은 결국 예수의 부활을 믿고 싶다는 갈망의 표현인데, 이로부터 예수가 부활했다는 결론은 따라 나올 수 없는 것입니다. 그러나 저는 여기서 비트겐슈타인이 (잘못된) 추론을 하고 있다기보다, 예수의 부활에 대한 믿음에 매달리고 있다고 봅니다. 그는 다음과 같이 계속합니다.

우리는 아마 이렇게 말할 수 있다. 오직 **사랑**만이 부활을 믿을 수 있다. 또는 부활을 믿는 것은 **사랑**이다. 우리는 이렇게 말할 수 있을 것이다. 구원하는 사랑은 부활도 믿고 그것에 매달리기까지 한다. 의심을 물리치는 것은 이를테면 **구원**이다. **이것**에 매달림은 이 믿음에 매달리는 것이어야 한다. 그 의미는 이렇다. 구원받으라. 그리고 당신의 구원에 매달려라(당신의 구원을 간직하라)—그렇다면 당신이 이 믿음에 매달려 있음을 보게 될 것이다. 그것은 따라서 당신이 더 이상 지상에 의지하지 않고 천국에 매달려 있을 때만 일어날 수 있다. 그때 **모든** 것은 달라지며, 또 당신이 지금 할 수 없는 일을 그때 할 수 있다 해도 '전혀 놀랄 게 아니다'. (매달려 있는 사람이 서 있는 사람처럼 보일 수 있다. 그러나 그 사람의 내면에 작용하는 힘은 실로 전혀 다른 것이며, 따라서 그는 서있는 사람과는 전혀 다르게 행위할 수 있다.) (MS 120, 1937년 12월 12일)

종교인은 종교적 믿음에 매달림으로써 지상을 넘어선 천국에 매달리게 됩니다. 일반인에게 그는 믿음이라는 실낱같은 외줄을 타는 것처럼 보이지만, 그래서 그 근거도 미약하고 위태로워 보이지만, 사실은 그가 매달려 있는 천국의 신에 의해 그 누구보다도 확고하게 보호받는 셈입니다. 종교인과 일반인은 겉으로는 같은 사람이지만 종교인의 내면은 신과 사랑의 믿음으로 끈끈히 연결되어 있는 까닭에 그는 일반인과는 전혀 다른 세상을 살며 일반인과는 전혀 다른 일을 할 수 있는 것입니다.

다시 비트겐슈타인의 「종교적 믿음에 대한 강의」를 읽겠습니다. 그는 다음과 같이 계속합니다.

예컨대 무엇보다도 이렇게 전혀 다른 생각의 방식이 존재하는 것이다. 그런데 이것이 갑은 이걸 말하고 을은 저걸 말하는 식으로 표현될 필요는 없다.
우리가 최후의 심판일을 믿는다거나 믿지 않는다고 부르는 것에서 믿음의 표현은 아주 사소한 역할 밖에 하지 못할 것이다.

여러분이 내게 최후의 심판일을 종교인의 믿음과 같은 의미에서 믿는지 묻는다면, 나는 "아니, 나는 그런 날이 있을 것으로 믿지 않는다"라고 말하지 않을 것이다. 저렇게 말하는 것이 내게는 완전히 미친 짓으로 보일 것이다.

그리고 나는 "나는 …를 믿지 않는다"라고 설명하지만, 종교인은 내가 기술하는 것을 결코 믿지 않는다.

나는 저런 말을 할 수 없다. 나는 그와 모순될 수 없는 것이다.

어떤 의미에서 나는 그가 하는 말 전부를—"신", "분리된" 등의 낱말을 이해한다. 나는 저 말들을 이해하고서 이렇게 말할 수 있을 것이다. "나는 이를 믿지 않는다." 이는 이러한 생각들이나 그와 관련된 것을 받아들이지 않는다는 의미에서 참일 것이다. 그러나 내가 그것과 모순될 수 있다는 의미에서는 아니다.

여러분은 이렇게 말할 수 있을 것이다. "글쎄, 당신이 그와 모순될 수 없다면 이는 당신이 그를 이해하지 못함을 의미한다. 당신이 그를 이해한다면 당신은 그럴[그와 모순될] 수도 있을 것이다." 나는 이 말도 무슨 소리인지 모르겠다. 내가 아는 통상적 어법에서 벗어나 있기 때문이다. 나는 그들이 서로 이해하고 있다고 말해야 할지 말지 모르겠다. (LC, 55쪽)

종교인이 "최후의 심판일을 믿습니까?"라고 물었을 때, "아니요"라고 답했다면 그에 맞는 입장은 다음의 셋으로 나뉩니다. 첫째는 종교인의 믿음과 정반대를 믿는 입장입니다. 즉 최후의 심판일은 없다고 믿는 것입니다. 인용문을 보면 이는 비트겐슈타인의 입장이 아님을 알 수 있습니다. 둘째는 종교인과 일치를 보지 못한 것을 근거로 최후의 심판일에 대해 회의론이나 불가지론을 취하는 입장입니다. 그러나 저러한 태도는 비트겐슈타인의 저술에서 그가 일관되게 지양하고자 하는 바입니다. 셋째는 종교에 선을 그으면서도 언어적 이해와 소통의 가능성은 열어두는 것입니다. 종교인과의 대화에는 부정적이지 않지만 서로 세계관이 다름을 인정하는 입장인데, 저는 이것이 인용문에서 비트겐슈타인의 입장에 해당한다고 봅니다.

비트겐슈타인은 자신이 종교인과 모순의 관계에 있지 않다고 합니다. 어떤 의미에서 그는 종교인이 말한 것을 이해는 합니다만,[6] 그걸 믿지는 않는다는 것입니다. 이는 세계관이 달라서이지 종교인이 말한 것에 모순되는 것을 믿어서는 아니라는 것입니다.

종교인과 모순을 일으킬 수 없다는 것은 그를 이해하지 못했기 때문이라는 반론에 대해, 비트겐슈타인은 그것이 일상 언어의 문법을 벗어난 오해임을 지적합니다. 종교적 세계관의 이해와 수용은 서로 다른 사안이기 때문입니다.

---

6 이 이해가 온전한 것은 아닙니다. 인용문에서 보듯이 "나는 '나는 …를 믿지 않는다'라고 설명하지만, 종교인은 내가 기술하는 것을 결코 믿지 않"을 것임이 이를 시사합니다. 예컨대 내가 최후의 심판일을 지구의 종말일로 기술한다면, 기독교인이 보기에 그것은 회개라는 핵심을 놓치고 있다는 점에서 결코 믿지 않을 것입니다. 최후의 심판일에 대한 나의 묘사는 신에 대한 믿음 등의 종교적 믿음 없이도 성립 가능하지만 최후의 심판일에 대한 기독교인의 믿음은 그렇지 않다는 차이가 있습니다.

9.

비트겐슈타인의 「종교적 믿음에 대한 강의」를 이어서 읽겠습니다.

> 이 논쟁은 통상적인 논쟁과는 사뭇 달라 보인다. 이유들이 전혀 통상적이지 않아 보이는 것이다.
> 어떤 면에서 그것은 전혀 결정적이지 못하다.
> 증거가 있다면 그것이 오히려 일을 그르치리라는 것이 요점이다. 내가 통상적으로 증거라고 부르는 어떠한 것도 내게는 전혀 영향을 주지 못할 것이다. (LC, 56쪽)

최후의 심판에 대한 믿음은 통상적 의미의 증거라고 부르는 것에 어떠한 영향도 받지 않는다는 점에서, 저 믿음을 둘러싼 논쟁은 통상적이지 않아 보인다는 것입니다. 이것이 무슨 말일까요?
그가 남긴 다음 구절을 함께 살펴볼 필요가 있습니다.

> 종교적 비유들은 심연의 가장자리에서 움직인다고 말할 수 있다. 버니언(John Bunyan)의 우화가 그 예이다. 왜냐하면 우리가 이렇게 부연한다면 어떻겠는가? "이 모든 함정, 구렁텅이, 잘못된 길은 길의 주님이 마련하셨고, 괴물, 도둑, 강도도 그분이 창조하셨다." 분명 이는 비유의 뜻이 아니다! 그러나 이렇게 계속될 것이 불 보듯 뻔하다. 이로써 나를 포함한 많은 사람에게는 비유는 힘을 잃게 된다.

[…] 그렇다고 매 경우 '나는 여기서 비유를 사용하고 있다. 그러나 보다시피 그것은 여기에 어울리지 않는다'라고 정직하게 말한다면 사정은 달라질 것이다. 그렇다면 당신은 속고 있다는 느낌, 누군가 당신을 꼬임에 빠뜨리려 하고 있다는 느낌은 받지 않을 것이다. 우리는 예컨대 다음과 같은 말을 들을 수 있다. "당신이 받는 좋은 것에 대해 신에게 감사드리라. 그러나 해악에 대해서는 투정하지 마라. 다른 사람이 당신에게 좋은 것과 해악을 번갈아 행하면, 당신도 당연히 그에 따라 감사와 투정을 하겠지만 말이다." 삶의 규칙은 그림의 옷을 입는다. 이 그림은 우리가 무엇을 해야 하는지에 대한 **근거를 대는** 데가 아니라 그것을 **기술**하는 데 기여할 수 있을 뿐이다. (MS 118, 1937년 9월 24일)

종교적 비유는 심연의 가장자리에서 움직이는 까닭에 그 뜻을 정확히 포착하기 어려운 경우가 있습니다. 그래서 이를 풀어내는 해석학이 생겨납니다. "철수는 늑대다"라는 비유를 "철수는 음흉한 녀석이다"라고 풀어내듯이 말입니다.

비유는 사실의 차원에서는 거짓이거나 무의미하기 일쑤입니다. 철수는 사람이지 늑대는 아닙니다. 그렇다고 비유를 사용할 때마다 "이것은 항상 맞지는 않아"라고 이야기하거나 비유를 친절히 풀어준다면, 비유의 힘은 사라집니다.7

---

7 비트겐슈타인은 종교에서 말은 **비유**가 아니라고 했습니다(NTW, 16쪽). 이는 종교에서 비유가 차용되지 않음을 뜻하는 것이 아니라 종교의 언어가 대체 불가능한 고유의 것임을 뜻합니다.

비트겐슈타인의 화두는 종교적 비유에서 삶의 규칙으로서의 그림으로 옮겨갑니다.[8] 이로부터 우리는 종교적 비유가 곧 삶의 규칙으로서의 그림임을 짐작할 수 있습니다. 그는 이 그림의 역할이 우리가 무엇을 해야 하는지에 대한 근거를 대는 것이라기보다는 그것에 대한 기술(記述)이라고 말합니다. 종교적 비유는 우리가 무엇을 해야 하는지를 기술하고 있지만 그것에 근거를 대는 것은 아니라는 것입니다. 인용문의 맨 앞에서 심연으로 옮긴 Abgrund는 근거(Grund) 없음(Ab)의 의미도 지니고 있습니다. 종교적 비유는 심원하지만 다른 근거에 의존하지 않습니다. 그 자신이 최종 근거라고도 할 수 있겠습니다. 종교적 비유는 삶의 규칙을 하나의 그림으로 보임으로써 종교인의 삶을 규제합니다. 그는 그 그림을 평생 가슴에 간직하고 이 그림에 비춰 삶을 살아갑니다.

다시 비트겐슈타인의 「종교적 믿음에 대한 강의」로 돌아오겠습니다. 그는 다음과 같이 계속합니다.

예컨대 미래를 보는 사람들을 우리가 알고 있다고 하자. 그들이 여러 해 앞일을 예측하며 모종의 최후의 심판일을 기술했다고 하자. 매우 이상하게도 설령 저런 날이 있다 해도, 그리고 나의 기술보다 그들의 기술이 더 신빙성이 있다 해도, 이러한 일에 대한 믿음은 종교적 믿음이 전혀 아닐 것이다.

---

8 비유로 옮긴 'Gleichnis'에는 비유 그림이라는 뜻도 담겨 있습니다.

내가 저러한 예측 때문에 모든 쾌락을 멀리해야 할 것이라고 해 보자. 내가 이러이러한 일을 하면 누군가 나를 천년 후에 불구덩이에 던져 넣을 것이라는 따위로 말이다. 나는 꿈쩍도 않을 것이다. 최선의 과학적 증거도 아무것도 아닌 것이다.

사실 종교적 믿음은 저러한 예측에 정면으로 맞서 "아니다. 그건 사실이 아닐 것이다"라고 말할 수도 있을 것이다.

말하자면 증거에 기반한 믿음은 최종 결과일 수 있을 뿐이다―그 안에는 수많은 생각과 행동의 방식들이 한데 녹아 있다.

사람은 불구덩이에 처박히지 않기 위해 목숨을 걸고 싸울 것이다. 귀납에 의해서가 아니라 공포 때문에 그럴 것이다. 이것이 말하자면 믿음의 본질을 이루는 일부이다.

이것이 한 사람은 어떤 것을 **확신**하고 다른 사람은 "글쎄요, 아마 그럴지도 모르죠"라고 말하는 식의 종교적 논쟁에 여러분이 가담하지 않는 이유의 하나이다. 여러분은 "글쎄요, 아마 그럴지도 모르죠"라고 말하는 사람이 부활을 믿는 사람과 대립하지 않고 있다는 점에 놀랄지도 모른다.

분명 여기서 믿음의 역할은 더욱 다음과 같다. 어떤 그림이 계속 나를 인도하거나 내 생각을 사로잡는다. 여기서 그 그림이 지속적으로 눈앞에 떠오르는 사람과 그 그림을 전혀 사용하지 않은 사람 사이에는 엄청난 차이가 있을 것이다.

"글쎄, 아마 그런 일이 일어날 수도 있고 아닐 수도 있다"라고 말하는 사람은 전혀 다른 지평에 있을 것이다.

"이 사람들은 최후의 심판이 있다는 의견(혹은 견해)을 엄격히 주장한다"라고 말하기 꺼려지는 이유의 하나가 이것이다. "의견"은 이상하게 들린다.

'신조', '신앙'과 같은 다른 낱말들이 사용되는 것은 이 때문이다. 우리는 가설, 높은 개연성, 앎에 대해 말하는 게 아니다. (LC, 56~57쪽)

종교인에게는 최후의 심판이 구체적으로 어느 날 온다는 게 최후의 심판에 대한 믿음의 본질이 아닙니다. 최후의 심판에 대한 사실적 근거가 있다 해도 그것은 종교적 믿음과 무관합니다. 내가 이러이러한 일을 하면 천년 후에 있을 최후의 심판일에 불구덩이에 던져진다는 사실적 예측에 귀납적 근거가 있다 해도, 그것은 최후의 심판에서 신이 내릴 불의 심판에 대한 공포와는 다른 사안입니다. 비트겐슈타인은 귀납이 아닌 공포를 종교적 믿음의 본질을 이루는 일부로 봅니다. 최후의 심판을 믿는 사람은 사실적 근거 때문에 믿는 것이 아닙니다. 사실적 근거는 "글쎄요, 아마 그럴지도 모르죠"라고 말하는 사람의 고려 사항입니다. 인용문의 마지막 두 문장은 둘 사이의 믿음을 부연할 유용한 용어를 제공하고 있습니다. 즉 최후의 심판을 믿는 기독교인은 그 믿음을 '신조'나 '신앙'으로서 간직하는 반면, 최후의 심판을 믿지 않는 비종교인은 그 믿음을 '개연성이 높은' '앎'이나 '가설'로 간주하지 않습니다. 심지어 인용문의 셋째 문단에 의하면 최후의 심판을 '신조'나 '신앙'으로서 믿는 기독교인조차도 그 믿음을 '개연성이 높은' '앎'이나 '가설'로는 간주하지 않을 수 있습니다. 이처럼 둘이 전혀 다른 지평에 있는 관계로 논쟁은 성립할 수 없는 겁니다. 둘은 같은 게임에 참여하고 있지 않습니다. 인용문에서의 종교적 논쟁이 일어나지 않는 까닭도 여기에 있습니다.

질문 종교와 상대주의는 양립할 수 없지 않습니까?
답변 다양한 종교가 있습니다만, 각 종교는 해당 종교인에게는 절대적인 영향을 미칩니다.

질문 징표와 근거는 다를까요? 예수도 징표에 의하여 알 수 있지 않았습니까?
답변 징표는 기적과 연관되곤 합니다. 피눈물을 흘리는 성모상의 경우와 같은 기적은 현재의 과학으로는 설명할 수 없습니다. (과학은 기적을 부정합니다.) 그러나 비트겐슈타인은 이것이 종교인의 믿음을 정당화해 준다고 보지 않을 겁니다. 현재의 과학으로 설명할 수 없다고 해서 그 기적이 곧 종교적이라는 귀결이 따라 나오지는 않습니다.

비트겐슈타인은 교리 논쟁 역시 종교적 믿음과 무관하다고 봅니다. 그는 아무런 교리도 없고, 아무것도 말해지지 않는 종교에 대해서도 생각할 수 있다고까지 말합니다(WVC, 117쪽). 종교적 믿음의 핵심은 종교적인 그림을 삶의 규칙으로 간직하고 그것을 실행하는 것에 있습니다. 그렇게 살지 않는다고 해서 결함이 있다고 할 수는 없습니다. 그것은 종교적 믿음에 의거하지 않은 다른 삶일 뿐이기 때문입니다.

10.

비트겐슈타인은 다음과 같이 계속합니다.

> 종교 담론에서 우리는 "나는 이러이러한 일이 일어나리라 믿는다"라는 따위의 표현을 사용은 하되 과학에서의 용법과는 다르게 사용한다.
> 그럼에도 우리는 같게[9] 사용한다는 생각에 커다란 유혹을 받는다. 우리가 증거에 대해, 경험적 증거에 대해 말하기 때문이다.
> 우리는 심지어 역사적 사건에 대해서도 말할 수 있을 것이다.
> 기독교는 역사적 근거에 의해 있다고 말해져 왔다.
> 식자들은 이 경우 의심의 여지가 없다는 것만으로는 충분하지 않다고 수천 번 말해 왔다. 설령 나폴레옹에 대한 것만큼 근거가 있다고 해도 그렇다는 것이다. 왜냐하면 의심의 여지가 없다는 것만으로는 내 삶 전체를 바꾸기에는 충분하지 않을 것이기 때문이다. 그것[기독교]은 역사적 사실에 대한 통상적 믿음이 기반으로 삼을 수 있을 것이라는 의미에서 역사적 기반에 의거하지 않는다. 여기서 우리는 통상적 역사적 사실에 대한 믿음과는 구별되는 역사적 사실에 대한 믿음을 접하고 있다. 심지어 그것[역사적 사실]은 역사적, 경험적 명제로 취급되지도 않는다.

---

9 사트리스는 여기서 '같게'를 '다르게'의 오식으로 보고 있지만(Satris 2014, 19쪽), 저는 오히려 그의 교정이 틀렸다고 봅니다. 비트겐슈타인은 종교와 과학이 서로 다름에도 둘 다 경험적 증거를 다루는 같은 것으로 보려는 유혹을 적시하고 있습니다.

신앙인은 통상적으로 **어떠한** 역사적 명제에도 적용될 의심을 적용하지 않았다. 특히 아주 오래전의 명제 등에 적용될 의심을 적용하지 않았다. (LC, 57쪽)

종교를 사실에 근거하는 과학과 구분하는 것은 비트겐슈타인의 처녀작인 『논고』로도 소급되는 일관된 기조입니다. 다음 구절을 함께 살펴볼 필요가 있습니다.

기독교는 역사적 진리에 근거해 있지 않다. 오히려 그것은 우리에게 (역사적) 서사를 주고는 말한다. 이제 믿으라! 그러나 역사적 서사에 적합한 믿음으로서가 아니라 시종일관 믿으라. 그리고 당신은 삶의 결과로서만 그렇게 할 수 있다. **여기 당신에게 서사가 있다. 당신은 그것을 다른 역사적 서사를 대하듯 하지 말라!** 당신의 삶에서 **완전히 다른** 위상을 그것에 부여하라―여기에 **역설적인 것**은 아무것도 없다! (MS 120, 1937년 12월 8~9일)

질문 종교인도 역사적 근거에 영향을 받지 않나요? 예를 들어 『성경』은 대부분 역사를 기술한 것이기 때문에, 그 역사가 사실이 아니라면 기독교는 큰 타격을 받게 될 것입니다.

홍진기 기독교는 신앙과 역사, 신앙과 현실이 하나인 종교입니다. 신앙을 역사나 현실로부터 떼어놓고 이해하는 비트겐슈타인의 종교철학은 기독교에 대한 정통적인 접근법이라고 보기 어렵습니다.

답변 『성경』은 이스라엘 민족의 역사에 기초해 있습니다. 그러나 그 역사적 서사가 곧 종교적 서사인 것은 아닙니다. 역사와 종교는 지평을 달리하므로 역사의 서사가 거짓이라고 해서, 그에 연관된 종교의 서사가 영향을 받는 것은 아닙니다. 비유가 사실적으로는 거짓임에도 불구하고 중요한 통찰을 제시하는 것과 같은 맥락입니다.

질문 부활이 거짓이라면 기독교는 훼손되지 않겠습니까?

질문 그것은 역사를 종교적 관점에서 판단할 것일지의 여부에 달려 있지 않겠습니까? 그렇지 않고서는 순환론의 오류에 빠지는 게 아닌가 싶습니다.

답변 우리는 비트겐슈타인이 부활의 의미를 인간의 구원에 초점을 맞추고 있음을 보았습니다. 『성경』은 예수를 배신한 유다, 닭이 울기 전 세 번 예수를 부정한 베드로에 대한 이야기를 들려줍니다. 우리는 그로부터 사람의 나약함과 양면성, 신뢰와 배신, 사랑과 증오 등에 대한 깨달음을 얻습니다. 저 이야기는 사실적 진위 여부를 떠나 사람과 삶에 대한 깊은 통찰을 보여 주고 있습니다.

『성경』은 다른 사서(史書)와 마찬가지로 허구와 사실이 복합된 서사입니다. 그러나 우리는 『성경』을 사서보다는 종교의 경전으로 읽습니다. 종교(宗敎)라는 말의 원뜻이 그러하듯이 그것은 위대한 가르침을 담고 있기 때문입니다. 경전에 비유가 사용되고 있다고 해서 그 의미가 훼손되는 것은 아닙니다.

비트겐슈타인은 다음과 같이 말합니다.

아주 이상하게 들리겠지만 복음서의 역사적 기록은 역사적인 의미에서는 거짓임이 증명될 수 있을지 몰라도 이로써 믿음이 잃는 것은 전혀 없다. 그러나 그 이유가 믿음이 '보편적인 이성의 진리'에 연관되어 있어서는 **아니다!** 그보다는 역사적 증명(역사적 증명의 게임)이 믿음과 아무 연관이 없기 때문이다. 종교인은 이 서사(복음)를 믿음으로써(즉 사랑으로써) 받아들인다. **바로 이것**이 이 진리에 대한 확신이다.

이 서사와 그것을 믿는 사람의 관계는 역사적 진리(개연성)에 대한 관계나 '이성의 진리'로 구성된 이론에 대한 관계가 **아니다**. 그런 것이 있다. (우리는 허구로 칭하는 다양한 종류의 것에 대해서도 아주 다양한 태도를 취한다!) (MS 120, 1937년 12월 8~9일)

기독교인은 역사적 사실의 입증이나 반증과는 무관하게 복음서를 사랑의 믿음으로 받아들입니다. 그는 복음을 역사적 개연성이나 이론적 객관성을 넘어선 확실성으로 자신의 삶에 새깁니다.

비트겐슈타인은 다음과 같이 말합니다.

내가 믿기에는 기독교가 말하고 있는 것은 무엇보다도 훌륭한 가르침이 전부 아무짝에도 쓸모가 없다는 것이다. **삶**(혹은 삶의 **방향**)을 바꾸어야 한다는 것이다. (MS 132, 1946년 10월 11일)

잘 조직된 신학이나 훌륭한 교리가 아니라 믿음에 따른 삶의 변화가 종교의 핵심이라는 것입니다. 비트겐슈타인은 철학에 대해서도 같은 태도를 취합니다. 정교한 이론이나 체계가 아니라 철학함으로 말미암은 삶의 변화가 철학의 핵심이라고 말입니다.

비트겐슈타인은 다음과 같이 계속합니다.

지혜란 전부 차갑다는 것이다. **차가운** 상태로는 철을 벼릴 수 없듯이 지혜로는 삶을 바로잡을 수 없다는 것이다.
[…]
지혜는 열정이 없다. 반면 키르케고르에 따르면 믿음은 **열정**이다. (MS 132, 1946년 10월 11일)

우리를 사로잡는 것은 열정이 없는 차가운 지혜가 아니라 열정적인 믿음, 사랑입니다. 그 열정으로 말미암아 삶의 방향전환이 이루어집니다.

비트겐슈타인은 다음과 같이 말합니다.

지혜란 차가운 어떤 것이며 그 점에서 어리석은 것이다. (이에 반해 믿음은 열정이다.) 이렇게도 말할 수 있을 것이다. 지혜는 당신으로부터 삶을 가릴 뿐이다. (지혜는 차가운 회색빛 재와 같아서 작열하는 불을 덮어 버린다.) (MS 134, 1947년 3월 3일)

그리스적 어원으로 풀면 철학은 지혜(sophia)의 사랑(philos)입니다. 사랑의 열정으로 지혜를 점화시키는 것이 곧 철학입니다. 고대 그리스인들은 지혜와 열정을 철학으로 통합하려 했던 것입니다. 이것이 헬레니즘의 정수라면 믿음에 대한 열정은 헤브라이즘의 정수라고 할 수 있습니다. 비트겐슈타인은 자신의 사유가 전자가 아닌 후자에 100퍼센트 속한다고 말한 적이 있습니다(Drury 1981, 161쪽).

홍진기 니체의 『비극의 탄생』에서 보듯이 헬레니즘은 합리주의와 신비주의의 통합으로, 헤브라이즘은 양자의 분열로 특징지어집니다. 자신을 헤브라이즘의 계승자로 자처한 비트겐슈타인에게서도 양자는 분열되어 있습니다. 『논고』의 유아론을 이해하기 어려운 까닭은 이 때문입니다.

답변 『논고』가 그은 말할 수 있는 것과 없는 것의 구분을 꼭 분열로 볼 필요는 없습니다. 『논고』에 쓰이지 않은 것이 더 중요하다는 비트겐슈타인의 언명을 그의 헤브라이즘적인 면모로 볼 수는 있지만, 그 책에서 이룩한 초월적 관념론과 경험적 실재론의 통합은 헤브라이즘과 헬레니즘의 통합으로 해석할 수 있습니다.

다시 비트겐슈타인의 「종교적 믿음에 대한 강의」로 돌아오겠습니다. 그는 다음과 같이 계속합니다.

신뢰성, 의존 가능성의 기준은 무엇인가? 여러분이 언제 한 명제가 이성적 수준의 개연성을 지닌다고 말하는지에 대한 일반적 기술(記述)을 제시한다고 해 보자. 여러분이 그것이 이성적이라고 할 때, 이는 **다만** 그것에 대해 여러분이 이러이러한 증거를 갖고 있고 다른 것에 대해서는 그렇지 않음을 말하는가?

예컨대 우리는 술 취한 사람이 제시하는 사건 설명은 신뢰하지 않는다.

오하라(C. W. O'Hara) 신부는[10] 그것(신뢰성)을 과학의 문제로 간주하는 사람의 하나이다.

여기에 이 증거를 다른 방식으로 취급하는 사람들이 있다고 해 보자. 그들은 사안의 토대를 어떤 면에서는 빈약하기 짝이 없어 보이는 증거에 두고 있다. 그들은 중차대한 사안의 토대를 이러한 증거에 둔다. 나는 그들이 비이성적이라고 해야 할까? 나는 그렇게는 말하지 않을 것이다.

나는 그들이 분명 **이성적**이지는 않다고 말하겠다. 그 점은 명백하다. '비이성적'은 누구에게나 비난을 함축한다.

나는 그들이 이를 이성의 문제로 간주하지 않는다고 말하고 싶다. 사도서간(Epistles)의 독자는 그것이 비이성적일 뿐 아니라 미련하다고 말해짐을[11] 발견할 것이다.

그것은 비이성적일 뿐 아니라 이성적이라고 가장하지도 않는다.

내게는 그것을 **이성적**인 것처럼 보이게 하는 오하라가 우스꽝스러워 보인다. (LC, 57~58쪽)

오하라 신부는 영국 BBC 방송토론에서 종교적인 믿음을 과학의 문제로 간주했습니다. 종교를 과학의 신뢰성 기준을 가지고 보려

---

10 오하라 신부가 Science and Religion의 심포지엄에 기고한 글을 참조하십시오. Haldane 1931, 107~116쪽.
11 『고린도전서』, 1:23.

는 것입니다. 종교적인 믿음을 과학적 근거에 의해 정당화하려는 시도의 역사는 장구하며 그러한 경향은 현재도 지속되고 있습니다.[12] 반면 비트겐슈타인은 종교는 과학에 비해 아주 미약한 근거를 가지고 있다고 반박합니다. 우리는 그가 종교 사상가를 외줄 타는 사람에 비유했음을 상기할 필요가 있습니다. 외줄이 미약한 근거의 상징이었습니다. 그러나 그는 종교를 이성의 관점에서 이해해서는 안 된다고 역설하고 있습니다.[13]

질문 비트겐슈타인은 앞서 사랑의 이름으로 믿으라 했는데, 그래 가지고서는 휴거론과 같은 시한부 종말론의 잘못을 분별할 수 없지 않겠습니까?

답변 페스트가 돌던 유럽에서 사람들이 교회에 모여 기도를 드리다 페스트에 감염되어 사망한 일화가 연상됩니다. 이 일화에서 알 수 있듯이 맹목적 사랑의 믿음은 옳지 못한 것입니다. 양심에 대한 비유적 그림인 최후의 심판을 재판 날짜를 고지하듯 심판일을 특정해 고지하는 것은 기독교의 핵심을 잘못 짚는 처사입니다.

윤유석 답변 자체에 대해서는 동의하지만, 질문이 제기한 문제와는 논점이 다소 어긋나 있는 것이 아닌가 합니다. 시한부 종말론 같은 사이비 신앙에 대해 비트겐슈타인의 종교철학이 어떻게 비판적 태도를 취할 수 있는지가 질문의 요지 아닐까요? 종교를 객관적으로

---

12 스윈번(Richard Swinburne)의 다음 책을 참조하십시오. Swinburne 1979.
13 이성과 근거를 잣대로 비트겐슈타인이 가진 종교관의 미흡함을 비판하고 있는 다음 논문은 그의 논점을 완전히 놓치고 있습니다. Martin 1991.

검증될 수 없는 영역에 두게 되면, 사이비 신앙과 건전한 신앙을 구분할 수 없게 되는 것이 아닌지에 대한 질문이라고 보입니다.

답변 사이비 신앙과 건전한 신앙을 가리는 일은 객관적 검증에 의해서가 아니라 믿음의 본래성에 의해서 이루어질 사안입니다. 종교는 과학이 아닙니다.

비트겐슈타인은 종교적 믿음을 근본주의, 신학, 과학 등과는 다른 입장에서 접근하고 있습니다. 경전에 대한 문자적 이해나 교리를 넘어 차가운 지혜가 아닌 사랑과 열정으로 믿음을 실천함으로써 삶을 개선하고자 했습니다. 그러나 그는 앞서 스스로도 시인했듯이 종교인은 아니었습니다. 그는 다음과 같이 말합니다.

나는 무릎 꿇고 기도할 수 없다. 그러기에는 내 무릎이 뻣뻣한 것처럼 여겨진다. 내가 약해지면 나는 파멸(나 자신의 파멸)을 두려워한다. (MS 133, 1946년 11월 24일)

비트겐슈타인은 종교의 문제로 고뇌했던 사람인 것 같습니다. 파멸에 대한 두려움으로부터의 구원을 갈망하면서도 종교인으로 살 수는 없었던 경계인이었습니다.

홍진기 자신이 종교인이 아님을 시인하면서도 종교적 관점을 운위하는 비트겐슈타인의 입장이 매우 애매하게 느껴집니다. 과학주의를 비판하지만 그 자신 과학주의에 일정부분 물들어 있었기 때문이 아닌가 싶습니다.

답변 경계인의 애매한 위치에 있었기 때문에 오히려 자신만의 독특한 종교철학을 길어낼 수 있지 않았을까요?

다시 비트겐슈타인의 「종교적 믿음에 대한 강의」로 돌아오겠습니다. 그는 다음과 같이 계속합니다.

> 왜 하나의 삶의 형식이 최후의 심판에 대한 믿음의 발언에 이르러서는 안 되는가? 그러나 그러한 것[최후의 심판]이 있으리라는 진술에 대해 나는 "예"나 "아니오"라고 답할 수 없다. "아마도"나 "나는 확실하지 않은데요"라고도 할 수 없다.
> 그것은 저러한 어떠한 대답도 허용하지 않을 진술이다.
> 루이가 종교인이고 최후의 심판일을 믿는다 말해도 나는 그를 이해한다고 해야 할 말지조차 모르겠다. 그와 나는 똑같은 것을 읽었는데도 말이다. 가장 중요한 의미에서 나는 그가 의미하는 바를 알기는 한다.
> 무신론자는 "최후의 심판일은 없을 것이다"라고 말하고 다른 사람은 "있을 것이다"라고 말한다면 그들은 같은 것을 의미하는가?— 같은 것을 의미함의 기준이 무엇인지 분명하지 않다. 그들은 같은 것을 기술할지 모른다. 이것은 이미 그들이 같은 것을 의미함을 보여 준다고 여러분은 말할지도 모르겠다. (LC, 58쪽)

인용문에서의 삶의 형식은 각 생물종(種)에 달리 귀속되는 고유한 형식으로, 사람에 적용되었을 때에는 사람을 하나의 종(種)이게 끔 하는 생물학적 본능, 원초적 행위, 인류학적 현상의 형식을 뜻합니다. 최후의 심판이라는 특정한 종교적 믿음조차도 죽음에 대한 두려움, 책임감, 죄책감 등의 원초적 반응에서 비롯되는 것임을 강조하기 위해 그러한 반응의 모체로서 삶의 형식을 인용한 것입니다.

비트겐슈타인은 종교가 사람의 원초적 반응에서 비롯되는 인류학적 현상이라고 보면서도 최후의 심판과 같은 특정한 종교적 믿음에 대한 의견 불일치의 여지를 열어 놓고 있습니다. 한편으로는 우리와 동시대를 살면서 그러한 믿음을 수용하지 않는 타 종교인이나 무신론자가 있음을 감안한 것입니다. 인용문은 평행선을 달리는 유신론자와 무신론자 사이의 차이를 묘사하고 있습니다. 다른 한편으로는 인류 역사의 과정에서 발생했을지 모를 종교적 믿음의 변화를 감안한 것입니다. 이에 대해서는 이어지는 구절을 읽으며 살펴보겠습니다.

11.

비트겐슈타인은 이제는 문화인류학과 비교종교학의 고전이 된 프레이저의 『황금가지』를 출간 당시부터 관심을 갖고 탐독해 그에 대한 귀중한 논평을 남겼습니다. 거기서 그는 원시종교를 비과학적인 것으로 폄하한 프레이저를 통렬히 비판하였습니다. 종교가 과학에 의해 대체된다는 프레이저의 진보사관도 일축했습니다. 비트겐슈타인이 보기에 『황금가지』는 과학주의라는 잘못된 틀로 원시 종교를 오해한 작품이었습니다. 프레이저가 원시인으로 묘사한 사람들보다 프레이저가 더 원시적이라고 일갈하기도 했습니다.

비트겐슈타인은 유고에서 이렇게 말합니다.

르낭(Joseph Ernest Renan)의 『이스라엘 민족의 역사』에서 다음을 읽는다. "탄생, 병, 사망, 광기, 중풍, 잠, 꿈은 모두 아주 강렬한 인상을 남겼다. 오늘날에조차도 이 현상들이 우리의 체질에 기인함을 분명히 알아차리는 능력을 지닌 사람은 소수에 불과하다."
그와는 반대로, 이것들에 놀랄 이유는 전혀 없다. 아주 일상적인 것들이기 때문이다. 만일 원시인이 그것에 **놀랄 수밖에 없다면**, 개나 원숭이는 얼마나 더 그러겠는가. 혹은 사람들이 갑자기 깨어나, 늘 있어 왔던 이것들을 처음으로 알아차리고는 당연히 놀랬다고 가정하는가?―글쎄, 사실 우리는 이와 유사한 가정을 할 수 있을 것이다. 그러나 그들이 처음으로 이것들을 알아차린다기보다는 그것들에 대해 갑자기 놀라기 시작한다는 가정을 말이다. 그러나 이 또한 그들의 원시성과는 무관하다. 사물에 대해 놀라지 않는 것을 원시적이라고 부르지 않는다면 말이다. 그렇게 부른다면 바로 현대인이야말로 원시적이다. 르낭도 과학이 놀라움을 제거할 수 있을 것으로 믿는다면 그 또한 원시적이다.
마치 번개가 2000년 전에 비해 더 평범하거나 덜 놀랍다는 듯이 말이다. (MS 109, 1930년 11월 5일)

원시인에게는 자연과 삶에 대한 경외감이 있었습니다. 종교는 이 경외감으로부터 비롯됩니다. 과학이 자연으로부터 신비의 베일을 벗겼다지만 그것이 삶과 죽음의 우연성과 유한성, 그리고 그에 대비되는 광대무변한 우주의 무한성과 불가해성에 대한 경이를 불식시킬 수는 없습니다. 이는 과학을 넘어서는 종교적인 문제입니다.

그렇다고 경이의 대상이 특별한 것은 아닙니다. 자연과 삶과 죽음 모두 우리에게는 익숙한 아주 일상적인 것들입니다. 그러나 이 일상적인 것들이야말로 경이로운 것들입니다. 비트겐슈타인은 『탐구』에서 이렇게 말합니다.

> 우리에게 가장 중요한 사물의 측면들은 그 단순함과 평범함 때문에 숨겨져 있다. (우리는 어떤 것을 그것이 항상 우리 눈앞에 있기 때문에 알아차릴 수 없다.) 사람들은 자신의 탐구가 기반하고 있는 실제 토대들을 전혀 주목하지 않는다. 이 사실이 언젠가 그들의 주목을 받지 않는다면 말이다―그리고 이것은 다음을 뜻한다: 일단 눈에 띄기만 하면 가장 주목을 받을 만한 가장 강력한 것이 우리의 주목을 받지 못하고 있다. (PI, §129)

비트겐슈타인은 앞서 인용한 유고에서 다음처럼 계속합니다.

> 놀라기 위해서 사람은 […] 깨어나야 한다. 과학은 그를 다시 잠들게 하기 위한 수단이다. (MS 109, 1930년 11월 5일)

자연과 삶에 대한 경외감이 없다면 이는 그 사람의 영혼이 잠들어 있기 때문입니다. 그는 영적 불감증에 빠져있는 셈입니다. 종교와 철학은 그를 흔들어 깨우기 위해 존재합니다. 그러나 저는 과학이 그를 다시 잠들게 하기 위한 수단이라는 비트겐슈타인의 말은 지나치다고 봅니다. 자연에 대한 탐구에서 과학이 발견한 놀라운 현상들은 차고 넘칩니다. 이 현상들을 설명하기 위해 과학이 고안해 낸 이론과 법칙들도 그에 못지않게 놀랍습니다. 과학에서 놀라움을 느끼지 못한다면 이는 당사자의 문제이지 과학의 문제는 아닙니다.

다시 비트겐슈타인의 「종교적 믿음에 대한 강의」로 돌아오겠습니다. 그는 다음과 같이 계속합니다.

> 우리가 도착한 어느 섬의 사람들에게서 종교적이라 부름 직한 믿음을 발견한다. 나는 종교적 믿음은 …하지 않을 것이라는 생각에 이른다. 그들이 하는 말 중에는 종교적인 진술도 있다.
> 이 진술은 그 대상에서만 다르지는 않을 것이다. 전적으로 다른 연관 때문에 그것이 종교적 믿음이 되는 것이다. 그리고 우리가 그걸 종교적 믿음이라 불러야 할지 과학적 믿음이라 불러야 할지 모를 어중간한 것들을 쉽게 상상할 수 있다.
> 여러분은 그들이 잘못 추론한다고 말할지 모른다.
> 어떤 경우에 여러분은 그들이 잘못 추론한다고, 즉 우리와 모순된다고 말할 것이다. 다른 경우에 여러분은 그들이 추론을 아예 하지 않고 있다고, 혹은 "그것은 전혀 다른 종류의 추론이다"라고 말할 것이다. 그들이 우리와 유사한 방식으로 추론은 하는데 우리에게

는 실수에 해당하는 어떤 일을 저지를 때 여러분은 그들이 잘못 추론한다고 말할 것이다.

어떤 것이 실수인지 아닌지—그것은 특정한 체계 내에서 실수이다. 어떤 것이 특정 게임에서는 실수이고 다른 게임에서는 실수가 아닌 것처럼 말이다.

여러분은 또한 우리는 이성적인데 그들은 비이성적이라고—그들은 여기서 **이성**을 사용하지 않는다고—말할 수 있을 것이다.

그들이 우리에게는 실수의 하나인 것과 아주 유사한 일을 저지르는지 나는 모르겠다고 말할 것이다. 그것은 주변 정황을 더 들여다보아야 알 수 있다.

이성적으로 보이려 애쓰는 경우에는 알기가 어렵다.

나는 확실히 오하라가 비이성적이라고 부르겠다. 나는 이것이 종교적 믿음이라면 그것은 미신일 뿐이라고 말하겠다.

나는 그것을 비웃기는 하겠지만 그렇다고 그것이 불충분한 증거에 의존해서 비웃지는 않겠다. 나는 여기에 자신을 기만하는 사람이 있다고 말하겠다. 이 사람은 믿음이 있으면서도 그 근거를 약한 이유에다 둔다는 점에서 어처구니가 없다고 여러분은 말할 수 있다. (LC, 58~59쪽)

인용문의 첫 단락은 미완성으로 남아 있는 '⋯' 부분 때문에 의미 파악에 어려움이 있습니다. 그러나 이어지는 문맥을 고려하면 섬사람들의 종교적 믿음을 종교적 믿음이게끔 하는 것은 (다른 믿음들과의) 연관에 있다는 점이 비트겐슈타인이 부각시키려 했던 바임을 짐작할 수 있습니다. 종교적 믿음을 과학적으로 검증하려는 시도는 그것을 미신으로 만들어 버립니다. 인용문의 섬사람들이 다음과 같이 추론한다고 가정해 보겠습니다.

그저께 섬사람 갑이 우물을 메꿨다.
어젯밤 천둥 번개가 쳤다.
비가 많이 오고 있다.

저 세 문장 각각이 모두 참이라고 가정해 보겠습니다. 그러나 첫 번째 문장으로부터 나머지 두 문장이 이끌어져 나온다는 추론은 성립하지 않습니다. 첫 문장과 나머지 두 문장은 논리적으로나 인과적으로나 엮일 수 없기 때문입니다. 둘째 문장과 셋째 문장만이 인과적으로 엮일 수 있을 뿐입니다.

위의 추론에 대한 섬사람들의 생각은 다릅니다. 섬에서 유일하게 농사를 짓는 갑이 나쁜 마음을 먹고 섬의 공동 식수원인 우물을 메꾸었더니, 계절상 건기인데도 하늘에서 갑자기 천둥과 번개가 치고 많은 비가 내려 그의 농작물에 큰 피해를 입힌 것입니다. 신으로부터 천벌을 받은 그는 자신이 우물을 메꾼 것을 후회하고 뉘우칩니다. 갑을 비롯한 섬사람들에게 위의 추론은 타당합니다.

우리는 서로 다른 전기성(電氣性)을 가진 공기의 기단들이 서로 부딪치면서 천둥과 번개가 일어나고 비가 내린다고 믿지만, 섬사람은 우물을 메꾼 갑의 행위가 비를 일으킨 원인이라고 전적으로 다른 연관을 설정하고 있는 것입니다.

우리는 우물을 메꾸는 행위와 비가 내리는 것을 인과 관계로 보는 것은 잘못된 추론이라고 판정합니다. 그러나 이는 섬사람의 추론을 과학적 체계로 끌어다 놓고 평가했을 때의 판정입니다. 종교를 믿는 섬사람에게 자연현상의 추이는 과학적 인과가 아닌 종교적 인과응보로 설명됩니다.

우리는 섬사람의 세계관과 그에 따른 추론에 결함이 있다고 판정합니다. 비과학적인 미신에 불과하다는 것입니다. 섬사람은 도리어 우리의 세계관과 그에 따른 추론에 결함이 있다고 판정할지 모릅니다. 섭리를 헤아리지 못하는 피상적인 설명이라고 비판할지 모릅니다.

사실 우리의 세계관에도 과학과 어울리지 않는 믿음과 진술이 통용되고 있습니다. 기상 캐스터는 방송에서 해 뜨는 시각과 해 지는 시각을 말하지만, 사실 이는 기각된 천동설의 체계에서나 맞는 어법입니다. 천동설을 대체한 지동설에 따르면 해는 뜨거나 지지 않기 때문입니다. 하늘이나 신이 세상사에 개입한다고 믿지 않으면서도 우리는 천우신조(天佑神助), 천인공노(天人共怒), 지성(至誠)이면 감천(感天)이라는 등의 표현을 자연스럽게 사용합니다. 사랑과 같은 감정은 머리가 아닌 가슴이 느끼는 것이라며 사랑을 심장(♡)으로 형상화하기도 합니다.

종교적 믿음과 일반적 믿음은 현상의 차원이라기보다 현상에 대한 진술들의 엮음새 차원에서 구별된다고 할 수 있습니다. 섬사람들의 믿음은 악행에 대한 하늘의 응징을 환기시켜 주는 경외감에 기초해 있다는 점에서 종교적입니다. 그들은 사필귀정(事必歸正)의 섭리를 믿고 있는 것입니다.

종교적 믿음은 종교적 체계 안에서 거론되어야 합니다. 비트겐슈타인은 종교적 믿음을 경험적 토대에 비추어 이해하는 오하라 신부를 비판합니다. 종교적 믿음이 종교적 체계를 벗어나 경험적 체계 안에서 평가될 때, 그것은 증거가 불충분한 미신과 구별되지 않게 되어 버립니다. 이것은 경험적 증거가 아닌 사랑에 기초한 종교적 믿음에 대한 부당한 처사이고, 이를 조장하는 종교인은 자기를 기만하고 있다는 것입니다. 종교는 잘못된 과학이 아닙니다. 종교는 이성적이지도 비이성적이지도 않은 초이성적인 담론입니다.

비트겐슈타인의 유고에서 발견되는 다음 구절도 유익합니다.

신을 믿는 사람이 주위를 돌아보고는 "내가 보고 있는 모든 것은 어디서 왔는가?" "이 모든 게 어디로부터?"라고 묻는다면, 그는 (인과적) 설명을 요구하는 게 **아니다**. […] 그는 모든 설명에 대한 어떤 태도를 표명하고 있는 것이다. […]
그 태도는 어떤 사안을 진지하게 받아들이지만 특정한 점에서부터는 그것을 더 이상 진지하게 받아들이지 않고 다른 어떤 것을 더 중시한다.
[…] 여기에서 우리는 "보다 깊은 의미에서"라는 말을 사용한다.
(MS 173, 92r쪽, 1950년)

이 사건은 왜 일어났을까? 그 앞 사건의 결과로 일어났습니다. 그럼 그 앞 사건의 원인은 또 무엇일까? 이에 대한 인과적 설명도 가능합니다. 사건에 대한 물음과 그에 대한 인과적 설명은 과학에서 중요합니다. 그러나 세상의 모든 것은 어디에서 와서 어디로 가는 것일까? 이 모든 것의 의미는 무엇일까? 이런 물음을 던지는 순간 우리는 인과적 설명이 아닌, 그보다 더 중요한 것을, 보다 깊은 의미를 갈망합니다. 과학적 설명을 넘어서는 종교적 태도를 갖게 된 것입니다.

비트겐슈타인의 유고는 다음과 같이 계속됩니다.

> 실로 나는 이 경우에도 중요한 것은 당신이 하는 **말**이나 그때 하는 생각이 아니라, 그것이 삶의 여러 지점에서 일구어 내는 차이라고 말하고 싶다. […] **실천**이 말에 의미를 부여한다. (MS 173, 92r쪽, 1950년)

종교의 핵심은 말이나 증명이 아닌 실천에 있습니다. 그런 점에서 교리가 갖추어지지 못한 원시종교도 마찬가지로 종교일 뿐 그 이유로 폄하해서는 안 됩니다. 그 종교가 그것을 믿는 사람에게 어떤 차이와 영향을 초래했는지가 관건이지, 교리의 유무가 관건이 아닙니다.

2장
「종교적 믿음에 대한 강의」 II, III

1.

다시 비트겐슈타인의 「종교적 믿음에 대한 강의」로 돌아오겠습니다. 지금까지 읽고 논의한 부분이 그 강의의 I에 해당합니다. 이제 이어서 II를 읽겠습니다.

> '신'이라는 낱말은 그림, 교리문답 등 가장 이른 시기에 배우는 것 중에 하나이다. 그러나 그 결과는 숙모의 사진을 보고 '숙모'라는 낱말을 배우는 것과는 다르다. 나는 [그림의 대상인 하느님을] 보지 못했다.
>
> 그 낱말은 어떤 사람을 나타내는 낱말처럼 사용된다. 신은 굽어보고, 상을 주고 등등.

"이 모든 것을 보고서 당신은 그 낱말의 의미를 이해했는가?" 나는 다음과 같이 말하겠다. "긍정 반 부정 반이다. 나는 그것이 의미하지 않는 바를 배웠다. 나는 스스로 이해하게 되었다. 나는 질문이 다른 방식으로 제기되었을 때 질문에 대답할 수 있었고 질문을 이해할 수 있었다. 그런 점에서 나는 이해한다고 말할 수 있을 것이다." (LC, 59쪽)

예수를 그린 종교적 그림은 많지만 그 그림을 그린 누구도 실제 예수를 보지는 못하였습니다. 그러므로 그것은 여느 초상화와는 다릅니다. 그림에 대한 태도에도 차이가 있습니다. 우리는 예수의 종교적 그림을 그의 외모, 헤어스타일, 패션에 초점을 맞추어 보지 않습니다. 그런 잣대로 그를 평가하는 것은 신성모독입니다. 숙모의 경우와 달리 신의 생몰 연대는 형용모순입니다. 신이라는 낱말의 의미를 배울 때 우리는 그 낱말이 의미하지 않는 바도 함께 배웁니다. 신은 누가 창조했느냐는 질문을 던진 어린 존 스튜어트 밀은 아직 신이 의미하지 않는 바를 배우지 못한 것입니다. 종교를 믿는다는 것은 이처럼 종교의 독특한 문법을 익히는 과정을 포함합니다.

비트겐슈타인은 다음과 같이 계속합니다.

신의 존재 혹은 어느 한 신의 존재 문제가 제기되면 그것은 내가 들어 본 그 어느 사람이나 대상의 존재 문제와도 전혀 다른 역할을 한다. 사람들은 신의 존재를 **믿는다**고 말했고, 그렇게 말해야 했다. 신의 존재를 믿지 않는 것은 뭔가 나쁜 것으로 간주되었다. 통상적으로는 내가 뭔가의 존재를 믿지 않는다고 누가 이것을 잘못된 것으로 생각하지는 않을 것이다.

또한 '믿는다'라는 낱말의 다음과 같은 특이한 사용이 있다. 사람들은 믿음을 말하지만 동시에 '믿는다'라는 말을 일상적 사용과는 다르게 사용한다. 여러분은 (통상적인 사용에서) "당신은 다만 그렇게 믿고 있을 뿐입니다만―오, 글쎄요…"라고 말할 수 있을 것이다. 여기서는[신을 믿는 경우에는] 그것은['믿는다'라는 말은] 전혀 다르게 사용되고 있다. 다른 한편으로는 그것은 우리가 '안다'라는 낱말을 사용하는 것처럼 사용되고 있지도 않다. (LC, 59~60쪽)

서양 근대 철학은 영국의 경험론과 대륙의 합리론으로 대별됩니다. 서양 현대 철학도 이러한 지정학적 구도를 계승해 영미 철학과 대륙 철학으로 대별됩니다. 비트겐슈타인은 대륙에 속하는 오스트리아 빈에서 나고 성장했지만, 영국으로 건너가 거기서 대학 교육을 받고 활동한 경우입니다. 그러다 보니 그의 사유에는 철학의 양 진영으로부터 받은 영향이 고루 스며 있습니다. 현대 영미 철학은 언어분석에 치중하는 분석철학이 주류를 이루었는데, 비트겐슈타인은 위의 인용문에서 '믿는다'는 말의 사용에 주목함으로써 분석철학자로서의 면모를 보여 주고 있습니다.

믿는다는 말은 (1) "…라고 믿는다"("I believe that …")와 (2) "…를 믿는다"("I believe in …")로 구별해 볼 수 있습니다. "나는 설인이 존재한다고 믿는다"는 (1)의 예입니다. 어떤 정보에 대한 믿음은 (1)의 형식으로 표현되곤 합니다. (2)는 어떤 대상에 대한 믿음으로 다음의 두 예로 갈라볼 수 있습니다.

(2-1) 나는 설인의 존재를 믿는다.
(2-2) 나는 신의 존재를 믿는다.

(2-1)은 설인이라는 대상에 대한 믿음이라지만 정보에 대한 믿음인 (1)과 구별되지 않습니다. 둘의 공통점은 그것이 믿음의 주체에 미치는 영향이 크지 않다는 점입니다. 믿어도 그만 아니어도 그만, 믿거나 말거나의 경우가 아닌가 싶습니다. 반면 (2-2)에 표현된 신에 대한 믿음은 그와는 전혀 다릅니다. 신을 믿는 사람은 감사, 사랑, 충성의 마음으로 신에 결부되어 있습니다. 설인의 존재를 믿지 않는 경우와는 달리 "신의 존재를 믿지 않는 것은 뭔가 나쁜 것으로 간주"되기까지 합니다. 신심이 강한 사람은 심지어 신에게 모든 것을 바칠 각오가 되어 있습니다.[14] 믿음이 있는 사람과 없는 사람은 신이라는 하나의 대상에 대한 믿음 여부를 넘어선, 전혀 다른 세계에 속한 사람들이라고 할 수 있겠습니다. (2-1)이나 (2-2)나 '믿는다'는 같은 용어를 사용하지만, (2-2)에서 저 용어에 대한 종교인의 문법은 이처럼 일반인의 사용과 구별됩니다.[15] 종교적 믿음은 검증이나 반증이 가능한 앎과 구별되는 신뢰와 확신의 성격을 지닙니다.

---

14 썰의 언어행위 이론의 용어를 적용해 보자면(Searle 1975), (1)과 (2-1)은 진술적(constative)이고 (2-2)를 위시한 종교적 믿음은 언약적(commissive)입니다.
15 (2)에 속하는 명제 중 "나는 내 아내를 믿는다", "나는 우리 국군을 믿는다" 등도 감사나 사랑, 혹은 충성을 표현할 수는 있지만, 이들도 신에 대한 종교인의 믿음처럼 세계관의 중추가 되지는 못합니다.

비트겐슈타인은 다음과 같이 계속합니다.

내가 신에 관해 배운 것을 어렴풋이나마 기억한다면 나는 이렇게 말할지 모른다. "신을 믿는다는 것이 무엇이든 그것은 우리가 조사해 볼 수 있거나 조사의 수단을 발견할 수 있는 어떤 것에 대한 믿음일 수 없다." 여러분은 이렇게 말할지 모른다. "말도 안 돼. 사람들은 **증거**에 의해 믿는다고 말하거나 종교적 체험에 근거해 믿는다고 하기 때문이지." 나는 이렇게 말하겠다. "그들이 증거에 의해 믿는다고 누군가 말한다는 사실만 가지고는 내가 '신은 존재한다'라는 문장에 대해서 여러분의 증거가 만족스럽지 못하거나 불충분하다고 지금 말할 수 있는지의 여부를 판단할 수 없다."

내가 어떤 사람을, 예컨대 스미스를 안다고 가정해 보자. 나는 그가 이 전쟁[제2차 세계대전]에서 전사했다고 들었다. 어느 날 여러분이 내게 와서는 "스미스가 케임브리지에 있다"라고 말한다. 내가 캐묻자 여러분은 시청에 서 있다가 맞은편 끝에 있는 사람을 보고는 "저 사람 스미스네"라고 말했다고 답한다. 나는 "이봐, 그건 충분한 근거는 못 돼"라고 말할 것이다. 우리가 그의 전사를 입증해 주는 상당량의 증거를 확보했다면 나는 여러분이 [스미스가 살아 있는 것으로] 너무 쉽게 믿고 있음을 스스로 인정하도록 깨우쳐 주려 할 것이다. 그에 대해 더 이상은 듣지 못했다고 해 보자. 말할 필요도 없이 이는 "12시 5분에 시장을 지나 로즈 광장으로 간 사람은 누구지?"를 캐묻는 게 불가능한 것과 마찬가지다. [그럼에도]

> 여러분이 "그가 거기 있었다"라고 말한다고 가정해 보자. 나는 매우 의아해할 것이다. (LC, 60쪽)

비트겐슈타인은 종교적 믿음을 과학적 믿음의 경우처럼 정당화하려는 시도를 비판하고 있습니다. 신앙은 조사의 결과로 갖게 되는 것이 아니라는 것입니다. 전사한 스미스를 케임브리지에서 목격했다는 증언은 십자가에 못 박혀 처형된 예수의 부활을 목격했다는 『성경』의 일화를 빗댄 것입니다. 예수는 처형된 후 무덤에 매장되었지만 그의 무덤은 텅 빈 채로 발견되었다고 합니다. 그러나 예수의 시신이 사라졌다는 사실은 그의 부활에 대한 근거로는 충분하지 않습니다. 시신이 다른 곳으로 옮겨졌을 수도 있기 때문입니다. 부활한 예수에 대한 제자들의 목격담도 신빙성을 의심할 수 있습니다. 어떤 것을 갈망하면 그것이 환영(幻影)으로 나타날 수 있기 때문입니다.

다시 스미스의 예로 돌아와 세 가지 경우를 살펴보겠습니다. 첫째, 스미스가 전쟁터에서 실종된 경우입니다. 그런 그가 케임브리지에서 목격되는 일은 가능합니다. 둘째, 스미스가 소속된 소대가 폭격으로 전멸한 것으로 보고되었지만 사체는 찾지 못한 경우입니다. 그런 그가 케임브리지에서 목격되는 일은 실낱같은 가능성이 남아 있습니다. 셋째, 전사한 스미스의 유해가 안치된 무덤이 있는 경우입니다. 그런 그가 케임브리지에서 발견되는 경우는 불가능합니다. 그러나 이 세 경우 모두 우리는 증거에 의거해 판단을 내렸습니다.

비트겐슈타인에 의하면 증거에 의한 판단은 종교와 무관합니다. 예수가 부활했다는 증거도 마찬가지입니다. 예수의 부활은 증거의 문제가 아니라 앞서 비트겐슈타인의 1937년 12월 12일자 일기에서 보았듯이 구원의 문제입니다. 그랬을 때 부활은 기독교 신앙의 본질이 됩니다.

스미스를 목격한 사람이 그의 미망인이라고 가정해 보겠습니다. 그녀의 마음에는 스미스가 여전히 존재합니다. 남편에 대한 깊은 사랑이 이러한 믿음을 가능케 하는 것입니다. 사람은 물리적 실재뿐 아니라 환영(幻影)이라고 불리는 것에도 영향을 받는 존재입니다. 이는 문학작품의 주요한 소재가 되기도 합니다. (토마스 만Thomas Mann의 『마의 산』, 릴케Rainer Maria Rilke의 『말테의 수기』 등이 떠오릅니다.) 그것이 문학의 소재로 자주 사용되는 까닭은 그만큼 물리적 실재성 여부를 떠나 우리의 삶을 이끌어주기 때문입니다.

성모상에 기도를 하면 병이 낫는다는 믿음을 가진 마을이 있다고 가정해 보겠습니다. 과학의 관점에서 그 마을 사람들의 믿음은 미신입니다. 병을 떨쳐 내는 게 목적인 기도는 종교적 행위로 보기도 어렵습니다. 이번에는 갓 태어난 아기를 성모상으로 데려와 기도하는 관례가 있는 마을이 있고 그렇지 않은 마을이 있다고 가정해 보겠습니다. 두 마을의 아기들이 성장하며 보이는 차이점은 없다고 가정해 보겠습니다. 그렇다고 기도가 무의미한 걸까요? 자신의 아기가 잘 되게 해달라고 기도하는 것은 기도하면 그렇게 된다는 미신과 구별해야 합니다. 생명을 주신 것에 아무 조건 없이 감사드리며 아기의 안녕을 염원하는 기도는 종교적인 것입니다.

비트겐슈타인은 다음과 같이 계속합니다.

미드서머 커먼(Mid-Summer Common) 공원에 축제가 있다고 해 보자. 많은 사람이 원을 이루며 서있다. 매년 이렇게 하는데 모든 사람이 저마다 원의 다른 편에서 세상을 떠난 친척 한 사람을 보았다고 말하는 것으로 가정해 보자. 이 경우에 우리는 원을 이루고 있는 사람 하나하나에게 이렇게 물을 수 있을 것이다. "당신은 누구 손을 잡고 있었나요?" 그럼에도 우리는 모두 그날 죽은 친척을 본다고 말할 것이다. 이 경우 여러분은 이렇게 말할 수 있을 것이다. "나는 놀라운 경험을 했어. '내가 죽은 사촌을 보는' 경험을 한 거야." 우리는 여러분이 불충분한 증거에 입각해 이러한 말을 했다고 말할 것인가? 나는 어떤 상황에서는 저렇게 말할 것이고 다른 상황에서는 저렇게 말하지 않을 것이다. 말해진 것이 좀 부조리해 보일 때 나는 "그래, 이 경우에는 증거가 불충분해"라고 말할 것이다. 완전히 부조리한 경우에는 저런 말도 않을 것이다. (LC, 60쪽)

죽은 사람을 본다는 것은 제식(祭式) 행위를 배경으로 했을 때에만 의미를 갖습니다. 인용문의 예에서와 같이 어떤 제식은 죽은 사람을 보는 것으로 약속이 되어 있습니다. 그것에 대해 과학적으로 증거가 불충분하다는 비판은 제식의 문맥을 읽지 못한 것입니다. 저는 돌아가신 아버지의 기일(忌日)이 되면 제사를 지냅니다. 먼저 집안 출입문을 열고 아버지를 영접한 뒤 술과 음식을 올리고 영정에 절합니다. 살아계신 아버지를 모시듯이 정성을 다합니다. 이에 대해 망자(亡者)의 혼백이 제사에 모셔졌다는 것은 불충분한 근거에 의한 잘못된 가정이라고 비판한다면, 그 비판은 제사의 핵심을 놓치고 있습니니다. 제사는 돌아가신 분을 기억하고 그분을 기리는 데 초점이 있습니다. 그분을 기리려고 그분이 돌아가신 날에 맞춰 그분을 정중히 모시는 연극을 연출하는 게 제사입니다. 이는 망자를 기리는 좋은 방법의 하나인 것 같습니다. 우리는 정말 망자가 돌아와 식사를 한다고 믿고 제사를 드리는 것도, 망자를 매수해 그로 하여금 복을 내리도록 제사를 드리는 것도 아닙니다. (제사 음식은 뇌물이 아닙니다.) 제사를 드릴 때 우리는 여느 때와는 다른 마음가짐으로 임합니다. 제식 행위가 우리의 일상적 공간을 종교적 공간으로 변모시킵니다. 이것이 과학적 합리성과는 거리가 멀다고 할 수는 있을지언정 불합리하다고 할 수는 없을 것입니다. 과학적 합리성과 무관하지만 우리가 받아들이는 삶의 양식은 제사 말고도 많이 있습니다. 제사는 그중 하나일 뿐입니다.

종교적 공간이 제식 행위로만 형성되는 것도 아닙니다. 사람이 주인인 것처럼 짜여 있는 도시를 벗어나 가공되지 않은 자연으로 돌아가 등산이나 낚시를 할 때, 야영 중에, 혹은 야밤에 좌선에 들 때, 우리는 어떤 어마어마한 것이 우리를 압도하고 있음을 느낍니다. 그 순간 우리는 존재에 귀 기울이게 되고 우리가 세계의 주인이 아니라 순리의 한 부분임을 깨닫게 됩니다. 이러한 느낌과 깨달음이 우리를 종교적 믿음으로 인도합니다. 앞서 살펴본 자연신학적 증명이나 우주론적 증명도 이러한 맥락에서 제출된 것이 아닌가 싶습니다. 종교는 우리 곁을 지키는 영원한 주제인 것입니다.

비트겐슈타인은 다음과 같이 계속합니다.

내가 [19세기에 성모 마리아가 나타났다는] 프랑스의 루르드와 같은 어떤 곳에 갔다고 가정해 보자. 무엇이든지 쉽게 믿는 사람이 나와 같이 갔다고 가정해 보자. 거기서 우리는 무언가에서 피가 흘러나오는 것을 본다. 그가 이렇게 말한다. "저걸 봐, 비트겐슈타인, 어떻게 의심할 수 있어?" 나는 이렇게 말할 것이다. "저게 단 하나의 방식으로만 설명될 수 있을까? 이렇게 혹은 저렇게는 안 될까?" 나는 그가 본 게 별것 아님을 납득시키려 할 것이다. 내가 모든 경우에 저럴는지는 모르겠다. 내가 통상적인 경우에는 확실히 저럴 것이라는 것만큼은 확실히 알고 있다.

"여하튼 이것은 인정해야 하지 않는가?" 나는 "글쎄"라고 말할 것이다. 나는 이 경우에 그 현상을 실험실에서 서투르게 수행된 것으로 생각되는 실험처럼 다룰 것이다.

"나는 저울을 내 의지대로 움직일 수 있다." [이런 주장을 하는 사람에 대해] 나는 저울이 잘 막아지지 않아 외풍으로 인해 움직일 수 있음 등을 지적한다.

나는 이러한 현상을 아주 열광적으로 신봉하는 어떤 사람을 상상할 수 있을 것이다. 그리고 나는 "이는 또한 이러이러해서 일어날 수도 있는 것이다"라는 말로 그의 믿음에 접근할 수는 없을 것이다. 그는 이를 신성모독으로 생각할 수 있기 때문이다. 혹은 그는 이렇게 말할지도 모른다. "이 사제들이 속임수를 쓰는 것도 가능하지만 그럼에도 다른 의미에서 거기서 기적적인 현상이 일어나기는 한다." (LC, 60~61쪽)

기적이 종교의 전매특허는 아닙니다. 과거에는 기적이라 여겨졌던 현상이 합리적 지성의 성장에 따라 설명이 가능한 현상이 되어 버릴 수도 있습니다. 기적이 현상에 대한 부주의한 관찰에서 빚어진 오해나 조작으로 판명되는 경우도 있습니다. 비트겐슈타인은 기적을 초능력처럼 취급하는 것에 대해서는 종교의 본질에서 벗어난 것으로 중요시하지 않고 있습니다.

비트겐슈타인은 다음과 같이 계속합니다.

내겐 연중 어느어느 날에 피를 흘리는 조각상이 있다. 나는 빨간 잉크를 갖고 있는 것이다. 등등. "속임수를 쓴 거네. 그럼에도 불구하고 신이 당신을 사용한 거야. 어떤 의미에서는 빨간 잉크이지만 어떤 의미에서는 아니거든."
교령회(交靈會)에서 이름표가 붙어 있는 꽃들을 참조. "그래, 꽃들은 이름표와 함께 영(靈)을 체현하고 있어." 이런 종류의 이야기는 어떤 상황에서야 터무니없지 않게 되는가? (LC, 61쪽)

평소에는 종잇조각에 불과한 지방(紙榜)이 제사 때는 신주(神主)로 모셔집니다. 향을 피우고 신주에 술을 올린 다음 절을 하면 신이 내려온다고 하여 제사의 이 절차를 강신(降神)이라고 합니다. 평소에는 터무니없는 이야기이겠지만 제사 때는 그렇지 않습니다. 술이 저러한 용도로 사용되는 것은 제사를 비롯한 제식의 경우뿐입니다. 제사에 신주로 모셔지는 지방이 사실은 종잇조각에 불과하다 해도 상관이 없는 것처럼, 피 흘리는 조각상의 피가 사실은 빨간 잉크라 해도 상관이 없습니다. 제식의 문맥이 그것들에 종교적 의미를 담보해 주고 있기 때문입니다.

비트겐슈타인은 다음과 같이 계속합니다.

여러분과 나는 일정 수준의 교육을 받은 사람이므로 예측에 대한 증거가 불충분하다는 게 무얼 말하는지 알고 있다. 어떤 사람이 최후의 심판에 대한 꿈을 꾸고는 이제 그게 어떤 것일지 알겠다고 말한다고 가정해 보자. 어떤 사람이 "그건 증거로는 빈약해"라고 말했다고 가정해 보자. 나는 이렇게 말하겠다. "당신이 그걸 내일 비가 온다는 예보에 대한 증거와 비교하고자 한다면 그것은 증거라고 할 수 없다." 그는 여러분이 그것을 증거라고 부를 수 있도록 무리한 해석을 가할지 모른다. 그러나 그것은 증거라고 하기에는 터무니없는 것 같다. 그러나 이제 내가 이렇게 말할 수 있을 것이다. "좋게 말해도 당신의 믿음은 아주 빈약한 증거밖에는 없다." 기상학적 사건에 대한 증거의 타당성을 측정하듯 하면서 꿈을 증거로 간주해야 할 이유가 있을까? (LC, 61쪽)

최후의 심판에 대한 꿈은 현실에서 일어날 일을 알리는 예지몽(豫知夢)이라기보다는 사람의 마음에 언제나 종교적 그림이 자리하고 있다는 징표로 볼 수 있습니다. 그의 종교적 믿음이 투철해 꿈에서도 나타난 것입니다. 그렇다 해도 꿈을 근거로 최후의 심판에 대한 믿음을 정당화할 수는 없습니다. 종교적 믿음과 경험에 의한 정당화는 서로 다른 층위에 놓여 있습니다.

비트겐슈타인은 다음과 같이 계속합니다.

여러분이 그것을 우리가 과학에서의 증거라고 부르는 어떤 것과 비교한다면, 여러분은 어떤 사람의 다음과 같은 논증을 인정할 수 없다. "내가 … 이런 꿈을 꾸었으니 최후의 심판은 … 하다." 여러분은 이렇게 말할지 모르겠다. "실수치고는 너무 큰데." 여러분이 갑자기 칠판에 숫자를 적고 "이제 나는 더하기를 할 거다"라고 말한 다음, "2 더하기 21은 13" 등등을 말한다면 나는 "이건 실수가 아니지"라고 말하겠다. (LC, 61~62쪽)

어떤 배경 문맥의 규칙을 위반했을 때 우리는 그것을 실수라고 합니다. 어떤 사람이 차를 후진으로만 주행한다면 그것은 실수가 아닐 겁니다. 그는 아마 운전면허 시험을 치르는 중일 겁니다. 비트겐슈타인의 강의를 수강 중인 케임브리지 대학원생이 2 + 21 = 13이라고 계산했다면 그것은 실수가 아닐 겁니다. 그는 아마 다른 진법이나 셈법을 연습 중일 겁니다. 마찬가지로 꿈에서 최후의 심판을 보고는 최후 심판이 있을 것이라고 말하는 사람은 실수를 하는 게 아닐 겁니다. 그는 자신의 종교적 믿음을 표현한 것입니다. 비트겐슈타인은 이처럼 종교적 믿음이 통용되는 언어와 문법을 우리가 익히 알고 있는 방식으로 해석하려 하지 말고, 다른 질서하에 있는 것으로 이해해야 함을 말하고 있습니다.

2.

지금까지는 비트겐슈타인의 「종교적 믿음에 대한 강의」를 처음부터 한 문단도 빠짐없이 계속 읽어 왔지만, 이제부터는 건너뛰며 선별적으로 읽겠습니다. 그는 다음과 같이 말합니다.

"신이 사람을 창조하였다"라는 말을 살펴보자. 미켈란젤로의 그림 「천지창조」. 일반적으로 그림만큼 낱말의 의미를 잘 설명해 주는 것도 없다. 나는 미켈란젤로가 그 누구보다도 훌륭했으며 최선을 다했다고 본다. 그리고 여기에 신이 아담을 창조하는 그림이 있다. 우리가 이 그림을 본 적이 있다면 확실히 우리는 이것을 신으로 생각하지는 않을 것이다. 우리가 저 이상한 담요를 두른 사람을 '신'으로 불러야 한다면, 그 그림은 완전히 다른 방식으로 사용되어야 한다. 여러분은 이 그림으로 종교를 배우는 경우를 상상할 수 있을 것이다. "물론 우리는 그림만으로 자신을 표현할 수 있다." 그건 좀 이상하다. … 나는 무어에게 열대 식물에 대한 그림을 보여 줄 수 있을 것이다. 그림과 식물을 비교하는 기술(技術)이 있다. 내가 그에게 미켈란젤로의 그림을 보여 주고는 "물론 나는 당신에게 실물을 보여 줄 수는 없고 그림만을 보여 줄 수 있다"라고 말한다면 … 내가 그에게 이 그림을 사용하는 기술을 가르친 적이 없다는 것이 불합리하다.

『성경』의 주제를 그린 그림의 역할과 신이 아담을 창조하는 그림의 역할이 전혀 다르다는 것은 자명하다. 여러분은 이런 질문을 던질 수 있을 것이다. "미켈란젤로는 방주에 있는 노아가 이렇게 생겼고 아담을 창조하는 신은 이렇게 생겼다고 생각했는가?" 그는 신이나 아담이 이 그림에 나온 대로 생겼다고는 말하지 않았을 것이다. (LC, 63쪽)

미켈란젤로의 「천지창조」는 사실 그대로를 보고 그린 정물화나 초상화가 아닙니다. 기독교인에게 그 그림은 전혀 다른 방식으로 사용됩니다. 우리는 비트겐슈타인이 종교의 핵심을 그림의 사용에 두었음을 상기할 필요가 있습니다. 이를 이해하기 위해 그림의 일반적 사용부터 살펴보겠습니다. 그림은 무엇에 관한 그림입니다. 그림과 그 대상(무엇) 사이에는 재현의 관계가 성립합니다. 야자수를 그린 그림의 경우 그림의 각 부분은 야자수의 각 부분에 대응합니다. 그림의 이러한 사용을 익히게 되면 우리는 야자수가 없더라도 야자수 그림만 보고도 야자수를 마음속에 투사할 수 있습니다. 우리는 재현과 투사가 별다른 해석의 매개 없이 작동한다고 생각합니다.

이번에는 일람표에 대한 이해를 살펴보겠습니다. 일람표의 왼쪽 열에는 흰색, 검정색, 파랑색, 노란색이라는 낱말이, 오른쪽 열에는 흰색, 검정색, 파랑색, 노란색 견본이 차례로 배열되어 있습니다. 우리는 일람표를 보며 각 낱말이 각 색에 대응한다고 이해합니다. 이때 우리는 다음과 같은 해석의 도식을 전제하고 있는 것입니다.

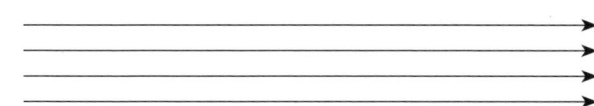

이번에는 다른 일람표를 살펴보겠습니다. 일람표의 왼쪽 열에는 흰색, 검정색, 파랑색, 노란색이라는 낱말이, 오른쪽 열에는 노란색, 흰색, 검정색, 파랑색 견본이 차례로 배열되어 있습니다. 우리는 이 일람표가 잘못된 것이라고 생각할 수 있습니다. 각 행이 서로 대응하지 않기 때문입니다. 그러나 이 일람표를 다음과 같은 해석의 도식에 따라 읽으면 대응을 복원할 수 있습니다.

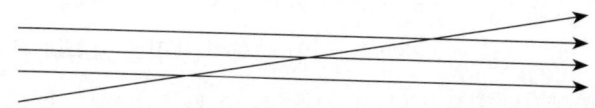

이번에는 다음의 그림을 살펴보겠습니다. 그림 속 인물은 오른손을 들고 있고 다른 그림 속 인물은 왼손을 들고 있습니다. 두 그림은 대응의 관계에 있지 않다고 할 수 있습니다. 그러나 한 그림이 다른 그림의 거울 속 좌우 반전이라고 해석하면 대응을 복원할 수 있습니다.

위의 예가 시사하는 것은 그림, 일람표, 재현, 대응, 투사가 여러

방식으로 사용될 수 있다는 점입니다. 즉 재현, 대응, 투사는 그림이나 일람표에 단 하나의 방식으로 내재되어 있는 것이 아니라는 점입니다. 그런데도 우리는 하나의 사용 방식에 익숙해져 있어 다른 사용 방식을 잘못된 것으로 간주하는 것입니다.

미켈란젤로의 그림 「천지창조」를 보고 비종교인은 다음과 같이 말할 수 있습니다. "그것은 하나의 허구이다. 그림의 대상이 존재하지 않기 때문이다. 보지도 않고 본 것처럼 그린 그림에는 진실성이 없다." 그는 그림의 의미를 대응 관계에서 찾고 있습니다. 그림은 정물화나 초상화처럼 실재하는 어떤 것을 그려야 한다는 식의, 그림에 대한 한 가지 이해 방식에 사로잡혀 있는 것입니다. 반면 기독교인은 「천지창조」를 비종교인과는 다른 방식으로 사용합니다. 기독교인은 저 그림을 자신의 종교관, 세계관, 인생관의 총화로 이해합니다. 그는 종교적 그림에서 자신의 믿음을 확인받습니다. 종교적 그림은 이처럼 종교인의 삶에 깊이 녹아 있습니다. 허구인 소설이 독자에게는 의미 있게 다가오듯이 종교적 그림도 종교인의 삶에 의미 있게 다가옵니다. 「천지창조」는 인간과 세계가 신의 피조물이며 신의 선물이라는 기독교의 가르침을 잘 구현해 내고 있습니다.

질문 종교의 그림은 아무것도 재현하지 않는 허구가 아닐까요? 종교인의 언어, 종교 경전의 이야기는 과연 믿을 수 있는 것인가요? 비트겐슈타인은 이러한 질문 자체를 비종교적이라고 하겠지만, 결국 종교적 그림과 언어는 동화 속 그림이나 소설과 다를 바 없지 않을까요?

답변 재현(再現; represent)이라는 말은 현전(現前; present)에 반복(再; re)을 뜻하는 접두어가 부가되어 있습니다. 현전하는 야자수는 그것에 대한 그림에서 재구성됩니다. 그 둘 사이에는 재현의 관계가 성립하는 것으로 전제됩니다. 그런데 야자수는 질감과 형태를 갖는 3차원적 존재인데 그것을 어찌 선과 색으로 이루어진 2차원적 그림이 재현할 수 있을까요? 투사라는 해석이 개재하기 때문입니다. 투사의 방법은 사람이 보고 재구성한 그림에 내재되어 있지는 않습니다. 투사의 방법을 익히지 못한 어린아이는 그림을 이해하지 못할 수도 있습니다. 투사의 방법은 그 그림의 이해와 사용의 방법이기도 합니다. 그런데 이해와 사용의 방법을 익힌다는 것은 그림의 문법을 익히는 것입니다. (앞서의 색 일람표의 사용 방법을 익힌다는 것은 그 일람표의 문법을 익히는 것에 해당합니다.) 종교적 그림이 허구라는 주장은 정물화나 풍경화의 문법을 모든 그림에 무차별로 적용한 데서 비롯됩니다. 그러나 종교적 그림의 문법은 정물화나 풍경화의 문법과 다릅니다. 종교적 그림의 요점은 정신적, 도덕적인 데 있습니다. 창조의 성스러움을, 세상만물이 신의 선물임을 보여 주는 것이 종교적 그림입니다. 『성경』의 아담과 노아가 미켈란젤로가 그림에서 재현한 대로 생겼는지가 문제가 아닌 것입니다. 그림이 실물을 재현한다고 했을 때 그림 자체가 절로 실물을 재현하는 것은 아닙니다. 거기에는 사람의 해석, 그림의 사용이 개재되며 이는 봄(seeing), 교육, 훈련, 숙달과 같은 실천을 동반합니다.

질문 그림의 대상을 실재하는 것에 국한할 필요는 없습니다. 그림의 대상이 실재하지 않는다고 그림이 의미를 잃는 것은 아닙니다. 실재를 그린 것이 아닌 종교적 그림이 큰 의미나 지침으로 작용할 수 있는 것입니다. 실물을 있는 그대로 재현하는 것으로 국한시키는 처사는 그림의 다양한 기능을 오해한 데서 비롯된 것이 아닐까요?

답변 예술사에도 그림이 실재를 묘사한다는 것으로 간주하는 시기가 있었지만, 이는 사진기의 발명으로 도전받게 되었습니다. 사진기의 등장에 따라 그림이 사실을 재현하는 몫이 줄어들게 된 것입니다. 예술에서 기술로 재현의 전이가 일어난 셈입니다. 그러나 예술사에 자생적인 주제가 존재하지 않았던 것은 아닙니다. 자생적인 주제란 다음의 두 가지를 말합니다. 첫째, 예술은 실재의 재현에 머물 필요가 없습니다. 예술과 과학은 서로 같지 않으며 예술의 표현은 재현만을 의미하지는 않습니다. 예술은 세계관, 인생관, 인간의 정서 등을 표현합니다. 재현으로부터 해방이 됨으로써 예술에는 다양한 종류의 표현이 만개하게 되는 것입니다.

둘째, 실재는 다양한 얼굴을 하고 있는 까닭에 그것을 재현하려는 예술에 다양한 사조와 유파를 낳게 됩니다. 예술에서 실재에 대한 접근 방법이 실재의 다양성만큼 다양해진 것입니다. 요컨대 예술의 기능은 다양하며 예술의 한 기능을 재현으로 간주하더라도 재현의 방식 또한 다양하다는 것입니다. 과학도 마찬가지라고 생각합니다. 과학이 실재에 대한 이해를 독점하고 있는 것이 아닐뿐더러 과학이 드러내는 실재에도 다양한 층위와 면모가 있습니다. 실재의 문제를 과학을 기준으로 삼아 그리로 환원하려는 생각은 성급한 것입니다. 종교 바깥의 기준으로 종교를 해석하면 종교는 미신에 불과해 보일 수 있지만, 종교는 종교를 기준으로 해석해야겠습니다.

3.

지금까지의 논의를 토대로 현대 신학과 종교철학의 지형도를 기준의 소재를 중심으로 다음과 같이 달리 분류해 볼 수 있겠습니다.[16]

(1) 외재론(externalism)

종교의 의미와 내용을 종교 바깥의 객관적 기준으로 평가하는 입장입니다. 외재론은 종교도 과학과 동일한 방법으로 정당화될 수 있다는 자연신학과, 과학적 방법으로 종교를 논파할 수 있다는 무신론으로 양분됩니다.

(2) 내재론(internalism)

종교와 과학은 저마다의 고유한 존재 기준을 가지므로 각 종교가 신봉하는 신은 그 종교에서 존재하며 존재의 기준 역시 그 안에서 찾아야 한다는 입장입니다. 내재론은 각 종교의 상대성을 인정하는 경우에는 상대주의가 되고, 이성보다 신앙의 우선성을 강조하는 경우에는 신앙형태주의(fideism)가 되며, 종교와 과학 혹은 종교인과 비종교인 사이에 어떠한 공통의 척도도 부재함을 주장할 경우에는 양립불가론이 됩니다.

비트겐슈타인은 내재론에 서는 것으로 간주되어 왔습니다. 그

---

16 이에 대한 자세한 논의는 다음을 참조하십시오. 이승종 2022, 4장.

러나 앞으로 보겠지만 그는 신앙형태주의자나 상대주의자가 아닙니다. 그는 최후의 심판을 믿는 사람과 믿지 않는 사람이 서로 모순의 관계에 있기에 양자 사이의 이해는 불가능하다는 견해에 대해서도 선을 그은 바 있습니다(LC, 55쪽). 이는 그가 양립불가론자가 아님을 시사합니다. 비트겐슈타인이 보기에 양자는 상이한 종교관에도 불구하고 동일한 일상 언어를 사용하고 있습니다. 일상 언어가 둘을 매개하는 공통의 척도인 것입니다. 양립불가론이 옳다면 비종교인은 절대로 종교를 가질 수 없으며 종교인은 절대로 종교를 버릴 수 없겠지만, 이는 사실과 다릅니다. 모태신앙을 가진 경우도 있지만 체험, 성찰, 배움의 과정에서 종교를 갖게 되기도 하고 버리게 되기도 하기 때문입니다.

다시 비트겐슈타인의 「종교적 믿음에 대한 강의」로 돌아와 III의 도입부를 읽겠습니다.

> 오늘 나는 "'죽은' 학부생이 말한다"라는 포스터를 보았다.
> 작은따옴표는 "그가 실제로는 죽지 않았다"라는 것을 의미한다. "그는 사람들이 죽었다고 말하는 의미에서 죽은 것이 아니다. 그가 '죽었다'라는 그들의 말이 아주 정확한 것은 아니다."
> 우리는 "문"(door)에 따옴표를 쳐서 말하지는 않는다.
> 나는 갑자기 이런 생각을 하게 되었다. "어떤 사람이 '그는 통상적 기준으로는 죽었지만 실제로는 죽지 않았다'라고 말한다면─나는 "그는 통상적 기준으로나 우리가 '죽었다'라고 말하는 의미에서나 죽었다"라고 말할 수 있지 않을까?

지금 여러분이 그가 '살아 있다'라고 말한다면, 여러분은 의도적으로 오해를 유발한다는 점에서 언어를 이상한 방식으로 사용하고 있는 것이다. 다른 낱말을 사용해서 "죽은"이라는 낱말이 원래의 의미를 되찾도록 하는 게 어떻겠는가? (LC, 65쪽)

"죽은 학생이 말한다"라는 표현은 일상 언어의 문법에 위배되고 의도적인 오해를 불러일으킬 뿐입니다. 저 표현이 의미 있게 사용되는 방식을 정해 주지 않는 한 혼란과 불통만이 있을 뿐입니다. 이는 일상 언어와 절연해서는 내재론조차도 성립할 수 없음을 보여 주는 사례라고 할 수 있습니다. 결국 비트겐슈타인은 외재론은 물론 내재론과도 어울리지 않음을 알게 됩니다. 그는 자신을 어느 학파에도 속하지 않는 철학자로 자리매김한 바 있습니다(Z, §455). 그에게 종교는 일상 언어가 사용되는 사람의 삶 가까이에 있다고 할 수 있겠습니다. 종교인도 사람인 이상 일상 언어를 사용하지 않을 수 없습니다. 종교에서 사용하는 언어나 그림은 비종교인도 이해할 수 있어야 하며, 그 이해는 사용 방식이 알려질 때 가능합니다. 인용문에서 보았듯이 그렇지 않은 사용은 오해와 혼동만을 초래합니다. 종교의 언어와 문법이 있다면 그것 역시 일상 언어로 이해가 될 때에만 그것을 익히고 사용할 수 있습니다.

그림이 무엇을 재현할 수 있는 이유는 재현의 문법 때문입니다. 같은 맥락에서 종교적 그림은 종교의 문법 때문에 종교적 메시지를 담아낼 수 있습니다. 그림의 문법은 그림에 내재된 것이 아니라 그림의 사용을 통해 형성되는 것입니다. 따라서 그림의 사용자가 그림 못지않게 중요합니다. 종교의 언어도 그 언어를 사용하는 종교인과 밀접한 연관을 갖습니다. 예컨대 신의 존재를 믿는다고 말하는 종교인은 그 말로 어떤 사실을 기술하는 것이 아닙니다. 즉 저 말은 고양이의 존재를 믿는다는 말과는 전혀 다른 의미를 갖습니다. 신의 존재를 믿는다는 말은 사실의 기술이 아니라 신앙의 고백인 것입니다. 신이 존재하는 세계관하에서 삶은 신의 은총으로 여겨지며, 종교적 그림은 비로소 본래적 의미와 사용을 갖게 됩니다.

비트겐슈타인은 다음과 같이 말합니다.

> 우리는 여기서 모두 "죽음"이라는 낱말을 사용하고 있는데 이는 [사용의] 모든 기술(技術)을 갖는 공적인 도구이다. 그런데 어떤 사람이 자기가 죽음에 대한 하나의 관념을 갖고 있다고 말한다.
> […]
> 그는 "나는 죽음에 대한 나 자신의 사적 관념을 갖고 있다"라고 말할지 모른다—그것이 여러분이 죽음과 연결 짓는 것이 아니라면 왜 이를 '죽음에 대한 하나의 관념'이라고 부르는가? 비록 이것[그의 사적 관념][17]이 우리의 관심사가 아닐지라도 말이다. [이 경우에] 그것은 우리 모두가 알고 이해하는, '죽음'이라는 말을 사용하는 게임에 속하지 않는다.

17　배럿은 '이것'을 [ ]를 사용해 '여러분의 관념'으로 풀어놓고 있는데, 문맥상 '이것'은 '그의 사적 관념'으로 보는 게 더 적절합니다.

그가 자신의 "죽음에 대한 관념"이라고 일컬은 게 적절한 것이려면 그것은 우리의 게임의 일부여야 한다.
'죽음에 대한 나의 관념은 영혼과 육체의 분리이다'—우리가 이 말을 어떻게 사용할지 안다면.
[…]
그가 이렇게 말한다면 나는 그가 앞으로 어떤 귀결을 이끌어 낼지 아직 모르겠다. 그가 이를 무엇에 대비시킬는지 모르겠다.

루이: "그것을 사멸과 대비시켜 보시죠."

여러분이 내게 "당신은 사멸하나요?"라고 묻는다면, 나는 당황할 것이다. 이게 정확히 무슨 뜻인지 모를 것이다. "당신이 사멸하지 않는다면 당신은 죽은 뒤에도 고통을 겪게 될 거요." (LC, 68~70쪽)

비트겐슈타인은 공적 도구로서의 일상 언어를 기반으로 삼은 다음, 거기서 사멸을 의미하는 죽음이라는 낱말이 그와는 다르게 사용되는 경우의 한 예로 영혼과 육체의 분리로서 죽음의 관념을 살핍니다. 이를 위해 그는 저러한 관념이 어떻게 사용되는지, 그로부터 어떤 귀결을 이끌어 내는지, 무엇을 그 관념에 대비시키는지 등을 따져봅니다. 이러한 작업이 수행되기 전까지는 우리는 죽음에 대한 저 관념을 이해할 수 없다는 것입니다.
비트겐슈타인은 다음과 같이 말합니다.

요는 이것이 잘 알려진 낱말임에도, 그리고 내가 한 문장에서 다른 문장이나 그림으로 이행할 수 있음에도 [나는 당신이 이 진술로부터 어떤 귀결을 이끌어 낼지 모르겠다].

어떤 사람이 이렇게 말했다고 가정해 보자. "비트겐슈타인, 당신은 무엇을 믿나요? 당신은 회의론자인가요? 당신은 사후에도 생존하게 될지 알고 있나요?" 나는 사실 정말로 이렇게 말할 것이다. "뭐라 해야 할지 모르겠네. 나도 몰라." 왜냐하면 내가 "나는 사멸하지 않아" 등을 말할 때 내 말을 확실히 파악하지 못하고 있기 때문이다. (LC, 70쪽)

죽음에 대해 사멸이 아닌 다른 관념을 갖는 사람을 이해하려면 그가 갖는 관념이 정확히 어떤 것인지를 이해할 필요가 있습니다. 그 관념이 영혼과 육체의 분리를 골자로 하고 있다면 그것에 대해 좀 더 자세히 알아야 합니다. 다른 한편으로는 그것이 우리에게 익숙한, 사멸로서의 죽음과는 얼마나 다르거나 유사한지도 따져봐야 합니다. 이 작업에서 우리가 의존하는 것은 공적인 일상 언어와 거기에서 '죽음'이라는 낱말의 사용입니다.[18] 그로부터 완전히 동떨어진 관념은 이해가 불가능하거나 우리의 관심을 끌지 못합니다.

비트겐슈타인은 죽음이 사멸이 아니라 영혼과 육체의 분리라는

---

18 허드슨은 상대의 관념을 이해하는 것과 그 관념을 우리의 관념과 대조해 보는 것을 양자택일의 문제로 대립시키고 있는데(Hudson 1975, 164쪽), 이는 잘못된 구도입니다. 저 둘은 이해의 과정에서 종종 함께 일어납니다. 허드슨은 이해와 인정을 혼동하고 있습니다. 우리가 상대의 관념을 이해하는 것과 그것을 인정하는 것은 서로 다른 차원의 문제입니다.

관념을 명확히 해 줄 다음과 같은 해석을 검토합니다.

> 심령론자가 한 종류의 관련을 만들어 낸다.
> 심령론자는 "유령" 등을 말한다. 그가 제시하는 그림을 좋아하지는 않지만, 나는 명확한 관념을 갖게 된다. 내가 알기로는 어떤 사람들은 이 말을 모종의 검증과 연결 짓는다. 내가 알기로는 어떤 사람들—예컨대 종교인들—은 그렇지 않다—그들은 검증에 호소하는 대신 전혀 다른 관념을 갖고 있다. (LC, 70쪽)

비트겐슈타인은 심령론자의 그림에서 사멸이 아닌 영혼과 육체의 분리로서의 죽음에 대한 하나의 명확한 관념을 갖게 된다고 말하고 있습니다. 이 그림은 종교인의 관념과 닮았습니다. 그러나 비트겐슈타인은 이 해석을 검증하려는 시도를 종교적인 것으로 보지는 않습니다. 앞서 보았듯이 그러한 시도는 저 해석을 미신으로 만들 뿐입니다. 그가 인용문 말미에서 말하는 전혀 다른 관념이 무엇인지를 밝히지는 않았지만, 저는 영혼과 육체의 분리로서의 죽음을 구원의 문제와 연결 짓는 관념일 수 있다고 봅니다.

4.

다시 「종교적 믿음에 대한 강의」를 읽겠습니다. 비트겐슈타인은 다음과 같이 말합니다.

중국으로 떠나는 어떤 사람이 다시는 나를 볼 수 없을지도 모르겠다는 생각에 내게 "우리는 죽은 뒤에나 볼지 모르겠군"이라고 말했다고 가정해 보자—나는 반드시 무슨 말인지 모르겠다고 말할까? 나는 그저 "그래. 나는 그를 완전히 **이해해**"라고 말[하길 원]할 수 있을 것이다.

루이: "그 말은 이 경우에 그가 어떤 태도를 취했다는 뜻일 수 있을 것입니다."

나는 "아니, 그것은 "내가 당신을 좋아해"라는 말이 아니야"라고 말하겠다—그리고 그것은 다른 어떤 말과도 같지 않을 것이다. 그것은 그 말이 표현하는 그대로이다. 왜 그것을 다른 표현으로 대체할 수 있어야 하는가? (LC, 70~71쪽)

루이는 "우리는 죽은 뒤에나 볼지 모르겠군"이라는 말을 문자 그대로 이해하기보다 그 말을 한 사람이 상대방을 그만큼 좋아하는 태도를 취했다는 뜻으로 읽었습니다. 그러나 비트겐슈타인은 그 말이 표현하는 그대로의 말을 하고 있을 뿐 달리 다른 어떤 말로 대체될 수 없다고 반박합니다. 이는 종교적 언어가 비종교적 언어로 대체될 수 있다는 정서주의적 종교관에 대한 비판으로 새길 수 있겠습니다. 종교는 종교 이외의 것의 대용물이 아님을 말하고 있습니다. 종교의 언어는 대체 불가능한 고유의 것입니다. 그렇다고 비종교인이 종교의 언어를 이해할 수 없다거나 종교인과 비종교인 사이에 언어상의 통약 불가능성이 놓여 있는 것으로 과잉 해석해서는 안 됩니다. 둘 다 일상 언어를 사용하고 있으며 종교인의 독특한 언어 사용이 비록 일상 언어로 대체되지는 못할지언정, 비종교인은 종교인의 언어 사용법을 배우고 익힐 수 있습니다. 만일 그것이 불가능하다면 어떠한 비종교인도 종교를 가질 수 없게 되는 역설이 발생합니다.[19] 요컨대 종교인과 비종교인은 세계관에서는 통약이 불가능하지만 상호 간의 언어적 소통은 열려 있습니다.[20]

윤유석 (a) 종교에서 사용하는 언어나 그림은 비종교인도 이해할 수 있어야 하며, 그 이해는 사용 방식이 알려질 때 가능하다는 주장과 (b) 종교인의 독특한 언어 사용이 일상 언어로 대체되지는 못한다는 주장이 얼핏 모순된 것 같습니다. 종교언어가 일상 언어의 '은유적' 사용이라고 생각하면 될까요? 종교언어도 일상 언어와 분리되어 있지 않지만, 은유를 다른 방식의 서술로 완전히 환원할 수 없는 것처럼 종교언어도 다른 방식의 서술로 완전히 환원할 수는 없다고 생각하면 될까요? (하지만 이 경우 은유가 과연 일상 언어인지가 다시

---

19   비트겐슈타인은 다음과 같이 말합니다.

  내가 이해하지 못하는 언어는 언어가 아니다. (MS 109, 196쪽)

  다른 언어 사용자에게 우리의 언어를 가르치는 것이 언제나 가능하다고 우리가 전제한다는 것은 중요한 사실이다. (RPP I, §644)

20   쿠쉬(Martin Kusch)는 종교인과 비종교인 사이의 언어적 통약 불가능성을 논파하면서도 양자 사이의 세계관이 통약 불가능함은 부각시키지 않고 있습니다. 이에 대해서는 다음을 참조하십시오. Kusch 2011.

문제가 되지 않을까요?)

답변 종교에서 사용하는 언어나 그림은 비종교인도 이해할 수 있지만 이해의 깊이에 차이가 있겠습니다. 비종교인의 이해는 믿음을 동반하고 있지 않기 때문에 믿음을 동반하는 종교인의 이해에 비해 얕을 수밖에 없습니다. 종교언어가 일상 언어의 '은유적' 사용이라는 유석 씨의 제안은 비트겐슈타인과는 맞지 않습니다. 그는 종교에서 말은 은유가 아니며 그 까닭은 그것이 은유라면 같은 것을 산문으로 말하는 것도 가능해야 할 것이기 때문이라고 했습니다(WVC, 117쪽).

비트겐슈타인은 다음과 같이 계속합니다.

내가 "그는 그림을 사용한 것이다"라고 말한다고 가정해 보자. "그는 아마 자신이 틀렸음을 이제 알게 될 것이다." 이는 무슨 말인가?
"신은 눈으로 모든 것을 보고 계신다"—나는 이에 대해 그림을 사용한 것이라고 말하고자 한다.
나는 그[말을 하는 사람]를 폄하하려는 것이 아니다.
내가 그에게 "당신은 그림을 사용했다"라고 말하자, 그는 "아니다. 이게 전부가 아니다"라고 말했다고 가정해 보자—그는 나를 오해한 게 아닐까? 이[를 말함]로써 나는 무엇을 하고자 하는가? 그와 나 사이 이견의 진정한 기준은 무엇일까?

루이: "그가 만일 '나는 [죽음을] 준비하고 있었다'라고 말한다면 어떨까요?

그렇다. 그 자신이 그 말을 예상하지 않은 방식으로 사용한다면, 혹은 그가 예상하지 않은 방식으로 결론을 이끌어 낸다면—이는 이견에 해당할 수 있다. 나는 사용의 특별한 기술(技術)에 관심을 두고자 했을 뿐이다. 내가 예상하지 않은 기술을 그가 사용한다면 우리 사이에는 이견이 있게 마련이다.

스마이티스: 그림을 사용과 연결 짓는 것—이게 그가 하는 것의 전부는 아니지요.

비트겐슈타인: 그건 말이 안 되지. 여러분은 어떤 결론을 이끌어 내고자 하는가? 등이 내가 의미했던 바다. 신의 눈과 관련해 눈썹도 언급할 것인가?
"그는 이러이러하게도 말할 수 있었다"—"태도"라는 말에 이것[이 고찰]의 조짐이 보인다. 그는 다른 어떤 것을 말할 수 없었다.
그가 그림을 사용했다는 내 말은 그 자신이 말하지 않을 어떤 것을 말하고자 하는 것이 아니다.[21] 나는 그가 이 결론을 이끌어 낸다고 말하고자 하는 것이다.

---

21 원문은 다음과 같습니다.

If I say he used a picture, I don't want to say anything he himself wouldn't say.

그가 어떤 그림을 사용하는지가 다른 무엇보다도 중요하지 않은가?

[…]

그가 그림을 사용한다고 내가 말할 때 나는 단지 **문법적** 고찰을 하고 있을 뿐이다. [내가 한 말은] 그가 이끌어 내거나 이끌어 내지 않은 귀결에 의해 검증될 수 있을 뿐이다.

스마이티스는 이에 동의하지 않지만 나는 그 이유를 모르겠다.

내가 묘사하고자 했던 바는 그가 이끌어 내고자 했던 규약[22]이었다. 내가 그 이상을 말하고자 했다면 나는 철학적으로 독선에 빠진 셈이었다. (LC, 71~72쪽)

이영철 교수는 이를 다음과 같이 번역하고 있습니다. (아울러 이 교수의 번역에는 그다음 단락이 빠져 있습니다.)

> 내가 그는 하나의 그림을 사용했다고 말한다면, 나는 그 자신이 말하지 않을 어떤 것을 말하기를 원하지 않는다. (비트겐슈타인 2016, 171쪽)

서광선·정대현 교수는 같은 원문을 다음과 같이 번역하고 있습니다.

> 종교인들이 하나의 그림을 사용한다고 내가 말할 때 종교인 스스로가 말하지 않는 것을 말하려고 하지 않는다. (서광선·정대현 1980, 257쪽)

원문과 번역문을 대조해 봄으로써 번역자의 어투가 서로 어떻게 다른지, 어떤 번역이 나은지를 가늠해 볼 수 있겠습니다.

---

22 배럿은 규약(conventions)을 결론(conclusion)의 오타로 봅니다(Barrett 1991, 267쪽). 저는 그것이 귀결(consequence)의 오타일 수도 있다고 봅니다.

비트겐슈타인은 종교의 본질을 그림의 사용에서 찾는 반면, 스마이티스는 그것 이상이라고 맞섭니다. 그러나 비트겐슈타인은 스마이티스의 반론을 일축하면서 종교인이 어떤 그림을 사용하는지가 가장 중요하다고 주장합니다. 종교인은 신이 눈으로 모든 것을 보는 그림을 그의 전지전능함을 보여 주는 용도로 사용합니다. 반면 이 그림에서 신의 눈썹이 어떠한지는 언급할 만한 중요한 사안이 아닙니다. 이것이 비트겐슈타인이 말한 "사용의 특별한 기술(技術)"의 한 예에 해당합니다. 다른 곳에서 그는 사용의 기술을 문법이라 부르기도 합니다. 저 기술에 대한 관심에서 그는 문법적 고찰을 수행하는 것입니다. 그는 종교의 언어를 다른 언어나 태도로 대신하여 표현할 수는 없으며, 종교의 그림 역시 마찬가지라고 보았습니다.

우리는 언어를 통해 세계를 이해합니다. 마찬가지로 우리는 종교의 언어를 익히면서 종교를 이해하게 됩니다. 비트겐슈타인은 언어의 의미를 사용에서 찾았으며 사용의 규칙을 문법으로 보았습니다. 종교적 그림도 언어와 마찬가지로 사용이 그 의미에 해당합니다. 우리는 앞서 최후의 심판, 천지창조에 대한 종교적 그림의 문법이 정물화나 초상화의 문법과는 다름을 보았습니다. 예컨대 비종교인은 종교적 그림을 보고서 이것이 언제 일어난(혹은 일어날) 일인지를 묻지만, 이러한 물음은 종교적 물음이 아닙니다. 반면 종교인은 그 그림을 자신의 삶에 투영시켜 그림의 메시지를 스스로에게 환기시켜 체화하려 합니다.

스마이티스와의 토론 과정에서 비트겐슈타인은 종교인이 종교적 그림을 자신의 삶에 어떻게 연결 짓는지를 종교의 관건으로 삼았습니다. 우리는 신의 존재 문제 역시 어떤 것이 존재하는지에 대한 통상적인 문제와는 다름을 보았습니다. 종교인이 신을 믿는다고 할 때 그 믿음은 그에 대응하는 대상이 존재하는지의 여부에 초점을 두기보다는, 그 믿음이 그의 삶에 어떻게 연결되어 있는지에 초점을 두어야 할 것입니다. 종래의 신학과 종교철학은 종교적 믿음의 합리성을 규명하고자 했습니다. 그러나 비트겐슈타인은 이것이 철학적 독선이라고 생각했습니다. 대신 그는 종교인과 비종교인의 차이를 종교적 그림의 사용에 초점을 두어 밝히고자 했습니다.

종교를 중요하지만 무의미한 것으로 보아 침묵의 영역에 묶어두었던 『논고』의 종교관에 비해, 종교의 핵심을 종교적 그림의 사용에서 찾은 「종교적 믿음에 대한 강의」는 비트겐슈타인의 종교관이 새로운 진전을 이루어내고 있음을 보여 줍니다. 그러나 "일반적으로 그림만큼 낱말의 의미를 잘 설명해 주는 것도 없다"(LC, 63쪽)는 그의 말은 『탐구』의 전반부에서 자신이 이미 논파한 바 있는 『논고』의 언어의 그림이론을 연상케 합니다. 저 말은 그림이 아니라 그림의 사용이 낱말의 의미를 설명해 준다는 취지로 고쳐 읽어야 합니다. 그럼에도 과연 종교의 메시지가 종교적 그림의 사용으로 모두 표현될 수 있는지에 대해 저는 의심합니다. 예컨대 모든 것이 고통이고(一切皆苦), 영원하지 않으며(諸行無常), 나는 존재하지 않는다(諸法無我)는 불교의 삼법인(三法印)은 모두 비표상적인 깨달음에 해당하는데 어떤 그림이 그것을 각각 담아낼 수 있겠습니까? 표상에 해당하는 그림과 비표상적인 종교의 진리는 오히려 상극에 가깝다고 생각합니다. 하느님을 형상화하거나 우상화하지 말라는 『성경』의 말이나 불상(佛像)을 만들지 말라는 석가모니의 유언도 이러한 취지를 담고 있는 것으로 해석해 볼 수 있습니다. 따라서 비트겐슈타인의 종교관은 종교의 이해에 공헌한 바도 많지만, 나름의 한계를 지니고 있는 것으로 평가됩니다.

3장

황필호 교수의 「비트겐슈타인의 종교관」

1.

우리는 지금까지 살펴본 비트겐슈타인의 「종교적 믿음에 대한 강의」를 대본으로 한 황필호 교수의 논문 「비트겐슈타인의 종교관: 『종교신앙에 대한 강의』²³ 제1장을 중심으로」를 읽어 보겠습니다.

    황필호 교수는 비트겐슈타인의 종교관을 일목요연하게 기술하는 것은 거의 불가능한 일이라면서, 현대 신학을 완전히 이해하려는 사람은 먼저 그의 사상에 대한 "어느 정도의 지식을 가지고 있어야 한다"라는 허드슨의 견해로 논문의 「머리말」을 시작합니다(황필호 1996a, 287쪽). 그러나 저는 「종교적 믿음에 대한 강의」는 비트겐슈타

---

23 우리가 「종교적 믿음에 대한 강의」라고 부른 비트겐슈타인의 강의를 황필호 교수는 『종교신앙에 대한 강의』로 표기하고 있습니다.

인의 사상에 대한 사전 지식 없이도 읽을 수 있다고 봅니다.

비트겐슈타인은 스물한 살이던 1910년에서 1911년 초 사이에 안첸그루버(Ludwig Anzengruber)의 연극 『십자가 원판』을 관람하고 나서 종교에 대한 태도가 바뀌었습니다. 극 중 한 사람이 이 세상에 무슨 일이 일어나든 **그에게** 나쁜 일이 일어날 수 없다고 말했습니다. **그는** 운명과 상황으로부터 독립적이었습니다. 이 스토아적 사유가 비트겐슈타인을 사로잡았고 거기서 최초로 종교의 가능성을 보았습니다(Malcolm 1958, 58쪽).

비트겐슈타인은 1929년에 케임브리지에서 행한 「윤리학에 대한 강의」(LE)에서 개인적이기는 하나 중요한 경험을 몇 가지 꼽고 있습니다. 그중 하나는 **절대적으로** 안전하다는 느낌입니다. (이는 안첸그루버의 영향으로 여겨집니다.) 그는 삶에서 펼쳐지는 행복, 불행, 기쁨, 고통, 성취, 좌절 등의 다양한 파노라마로부터 초연해 절대적 안정과 평정을 유지하고자 했던 것입니다. 다른 하나는 **세계의 존재에 대한 경이**입니다. 저는 다른 곳에서 이 경이를 하이데거의 존재론에 견주어 논의한 바 있습니다(이승종 2010, 4장을 참조하십시오). 이 둘이 그의 윤리와 종교와 철학을 떠받쳐주는 원초적 경험이었으리라 추정합니다.

황필호 교수가 인용한 허드슨의 구절에는 비트겐슈타인이 종교를 하나의 삶의 형식으로 보았다고 믿는다는 맬컴의 말이 인용되어 있습니다(Malcolm 1958, 60쪽). 그러나 맬컴의 해석대로라면 종교를 갖지 않은 사람은 종교인과는 다른 삶의 형식을 갖는다는 귀결이 따라 나오게 되는데, 삶의 형식에 대한 이러한 상대주의적/다원주의적 견해는 비트겐슈타인에게서는 발견되지 않습니다.

황필호 교수는 「머리말」의 말미에서 비트겐슈타인의 종교관을 종교에 대한 "심리적 접근"(황필호 1996a, 288쪽)이라고 규정하는데 이는 오해의 소지가 있는 표현입니다. 종교적 믿음에 대한 철학적 접근이 비트겐슈타인이 「종교적 믿음에 대한 강의」에서 취한 시각이기 때문입니다.

황필호 교수는 논문의 2절 「종교와 논리」에서 "종교신앙은 논리의 대상이 아니라는 것"(황필호 1996a, 289쪽)이 비트겐슈타인의 답변이라고 말하고 있습니다. 그러나 그보다는 종교적 믿음이 정당화와 무관하다는 것이 비트겐슈타인의 의중에 더 가깝다고 봅니다. 기독교에서 말하는 최후의 심판은 그것을 믿는 사람에게나 믿지 않는 사람에게나 문자적으로는 같은 의미를 갖지만 그것이 그들의 삶과 행동에 미치는 영향에는 차이가 있으며, 이것이 믿는 사람과 믿지 않는 사람을 구분 짓습니다. 전자는 최후의 심판에 대한 과학적 증거에 대해 부정적인 태도를 취합니다. 증거 대기는 신앙의 핵심을 놓치는 것이라는 생각에서입니다. 일상인의 믿음과 종교인의 신앙은 구별되어야 합니다.

질문 종교에서는 앎보다 믿음이 중요하며, 믿음을 통해서 앎을 이끌어 낸다고 보아야 하지 않습니까?

답변 신의 존재 증명이 신학사와 철학사에 자주 등장하는 까닭은 자신의 믿음이 옳음을 정당화하고자 하는 종교인들의 욕구 때문이었습니다. 그러나 비트겐슈타인은 참인 것으로 정당화된 믿음으로서의 앎과 종교적 믿음을 서로 구별합니다. 종교적 믿음의 경우에는 정당화가 문제가 아니라는 것입니다. 종교의 핵심인 사랑, 자비, 구원은 앎과는 다른 범주에 속할진대 종교를 객관적 앎의 관점에서 접근하는 신의 존재 증명은 그 시작부터 잘못된 비종교적인 것이라는 게 그 증명에 대한 그의 비판의 요지입니다. 그는 신의 존재 증명이 틀렸다는 데 초점을 두는 게 아니라, 그러한 증명을 통해서는 비종교인으로 하여금 종교적 믿음을 갖게 할 수 없음을 역설하고 있습니다.

질문 종교적 믿음 중에는 일반적으로 믿을 수 있는 것도 있고 그렇지 않은 것도 있지 않습니까? 이 둘은 서로 구분해야 하지 않을까요? 비트겐슈타인은 정당화될 수 없는 것만을 종교적 믿음의 대상으로 보았나요? 그렇지만 전에는 알지 못했던 것을 믿음 이후에 알게 되는 경우도 있지 않습니까? 종교를 통한 깨달음 말입니다.

답변 비트겐슈타인은 종교적 믿음을 정당화와 결부시키는 것이 종교에 대한 잘못된 접근이라고 봅니다. 그가 정당화될 수 없는 것만을 종교적 믿음의 대상으로 보았는지에 대한 질문 역시 정당화의 유무를 잣대로 하고 있다는 점에서 같은 잘못을 범하고 있습니다. 종교를 통해서 얻게 되는 깨달음은 정당화된 참인 믿음이라는 통상적 의미의 앎과는 구별됩니다.

2.

황필호 교수와 달리 저는 종교적 믿음이 과학적 믿음과 구별되지만 그렇다고 논리 법칙까지 위배한다고 보지는 않습니다. 예컨대 동정녀가 아기를 잉태했다거나 예수가 죽은 뒤 부활했다는 물리적 불가능성에 대해서는 상상의 여지가 있습니다만, 논리적 불가능에 대해서는 상상의 여지조차 없다는 점에서 둘은 구별되어야 합니다. 저는 종교적 믿음은 물리적 불가능성에 대해서는 열려 있지만 논리적 불가능성에 대해서는 그렇지 않다고 봅니다.

홍진기 동정녀가 아기를 잉태했다거나 예수가 죽은 뒤 부활했다는 것도 논리적 불가능성에 해당한다고 볼 수는 없습니까? 종교와 논리가 전혀 다른 것이라는 황필호 교수의 주장을 그대로 인정하여 종교와 논리가 양립 불가능하다고 받아들일 수는 없습니까?

이승종 다음과 같은 세 가지 경우를 생각해 보겠습니다.

① 종교: 동정녀가 아기를 잉태했다.
② 논리: 처녀성을 간직하고 있는 동정녀의 상태로는 아기를 잉태할 수 없다면, 동정녀가 아기를 잉태했다는 것은 논리적 불가능성에 해당한다. (홍진기)
③ 과학: 동정녀가 아기를 잉태했다는 것은 과학적으로 불가능하다. 그렇다고 그것이 논리적 불가능성에 해당하지는 않는다.

홍진기 교수님은 종교가 과학과 논리 모두에 위반된다고 보는 데 비해, 저는 종교가 과학은 위반하지만 논리에는 위반되지 않는다고 봅니다. ○을 위반으로, ×를 위반 안 함으로 각각 표기하면 아래와 같습니다.

	종교	
	과학을 위반	논리를 위반
홍진기	○	○
이승종	○	×

예수가 시각 장애자의 눈을 뜨게 하거나, 물 위를 걷는 등 종교가 과학을 위반하는 경우는 다반사입니다. 황필호 교수는 종교가 논리도 위반할 수 있다고 보지만 러셀과 플루(Anthony Flew)는 바로 그러한 비논리성을 들어 종교를 비판했습니다.

홍진기 과학을 위반하는 과정에서 종교는 이미 논리를 위반하고 있다고 봅니다.

손미라 논리는 과학으로부터 오는 것입니다. 그런데 지금은 동정녀도 인공수정에 의해서 아기를 낳을 수 있는 세상이 되었습니다. 이 경우에는 과학기술이 바뀌면 논리도 바뀌어야 하는 것 아닐까요?

김지형 이 경우에는 과학기술이 바뀌면 논리도 바뀔 수 있다고 보는 게 더 적합할 것 같습니다.

이승종 지금까지의 논의들을 다음과 같이 다소 도식적으로 분류해 보겠습니다. 논의의 편의를 위해 과학기술은 과학으로 줄여 표현하겠습니다.

A

(1) 논리와 과학은 별개의 것이다.

(2) 논리와 과학은 서로 영향받지 않는다.

(3) 논리와 과학은 하나가 바뀐다고 다른 하나가 바뀌지는 않는다. → 이승종

B

(1) 논리와 과학은 별개의 것이 아니다.

(2) 과학은 논리에 의존한다.

(3) 논리가 바뀌면 과학도 바뀐다. → 홍진기

C

(1) 논리와 과학은 별개의 것이 아니다.

(2) 논리는 과학에 의존한다.

(3) 과학이 바뀌면 논리도 바뀌어야 한다. → 손미라

D

(1) 논리와 과학은 별개의 것이 아니다.

(2) 논리는 과학에 영향받을 수 있다.

(3) 과학이 바뀌면 논리도 바뀔 수 있다.→ 김지형

이상의 네 입장은 다음과 같이 갈무리할 수 있습니다.

	논리와 과학	논리와 과학의 관계	논리와 과학의 변화 가능성
A	별개의 것이다	서로 영향받지 않는다	하나가 바뀐다고 다른 하나가 바뀌지는 않는다
B	별개의 것이 아니다	과학이 논리에 의존한다	논리가 바뀌면 과학도 바뀐다
C	별개의 것이 아니다	논리가 과학에 의존한다	과학이 바뀌면 논리도 바뀌어야 한다
D	별개의 것이 아니다	논리가 과학에 영향받을 수 있다	과학이 바뀌면 논리도 바뀔 수 있다

각각의 입장을 부연해 보면 다음과 같습니다.

A

논리가 문장과 문장 사이의 추론 관계에 주목한다는 점에서 논리의 법칙은 사유의 법칙인 반면, 과학이 자연의 구조와 운행에 주목한다는 점에서 과학의 법칙은 자연의 섭리를 형식화한 것이다. 그러므로 논리와 과학은 그 범주에서부터 구별되는 별개의 것이다.

B

과학이 설정한 가설은 실험과 관찰에 의해 검증될 때 비로소 법칙의 지위를 획득한다. 그런데 과학의 가설이나 법칙도 사람의 사유에서 구성된 것이므로 사유의 논리에 의존한다. 유클리드 기하학에 의존한 고전물리학이나 비유클리드 기하학에 의존한 상대성 이론이 그 예이다.

C

사람의 사유는 과학의 대상인 외부 세계와 그에 대한 연구에 영향받는다. 따라서 외부 세계에 대한 연구인 과학이 바뀌면 사유의 논리도 바뀌는 게 당연하다. 양자역학의 대두에 따른 양자논리의 출현이나, 배분법칙의 보편성에 가해진 제한이 그 예이다.

D

사람의 사유는 과학의 대상인 외부 세계와 그에 대한 연구에 영향받지만, 외부 세계에 대한 연구인 과학이 바뀌면 사유의 논리는 바뀔 수도 안 바뀔 수도 있다. 양자논리는 양자역학의 영향을 받아 만들어졌지만, 하나의 대안적 논리이지 기존의 논리를 대체한 것은 아니니다.

우리는 2부의 6장에서 『논고』를 중심으로 신이 곧 논리라는 해석을 도출해 낸 바 있습니다. 논리에 대한 비트겐슈타인의 관심은 『탐구』에 이르러서는 문법에 대한 관심으로 변형되는데 이는 전이가 아닌 변형임에 유의해야 합니다. 그는 논리가 일종의 문법임을 간파한 것입니다.

『탐구』에서 비트겐슈타인은 신과 연관된 다음과 같은 중요한 통찰을 선보이고 있습니다.

어떤 것이 무슨 종류의 대상인지는 문법이 알려 준다. (문법으로서의 신학) (PI, §373)

신학을 신 개념에 대한 문법적 고찰로 이해하는 이 구절은 신을 곧 논리로 보는 저의 해석과 어우러집니다. 여기서의 신학은 신에 관한 말의 이법에 해당하는데 그 이법은 논리인 동시에 문법이기도 합니다. 종교의 논리와 문법은 헤겔의 표현을 빌자면 모순율에 묶여 있는 지성의 논리와는 다른 차원의 논리와 문법인 것입니다(Hegel 1832, 28~29쪽).

3.

최후의 심판에 관한 종교인과 비종교인 사이의 대화에서 보듯이 이들 사이에 의사소통의 단절이 있는 것은 아닙니다. 둘은 같은 어휘를 사용하고 있고, 그 의미를 이해하고 있습니다. 그럼에도 불구하고 본질적 의미에서 둘은 서로를 인정하는 데까지는 이르지 못하고 있습니다. 이해와 인정은 다른 사안이기 때문입니다. 그런데 황필호 교수는 논문의 3절 「세속언어와 종교언어」에서 종교인과 비종교인이 서로 다른 언어와 문법을 사용하고 있다고 봅니다(황필호 1996a, 293쪽). 그는 비트겐슈타인의 용어인 표면(표층) 문법과 심층 문법을 빌려(PI, §664), 비종교인의 언어와 문법을 세속언어와 표면 문법이라 칭하고, 종교인의 언어와 문법을 종교언어와 심층 문법이라고 칭합니다. 그는 이렇게 말합니다.

> 종교언어와 세속언어는 적어도 외형적으로는 아무런 차이점이 없다. […] 종교언어는 표면 문법적으로는 세속언어를 그대로 사용하면서도 언제나 특수한 방법―종교적 방법―으로 사용된다는 사실을 잊지 말아야 한다. (황필호 1996a, 293쪽)

황필호 교수는 "그들[종교인과 비종교인]은 완전히 다른 언어를 사용"(황필호 1996a, 293쪽)한다고 말합니다. 그런데 위의 인용문대로라면 종교인과 비종교인은 완전히 다른 언어를 사용한다기보다는 같은 언어, 즉 세속언어를 달리 사용한다고 보아야 할 것입니다. 비트겐슈타인에 의하면 의미는 사용이므로 종교인과 비종교인은 같은 언어를 다른 의미로 사용하고 있는 것입니다. 세속언어를 표면(표층) 문법에 따른 세속적 방법으로 사용하는 비종교인과 달리, 종교인은 세속언어를 일상에서는 세속적 방법으로, 종교와 관련해서는 심층 문법에 따른 종교적 방법으로 사용하는 양손잡이인 셈입니다. 같은 언어에 대해 서로 다른 문법을 허용한다는 것이 난점인 것 같지만, 같은 언어라도 문맥에 따라 달리 사용될 수 있다는 점을 감안하면 저의 수정안이 무리한 해석으로 여겨지지는 않습니다. 저의 수정안대로라면 세속언어와 구별되는 별도의 종교언어는 존재하지 않게 됩니다.

"저 남자는 늑대다"라는 말의 문자적 의미는 남자가 꼬리 달린 갯과의 포유류라는 것인데, 사람은 갯과에 속하지 않기 때문에 저 말은 틀렸습니다. 그러나 우리는 저 말을 저 남자가 여자에게 음흉한 마음을 품고 있다는 은유적 의미로 이해합니다. 앞서의 용어를 이 경우에 적용해 저 말의 문자적 의미는 표층 문법이 사용된 결과이고, 은유적 의미는 심층 문법이 사용된 결과라 할 수 있을까요? 만일 그렇다면 세속언어에도 심층 문법이 있게 되는 셈입니다.

황필호 교수는 다음과 같이 말합니다.

[…] 우리는 언어의 종교적 의미는 어디까지나 세속적인 의미의 연장이거나 변형에 불과하다는 사실을 잊지 말아야 한다. 한 마디로 종교언어에 대한 세속언어의 '우위성'을 망각하지 말아야 한다.
(황필호 1996a, 294쪽)

그런데 ① 종교적 의미가 세속적인 의미의 연장이나 변형에 불과하여 세속언어가 종교언어에 대해 우위를 차지하고 ② 종교언어의 문법인 심층 문법의 '심층'과 세속언어의 문법인 표층 문법의 '표층'의 경우에는 세속적인 의미상 '심층'이 '표층'에 대해 우위를 차지하므로 ①과 ②는 다음과 같이 서로 상충을 일으키게 됩니다.

① 세속언어 〉 종교언어
② 세속언어의 표층 문법 〈 종교언어의 심층 문법

정작 비트겐슈타인이 표층 문법과 심층 문법으로 종교언어와 세속언어를 구분한 적은 없습니다. 과연 우리가 사용하는 언어에 세속언어, 종교언어 등과 같은 다양한 종류의 언어가 존재한다고 보아야 할까요? 과학언어와 윤리언어도 존재한다고 보아야 할까요? 만일 저러한 언어들이 저마다의 자율성을 가지고 서로 독립되어 있다면 저 언어 사용자들 간의 진정한 대화는 이루어질 수 없을지 모릅니다. 분명 과학은 일상생활에서는 사용되지 않는 텐서, 국소성, 동위원소 등 고유의 용어와 문법을 지니고 있습니다. 그러나 낯설게 여겨지는 이 용어와 그 문법들도 학습을 통해 이해할 수 있는 것들입니다. 즉 그것들은 소위 세속언어와 아무 관계 없이 단절된 다른 언어가 아니라는 것입니다. 옳고 그름, 선함과 악함 등 윤리와 관련된 용어들도 마찬가지입니다. 언어를 세속언어, 종교언어, 과학언어, 윤리언어 등으로 나누는 것은 자연스럽지 못합니다. 세속언어를 이해하는 사람은 다른 언어도 이해할 수 있습니다. 종교인과 비종교인의 삶을 규제하는 방식의 차이가 제대로 부각되지 않는 문제도 있습니다. 종교인과 비종교인은 언어, 문법, 용어에서보다는 세계관, 인생관에서 근본적 차이가 발생한다고 생각합니다.

　　황필호 교수가 세속언어라고 표현한 일상 언어의 문법이 그가 묘사한 것처럼 표면적인 것만은 아닙니다. 앞서 보았듯이 일상 언어는 문자적으로만 사용되는 것이 아니라 은유적으로도 사용됩니다. 문자적 사용이 일차적이고 은유적 사용이 이차적이라고 보기도 어렵습니다. 예컨대 책상의 '다리', 비행기의 '날개' 등은 은유에서 비롯된 표현임에도 일차적으로 사용됩니다. 심층 문법이 종교인의 전유물은 아닌 것입니다. 아울러 종교 역시 비종교인에게 열려 있습니다. 비종교인도 종교를 이해할 수 있습니다. 문제는 이해를 넘어 그것을 수용하고 그것대로 살아갈 것인가에서 갈립니다.

4.

황필호 교수는 논문의 4절 「종교와 실용성」에서 비트겐슈타인이 종교신앙의 실용적인 측면을 인정했다면서, 그가 종교신앙에 근거한 삶을 여러 가지 삶의 형태 중의 하나로 받아들였다고 해석합니다(황필호 1996a, 297쪽). (황필호 교수는 제가 '믿음'으로 번역한 'belief'를 '신앙'으로, 제가 '삶의 형식'으로 번역한 'Lebensform'을 '삶의 형태'로 각각 번역하고 있습니다.) 저는 이러한 해석에 동의하지 않습니다만 그 이전에 「종교적 믿음에 대한 강의」에서 엿볼 수 있는 비트겐슈타인의 사유가 현대 신학과 종교철학의 지형도에서 어디쯤에 위치할는지를 짚어 볼 필요가 있습니다. 그 지형도에서 대표적인 사조로는 다음을 들 수 있습니다.

1) 자연신학

자연신학은 앞서 자연신학적 증명에서 보았듯이 인간의 이성이나 **자연**에서 얻어진 경험에 기초하여 신의 존재를 증명하려 합니다. 그러나 자연신학이 과연 현대 과학과 공존할 수 있는지는 미지수입니다. 갈릴레오 이래로 과학은 신학으로부터 멀어져가고 있습니다. 창조론은 과학으로 인정받지 못하고 있으며, 자연신학은 우연성을 허용하는 양자역학(의 코펜하겐 해석)과 창조를 부인하는 진화론의 도전에 직면해 있습니다. 신학과 철학의 관계도 마찬가지입니다. 현대 철학은 종교와 상극인 물질주의와 허무주의로 점철되어 있고, 자연신학이 그러하듯이 자연철학도 잊혀져 가고 있습니다.

2) 개혁주의 인식론(reformed epistemology)

종교적 교리를 방어하는 변증론이 자명한 것으로 여겨지는 전제로부터 추론을 통해 신의 존재를 이끌어 내려 하는 데 반해, 개혁주의 인식론은 거꾸로 신으로부터 다른 것들을 이끌어 내려 합니다. 그러나 신이 자명한 존재인지에 대해서는 이론의 여지가 있습니다. 왜 선이 패배하고 악이 승리하곤 하는지, 세상의 악에 대해 신은 어떤 책임이 있는지, 무고한 사람이나 종교인이 왜 고초와 박해를 겪는지, 기형으로 태어난 아기에겐 무슨 잘못이 있는지 등에 대해 우리는 알지 못합니다. 이에 대해 종교인은 이런 답변을 할지 모릅니다. "당신은 현실적인 척도에 집착해 신의 뜻을 헤아리지 못하고 있다. 척도는 신이 부여하는 것이다. 그 척도하에서는 고통도 행복일 수 있고, 실패도 성공일 수 있는 것이다. 신이 내리는 은총과 행복은 현세적이 아닌 다른 지평에 있다." 그러나 신의 뜻, 그가 내리는 은총과 행복이 무엇인지 알 수 없다면, 우리는 어떻게 신의 존재를 자명하다고 할 수 있는지 모르겠습니다.

윤유석 틀린 내용은 아니지만 다소 부정확한 서술인 것 같습니다. 제가 알기로, 플란팅가 같은 개혁주의 인식론자들은 '보증된 믿음'(warranted belief)에서 출발하여 다른 지식을 이끌어 내려 합니다.

믿음 중에서 아주 일상적이고 기초적인 수준의 몇몇 믿음들은 그 자체가 지식이라고 여겨질 수 있다는 것이 이들 주장의 요지인 것으로 압니다. 다만, 이런 입장을 견지하는 철학자 중 꽤 많은 분류가 기독교인이다 보니, 신앙의 몇몇 확신들에 대해서도 더 이상 정당화의 근거를 물을 필요가 없다는 방식으로 기독교 변증을 시도하는 것으로 압니다. (어떤 점에서 이 입장은 비트겐슈타인이『확실성에 관하여』에서 제시한 논의와 유사성을 많이 지니고 있는 것도 같은데, 제가 이 주제를 아주 깊이 고민해 본 것은 아니라서 그 두 입장의 공통점과 차이점을 아직 명확히 나누지는 못하겠습니다.)

답변 신의 존재에 대한 믿음이 바로 개혁주의 인식론에서의 보증된 믿음, 아주 일상적이고 기초적인 수준의 믿음에 해당합니다.

3) 신앙형태주의

이성보다 신앙이 앞선다는 신앙주의는 비트겐슈타인의 삶의 형태(형식) 개념에 결부되는 경우에는 통상적으로 신앙형태주의로 번역됩니다. 비트겐슈타인적 신앙형태주의는 종교적 삶의 형태를 포함한 다양한 삶의 형태가 각각의 독특한 논리와 기준을 가지며, 종교적 담론의 이해는 그 종교적 삶의 형태의 내부자에게만 가능하다고 주장합니다. 황필호 교수의 비트겐슈타인 해석도 신앙형태주의를 견지하고 있습니다. 그러나 앞서 보았듯이 이는 비트겐슈타인의 삶의 형식 개념을 오해한 해석일 뿐 아니라 그와는 독립적으로도 잘못된 입장입니다.

신앙형태주의대로라면 종교인과 비종교인뿐 아니라 각각의 종교도 서로에 대해 배타적이 되고 이들 간의 대화나 소통은 불가능하게 되고 맙니다. 그러나 이는 바람직하지 않을뿐더러 종교의 정신과도 맞지 않습니다. 예수는 "수고하고 무거운 짐 진 자들아, 다 내게로 오라"고 했습니다. 기독교인이건 아니건 종교인이건 아니건 신앙의 유무를 떠나 누구에게나 종교의 문을 열어놓은 것입니다. 김수환 추기경과 법정 스님의 경우에서 보듯이 열린 마음의 종교인들에게 종교 간의 대화나 소통의 가능성은 얼마든지 열려 있습니다. 이를 부정하는 것은 이해와 인정을 혼동하는 오류를 범하고 있습니다.

윤유석 개인적인 생각이지만, 흔히 '신앙형태주의'라고 분류되는 철학자들은 오해를 많이 받는 것 같습니다. 테르툴리아누스(Tertullianus), 파스칼(Blaise Pascal), 키르케고르 같은 인물들이 대표적인 신앙형태주의자들로 알려져 있지만, 이들 중 어느 누구도 종교를 신앙공동체 내부에서만 이해될 수 있는 소통 불가능한 세계관이라고 주장하지 않습니다. 단지 테르툴리아누스는 기독교 신앙을 그리스-로마의 철학으로 환원하려는 시도에 대해 (특별히, 영지주의적 세계관으로 환원하려는 시도에 대해) 반대하였을 뿐이고, 파스칼과 키르케고르는 기독교 신앙을 근대의 자연과학이나 윤리학으로 환원하려는 시도에 대해 반대하였을 뿐입니다. 말하자면, 이들은 그리스-로마 문화가 내세우는 합리성이나 근대가 내세우는 합리성으로 기독교 신앙을 정당화하려는 시도를 거부한 것이죠. 종교가 정당화의 문제가 아니라고 본다는 점에서, 이들의 입장과 비트겐슈타인의 입장 사이에는 공명하는 점이 많다고 보입니다.

답변   여기서의 신앙형태주의는 황필호 교수의 입장인 비트겐슈타인적 신앙형태주의를 말합니다.

톨스토이의 단편 「세르기우스 신부」에서 세파에 지쳐 방황하던 세르기우스 신부는 어린 시절의 친구 파셴카를 찾아갑니다. 늙고 수척해진 그녀는 기구한 운명의 희생양으로 가난한 삶을 허덕허덕 살아가고 있었지만, 신부를 반가이 맞아 정성껏 대합니다. 신부는 그런 그녀에게 자신의 부끄러운 과거를 고백하고 나서는 스스로에게 이렇게 말합니다.

> 파셴카는 내가 해야 했건만 결국 하지 못한 그런 일을 했어. 나는 신을 위해 산다는 핑계로 사람들을 위해 살았어. 반면에 그녀는 사람을 위해 산다고 생각하면서 신을 위해 살고 있었어. 그래. 아무런 보상을 기대하지 않고 베푼 물 한 잔처럼, 정말 선한 행동은 내가 사람들에게 베풀고 있었다고 생각했던 은혜보다도 훨씬 더 가치를 지니고 있지. […] 그래. 나처럼 사람의 칭송을 받으려고 살아가는 사람에게 신은 없지. 이제 신을 찾아야겠다. (Tolstoy 1911a, 108~109쪽)

톨스토이는 파셴카의 헌신과 희생, 겸양이 교리와 제식(祭式)에 대한 신부의 지식과 관행보다 더 신앙의 정수에 가까운 것임을 역설하고 있습니다. 교리와 제식에 대한 지식이나 종교적 관행도 헌신과 선행, 겸양의 실천을 수반할 때에야 의미 있는 것이 됩니다. 종교를 삶으로부터 고립시켜 신앙을 위한 신앙을 추구하는 것은 옳지 않습니다. 신앙주의보다는 종교의 핵심이 교리가 아니라 실천에 있다는 메시지를 담고 있는 톨스토이의 저 단편이 비트겐슈타인과 더 잘 어울려 보입니다.

비트겐슈타인은 신학을 문법이라고 했습니다(PI, §373). 우리는 문법을 통해서가 아니라 부모 말을 따라 하며 모국어를 배웁니다. 문법은 나중에 학교에서 배우게 됩니다. 아이가 부모를 믿고 따르듯이 종교인은 신을 믿고 따르다가 나중에야 신학을 통해서 종교 개념의 문법을 배우게 됩니다. 발생론적으로 언어가 문법에 앞서듯이 종교는 신학에 앞섭니다.

황필호 교수는 논문의 5절 「종교와 심리」에서 비트겐슈타인이 (종교적) 그림의 사용을 종교의 핵심으로 보았다는 해석을 전개합니다. 저는 그가 핵심을 잘 짚었다고 평가합니다. 그러나 비트겐슈타인이 종교를 심리적 측면에서 인식했다는 그의 해석에는 동의하지 않습니다(황필호 1996a, 298쪽). (종교적) 그림은 어떤 사건이나 대상에 대한 묘사의 역할을 하는 심리적 표상(이미지)과는 다른 용도를 지닙니다. (종교적) 그림은 사건이나 대상을 묘사한다기보다는 종교인의 삶을 규제하는 준칙을 환기시키는 역할을 합니다. 그 준칙은 그에게 심리적 가변성이 아닌 종교적 불변성을 지닌다고 할 수 있습니다.

5.

황필호 교수는 논문의 6절 「끝나지 않은 맺음말」에서 다음과 같이 말합니다.

> […] 종교인과 비종교인의 차이점은 각기 다른 그림을 사용하는 데서 오는 것인가, 혹은 종교인은 그림을 사용하지만 비종교인은 그림을 전혀 사용하지 않는 데서 오는 것인가? 이 질문에 대하여 한 곳에서는 '각기 다른 그림들'로 설명하고, 다른 곳에서는 '그 그림들을 항상 앞에 내세우는 사람들과 그 그림을 전혀 사용하지 않는 사람들'로 설명한다.
> 이 문제에 대하여 나는 각기 다른 그림들을 사용하는 차이점으로 보고 싶으며, 그가 '그 그림을 사용하지 않는 경우'를 언급할 때도 비종교인은 종교인이 사용하는 바로 그 그림을 사용하지 않고 다른 그림을 사용한다고 보는 것이 비트겐슈타인의 견해며 또한 옳은 견해라고 믿는다. (황필호 1996a, 301쪽)

비트겐슈타인이 종교인과 비종교인의 차이를 서로 다른 그림의 사용으로 보았는지, 아니면 그림의 사용 여부로 보았는지를 가리기 위해서는 그의 「종교적 믿음에 대한 강의」에서 연관된 구절을 다시 읽어 볼 필요가 있겠습니다.

갑은 자신의 행동과 자신에게 일어나는 일을 징벌의 관점에서 말하고, 을은 그렇지 않다. 이 둘은 전혀 다르게 생각한다. 그렇지만 여러분은 아직 그들이 다른 것을 믿는다고까지는 말할 수 없다. 갑은 병을 얻자 "벌받는 거야"라고 말하고, 나는 "나는 병에 걸린다 해도 벌 따위는 생각 안 해"라고 말한다고 가정해 보자. […] 나는 다른 방식으로 생각하고, 다른 것을 내게 말하며, 다른 그림을 갖는 것이다. (LC, 55쪽)

위의 인용문에서 종교인은 병을 벌로 봅니다. 그는 병을 심판의 그림으로 보는 것입니다. 반면 비종교인은 병을 예컨대 단순한 박테리아에 의한 감염의 산물로 봅니다. 그는 의학적 상식에 근거한 그림으로 병에 접근하는 것입니다. 이는 둘 다 병에 대한 일정한 그림을 지니고 있으나 그림 자체는 서로 다른 경우입니다.

비트겐슈타인은 그의 「종교적 믿음에 대한 강의」에서 이렇게 말한 바 있습니다.

여러분은 "글쎄요, 아마 그럴지도 모르죠"라고 말하는 사람이 부활을 믿는 사람과 대립하지 않고 있다는 점에 놀랄지도 모른다. 분명 여기서 믿음의 역할은 더욱 다음과 같다. 어떤 그림이 계속 나를 인도하거나 내 생각을 사로잡는다. 여기서 그 그림이 지속적으로 눈앞에 떠오르는 사람과 그 그림을 전혀 사용하지 않은 사람 사이에는 엄청난 차이가 있을 것이다. (LC, 56쪽)

위의 인용문에서 기독교인은 부활을 삶을 규제하는 중요한 척도의 그림으로 사용합니다. 반면 비종교인은 부활이라는 개념 자체를 인정하고 있지 않으므로 그것에 대한 그림도 사용하지 않습니다. 즉 이 경우에는 기독교인은 부활에 관한 그림을 사용하고 있으나 비종교인은 그렇지 않습니다.

결국 비트겐슈타인이 종교인과 비종교인의 차이를 서로 다른 그림의 사용으로 보았는지, 아니면 그림의 사용 여부로 보았는지는 경우에 따라서 다르다고 할 수 있습니다. 첫 번째 인용문의 경우에서는 종교인과 비종교인이 병에 대한 서로 다른 그림을 사용하고 있으며, 두 번째 인용문의 경우에서는 기독교인만이 부활의 그림을 사용하고 있다고 할 수 있습니다.

황필호 교수는 비종교인들도 삶의 지침으로써 효녀 심청, 한석봉 등의 그림을 갖는다면 이는 종교인들과 본질적인 차이가 없다면서(황필호 1996a, 301쪽) 찰스워스(Maxwell John Charlesworth)의 다음 구절을 인용하고 있습니다.

> 무신론자란 아가페적으로 살기를 원하면서도 기독교적인 이야기를 필요로 하지 않는 사람일 뿐이다. 여기서 무신론과 종교신앙의 차이는 시시한 차이가 된다. (Charlesworth 1961, 154쪽)

그러나 종교인과 무신론자의 차이는 그림 사용의 여부뿐 아니라 그림의 특이성에서 찾아야 합니다. 각 종교에는 그 종교 나름대로의 고유한 그림이 있습니다. 최후의 심판이나 부활의 그림을 삶을 규제하는 그림으로 가지고 있는 사람과 그렇지 않은 사람의 차이는 실로 엄청나다고 할 수 있습니다. 이는 의견 대립과는 다른 것이며 다른 그림으로 대체될 수 없는 것입니다. 의견 대립의 경우에는 근거의 제시에 의해서 서로의 차이가 좁혀질 수 있으나, 종교와 관련된 그림의 경우는 그런 성질의 것이 아닙니다. 근거가 문제 되지 않는 것이 신앙이기 때문에 어떠한 근거에 의해서도 서로의 차이는 좁혀질 수 없습니다. 개종의 경우조차 반대 근거 때문에 일어나는 것이 아닙니다. 따라서 무신론과 종교신앙의 차이를 하찮은 것으로 보는 황필호 교수나 찰스워스는 틀렸다고 생각합니다.

황필호 교수는 다음과 같이 말합니다.

[…] 종교신앙이 각기 다른 그림을 사용하는 것이라는 이론은 기독교, 불교, 유교, 무교와 같이 각기 다른 종교의 경우에 그림이 어떻게 다르냐는 문제를 제기한다. 여기에 대하여 브레이트웨이트는 모든 종교의 근본 목적은 동일하지만 오직 그 목적의 내용을 전달하는 이야기(story)의 차이점이 있을 뿐이라고 설명한다. 동일한 내용을 성서는 "씨 뿌리는 사람의 비유"로 설명하지만 불경은 "겨자씨의 비유"로 설명한다는 것이다. (황필호 1996a, 302쪽)

종교의 근본 목적이 동일하다는 브레이트웨이트(Richard Braithwaite)의 주장은 종교 간의 갈등에서 야기된 수많은 종교전쟁을 도외시하고 있다는 점에서 현실적 설득력이 약합니다. 그가 언급한 이야기의 차이(Braithwaite 1955, 84쪽)도 구체적이고 정확한 근거가 있어야 할 것입니다. 세상의 모든 종교가 하나의 목적하에 각기 다른 문법이나 어법으로 만들어진 이야기라면, 그 모든 종교를 그 목적에 비추어 옳고 그름을 판단할 수 있을 것입니다. 그러나 기독교와 불교의 차이에서 보듯이 설령 인간의 구원과 같은 일반적이고 추상적 대명제로 모든 종교를 묶으려 해도, 구체적 교리들 간의 불일치를 조율하는 것은 사실상 불가능합니다. 상이한 종교 사이의 연관 관계가 어떠한지를 말해 주는 지침은 존재하지 않으며, 인용문에서 예로 든 씨 뿌리는 사람 비유와 겨자씨 비유의 경우와 같은 종교 간의 유사성도 그리 많지는 않은 편입니다. 종교 간의 차이는 첫 강의에서 다루었던 오리-토끼의 그림에 견줄 수 있는 관점의 차이에서 비롯됩니다. 그 차이를 하나의 동일한 체계로 구성해 낼 수는 없을 것입니다. 차이 나는 관점 사이의 논리적 연관성을 짚어 내기가 어렵기 때문입니다.

봉착한 난관을 돌파할 실마리는 차이가 사람의 관점에서의 차이라는 점에 있다고 생각합니다. 네이버 사전은 종교를 "초자연적인 절대자 또는 힘에 대한 믿음을 통하여 인간 생활의 고뇌를 해결하고 삶의 궁극적인 의미를 추구하는 문화 체계"로 정의하고 있습니다. 기독교-이스라엘, 불교-인도, 유교-중국의 경우처럼 그 발생지의 지역성, 민족성, 환경의 영향을 받지 않을 수 없으나, 종교는 인간 생활의 고뇌를 해결하고 삶의 궁극적인 의미를 추구한다는 점에서 결국 사람의 관점, 혹은 사람과 그의 삶에 대한 관점으로 귀착됩니다. 교리나 이야기상의 차이도 이 관점의 차이에서 비롯되는 것입니다. 교리나 이야기의 차원에서 각 종교 간의 차이를 해소하기는 어렵습니다. 그러나 그로부터 종교인들 간의 소통, 혹은 종교인과 비종교인들 간의 소통이 불가능하다는 귀결은 따라 나오지 않습니다. 그들은 모두 사람이라는 공통성을 갖고 있으며, 사람은 오리-토끼 그림의 경우에서 보았듯이 관점을 변경해 역지사지(易地思之)할 수 있는 유연한 존재이기 때문입니다.[24] 오리와 토끼는 통약이 불가능하지만 같은 그림에서 오리를 보던 사람도 어떻게 하면 같은 그림이 토끼로 보일 수 있는지를 배워 이해할 수 있습니다. 그렇지만 그는 그 그림이 토끼로 보기에는 어색하다면서 그림을 토끼로 보는 것을 인정하지 않을 수도 있습니다. 여기서 그림에 세상을, 오리에 비종교인의 세계관을, 토끼에 종교인의 세계관을 대입하면 비종교인과 종교인의 언어적 소통 가능성이 비종교인의 세계관과 종교인의 세계관 사이의 통약 불가능성과 양립 가능함을 알 수 있습니다.

황필호 교수는 다음과 같이 말합니다.

[…] 그러나 종교신앙의 심리적인 해석에 대한 가장 심각한 질문은 이것이다. 도대체 종교인이 사용하는 이 그림은 과연 '객관적으로 진실한 것'인가? 그것은 어린이들이 실제로는 전혀 존재하지 않는 산타클로스라는 그림을 품고 사는 것과 동일한 것인가? 혹은 차이가 있는가? 그리고 차이가 있다면, 그것은 무엇인가? 이것도 우리들의 숙제가 된다. (황필호 1996a, 302쪽)

---

[24] 종교인과 비종교인의 차이를 오리-토끼 그림의 경우에 견주면서도 이러한 역지사지의 가능성을 인정하지 않는 배럿의 견해(Barrett 1991, 144쪽)는 잘못되었습니다.

종교인이 사용하는 그림이 객관적으로 진실한 것인지에 대한 물음은 신은 실재하는가 하는 물음으로 압축될 수 있겠습니다. 이 물음에 답하기 위해서는 실재함이란 무엇인지, 그 기준은 무엇인지를 살펴야 합니다. 아직 이에 대한 통일된 견해는 정립되어 있지 못한 형편입니다. 철학자들은 진(眞), 선(善), 미(美), 혹은 수(數)가 실재하는지에 대한 갑론을박을 이어가고 있습니다.

우리는 실재에 대한 기준을 통상적으로 사물의 실재성에 맞추면서 이것이 과학적 태도라고 믿습니다. 그러나 과학은 눈으로 볼 수 있는 사물뿐 아니라 그렇지 않은 개념적 사물(conceptual thing)도 인정합니다. 빛을 입자나 파동이라고 하지만 입자나 파동은 그 흔적만을 관찰할 수 있을 뿐 개념적 사물에 가깝습니다. 무엇이 존재하는지는 존재의 기준을 설정하는 배경이론에 좌우되기도 합니다. 예컨대 뉴턴의 역학에서는 힘이 존재하지만 헤르츠의 역학에서는 그렇지 않습니다.

일상적 가시 세계에서 우리는 무엇이 실재하고 무엇이 실재하지 않은지에 대해 비교적 일치된 견해를 가지고 있습니다. 그러나 실재의 본질이나 근거에 대한 이론적인 설명은 가시 세계를 넘어서는 미시 세계의 양자역학이나 거시 세계의 상대성 이론의 경우처럼 상이한 형태를 띠곤 합니다. 그렇다면 무엇이 실재하는지에 대한 우리의 일치는 우연적 사실과 조건에 의해서 마련된다고 하겠습니다. 우리에게는 회색으로 지각되는 가루가 가루 크기의 곤충에게는 검정 가루와 흰 가루의 혼합물로 지각되는 상황을 상상할 수 있습니다. 이 경우 가루의 색에 대한 우리와 곤충 사이의 불일치는 두 종(種) 사이의 생물학적 차이에서 오는 불일치에 해당합니다.

    신의 실재성에 대해서는 두 가지 대별되는 입장이 있습니다. 첫째, 실재론은 자연과학적 사건이나 사물의 실재성과 같은 기준에서 신도 실재하는 것으로 봅니다. 그 점에서 앞서 살펴본 자연신학이 실재론에 속합니다. 둘째, 반실재론은 종교에서 중요한 것은 신의 존재 여부 그 자체라기보다는 신에 대한 믿음이 종교인에게 가져다주는 심리적, 도덕적 정서와 감정이라고 봅니다. 반실재론에 속하는 정서주의는 신을 실재적 대상이 아니라, 기쁨이나 슬픔처럼 사람이 세계에 대해서 갖는 정서적 태도의 산물로 봅니다. 실재론이 동일한 실재성의 기준을 가지고 종교와 과학을 하나의 연장선상에서 취급하고 있는 반면, 반실재론에 속하는 정서주의는 종교뿐 아니라 윤리, 미학 등도 정서적 태도의 산물로 본다는 점에서 이들을 하나의 연장선상에서 취급하고 있습니다.

    비트겐슈타인은 위의 두 입장 중 반실재론의 정서주의의 편에 서는 것으로 해석되어 왔습니다. 그의 사상에서 종교에 대한 심리적인 접근의 구체적인 실례를 보게 된다는 황필호 교수의 해석(황필호 1996a, 288쪽)도 이쪽에 가깝습니다. 그러나 저는 비트겐슈타인이 저 두 입장의 어디에도 속하지 않는다고 봅니다. 그의 관점에서 실재론과 반실재론(정서주의)을 다음과 같이 비판해 보겠습니다. 첫째, 실재론은 여타의 존재에 대한 믿음과는 달리 신의 존재에 대한 믿음이 종교인에게 왜 그토록 중요한 역할을 하는지, 종교적 믿음이 실천과 얼마나 밀접하게 결부되어 있는지를 설명하지 못합니다. 신을 궁극적 척도로 삼는 종교인의 입장과는 달리 신의 실재성을 다른 어떤 객관적 척도로 가늠하려는 것은 종교의 절대성과 상충을 일으키게 됩니다. 신의 존재 문제는 과학적 관점이 아닌 종교적인 관점에서 접근해야 합니다. 둘째, 반실재론의 정서주의가 옳다면 신은 사람 마음먹기 나름이 되어 버리고 맙니다. 정서는 사람마다 다르며 같은 사람일지라도 시간에 따라 달라지기 때문입니다. 이는 종교의 절대성과 어울리지 않는 철저한 상대주의적 견해입니다. 아울러 종교 그 자체가 아니라 종교의 효과에 해당하는 정서에 초점을 맞추고 있다는 점에서 본말전도의 오류를 범하고 있습니다.

토론[25]

1. 황필호 교수의 비트겐슈타인 해석에 대한 비판[26]

비트겐슈타인은 드루리와의 대화에서 자신의 종교관에 대해 다음과 같이 말한 바 있습니다.

> 나는 종교인은 아니다. 그러나 나는 모든 문제를 종교적 관점에서 보지 않을 수 없다. (Drury 1976, 79쪽)

---

25 이 장에서는 3부 3장의 요약본(1절)과 이에 대한 강언덕 신부의 논의(2절)를 수록했습니다.
26 이 절은 다음의 글을 수정, 보완한 것입니다. 이승종 2007.

비트겐슈타인이 역설한 종교적 관점의 중요성은 그의 저서 (TLP), 강의록(LC), 일기(NB, CV), 전기(Monk 1990) 등을 통해서도 쉽게 확인됩니다. 서양의 비트겐슈타인 학계에서는 이에 대한 본격적인 연구가 활발한 편인 데 비해, 국내 철학계에서는 황필호(1983; 1996a), 엄정식(1995), 신상형(1999; 2001; 2003), 이영철(2013), 하영미(2014) 교수 정도가 이 문제를 거론했을 뿐입니다. 더구나 상호 인용과 비판을 중시하는 서양의 경우와 달리 이들의 논의는 국내 철학계에서 제대로 주목받거나 언급되지 못한 편입니다.[27] 우리는 그중에서도 가장 일찍부터 비트겐슈타인의 종교철학에 대해 관심을 기울여 온 황필호 교수의 대표적 업적에 대해 비판적으로 논의함으로써 이 주제에 대한 토론을 활성화해 보고자 합니다.

1) 종교와 논리

황필호 교수는 비트겐슈타인이 종교의 세계와 논리의 세계를 "전혀 다른 세계"(황필호 1996a, 291쪽)로 간주하였다고 봅니다. 이는 아마 신의 존재 증명에 대한 비트겐슈타인의 강한 거부감을 토대로 내려진 해석인 것 같습니다. 그러나 비트겐슈타인에 있어서 신의 존재 증명의 문제점은 그것이 논리적이라는 데 있는 것이 아니라, 그것이 신앙을 근거의 문제로 환원해서 보려는 데 있습니다.

종교는 역사적 사실, 혹은 과학적 사실에 근거를 둘 필요가 없

---

[27] 비트겐슈타인에 대한 엄정식 교수의 해석을 비판하고 있는 황필호 교수의 다음 논문이 거의 유일한 예외가 아닐까 싶습니다. 황필호 1996b.

습니다. 종교는 사실에 대한 과학이나 역사가 아니기 때문입니다. 이런 점에서 종교적 믿음은 초사실적 믿음이라고 할 수 있습니다. 그러나 종교적 믿음이 논리를 위반할 수 있는지, 만일 그렇다면 그것이 어떻게 가능한지는 분명치 않습니다. 예컨대 우리는 예수가 신의 아들이면서 동시에 신의 아들이 아니라는 믿음이 성립할 수 있는지, 그리고 그것이 종교적 믿음의 본질인지에 대해서 의심합니다.

비트겐슈타인의 전·후기의 철학적 관심은 각각 논리와 문법이라는 개념으로 압축된다고 할 수 있습니다. 그리고 이 둘은 서로 다른 개념이 아니라 그의 철학적 성숙과 맞물려 하나로 수렴되는 주제입니다. 그런데 비트겐슈타인은 문법에 대해 다음과 같이 말하고 있습니다.

> 어떤 것이 무슨 종류의 대상인지는 문법이 알려 준다. (문법으로서의 신학) (PI, §373)

이 구절은 문법이 종교인에게 있어서의 그림과 마찬가지로 세계관을 형성하는 틀에 해당함을 말하고 있습니다. 그런데 종교를 다루는 신학이 문법이고 또 문법이 논리에 맞물려 있는 개념이라면, 비트겐슈타인이 종교와 논리를 전혀 다른 것으로 간주했다는 황필호 교수의 해석은 납득하기 어렵습니다.

2) 세속언어와 종교언어

황필호 교수는 비종교인의 세속언어와 종교인의 종교언어 차이를 문법의 차이로 봅니다(황필호 1996a, 293쪽). 세속언어의 문법은 표면 문법이고 종교언어의 문법은 심층 문법이라는 것입니다. 이러한 구분은 종교언어가 세속언어와 어떻게 다른지를 설명하기 위해 도입된 것으로 보입니다. 그러나 이러한 시도는 우리에게 도움을 주지 못합니다. 심층 문법이 도입되기 전에는 우리에게 종교언어가 문제였다면, 이제는 심층 문법이 우리에게 새로운 문제로 부과될 뿐입니다.

황필호 교수는 언어의 종교적 의미가 세속적 의미의 연장이거나 변형에 불과하며, 따라서 세속언어가 종교언어에 대해 우위에 선다고 말합니다(황필호 1996a, 294쪽). 이는 표면 문법이 심층 문법에 대해 우위에 섬을 함축하는 것인가요? 만일 그렇다면 그것은 매우 이상한 입장입니다. 우리는 보통 심층적인 것이 표면적인 것에 대해 우위에 선다고 생각하기 때문입니다. 이것이 '심층'과 '표면'의 세속적 의미가 아닌가요? 우리가 알고 싶은 것은 언어의 세속적 의미가 어떻게 연장되거나 변형되어 종교적 의미를 낳는가 하는 것입니다. 이에 대한 설명이 주어지지 않았기 때문에 세속언어와 종교언어, 표면 문법과 심층 문법의 구분은 불분명한 상태에 머물고 있습니다.

세속언어와 종교언어의 차이는 (만일 그러한 구분이 있다면) 언어상의 차이라기보다는 종교와 신앙의 유무, 혹은 종교와 신앙의 내용상의 의미가 언어 사용자의 실천에 미치는 영향, 또 그의 삶을 규제하는 방식에 있어서의 차이라는 것이 비트겐슈타인의 입장에 더 가깝다고 봅니다.

3) 종교적 삶의 형태?

황필호 교수는 비트겐슈타인이 종교신앙에 근거한 삶을 여러 가지 삶의 형태(forms of life) 중의 하나로 받아들이고 있다고 말합니다(황필호 1996a, 297쪽). 이는 비트겐슈타인의 종교철학을 신앙형태주의로 이해하는 전통적 견해의 표현으로 여겨집니다(Nielsen and Phillips 2005를 참조하십시오). 신앙형태주의의 골자는 종교적 삶의 형태가 그 나름의 논리를 지닌 자율적인 종교적 대화법(언어게임)을 갖고 있다는 것입니다(황필호 1983, 216쪽).[28]

비트겐슈타인에 있어서 인간의 삶의 형태(혹은 삶의 형식)가 다양하다는 견해, 종교가 그러한 삶의 형태의 하나라는 견해는 그것을 지지하는 문헌적 근거 제시와 아울러 그것이 상대주의라는 비판에 대한 명확한 답변을 요구합니다. 우리는 비트겐슈타인에 대한 신앙형태주의적 해석이 이 두 요구를 충족시키지 못한다고 봅니다.

종교적 언어게임은 (만일 그러한 언어게임이 있다면) 기도하는 언어게임, 명령하는 언어게임, 명령에 복종하는 언어게임, 감사하는 언어게임 등등 다양한 언어게임의 집합적 개념입니다. 이러한 언어게임들이 결집되어 하나의 독자적 종교적 언어게임과 하나의 종교적 삶의 형식을 이룬다는 해석은 비트겐슈타인의 작품에서 그 근거를 찾기 어렵습니다.

---

28 황필호 교수가 어떻게 비트겐슈타인적 신앙형태주의의 편에 설 수 있는지 알 수 없습니다. 황 교수는 비트겐슈타인에 있어서 종교와 논리를 전혀 다른 것으로 구분하고 있기 때문입니다. 종교가 논리를 초월하면서 동시에 제 나름의 논리를 지닌다는 것은 불가능한 입장처럼 보입니다.

아울러 종교인의 삶의 형식과 비종교인의 삶의 형식이 서로 다르다면, 그 차이는 기독교인의 삶의 형식과 불교도의 삶의 형식 차이와는 또 어떻게 구별되는지의 문제를 야기합니다. 이러한 문제는 비트겐슈타인의 사유에서는 발견되지 않습니다.

4) 종교와 심리

황필호 교수는 비트겐슈타인이 종교에 대해 심리적 접근법을 택하고 있다고 봅니다. 그 근거로서 황 교수는 비트겐슈타인이 종교 신앙을 그림을 사용하는 것으로 보고 있다는 것에 주목합니다(황필호 1996a, 298쪽). 황 교수는 종교인이 사용하는 그림—예컨대 최후의 심판—을 어떤 사실이나 사건을 표상하는 마음의 그림(mental picture)으로 간주해서 심리적 접근법이라는 이름을 붙인 것 같습니다.

그러나 비트겐슈타인은 종교인이 사용하는 그림이 표상이 아니며(LC, 63쪽), 또한 신앙이 마음의 상태와 같은 것이 아님을 분명히 하고 있습니다(LC, 54쪽). 「종교신앙에 대한 강의」를 맺으면서 그는 그림에 대해 다음과 같이 말합니다.

> [종교인이] 그림을 사용한다고 내가 말할 때 나는 단지 **문법적** 고찰을 하고 있을 뿐이다. (LC, 72쪽)

그림은 종교인의 삶과 행위를 틀 지우며 또한 그 자신의 삶과 행위에 대한 평가적 반성의 지침으로 기능합니다. 그림의 이러한 사용은 심리적 차원을 이미 넘어서고 있습니다. 종교인에게 있어 그가 사용하는 그림은 자신의 심리와 같은 우연적이고 가변적인 것에 의존하지 않는 절대적이고 영원불변한 성격을 갖습니다. 우리는 이것이 종교인이 그림을 사용하는 방식, 즉 종교적 그림의 문법이며 또한 자신의 신앙에 대한 확실성의 본질이라고 생각합니다.

요컨대 우리는 비트겐슈타인이 종교인의 언어와 그림의 사용을 동일한 방식으로 묶어 이해하고 있다고 봅니다. 종교인의 언어와 그림은 언어의 문자적 의미, 그림의 심리적 현전(現前)을 넘어서 그의 전체적 삶과 실천을 통해 그 의의가 드러난다는 것입니다.

2. 비트겐슈타인은 상대주의자인가?[29]_강언덕[30]

나는 비트겐슈타인의 언어게임 개념이 상대주의를 표방하는 것인지, 그래서 언어게임들은 각각 독립된 담론인지, 아니면 상호 소통의 가능성이 있는 것인지를 논해 보고자 합니다. 다음에 제시할 이승종의 논문 「황필호 교수의 비트겐슈타인 해석에 대한 비판」에서 벌어지고 있는 그의 비판적인 문제 제기가 도움이 될 것입니다. 이승종은 황필호의 비트겐슈타인 해석에 대해 다음과 같은 문제를 제기하고 있습니다.

---

29 이 절은 다음에서 발췌해 경어체로 옮긴 것입니다. 강언덕 2009.
30 이냐시오 영성연구소 상임연구원.

1. 황필호 교수는 비트겐슈타인이 종교와 논리를 전혀 다른 것으로 간주했다고 주장한다. 그러나 비트겐슈타인에 있어서 종교를 다루는 신학이 문법이고 또 문법이 논리에 맞물려 있는 개념임을 감안할 때, 그의 이러한 주장은 성립하기 어렵다.

2. 황필호 교수는 비종교인의 세속언어와 종교인의 종교언어의 차이를 문법의 차이로 보아 세속언어의 문법이 표면 문법이고 종교언어의 문법은 심층 문법이라고 주장한다. 그러나 세속언어와 종교언어의 차이는 언어상의 차이라기보다는 종교와 신앙의 유무, 혹은 종교와 신앙의 내용상 의미가 언어 사용자의 실천에 미치는 영향, 또 그의 삶을 규제하는 방식에 있어서의 차이이다.

3. 황필호 교수는 비트겐슈타인이 종교신앙에 근거한 삶을 여러 가지 삶의 형태 중의 하나로 받아들이고 있다고 주장한다. 이를 위해서는 그것을 지지하는 문헌적 근거 제시와 아울러 그것이 상대주의라는 비판에 대한 명확한 답변이 요구되는데, 그는 이 두 요구를 충족시키지 못하고 있다. (이 책 3부 토론 1절)

이승종이 비판하고 있는 황필호의 논문(황필호 1996a)은 비트겐슈타인의 「종교적 믿음에 대한 강의」의 제1장을 중심 내용으로 다루고 있습니다. 「종교적 믿음에 대한 강의」는 비트겐슈타인이 유일하게 종교를 주제로 삼아 강의했던 것입니다. 하지만 그가 출판할 의도를 가지고 했던 강의는 아니었습니다. 비트겐슈타인의 전기 집필자로 유명한 몽크(Ray Monk)는 자신의 책에서 다음과 같이 적고 있습니다.

드루리는 의사 교육 과정 중 마지막 해의 방학 동안 비트겐슈타인의 새로운 강의에 한 번 참석하게 되었다. 이 강의 동안 비트겐슈타인은 한 학생에게 필기하는 것을 그만두라고 했다. (Monk 1990, 403쪽)

그 이유는 이 강의의 내용이 즉흥적이기 때문에 누군가 그의 말들을 마치 비트겐슈타인의 정돈된 의견인 것처럼 출판할지도 모른다는 우려에서였습니다. 하지만 그의 요청은 무시되었고 결국 그의 사후에 『미학, 심리학, 종교적 믿음에 대한 강의와 대화』(LC)로 출판되었습니다.[31] 「종교적 믿음에 대한 강의」는 이 책 안에서 세 개의 장으로 나누어져 소개되고 있습니다. 몽크는 이 강의의 목적이 『청색 책』에서 말하고 있듯이 자기도 모르게 과학의 방식대로 사유하고 행동하려는 유혹에 대한 위험뿐만이 아니라, 좀 더 일반적으로 과학과 과학적 방법의 숭배가 우리의 전 문화에 미쳤던 비참한 영향들을 알리는 데 있다고 말합니다. 미학과 종교적 믿음은, 과학적 방법으로 다룰 수 없는, 과학적으로 만들려고 할 경우 왜곡되고 피상적으로 되며 혼란스럽게 되는 것들이기 때문입니다(Monk 1990, 404쪽).

황필호 역시 그의 논문에서 이러한 점을 지적하려 했던 것일까

---

[31] 이 책을 편집한 배럿은 이 점을 서문에서 분명히 밝히고 있습니다.

> 이 책에 대하여 말할 첫 번째 것은 이 속에 담긴 어느 것도 비트겐슈타인 자신에 의해서 쓰이지 않았다는 점이다. 여기에 출판된 노트는 비트겐슈타인의 강의 노트들이 아니라 그가 보지도 않고 점검도 하지도 않은, 학생들이 받아 적은 노트들이다. 과연 비트겐슈타인이 지금 형태의 출판을 허락했을지 의심스럽다. (LC, vii쪽)

요? 그는 종교적 믿음과 과학적인 믿음은 서로 정반대의 것이 아니라 서로 다른 것이라는 비트겐슈타인의 언급[32]을 인용하면서, 그 내용을 토대로 다음과 같은 결론을 이끌어 냅니다.

> 여기서 나오는 결론은 무엇인가? 그것은 종교신앙의 근거를 논리적으로 밝히려는 종교인들의 노력이 한심한 일이듯이 종교신앙이 논리적인 근거가 없기 때문에 가질 수 없다는 비종교인들도 한심한 것은 마찬가지라는 사실이다. 종교의 세계와 논리의 세계는 전혀 다른 세계이기 때문이다. (황필호 1996a, 291쪽)

이는 이승종의 추측대로 "신의 존재 증명에 대한 비트겐슈타인의 강한 거부감을 토대로 내려진 해석인 것 같습니다"(이 책 441쪽). 그러나 그가 다시 말하듯이 "비트겐슈타인에 있어서 신의 존재 증명의 문제점은 그것이 논리적이라는 데 있는 것이 아니라, 그것이 신앙을 근거의 문제로 환원해서 보려는 데 있습니다"(이 책 441쪽). 황필호 역시 "종교신앙은 확실한 논리적·과학적 증거가 있어서 갖게 되는 것이 아니다"(황필호 1996a, 290쪽)라고 하는 점에서 이승종의 의

---

32 그 내용은 이렇습니다.

> 갑은 병을 얻자 "벌받는 거야"라고 말하고, 나는 "나는 병에 걸린다 해도 벌 따위는 생각 안 해"라고 말한다고 가정해 보자. 여러분이 "그럼 당신은 그 반대를 믿는가?"라고 묻는다면, 여러분은 이를 일컬어 그 반대를 믿는 것이라고 할 수 있다. 그러나 이는 우리가 통상 그 반대를 믿는 것이라 일컫는 것과는 전혀 다르다.
> 나는 다른 방식으로 생각하고, 다른 것을 내게 말하며, 다른 그림을 갖는 것이다. (LC, 55쪽)

견과 다르지 않습니다. 다만 문제가 되는 것은 그가 "종교의 세계와 논리의 세계는 전혀 다른 세계"라고 언급한 것에 있습니다. 이승종이 보기에 "종교적 믿음이 논리를 위반할 수 있는지, 만일 그렇다면 그것이 어떻게 가능한지는 분명치 않습니다"(이 책 442쪽). 왜냐하면 이승종은 『논고』에 대한 본인의 분석에 따라서 말하길, 비트겐슈타인에게 있어서 신은 "논리적 필연성과 윤리적 당위성 그 자체"(이 책 273쪽)이기 때문입니다. 이는 논리학과 윤리학이 동일한 학문이라는 뜻이 아니라, 단지 "논리와 윤리의 필연성이 함축하는 강제력이 동등한 것임"(이 책 208쪽)을 말하고자 함입니다. 따라서 비트겐슈타인에게 논리학은 초월적(TLP, 6.13)이고 미학과 윤리학, 종교가 같은 영역에 위치하는 것임을 감안할 때, 종교와 논리가 서로 다른 세계에 있다는 것은 모순이 됩니다.

반면 여기서 이승종이 말하고 있는 윤리적 관점은 『논고』에서 보이는 비트겐슈타인의 윤리관이기 때문에 후기 비트겐슈타인과의 차이를 고려하지 않을 수 없습니다. 드루리와의 대화나 『문화와 가치』에서 살펴본 그의 종교관에 비추어 볼 때 비트겐슈타인의 신 개념이 반드시 논리적이고 윤리적인 필연성에만 국한된다고만 할 수는 없습니다. 그런 점을 감안하더라도 이승종의 비판은 비트겐슈타인 문헌을 근거로 제시하고 있기에 충분한 가치가 있습니다. 그에 따르면 "비트겐슈타인의 전·후기의 철학적 관심은 각각 논리와 문법이라는 개념으로 압축된다고 할 수 있습니다"(이 책 442쪽). 그리고 이것은 서로 다른 개념이 아니라 "그의 철학적 성숙과 맞물려 하나로 수렴되는 주제"(이 책 442쪽)라는 것입니다. 이는 비트겐슈타인이 『논고』에서 논리적 형식이 '요구'되어야 함을 역설했던 것과 달리 『탐구』에서는 말의 쓰임을 '관찰'함으로써 일어나는 사실을 보아야 한다고 전향했던 것에서 볼 수 있습니다(Garver and Lee 1994, 87쪽). 그렇기 때문에 여전히 논리와 문법은 비트겐슈타인에게 있어서 세계관을 형성하는 틀이며 초월적인 것(TLP, 6.13, 6.421 참고)이므로 논리를 종교신앙과 완전히 별개의 것으로 볼 수는 없습니다.

그다음으로 이승종이 지적하고 있는 것은 황필호의 '세속언어'와 '종교언어'의 구분입니다. 황필호는 이를 비트겐슈타인도 말했던 '표면 문법'(표층 문법)과 '심층 문법'(PI, §664)의 구분으로 간단히 치환해서 설명하고 있습니다. 이승종은 이것이 종교언어와 세속언어가 어떻게 다른지를 설명하기 위해 도입한 개념으로 추측은 하나, 이러한 방식이 우리의 이해를 돕지는 못한다고 말합니다. 우리가 해석해야 할 종교언어라는 문제에 심층 문법이라는 새로운 문제가 더해졌을 뿐이라는 것입니다. 이승종이 중요하게 보는 것은 이러한 구분이 아니라 "언어의 세속적 의미가 어떻게 연장되거나 변형되어 종교적 의미를 낳는가"(이 책 443쪽)입니다. 이에 대한 황필호의 설명이 없기에 세속언어와 종교언어, 표면 문법과 심층 문법의 구분이 불분명하다는 것입니다. 확실히 황필호는 그러한 부분에 대한 구체적인 설명을 하고 있지 않습니다. 그는 단지 이렇게 말할 뿐입니다. "종교언어는 표면 문법적으로는 세속언어를 그대로 사용하면서 언제나 특수한 방법 — 종교적 방법 — 으로 사용된다는 사실을 잊지 말아야 한다. 종교언어의 특이성을 놓치지 말아야 한다"(황필호 1996a, 293쪽).

이 부분에서 나는 의문이 듭니다. 황필호의 주장대로 과연 '종교언어'와 '세속언어'의 구분이 '표면 문법'과 '심층 문법'의 치환으로 설명이 가능한가요? 비트겐슈타인은 다음과 같이 말합니다.

모든 기호는 **그 자체만으로는** 죽은 듯이 보인다. **무엇이** 기호에 생명을 불어넣는가?—쓰임 속에서 기호는 **살아 있다**. (PI, §432)

말의 쓰임에 있어서 우리는 '표층 문법'을 '심층 문법'과 구별할 수 있을 것이다. 한 낱말의 쓰임에 관해서 우리에게 직접 인상을 남기는 것은 **문장을 구성**할 때 사용되는 방식, 낱말의 쓰임 중에서도—말하자면—귀로 듣고 알 수 있는 부분이다—그리고 이제 가령 "의미하다"라는 말의 심층 문법을, 그 말의 표층 문법으로 인해 우리가 짐작하게 될 것과 비교해 보라. 우리가 제대로 알기 어렵다는 사실을 깨닫게 되더라도 놀랄 일은 아니다. (PI, §664)

이처럼 비트겐슈타인에 의하면 언어는 그 쓰임에서 뜻이 담기는 것입니다. '표층 문법'과 '심층 문법'이란 그것이 '종교언어'냐 '세속언어'냐를 구분하듯 언어를 구분하는 데 쓰이는 것이 아니라 언어의 사용에서 드러나는 문법일 뿐입니다. 우리는 그 사용을 보고 그 문법을 '삶의 형식'이라는 맥락하에서 읽어 낼 수 있을 것입니다. 그러므로 언어가 종교성을 띠는 경우는 그것이 종교언어이기 때문이 아니라, 황필호 자신도 언급하고 있듯이 언어가 "종교적 방법"으로 사용될 때입니다. 따라서 사용을 고려하지 않은 종교언어와 세속언어의 구분은 불필요합니다. 이승종의 언명도 이에 대한 나의 입장을 뒷받침합니다.

> 세속언어와 종교언어의 차이는 (만일 그러한 구분이 있다면) 언어상의 차이라기보다는 종교와 신앙의 유무, 혹은 종교와 신앙의 내용상 의미가 언어 사용자의 실천에 미치는 영향, 또 그의 삶을 규제하는 방식에 있어서의 차이라는 것이 비트겐슈타인의 입장에 더 가깝다고 봅니다. (이 책 443쪽)

즉, 이는 언어의 문제가 아니라 삶의 형식에 기반을 둔 언어게임의 문제라고 보아야 할 것입니다.

이승종의 다음 비판 대상은, 비트겐슈타인이 종교적 삶을 다양한 삶의 형식 중 하나로 받아들이고 있다는, 이른바 황필호의 '신앙형태주의' 해석입니다. 그 자신도 신앙형태주의자라고 칭하는 황필호는 닐슨(Kai Nielson)과 배럿의 주장을 토대로 비트겐슈타인이 극단적 상대주의자만 아니었을 뿐, 그가 신앙형태주의를 지지할 정도의 상대주의자였음은 분명하다고 주장하고 있습니다(황필호 1996b, 330~331쪽을 참조하십시오). 신앙형태주의의 골자는 황필호 자신이 말하고 있듯이, 종교적 삶의 형태가 그 나름의 논리를 지닌 자율적인 종교적 대화법(언어게임)을 갖고 있다는 것입니다(황필호 1983, 216쪽을 참조하십시오). 이에 대해서 이승종은 다음처럼 비판합니다.

> 비트겐슈타인에 있어서 인간 삶의 형태(혹은 삶의 형식)가 다양하다는 견해, 종교가 그러한 삶의 형태의 하나라는 견해는 그것을 지지하는 문헌적 근거 제시와 아울러 그것이 상대주의라는 비판에 대한 명확한 답변을 요구합니다. 우리는 비트겐슈타인에 대한 신앙형태주의적 해석이 이 두 요구를 충족시키지 못한다고 봅니다. (이 책 444쪽)

이와 더불어 이승종은 황필호가 설명하고 있는 신앙형태주의에 대한 각주에서 종교와 논리를 다른 것으로 구분하고 있는 황필호가 어떻게 신앙형태주의의 편에 설 수 있는지 의아해 합니다. 종교가 논리를 초월하여 제 나름의 논리를 가진다는 입장이 그에게는 불가능해 보인다는 것입니다(이 책 444쪽). 나는 황필호가 이미 비트겐슈타인을 상대주의자로 규정하고 있고 자신도 상대주의자란 점에서 오히려 절대주의자들을 비판[33]하고 있기 때문에, 그가 주장하는 '삶의 형식은 다양하다'라는 개념이 상대주의라는 비판을 받을 수 있으므로 거기에 대한 답변이 필요하다고 말하는 것은 무의미하다고 생각합니다. 오히려 비트겐슈타인이 상대주의자가 아니라고 생각하는 나의 입장에서 황필호의 주장에 대한 반론이 필요할 것입니다. 그렇다면 황필호가 제시하고 있는 비트겐슈타인 문헌의 근거에 대한 그의 해석이 타당한지의 여부, 즉 그것이 비트겐슈타인이 상대주의자

---

[33] 이에 대한 자세한 황필호의 입장은 「종교철학이란 무엇인가」(황필호, 『서양종교철학 산책』, 1996)를 참조하십시오. 그는 비트겐슈타인을 자신과 마찬가지로 상대주의자라는 입장에서 간간이 인용하여 종교철학을 말하고 있습니다.

라는 결론으로 귀결시켜도 될 정도의 근거가 되는가의 문제도 살펴 봐야 할 부분입니다.

그러나 여기서 주의해야 할 부분은 황필호가 극단적인 상대주의를 표방하는 것은 분명 아니라는 것입니다(황필호 1996b, 330~331쪽). 그가 비트겐슈타인에게서 바라보는 상대적인 것들은 삶의 형식의 본질인 다양성에서 유래된 것으로 추측됩니다. 그런 의미에서 상대적이라고 해석할 수 있는 내용들은 비트겐슈타인의 저작에서도 쉽게 찾아볼 수 있습니다. 그럼에도 불구하고 내가 상대주의의 문제를 거론하는 것은 비트겐슈타인이 그의 철학의 본질적인 부분에서 상대주의를 표방하고 있지는 않다고 생각하기 때문입니다. 또한 이는 소통의 문제에 있어서 대단히 중요한 부분인데, 특히 윤리적이고 미적이고 종교적인 측면들, 즉 가치의 영역들에서는 그것이 상대적인지 보편적인지의 문제가 중요한 사항이 되기 때문입니다.

이런 이유로 나는 상대주의의 문제를 살펴볼 것이며, 황필호가 주장하는 '삶의 형식의 다양성'을 비판하고 그것의 올바른 해석에 초점을 맞춰서 이 문제를 해결해 보고자 합니다. 따라서 '삶의 형식' 해석에 대한 이승종의 의견과 함께 황필호가 자신의 논문(황필호 1996b, 325~339쪽)에서 비판하고 있는 엄정식의 주장을 되짚어 볼 것입니다.

우선 이승종의 해석부터 살펴보겠습니다. 이승종은 이렇게 말합니다.

삶의 형식이란 어떤 문화적 속성이라기보다는 인간이 언어를 사용한다는 사실, 인간만이 희망할 수 있다는 사실 등 인간 종(species)에 고유한 특징들을 겨냥하여 쓰이는 말이다. 따라서 문화마다 다양한 삶의 형식을 말하는 것은, 즉 게르만인의 삶의 형식이라든가 슬라브 인의 삶의 형식 등을 말하는 것은, 비트겐슈타인의 의도를 제대로 보여 주는 해석이라고 볼 수 없다. 그러한 문화상대주의적 해석은 비트겐슈타인의 원전에 근거해 있다고 보기 어렵다. **인간에게는 오직 하나의 삶의 형식이 있을 뿐이다.** (이승종 1993, 182~183쪽, 강조는 첨가)

이승종은 『탐구』 §143에서 벌어지는 선생과 학생의 언어게임 충돌을 예로 들면서 주석하기를, '삶의 형식'의 불일치는 언어소통을 중단시킨다고 말합니다. "이런 불일치가 단순히 규약에 있어서의 불일치라면 그 회복이 가능하겠지만, 여기서의 문제 상황은 그것보다 심각한 삶의 형식에 있어서의 불일치에서 비롯된 것이므로 회복될 수 없는 것"(이승종 1993, 190쪽)라고 말입니다. 하지만 이승종이 말하고 있듯이 인간에게 "오직 하나의 삶의 형식"만이 주어진다면, 삶의 형식의 불일치라는 개념은 논리적으로 일어날 수가 없습니다. 즉 모순인 것입니다. 그러나 그가 말하는 삶의 형식의 불일치는 본질적으로 주어진 삶의 형식의 불일치를 뜻하는 것이 아니라, 언어게임상에서의 세계상의 불일치로 보입니다. 비트겐슈타인은 다음과 같이 말하고 있기 때문입니다.

무엇이 옳고 무엇이 틀리는가 하는 것은 사람들이 **말하는** 것이다. 그리고 사람들이 일치하는 것은 그들의 **언어** 속에서이다. 이것은 의견에서의 일치가 아니라, 삶의 형식에서의 일치이다. (PI, §241)

이는 언어로써 표현되는 의견은 다양할 수 있어도 언어를 사용 가능케 하는 삶의 형식은 필연적으로 서로 일치할 수밖에 없다는 주장으로 들립니다.34 소통을 목적으로 하는 언어게임은 공통된 삶의 형식에 기반해서 이루어지기 때문입니다. 이것이 모순이 되지 않으려면 엄정식이 주의를 요하고 있듯이 "이 구분은 너무 엄격한 뜻으로 이해하면 안 될 것"입니다(엄정식 1995, 146쪽). 흥미롭게도 이승종은 본론의 마지막 부분에서 앞서 말한 것과 달리 "삶의 형식도 변화할 수 있다"라고 말합니다. 단, 이는 자연사와 언어의 변이에 따라서 변화되는 것이지 내적 필연성에 의해서 변화되는 것은 아니라는 것입니다(이승종 1993, 187쪽). 그렇다면 이승종이 언급하고 있는 변화 가능한 삶의 형식이란, '삶의 형식의 본질'을 말하는 것은 아닐 것입니다.

잠시 이에 대한 판단은 보류하고 엄정식의 주장을 토대로 이 주제를 좀 더 고찰해 보겠습니다. 그는 비트겐슈타인이 『탐구』에서 말하고 있는 삶의 형식의 의미가 불일치되고 있는 부분을 찾아 소개하고 있습니다. 엄정식은 이를 세 가지로 구분하여 해석하고 있는데,

---

34 엄정식은 삶의 형식이 원초적이든 문화적이든 간에 선험적이고 필연적으로 일치한다고 주장합니다. 다음을 참조하십시오. 엄정식 1995, 146쪽.

'하나의 언어에 대응되는 하나의 삶의 형식',35 '주어진 것으로서 삶의 형식들',36 그리고 앞의 두 해석을 통합한 것으로 보는 '인간 고유의 삶의 형식'37이 그것입니다. 그리고 엄정식은 이명현의 개념으로 보조 설명을 합니다. 이명현은 삶의 형식을, 언어 일반의 작동 가능성의 근본 전제가 되는 '원초적 특성'과 인간 개별언어들을 해석하는 준거틀이 되는 '문화적 특성'의 두 가지 양상으로 분리하고 있습니다. 엄정식은 이 개념을 받아들여 '인간적 삶을 가능하게 하는 형식'(원초적 형식)과 '삶의 문화적 다양성이 근거하는 형식'(문화적 형식)으로 재해석하면서 이를 종교의 언어게임에 대입시킵니다. 하지만 종교의 언어게임은 그 특성상, 문화적인 측면과 인본적(원초적)인 측면 둘을 동시에 만족시키기 때문에 이러한 구분은 의미가 없어집니다. 즉, 인간에게만 주어진 원초적 삶의 형식은, 칸트의 물자체처럼 비록 그것이 무엇인지 밝혀지지 않는다고 하더라도 존재하는데, 이는 인간 본성이 가진 특성상, 환경과의 관계 속에서 문화적으로 다양하게 나타날 뿐이라는 것입니다(엄정식 1995, 150~151쪽). 이 해석은 과연 타당하며 이승종의 해석과 차이를 보이고 있을까요?

나는 두 해석을 비교하면서 차이점이라기보다는 공통점을 느낍니다. 일단 '하나의 삶의 형식'만이 있다는 것에서 둘은 동일한 입장입니다. 다만 그것이 '자연사의 변화에 의해서 변화될 수 있다'든지

---

35 "하나의 언어를 상상한다는 것은 하나의 삶의 형식을 상상한다는 것을 의미한다." (PI, §19)
36 "받아들여야 하는 것, 주어진 것은—우리는 이렇게 말할 수 있을 것이다—**삶의 형식들**이다." (PPF, §345)
37 "말할 수 있는 사람만이 희망할 수 있는가? 한 언어의 쓰임을 완전히 익힌 사람만이 희망할 수 있다. 즉 희망한다는 현상들은 이 복잡한 삶의 형식이 변형된 것들이다." (PPF, §1)

'문화적으로만 다양하게 나타날 수 있을 뿐'이든지 하는 보조 설명들이 다를 뿐입니다. 즉 삶의 형식이 가진 '다양성'이라는 속성을 표현함에 있어 차이를 보이고 있는 것입니다.

다시 『탐구』 §143의 사례로 돌아와서 생각해 보겠습니다. 이승종은 선생과 학생의 불통 문제가 (언어적) 삶의 형식이 일치하지 않기 때문이라고 해석하고 있습니다. 엄정식의 경우라면 그 둘의 문화적 배경에 의한 것이라고 해석할 것입니다. 하지만 엄밀하게 말해서 나는 이것이 '삶의 형식'의 불일치, 혹은 '문화적 배경의 불일치'라기보다는 개인이 가진 '관점'의 불일치이며, 그 근원에 있는 '세계상'의 불일치로 보는 것이 옳다고 생각합니다. 왜냐하면 언어게임이 이루어지는 삶의 형식이 완전히 불일치했다면, 선생과 학생은 아예 처음부터 대화조차 가능하지 않았을 테니 말입니다.

비트겐슈타인은 『탐구』 §241에서 "**의사소통의 가능성**은 그[학생]가 그것[수열]을 혼자서 계속 써 내려갈 수 있는지에 달려 있을 것"(PI, §143)이라고 말하면서, 학생이 선생이 원하는 대로 수열을 써 나가지 못하는 것을 "체계적인 실수"이거나 "잘못 이해"했다고 말하고 싶어지는데, 학생은 이것을 "수용"함으로써 고칠 수 있으나 그렇지 않음으로 해서 "학습 능력의 중단"이 있을 수 있다고 합니다. 여기서 우리는 이 수열 쓰기의 언어게임에서 각자가 수용하고 있는 '법칙'이 어긋남을 봅니다. 만약 서로가 각자의 법칙을 수용하지 못한다면, 특히 학생이 선생이 가르치는 법칙을 받아들이지 않는다면 소통은 단절될 것입니다. 이 법칙을 수용하는 것은 세계상에 달려 있는 것으로 보입니다. 그렇다면 이는 비트겐슈타인이 『확실성에 관하여』에서 말하고 있는 "설득"의 문제나 선택의 문제가 됩니다.

여기에서 나는 세계상의 개념과 삶의 형식 개념을 비교해야 할 필요성을 느낍니다. 왜냐하면 이 둘은 어떨 때는 전적으로 같은 뜻으로 사용되기 때문입니다.[38] 사실 그러한 맥락에서라면 삶의 형식의 불일치도 틀린 말은 아닙니다. 그러나 나는 삶의 형식을 더 기본적인 것으로 봅니다. 인간이기 때문에 주어지는 인간 고유의 삶의 형식은 '인간 조건'의 다른 말이 아닙니다. 세계상 역시 원초적이고 기본적인 것입니다. 누구나 저마다의 세계상으로 삶을 살아 나가는 것이 인간이기에 그러한 세계상은 분명 삶의 형식에서 주어지는 것입니다. 내가 삶의 형식의 기준을 좀 더 엄격하게 구분하는 이유는 이승종과 엄정식이 실제로는 동일한 개념을 말하고 있음에도 불구하고 용어의 사용에 있어서 차이가 있는 것처럼 보이기 때문입니다.

둘 다 삶의 형식이 원초적으로 주어진다는 점에 대해서는 이의가 없을 것입니다. 이승종은 인간이 문화상대적이지 않은, 동일한 삶의 형식을 공유하는 것으로 보고 있습니다. 그렇기에 비트겐슈타인이 '삶의 내용'을 말하지 않고 '삶의 형식'을 말한다고 추론합니다(이승종 1993, 183쪽을 참조하십시오). 게다가 삶의 형식은 "명시적으로

---

[38] 삶의 형식은 변화를 수반하는 속성을 갖고 있습니다. 마치 인간이 태어나고 성장하고 늙어서 죽어 가듯이, 그리고 그러한 변화를 수반하는 것이 인간의 속성이듯이, 인간 조건으로 주어지는 삶의 형식도 마찬가지의 원리인 것입니다. 그렇기 때문에 삶의 형식이 불일치됐다는 것은 서로 차이가 생겼다는 것인데, 그렇다고 해서 그 차이가 삶의 형식의 속성 자체를 변화시키는 차이는 아닌 것입니다. 그러므로 그것은 삶의 형식이 변화했다기보다는 삶의 형식의 속성이 현현된 것뿐이며, 거기에서 파생된 세계상이나 언어게임의 불일치를 말한다고 보는 편이 나을 것입니다. 그래서 어떨 때는 삶의 형식과 세계상과 언어게임이 다 같은 뜻으로 통용될 수가 있는 것입니다.

법칙화하거나 예증될 수 있는 것이 아니라, 일상 언어의 틀, 혹은 한계로서 보여지는 것"(이승종 1993, 184쪽)이라고 언급하고 있습니다. 그렇기 때문에 삶의 형식은 하나로서 주어지는 것이며, 상대적인 것이 아닙니다. 엄정식은 이것을 토대로 비트겐슈타인적 신앙주의자들(황필호식으로는 신앙형태주의자)이 주장하는 삶의 형식의 상대성에 대해서 정당한 비판을 가하고 있습니다.39 이승종도 황필호의 신앙형태주의에 대한 비판을 가하면서 자신의 논지를 분명히 하고 있습니다.

> 종교인의 삶의 형식과 비종교인의 삶의 형식이 서로 다르다면, 그 차이는 기독교인의 삶의 형식과 불교도의 삶의 형식의 차이와는 또 어떻게 구별되는지의 문제를 야기합니다. 이러한 문제는 비트겐슈타인의 사유에서는 발견되지 않습니다. (이 책 445쪽)

그렇다면 동일한 삶의 형식하에서 종교인과 비종교인은 어떻게 소통이 가능할까요? 여기에 대한 해결책으로 비트겐슈타인의 "통찰"(通察, übersehen)과 "연결고리"(Zwischenglied) 개념을 사용할 수 있

---

39 엄정식은 이런 맥락에서 닐슨의 비판이 정당하다면서 인용합니다.

> 나는 종교적 담화를 이해하기 위해서 참여자의 이해를 지니지 않으면 안 된다는 비트겐슈타인주의자와 입장을 같이 한다. 그러나 이것이 우리가 실제로 참여자가 되어야 한다든지 논의되고 있는 그 종교를 **받아들이거나 믿어야** 한다는 것을 함축하는 것은 분명 아니다. 그러나 나는 종교의 일차적 담화가 나름대로 질서를 지니고 있다는 점에 동의하지 **않으며**, 철학이 종교나 삶의 형식과 관련하여 비판을 가할 수 없다는 점에도 동의하지 않는다. (Nielson 1967, 239쪽)

겠습니다.

　종교인들은 흔히 말하는 종교적 언사들, 즉 종교언어를 사용합니다. 종교언어는 앞서 살펴보았듯이 형태 면에서 일상어와 다를 것이 없지만, 종교의 언어게임하에서 사용될 때는 그 의미를 갖습니다. 그렇다면 종교의 언어게임에 참여하지 않는 비종교인은 종교에 대한 이해와 소통이 불가능한 것인가요? 이에 대해 릭켄(Friedo Ricken)은 '경험의 유비'(analogia experientiae)를 통해서 비종교인도 종교언어를 이해할 수 있다고 주장합니다(이종진 2009, 150쪽을 참조하십시오). 릭켄은 비트겐슈타인과 퍼스의 입장을 수용하여 종교적 행위 및 진술을 정의하고 있는데, 비트겐슈타인에게 있어서 종교는 '태도'(Einstellung)의 표현이고 퍼스에게 있어서는 모호성 안에서의 '경험' 표현이라는 것입니다(이종진 2009, 142~150쪽). 이러한 '경험 내지는 태도'에 대한 표현으로서의 종교적 진술들은 비록 일상어로 표현되고는 있지만, '경험의 유비'를 통해서 종교의 언어게임 밖에 서 있는 사람들에게도 의미를 전달하고 이해를 가능하게 해 준다는 것입니다.

　이종진은 '경험의 유비'를 설명하기 위하여 릭켄의 보기들을 크게 세 가지로 요약합니다. 첫째는 일상의 경험 자체가 하나의 차원(곧, 미적인 차원)을 가지며, 그것은 그 자신을 넘어서는 먼 곳을 지시한다는 것입니다. 이는 스미스(John Eduard Smith)가 말하는 '경험의 종교적 차원'(religious dimension of experience)과 같은 것입니다.

'경험의 종교적 차원'이란 인생의 궁극적인 의미나 목적을 '묻게' 만드는 '위기'의 경험을 뜻하며, 이는 그에 상응하게도 궁극적인 관심과 필요의 대상으로서의 '신'에 대한 물음을 함축한다. 이러한 궁극적인 물음에 대한 대답이 바로 기독교에서 말하는 '계시', 즉 신과 만나는 경험이라는 것이다. (이종진 2009, 151쪽)

릭켄은 이로부터 일상적인 경험이 '심층차원'(Tiefendimension)을 가진다고 주장하면서 경험의 유비를 추론해 내고 있습니다. 즉 일상의 경험들이 이미 종교적인 부분을 함유하고 있기에 비종교인도 종교인들의 체험도 유비적으로 이해할 수 있다는 것입니다.

둘째는 '인격'(Person)의 개념입니다. 릭켄은 성서의 계시 경험을 인격을 통해 설명합니다. 우선 인간의 인격은 그 자체로 '초월'(Transzendenz)을 지향하고 있다는 것입니다. "인격은 자신의 표현들로부터 '개시되는'(erschlossen) 것이 아니라, 그 안에서 '함께 경험되고'(miterfahren) 표현되는 것"(이종진 2009, 152쪽)이기에 자신들의 표현을 초월한다는 것입니다. 마찬가지로 야훼는 인격신이므로 성서 안에서 자신을 표현하고 인간은 그것을 함께 경험하는 것입니다. 따라서 "성서가 전해 주는 신적인 인격과의 만남으로서의 비범한 경험들은 독자가 상호인격적인 일상적 경험들의 도움을 받아서 이해할 수 있는 것"(이종진 2009, 153쪽)이 됩니다. 즉 유비로서 가능한 것입니다.

셋째는 '미래의 경험'에 대한 것입니다. '신적 본성의 복된 직관'(visio beatifica)에 대한 신앙은 현재의 경험을 넘어섭니다. 하지만 릭켄은 토마스 아퀴나스(Thomas Aquinas)에 기대서 이것 역시 유비로서 이해될 수 있다고 논변합니다. 인간은 본성적으로 행복을 추구하고, 그 행복이 하느님이기에 인간 이성이 도달할 수 있는 제일원인에 대한 인식, 즉 지복직관을 위한 관조(theoria)를 추구하게 된다는 것입니다. 물론 이것이 유신론적 신앙을 근거지우는 필연적인 이유는 아니지만, 하나의 '연결고리'로서 우리가 신앙을 유비적으로 이해하게 해줍니다(이종진 2009, 153~154쪽을 참조하십시오). 이를 통해서 이종진은 경험의 유비에 대한 릭켄의 사상을 다음과 같이 요약합니다.

> 종교언어의 유의미성을 이해함에 있어서 관건이 되는 것은 경험들 간의 "유비의 관계" 곧 "유사성과 비유사성"의 관계인데, 이로부터 유신론적인 언어의 개념들은 인간적인 경험과 감성을 통해서 이해되고 있다. (이종진 2009, 154쪽)

나는 릭켄의 유비 개념을 토대로 이승종이 소통의 문제를 제기했던 『탐구』 §143으로 돌아와 다시금 소통의 문제를 언급하겠습니다. 선생과 학생의 소통 가능성은, 선생이 가르치는 수열의 법칙을 학생이 수용하는가의 여부에 달려 있다고 볼 수 있을 것입니다. 하지만 선생은 학생이 이를 수용하도록 도와줄 수 있습니다. 비트겐슈타인은 이어지는 『탐구』 §144에서 학생이 유비 개념을 사용하여 이를 받아들일 수 있다는 가능성을 언급하고 있기 때문입니다.

내가 "학생의 학습 능력은 여기서 멈출 **수도 있다**"라고 말할 때 나는 무엇을 의미하는가? 나는 나 자신의 경험에 비추어 이런 말을 하는 것일까? 물론 그렇지 않다. […] 어쨌든 나는 당신이 다음과 같이 말했으면 한다: "그렇다. 그것은 사실이다. 우리는 그렇게 상상할 수 있고, 그런 일은 실제로 일어날지도 모른다!"—하지만 나는 누군가에게 이를 상상할 수 있다는 사실에 주목하도록 노력을 기울였는가?—나는 그에게 이 그림을 보여 주려 했고, 그가 이 그림을 **받아들이는가**의 여부는 그가 이제 주어진 경우를 다르게 보는 경향, 즉 그것을 이 일련의 그림들과 비교하는 경향이 있다는 점에 있다. 나는 그가 **사물을 보는 방식**을 바꾼 것이다. (PI, §144)

선생이 학생에게 그가 익숙하지 않은 그림을 보여 준다면, 그는 이것을 자연스럽게 자신에게 친숙한 그림들과 비교하게 될 것입니다. 이는 결국 유비성에 의존한 파악입니다. 유비를 이용하는 것, 즉 인간이 본성적으로 "비교하는 경향"이 있다는 것을 비트겐슈타인도 언급하고 있습니다. 그렇게 함으로써 선생은 학생이 사물을 보는 방식을 바꾸게 되는데, 여기서 유비를 가능케 하는 "일련의 그림들"은 소통을 위한 하나의 '연결고리'가 됨을 알 수 있습니다.

그렇다면 중요한 것은 서로 간에 소통이 중지되었던 지점에서의 연결고리 찾기입니다. 그것은 학생이 선생의 말을 듣고서 자발적으로 펜을 들고 숫자를 베끼기 시작했던 때, 즉 소통이 가능했던 곳에 있을 것입니다. 앞에서 설명했듯이, 만약에 두 사람 간의 세계상이 완전히 불일치했다면 학생은 선생의 말에 펜을 들지 않았을 것이기 때문입니다. 나는 소통이 가능했던 지점까지가 '공통적이고 원초적인 삶의 형식'의 기반에서 벌어지는 언어게임의 교집합이 일어난 부분이라고 생각합니다. 이러한 공유 기반이 유비적인 소통을 만들어 내는 연결고리가 되는 것입니다.[40]

비트겐슈타인은 세계상이 타인에 의해서 가르쳐질 수 있고, 주어질 수 있다고 말합니다(OC, §§233, 262를 참조하십시오). 따라서 "우리는 아마도 그가 베끼는 방식을 인정하고서, 정상적인 방식을 그의 방식에 대한 변종이나 변형으로서 가르치려 할 것"(PI, §143)입니다. 그러므로 연결고리 찾기의 전제가 되는 것은 상대의 방식을 받아들이는 것, 즉 '수용'입니다.

그러나 이러한 수용은 '세상에 대한 긍정'에서 비롯됩니다. 만약 학생이 수용을 거부한다면 "우리 학생의 학습 능력은 여기서 멈출 수도 있"(PI, §143)습니다. 하지만 그럼에도 불구하고 삶이 형식이 공유된다는 믿음, 거기에서 반드시 연결고리를 발견해 낼 수 있다는 신념을 가진다면, 즉 주어진 세상을 긍정할 수 있다면 선생은 또 다시 소통이 되었던 지점으로 되돌아와서 계속해서 소통을 시도할 것입니다. 이것이 상이한 정도가 큰 언어게임일지라도, 그 때문에 언어게임 간에 두 원리가 마주치고(OC, §611), 서로 다투게 될지라도(OC, §612) 자신의 행복을 위해 존재 목적을 충족시키기 위해서라도(NB, 73쪽) 끊임없이 삶을 긍정하면서 소통을 시도한다면 결국 연결고리

---

40 그러므로 황필호 주장하듯이 '삶의 형식'이 상대적인 개념이라면, 우리는 '연결고리'를 찾는 시도조차 할 수 없게 될 것입니다.

를 발견할 가능성은 언제나 열려 있을 것입니다.

[…]

각각의 언어게임은 상대적인 것인가? 하는 물음은 나에게 소통의 문제를 제기했습니다. 특히 이것은 종교철학에서 중요한 물음이 되는데, 이에 대한 문제점을 잘 보여 주는 것이 황필호를 비판하는 이승종의 논문이었습니다. 나는 이것을 통해서 다음의 두 가지 사항을 결론으로 내릴 수 있었습니다. 첫째, 일상 언어와 종교언어는 문법적인 차이에 의해서 구분 지어지는 것이 아니라 그것의 실제 쓰임에서만 구분된다는 것입니다. 둘째, 인간의 삶의 형식이 다수여서 종교적 삶의 형식이 그중 하나가 되는 것이 아니라, 인간의 삶의 형식은 그 자체로 다양함을 속성으로 가진 단 하나라는 것입니다.

황필호가 바라보는 비트겐슈타인은 종교신앙에 근거한 삶을 여러 가지 삶의 형태 중의 하나로 받아들이고 있는 신앙형태주의자이며 상대주의자입니다. 다만 그는 배럿과 허드슨을 근거로 자신의 논지를 펼치면서 희랍 시대의 궤변론자들처럼 극단적인 상대주의자는 아니라는 것을 강조합니다(황필호 1996b, 330~331쪽을 참조하십시오). 있지도 않은 극단적 상대주의자를 상정하고 비판하는 것은 허수아비를 공격하는 것과 같다는 것입니다(황필호 1996b, 337쪽을 참조하십시오). 하지만 나는 단지 극단적 상대주의가 아니라는 것만으로 그러한 공격을 무마시키기엔 무리가 있다고 봅니다. 황필호는 종교 각각의 상대적인 삶의 형식이 그 자체로 개념적인 완전성을 갖는다는 윈치(Peter Winch)의 주장을 수용합니다(황필호 1996b, 336~337쪽을 참조하십시오). 그리고 그는 이를 통해서 종교 간 갈등을 해결할 수 있는 가능성이 있다고까지 보고 있습니다(황필호 1996b, 338쪽을 참조하십시오). 그러나 비트겐슈타인은 윈치의 견해처럼 각각의 삶의 형식에 대한 비논리성과 비정합성을 주장하는 것은 아닙니다. 이는 이승종의 말처럼 문화상대주의적인 해석입니다. 이승종은 인간의 삶의 형식이 인간 종의 고유한 특징이기 때문에 하나밖에 존재하지 않는다고 주장합니다.[41] 마찬가지로 엄정식도 삶의 형식이 환경과의 관계 속에서 문화적으로 다양하게 나타날 뿐이지 본질적으로는 하나라고 하면서 입장을 같이 합니다. 나는 이 둘의 입장이 비트겐슈타인의 삶의 형식 개념을 올바르게 해석한 것으로 생각합니다. 삶의 형식은 인간 조건으로 주어지는 것이기 때문입니다. 그렇기에 황필호의 주장처럼 여러 가지 삶의 형식을 말한다는 것은 오해입니다. 오히려 다양한 삶의 형식보다는 그것에 기반하여 일어나고 있는 다양한 언어게임을 말해야 옳을 것입니다. 그러니 비트겐슈타인이 상대주의자라는 황필호의 주장은 극단적인 것과 온건적인 것의 차이를 떠나서, 비판을 피할 수 없습니다.

---

41 (이승종) 이에 대한 자세한 논의는 다음을 참조하십시오. 이승종 2022, 3장.

부록

서평

모순으로 살펴보는 비트겐슈타인의 철학[91]

남기창[92]

현대 영미 분석철학은 20세기 초반에 일단의 학자들이 개발한 기호논리학의 등장과 함께 탄생한 철학 사조이다. 아리스토텔레스 유의 논리학이 완성된 학문이기 때문에 논리학에서 그 이상의 발전은 없으리라고 예측한 칸트를 비웃기라도 하듯이 러셀이나 프레게, 비트겐슈타인 같은 학자는 새로운 논리학을 계발하는 데 진력을 다했다. 기호논리학과 함께 초기 분석철학자들을 사로잡았던 학문은 과학이었다. 자연과학이 수천 년 동안 인류의 바람이었던 진리를 발견하는 데 어느 학문보다도 성공적이라는 데 대해서 이들은 칸트와 견해를

---

91 이 글은 이승종의 『비트겐슈타인이 살아 있다면: 논리철학적 탐구』(문학과지성사, 2002)에 대한 서평으로 다음에서 전재하였습니다. 『서평문화』, 47집, 2002.
92 재능대학교 교양과 교수.

같이했다. 특히 비트겐슈타인의 영향을 크게 받았던 논리실증주의자들이 그랬는데, 이들은 형이상학적 문장은 무의미하다는 주장을 하면서 형이상학은 학문으로서 성립할 수 없다는 칸트의 입장에 기본적으로 동의했다.

그러나 논리실증주의자들은 칸트와 결정적인 점에서 달랐다. 칸트는 필연적이면서도 경험적 내용을 가진 명제들—선천적 종합명제—이 있다고 주장한 반면, 논리실증주의자들에게 그런 명제들은 있을 수 없었다. 이들에게 필연적 명제들은 오로지 분석적 명제들이었으며, 경험적 명제들은 모두 우연적 명제들이어서 필연적 명제와 경험적 명제의 결합은 불가능할 뿐이었다.

논리실증주의자들의 이런 생각은 필연성은 오로지 논리적 필연성일 뿐이라고 주장한 비트겐슈타인에게 영향을 받은 것이었다. 비트겐슈타인은 모든 필연성은 논리적 필연성이라고 말하면서 논리적으로 필연적인 명제는 다시 항진명제(항상 참인 명제) 혹은 동어반복에 불과하다고 주장했다.

필연성이 논리적 필연성이듯이 불가능성도 논리적 불가능성인데, 이 논리적으로 불가능한 명제가 항위명제(항상 거짓인 명제) 혹은 모순이다(TLP, 6.375). 이승종 교수가 그의 저서『비트겐슈타인이 살아 있다면』에서 화두로 삼은 것이 바로 이 모순이다.

이 책에서 이 교수가 다루는 모순들을 나열하면 다음과 같다. 첫째, 그는 "'p and not p'는 명제이면서 명제가 아니다"라는 모순을 다룬다. 다시 말해서 "모순은 명제이면서 명제가 아니다"라는 이 모순적인 주장은 비트겐슈타인의 저서인『논고』에서 저자가 발견한 것이다. 비트겐슈타인이 이런 모순이 그의 책에서 발견된다는 것을 알았는지는 확실하지 않지만, 저자는 비트겐슈타인을 대신해서 그 모순을 해소시키려 시도한다. 그 결과는 이 모순의 해소는 이루어지지 않은 채 남아 있다는 것이다.

두 번째 등장하는 모순은 "이것은 빨간색이면서 파란색이다"라는 것이다. 이 모순은 '색 배제 문제'라고 알려진 문제를 제기하는데, 이것은 비트겐슈타인으로 하여금 전기 철학을 포기하게 만든 것으로 알려졌다. 이 복잡하지만 흥미로우며 중요한 문제를 선명하게 분석해 내는 3장은 이 책의 가장 빛나는 부분이 아닌가 한다.

세 번째로 다루어지는 모순은 수학에서 발견될 수 있는 모순으로 이것이 수학에 어떤 영향을 미칠지에 관한 문제를 다룬다. 여기서는 비트겐슈타인과 케임브리지의 동료 교수였던 천재 수학자 튜링 사이의 유명한 논쟁이 소개되는데, 만일 수학에서 모순이 발견된다면, 그것은 수학을 무너뜨릴 것이라는 튜링의 주장에 대해서 그렇지 않다는 비트겐슈타인의 놀라운 응답을 변호하려는 이 교수의 시도에서 우리는 왜 비트겐슈타인이 분석철학 안에서도 그만의 특유한 위치를 갖지 않을 수 없는지를 알게 된다.

네 번째 모순은 '규칙 따르기 역설'이란 이름으로 부를 수 있는 것인데, 이것은 크립키(Saul Kripke)에 의해서 그 중요성이 새삼 널리 알려진 문제이다. 크립키는 비트겐슈타인을 철학사상 가장 급진적인 회의주의자로 부르면서 규칙 따르기 역설은 바로 비트겐슈타인이 자신이 회의주의자임을 밝히는 주장이라는 식으로 말한다. 이 교수는 이것이 비트겐슈타인을 오해하는 것임을 보여 주려 시도한다.

아마 비트겐슈타인의 철학과 관련해서 최근에 가장 많은 논쟁을 불러일으킨 문제를 들라면 바로 이 규칙 따르기 문제를 들어야 할 것이다. 이 부분은 크루소의 언어가 사적 언어인지에 관한 문제를 다루는 11장과 연결되어 있다.

다섯 번째로 등장하는 모순은 거짓말쟁이 역설이다. 이 역설은 수학이 아니라 일상 언어에서 발견되는 것으로 그 기원이 고대에까지 거슬러 올라간다. 이 역설은 올바른 진리론이 해결해야만 하는 것으로 간주되면서 다시 철학자들의 관심을 끌게 되는데, 저자는 비트겐슈타인의 입장을 따라서 역설의 해결이 아니라 해소를 시도한다.

저자가 다루는 여러 종류의 모순 중에서 빼서는 안 될 모순은 사적 감각에 대한 것으로 "그것은 (사적 감각은) 어떤 것도 아니지만 그렇다고 아무것도 아닌 것도 아니다"란 비트겐슈타인의 주장이다. 비트겐슈타인이 행동주의자인지 아닌지에 대해서 논란이 있지만, 저자는 비트겐슈타인이 사적 감각의 존재를 부인했다는 일단의 해석을 논박하기 위해 이 주장을 이용한다.

비트겐슈타인은 러셀의 직계 제자였으며, 프레게에서 개인적인 가르침을 받기도 했던 논리학도였다. 그는 형이상학적 주장은 사이비 명제이며, 말로 표현할 수 없는 것에 대해서는 침묵해야 한다는 유명한 주장을 하기도 하였다. 이런 것들을 보면 비트겐슈타인을 다른 초기 분석철학자들, 가령 러셀이나 프레게 그리고 논리실증주의자들과 함께 묶는 것은 자연스럽게 보인다. 실제로 러셀, 프레게, 논리실증주의자들도 그렇게 생각했다.

하지만 비트겐슈타인을 단순히 분석철학자로 간주하는 것은 그의 철학을 제대로 이해하는데 방해가 될 수도 있다. 그의 학문적 바탕에는 오히려 비과학주의적, 비논리주의적, 비주지주의적인 경향이 놓여 있다. 무릇 비트겐슈타인의 철학을 이해하고자 하는 사람들은 이 점을 명심해야 한다.

이런 비분석철학적인 경향을 보여 줄 때 주의할 점은 이렇다: 비트겐슈타인의 비분석철학적 경향, 가령 그의 신비주의적인 측면을 강조하다 보면, 글이 모호해져서 그야말로 신비적인 글이 되어 버릴 수가 있다. 이런 스타일의 글은 비트겐슈타인이 가장 경멸했던 것이다.

『비트겐슈타인이 살아 있다면』은 비트겐슈타인의 분석철학자적인 면과 비분석철학자적인 면 사이에서 균형을 잡겠다는 뚜렷한 목적하에 쓰여진 책이다. 이 교수는 비트겐슈타인의 철학이 분석철학계의 거장들인 러셀이나 콰인 등의 철학과 다르며 또한 "어떠한 사조나 학파와도 잘 어울리기 어려운 독특한 것"(8쪽)임을 부각시키려 한다고 말한다. 이 모든 것을 이 교수는 세밀한 분석을 바탕으로 하고 있기 때문에, 비트겐슈타인을 허수아비로 만들거나 혹은 대중적 취향에 맞게 만들어서 접근하려는 잘못을 범하지 않는다.

이 책은 그가 미국과 한국에서 학생이나 교수로서 나눴던 토론을 바탕으로 쓰였다. 그는 자신의 생각을 여러 철학자의 날카로운 비판을 통해 가다듬었다. 이 점은 매우 중요하다. 왜냐하면 최근에 비트겐슈타인 철학을 연구하는 학자들 사이에서 상대방의 연구 성과를 본격적으로 비판하는 일은 점점 줄어드는 추세처럼 보이기 때문이다. (크립키의 비트겐슈타인 해석을 둘러싼 논쟁을 제외하곤 말이다.)

그 결과 많은 양의 비트겐슈타인에 대한 연구서들이 등장했지만, 대부분이 저자들 자신의 관심사만을 주로 다룬 결과 연구자들 사이에서 의사소통이 의도적이건 아니건 이루어지지 않고 있다는 생각이 든다. 이 때문에 다양한 연구 성과를 서로 비판하고 검증하는 작업이 절실하다. 이런 면에서 이 교수의 책은 주목할 만하다. 그의 책은 다양한 입장을 가진 사람들이 서로 대화를 하도록 유도하는 효과를 만들어 내고 있기 때문이다. 아무쪼록 이 효과가 더 커져서 비트겐슈타인의 철학에 대한 연구가 독백 형식이 아니라 상호 대화하는 형식으로 이루어지는 계기가 마련되기를 바란다.

발문 跋文

석기용[93]

"우리는 모든 가능한 과학적 물음이 대답되었을 때에도, 우리의 삶의 문제들은 전혀 건드려지지 않은 채로 남을 것이라고 느낀다." 비트겐슈타인의 생각을 저 깊고 저 높은 곳까지 추적해 간 이 책에서 이승종 교수가 가장 여러 번 인용한 비트겐슈타인의 글이다. 철학이 과학이 되고, 나의 뇌에서 '나'를 찾고, 세상의 옳고 그름은 실험과 확률과 통계로 결정하고, 그러면서도 또 한편에서는 현세구복의 세속적 신앙과 도를 넘어선 광신이 횡행하는 상실과 혼돈의 현대 사회를 살아가는 우리에게 이 책은 애초에 우리가 어떤 절실한 마음으로 무엇을 찾아 철학에 처음 발길을 들였는지 다시 떠올리게 한다.

비트겐슈타인은 자신의 책에 표현된 생각을 이해하려면 그 사람 스스로 그런 생각을 이미 해 보았어야 한다고 말했다. 이승종 교

---

[93] 성신여대 창의융합학부 교수

수는 비트겐슈타인의 바로 그 생각에 이르기 위해 그 자신 깊게 사색한다. 그 과정은 순탄하지 않다. 책 속에서 의심 많은 다른 사람들은 계속 질문을 던지고, 무엇보다 바로 저자 그 자신에게서 지칠 줄 모르고 의문이 생겨난다. 그리고 그렇게 책의 곳곳에서 수시로 등장하는 질문과 그때마다 주어지는 저자의 진지한 답변은 동서고금 철학의 가장 오랜 전통이 바로 '대화'임을 새삼 깨닫게 해 준다. 이런 산고를 겪으며 저자는 비트겐슈타인이 그때 자기 자신과 치열하게 대화하며 무슨 생각을 했던 것인지 말해 준다. 그리고 비트겐슈타인의 그 생각이 지금 과학 일변도의 우리 시대에 어떤 통렬한 울림을 갖는지 열정적으로 호소한다. 독자들도 이 철학적 사색과 대화에 동참하여 '나 자신'과 '내가 바라보는 세계', 그리고 '절대자'의 존재에 관하여 비트겐슈타인처럼 한번 생각해 보기를 권한다.

참고문헌

1. 비트겐슈타인

비트겐슈타인의 저서, 강의록, 논문, 편지 등은 다음과 같이 약식 표기법으로 인용되었습니다.

BB *The Blue and Brown Books*. Oxford: Basil Blackwell, 1958.

BT *The Big Typescript*. Eds. and trans. C. G. Luckhardt and M. A. E. Aue. Oxford: Blackwell, 2005.

CV *Culture and Value*. Revised 2nd edition. Ed. G. H. von Wright. Trans. P. Winch. Oxford: Blackwell, 1998; 루트비히 비트겐슈타인.『문화와 가치』. 이영철 옮김. 서울: 책세상, 2020.

LC *Lectures and Conversations on Aesthetics, Psychology and Religious Belief*. Ed. C. Barrett. Berkeley: University of California Press, 1966.

LE "A Lecture on Ethics", PO에 수록.

LF "Letter to Ludwig Ficker", trans. B. Gillette, Luckhardt 1979에 재수록.

LFM *Wittgenstein's Lectures on the Foundations of Mathematics, Cambridge 1939*.

	From the Notes of R. G. Bosanquet, N. Malcolm, R. Rhees, and Y. Smythies. Ed. C. Diamond. Ithaca: Cornell University Press, 1976.
LWE	*Letters from Ludwig Wittgenstein with a Memoir by Paul Engelmann*. Ed. B. McGuinness. Trans. L. Furtmüller. Oxford: Blackwell, 1967.
MS	*Unpublished Manuscripts*. von Wright 1969에서 부여된 번호에 준하여 인용.
MT	"Movements of Thought: Diaries, 1930-1932, 1936-1937", trans. A. Nordmann, PPO에 재수록.
NB	*Notebooks 1914-1916*. 2nd edition. Eds. G. H. von Wright and G. E. M. Anscombe. Trans. G. E. M. Anscombe. Oxford: Basil Blackwell, 1979.
NTW	"Notes on Talks with Wittgenstein", conversations recorded by F. Waismann, trans. M. Black, *Philosophical Review*, vol. 74, 1965.
OC	*On Certainty*. Eds. G. E. M. Anscombe and G. H. von Wright. Trans. D. Paul and G. E. M. Anscombe. Oxford: Basil Blackwell, 1966; 루트비히 비트겐슈타인. 『확실성에 관하여』. 이영철 옮김. 서울: 책세상, 2006.
PG	*Philosophical Grammar*. Ed. R. Rhees. Trans. A. Kenny. Oxford: Basil Blackwell, 1974.
PI	*Philosophical Investigations*. Revised 4th edition. Eds. G. E. M. Anscombe, R. Rhees, P. M. S. Hacker and J. Schulte. Trans. G. E. M. Anscombe, P. M. S. Hacker and J. Schulte. Oxford: Wiley-Blackwell, 2009; 루트비히 비트겐슈타인. 『철학적 탐구』. 이승종 옮김. 파주: 아카넷, 2016. 『탐구』로 약칭.
PO	*Philosophical Occasions*. Eds. J. Klagge and A. Nordmann. Indianapolis: Hackett, 1993.
PPF	*Philosophy of Psychology—A Fragment*. PI에 수록.
PPO	*Public and Private Occasions*. Eds. J. Klagge and A. Nordmann. Lanham: Rowman and Littlefield, 2003.
PR	*Philosophical Remarks*. Ed. R. Rhees. Trans. R. Hargreaves and R. White.

　　　　　Oxford: Basil Blackwell, 1975.

RFM　　*Remarks on the Foundations of Mathematics*. Revised edition. Eds. G. H. von Wright, R. Rhees, and G. E. M. Anscombe. Trans. G. E. M. Anscombe. Cambridge, Mass.: MIT Press, 1978.

RPP I　*Remarks on the Philosophy of Psychology*. Vol. I. Eds. G. E. M. Anscombe and G. H. von Wright. Trans. G. E. M. Anscombe. Oxford: Basil Blackwell, 1980.

TLP　　*Tractatus Logico-Philosophicus*. Trans. D. Pears and B. McGuinness. London: Routledge and Kegan Paul, 1961; Trans. C. K. Ogden and F. Ramsey. London: Kegan, Paul, Trench, Trubner, and Co., Ltd. 1922; L. 비트겐슈타인. 『논리철학논고』. 박영식·최세만 옮김. 서울: 정음사, 1985. 『논고』로 약칭.

TS　　　*Typescripts*. von Wright 1969에서 부여된 번호에 준하여 인용.

WC　　*Wittgenstein in Cambridge*. Ed. B. McGuinness. Oxford: Blackwell Publishing, 2008.

WVC　*Wittgenstein and the Vienna Circle*. Conversations Recorded by F. Waismann. Ed. B. McGuinness. Trans. J. Schulte and B. McGuinness. Oxford: Basil Blackwell, 1979.

WWCL　*Wittgenstein's Whewell's Court Lectures*. From the Notes by Y. Smythies. Chichester: Wiley Blackwell, 2017.

Z　　　*Zettel*. Eds. G. E. M. Anscombe and G. H. von Wright. Trans. G. E. M. Anscombe. Oxford: Basil Blackwell, 1967.

2. 일반

저자명 다음의 연도는 본문에서 인용된 논문이나 저서가 처음 간행된 해를 말합니다. 이들 논문이나 저서가 (재)수록된 논문집이나 번역/개정판을 준거로 인용되었을 경우에는 뒤에 이에 해당하는 연도를 덧붙였습니다.

본문에 인용된 쪽수도 이를 준거로 하고 있습니다.

孔子.『論語』.
莊子.『莊子』.
강언덕. (2009)「비트겐슈타인, 언어와 종교, 그리고 소통의 가능성」,
　　　서강대학교 신학대학원 철학과 석사학위 논문.
김현균·김도식. (2021)「『논리-철학 논고』의 '초월적'(transzendental) 개념에
　　　관하여」,『범한철학』, 100집.
바틀리 3세, 윌리엄. (2014)『비트겐슈타인 침묵의 시절 1919~1929』. 이윤
　　　옮김. 서울: 필로소픽.
박병철. (2002)「비트겐슈타인의 사적 언어 논의」,『철학』, 72집.
박정일. (2006)「비트겐슈타인과 유아론」,『논리연구』, 9집.
비트겐슈타인, 루트비히. (2016)『미학·종교적 믿음·의지의 자유에 관한
　　　강의와 프로이트에 관한 대화』. 이영철 옮김. 서울: 필로소픽.
서광선·정대현 편역, (1980)『비트겐슈타인』. 서울: 이화여자대학교출판부.
신상형. (1999)「종교신앙의 철학적 해석: 비트겐슈타인의 종말론 해석의
　　　경우」,『인문과학연구』, 2집. 안동대학교 인문과학연구소.
＿＿＿. (2001)「비트겐슈타인주의의 종교해석」,『인문학논총』, 1집. 국립
　　　7개 대학 공동 논문 간행위원회.
＿＿＿. (2003)「필립스의 비트겐슈타인 해석: 종교철학적 인식론」,
　　　『철학논총』, 31집. 새한철학회.
엄정식. (1995)「신 개념의 철학적 분석」, 엄정식 2003에 재수록.
＿＿＿. (2003)『비트겐슈타인의 사상』. 서울: 서강대학교 출판부.
이상룡. (2020)「해명, 치료, 언어 투쟁」,『대동철학』, 93집.
이승종. (1993)「언어철학의 두 양상」,『철학과 현실』, 19호.
＿＿＿. (2002)『비트겐슈타인이 살아 있다면: 논리철학적 탐구』. 서울:

문학과지성사.

_____. (2007) 「비트겐슈타인, 종교, 언어」, 『철학적 분석』, 15호.

_____. (2010) 『크로스오버 하이데거: 분석적 해석학을 향하여』. 수정증보판. 서울: 동연, 2021.

_____. (2018) 『동아시아 사유로부터: 시공을 관통하는 철학자들의 대화』. 파주: 동녘.

_____. (2020) 『우리와의 철학적 대화』. 파주: 김영사.

_____. (2022) 『비트겐슈타인 새로 읽기: 자연주의적 해석』. 파주: 아카넷.

_____. (2024) 『역사적 분석철학』. 서울: 서강대학교출판부.

이승종·윤유석. (2024) 『철학의 길: 대화의 해석학을 향하여』. 서울: 세창출판사.

이영철. (2013) 「종교적 믿음과 언어」, 이영철 2016에 재수록.

_____. (2016) 『비트겐슈타인의 철학』. 서울: 책세상.

이종진. (2009) 「종교언어의 유의미성: 프리도 릭켄의 일상언어적 분석에 대한 고찰」, 『신학과 철학』, 14호.

하영미. (2014) 『비트겐슈타인의 종교관과 철학』. 파주: 서광사.

홍사현. (2006) 「니체의 음악적 사유와 현대성」, 『니체연구』, 10집.

황필호. (1983) 「비트겐슈타인적 신앙 형태주의」, 황필호 1984에 재수록.

_____. (1984) 『분석철학과 종교』. 서울: 종로서적출판부.

_____. (1996a) 「비트겐슈타인의 종교관」, 황필호 1996c에 수록.

_____. (1996b) 「비트겐슈타인적 신앙 형태주의는 가능한가」, 황필호 1996c에 수록.

_____. (1996c) 『서양종교철학 산책』. 서울: 집문당.

Ackermann, R. (1988) *Wittgenstein's City*. Amherst: University of Massachusetts Press.

Anscombe, G. E. M. (1959) *An Introduction to Wittgenstein's Tractatus*. London: Hutchinson.

_____. (1976) "The Question of Linguistic Idealism", Anscombe 1981에 재수록.

_____. (1981) *From Parmenides to Wittgenstein*. Oxford: Basil Blackwell.

Baker, G. P. (1991) "*Philosophical Investigations* §122", Baker 2004에 재수록.

_____. (2004) *Wittgenstein's Method*. Oxford: Blackwell.

Baker, G. P., and P. M. S. Hacker. (1980) *Wittgenstein: Understanding and Meaning. An Analytical Commentary on the Philosophical Investigations*. Vol. 1. Oxford: Blackwell. 수정 2판은 2005년에 주석(*Exegesis*)과 논문집(*Essays*)으로 분철 출간.

_____. (1984) *Language, Sense and Nonsense: A Critical Investigation into Modern Theories of Language*. Oxford: Basil Blackwell.

_____. (1985) *Wittgenstein: Rules, Grammar and Necessity. An Analytical Commentary on the Philosophical Investigations*. Vol. 2. Oxford: Basil Blackwell. 수정 2판은 2009년에 출간.

Barrett, C. (1991) *Wittgenstein on Ethics and Religious Belief*. Oxford: Blackwell.

Black, M. (1964) *A Companion to Wittgenstein's 'Tractatus'*. Ithaca: Cornell University Press.

Braithwaite, R. B. (1955) "An Empiricist's View of the Nature of Religious Belief", Mitchell 1971에 재수록.

Cahn, S. M., and D. Shatz. (eds.) (1982) *Contemporary Philosophy of Religion*. New York: Oxford University Press.

Carnap, R. (1928) *Scheinprobleme in der Philosophie*. Berlin: Weltkreis.

_____. (1931) "Überwindung der Metaphysik durch logische Analyse der Sprache", *Erkenntnis*, vol. 2.

_____. (1963) "Intellectual Autobiography", Schilpp 1963에 수록.

Charlesworth, M. (1961) "Linguistic Analysis and Language about God", *International Philosophical Quarterly*, vol. 1.

Chisholm, R. (ed.) (1960) *Realism and the Background of Phenomenology*. New York: Free Press.

Clack, B. (1999) *An Introduction to Wittgenstein's Philosophy of Religion*. Edinburgh: Edinburgh University Press; 브라이언 클락. 『비트겐슈타인의 종교철학』. 하영미 옮김. 파주: 서광사, 2015.

Copi, I., and R. Beard. (eds.) (1966) *Essays on Wittgenstein's Tractatus*. London: Routledge and Kegan Paul.

Crary, A., and R. Read. (eds.) (2000) *The New Wittgenstein*. London: Routledge.

Derrida, J. (1967) *Of Grammatology*. Trans. G. Spivak. Baltimore: Johns Hopkins University Press, 1976.

Diamond, C. (1991) *The Realistic Spirit*. Cambridge, Mass.: MIT Press.

Drury, M. O'C. (1960) "Ludwig Wittgenstein: A Symposium", Flowers III 1999에 재수록.

_____. (1976) "Some Notes on Conversations with Wittgenstein", Rhees 1984에 재수록.

_____. (1981) "Conversations with Wittgenstein", Rhees 1984에 재수록.

Dummett, M. (1993) *Origins of Analytic Philosophy*. London: Bloomsbury, 2014.

Edwards, J. (1982) *Ethics Without Philosophy*. Tampa: University of Florida Press.

Flowers III, F. (ed.) (1999) *Portraits of Wittgenstein*. Vol. 4. Bristol: Thoemmes Press.

Frege, G. (1892) "On Sense and Reference", trans. M. Black, Geach and Black 1952에 재수록.

_____. (1952) *Translations from the Philosophical Writings of Gottlob Frege*. Eds. P. Geach and M. Black. 2nd edition. Oxford: Basil Blackwell, 1960.

Garver, N. (1971) "Wittgenstein's Pantheism", Garver 1994에 재수록.

_____. (1994) *This Complicated Form of Life*. La Salle, Ill.: Open Court.

Garver, N., and Seung-Chong Lee. (1994) *Derrida and Wittgenstein*. Philadelphia: Temple University Press; 뉴턴 가버·이승종. 『데리다와 비트겐슈타인』. 서울: 민음사, 1998, 수정증보판, 동연, 2010.

Gunderson, K. (ed.) (1975) *Language, Mind, and Knowledge*. Minneapolis: University of Minnesota Press.

Habermas, J. (1985) *Der Philosophische Diskurs der Moderne*. Frankfurt: Suhrkamp.

Hacker, P. M. S. (1971) "Wittgenstein's Doctrine of the Soul in the *Tractatus*", *Kant-Studien*, vol. 62.

_____. (1990) *Wittgenstein: Meaning and Mind. An Analytical Commentary on the Philosophical Investigations*. Vol. 3. Oxford: Basil Blackwell. 수정 2판은 2019년에 주석(*Exegesis*)과 논문집(*Essays*)으로 분철되어 출간.

_____. (1996) *Wittgenstein: Mind and Will. An Analytical Commentary on the Philosophical Investigations*. Vol. 4. Oxford: Basil Blackwell.

_____. (2000) "Was He Trying to Whistle It?" Crary and Read 2000에 수록.

Haldane, J. *et al.* (1931) *Science and Religion: A Symposium*. London: Gerald Howe.

Hallett, G. (1977) *A Companion to Wittgenstein's "Philosophical Investigations"*. Ithaca: Cornell University Press.

Hegel, G. W. F. (1832) *Wissenschaft der Logik*. I. Frankfurt: Suhrkamp, 1986.

Heidegger, M. (1929) "Was ist Metaphysik?" Heidegger 1967에 재수록.

_____. (1938) "Die Zeit des Weltbildes", Heidegger 1950에 재수록.

_____. (1950) *Holzwege*. Ed. F.-W. von Hermann. Frankfurt: Klostermann, 1977.

_____. (1953) *Einführung in die Metaphysik*. Ed. P. Jaeger. Frankfurt: Klostermann, 1983.

_____. (1967) *Wegmarken*. Ed. F.-W. von Hermann. Frankfurt: Klostermann.

Heinrich, R., E. Nemeth, W. Pichler, and D. Wagner. (eds.) (2011) *Image and Imagining in Philosophy, Science and the Arts*. Vol. 1. Frankfurt: Ontos Verlag.

Hudson, W. D. (1975) *Wittgenstein and Religious Belief*. New York: St. Martin's Press.

Husserl, E. (1901) *Logische Untersuchungen*. Tübingen: Niemeyer, 1968.

Jensen, J. T. (1986) "Book Review: *Language, Sense and Nonsense: A Critical Investigation into Modern Theories of Language* by G. P. Baker and P. M. S.

Hacker", *Language*, vol. 62.

Kant, I. (1781/1787) *Kritik der reinen Vernunft*. 2nd edition. Kant 1900-에 재수록.

_____. (1783) *Prolegomena zu einer jeden zukünfutigen Metaphysik, die als Wissenschaft wird auftrenten können*. Kant 1900-에 재수록.

_____. (1785) *Grundlegung zur Metaphysik der Sitten*. Kant 1900-에 재수록.

_____. (1900-) *Gesammelte Schriften*. Berlin: Walter deGruyter.

_____. (1966) *Vorlesungen über Logik*. Kant 1900-에 재수록.

Kuhn, T. (1962) *The Structure of Scientific Revolutions*. 3rd edition. Chicago: University of Chicago Press, 1996.

Kusch, M. (2011) "Disagreement and Picture in Wittgenstein's 'Lectures on Religious Belief'", Heinrich, Nemeth, Pichler and Wagner 2011에 수록.

Leibniz, G. (1969a) "On the Radical Origination of Things", Leibniz 1969b에 재수록.

_____. (1969b) *Philosophical Papers and Letters*. 2nd edition. Ed. L. Loemker. Dordrecht: Reidel.

Lewy, C. (1967) "A Note on the Text of the *Tractatus*", *Mind*, vol. 76.

Luckhardt, C. (ed.) (1979) *Wittgenstein: Sources and Perspectives*. Ithaca: Cornell University Press.

Malcolm, N. (1958) *Ludwig Wittgenstein: A Memoir*. 2nd edition. Oxford: Clarendon Press, 2001.

Martin, M. (1991) "Wittgenstein's Lectures on Religious Belief", *Heythrop Journal*, vol. 32.

McGuinness, B. (1988) *Young Ludwig*. Oxford: Clarendon Press, 2005.

Meinong, A. (1904) "The Theory of Object", trans. I. Levi, D. B. Terrell, and R. Chisholm, Chisholm 1960에 재수록.

Mitchell, B. (ed.) (1971) *The Philosophy of Religion*. Oxford: Oxford University Press.

Nielsen, K. (1967) "Wittgensteinian Fideism", Cahn and Shatz 1982에 재수록.

Nielsen, K., and D. Z. Phillips. (2005) *Wittgensteinian Fideism?* London: SCM Press.

Monk, R. (1990) *Ludwig Wittgenstein: The Duty of Genius*. London: Vintage, 1991.

Pears, D. (1988/1989) *The False Prison*. 2 vols. Oxford: Clarendon Press.

_____. (1993) "Connections between Wittgenstein's Treatment of Solipsism and the Private Language Argument", Terricabras 1993에 수록.

Plato. *Ion*. Trans. P. Woodruff. Plato 1997에 재수록.

_____. *Republic*. Trans. C. D. C. Reeve. Indianapolis: Hackett, 2004.

_____. (1997) *Plato: Complete Works*. Ed. J. Cooper. Indianapolis: Hackett.

Putnam, H. (1992) *Renewing Philosophy*. Cambridge, Mass.: Harvard University Press.

Quine, W. V. (1960) *Word and Object*. Cambridge, Mass.: MIT Press.

_____. (1974) *The Roots of Reference*. La Salle, Ill.: Open Court.

Read, R., and M. Lavery. (eds.) (2011) *Beyond the Tractatus Wars*. London: Routledge.

Reichenbach, H. (1951) *The Rise of Scientific Philosophy*. Berkeley: University of California Press, 1968.

Rhees, R. (1965) "Some Developments in Wittgenstein's View of Ethics", *Philosophical Review*, vol. 74.

_____. (ed.) (1984) *Recollections of Wittgenstein*. Oxford: Oxford University Press.

Rorty, R. (1972) "The World Well Lost", Rorty 1982에 재수록.

_____. (1982) *Consequences of Pragmatism*. Minneapolis: University of Minnesota Press.

Russell, B. (1905) "On Denoting", Russell 1973에 재수록.

_____. (1912) *The Problems of Philosophy*. London: Williams and Norgate.

_____. (1959) *My Philosophical Development*. London: George Allen and Unwin, 1975.

_____. (1973) *Essays in Analysis*. Ed. D. Lackey. London: George Allen and Unwin.

_____. (1975) *Autobiography*. London: Routledge, 2009.

Ryle, G. (1970) "Autobiographical", Wood and Pitcher 1970에 수록.

Satris, S. (2014) "Wittgenstein's Lectures on Religious Belief", *Philosophical*

Investigations, vol. 37.

Schilpp, P. (ed.) (1963) *The Philosophy of Rudolph Carnap*. La Salle, Ill.: Open Court.

Schlick, M. (1930) *Fragen der Ethik*. Schlick 2006에 재수록.

_____. (2006) *Gesamtausgabe*. Vol. 3. Wien: Springer.

Schopenhauer, A. (1851) *Parerga und Paralipomena*. Vol. 2. Berlin: A. W. Hayn.

_____. (1883) *Die Welt als Wille und Vorstellung*. München: Deutscher Taschenbuch, 2002.

Searle, J. (1975) "A Taxonomy of Illocutionary Acts", Gunderson 1975에 수록.

Stevenson, L. (1985) "Book Review: *Language, Sense and Nonsense: A Critical Investigation into Modern Theories of Language* by G. P. Baker and P. M. S. Hacker", *Philosophy*, vol. 60.

Strawson, P. (1950) "On Referring", Strawson 1971에 재수록.

_____. (1971) *Logico-Linguistic Papers*. London: Methuen.

Swinburne, R. (1979) *The Existence of God*. Oxford: Clarendon Press.

Tagore, R. (1910) *The King of the Dark Chamber*. WWCL에 수록.

Terricabras, J.-M. (ed.) (1993) *A Wittgenstein Symposium*. Amsterdam: Rodopoi.

Tolstoy, L. (1911a) "Father Sergius", Tolstoy 1911b에 수록.

_____. (1911b) *Father Sergius and Other Stories and Plays*. London: Thomas Nelson.

Urmson, J. O. (1956) *Philosophical Analysis*. Oxford: Clarendon Press.

von Wright, G. H. (1969) "The Wittgenstein Papers", von Wright 1982에 재수록.

_____. (1979) "The Origin of Wittgenstein's *Tractatus*", Luckhardt 1979에 수록.

_____. (1982) *Wittgenstein*. Oxford: Basil Blackwell.

Walker, J. (1968) "Wittgenstein's Earlier Ethics", *American Philosophical Quarterly*, vol. 5.

Weininger, O. (1903) *Geschlecht und Charakter*. Wien: Wilhelm Braumüller Universitäts-Verlagsbuchhandlung Gesellschaft M. B. H., 1920.

Wittgenstein, Hermine. (1981) "My Brother Ludwig", Rhees 1984에 재수록.

Wood, A. (1957) *Bertrand Russell*. London: George Allen and Unwin.

Wood, O., and G. Pitcher. (eds.) (1970) *Ryle*. London: Macmillan.

Zemach, E. (1964) "Wittgenstein's Philosophy of the Mystical", Copi and Beard 1966에 재수록.

주제 색인

1인칭 147, 199, 213, 226, 258, 274
2인칭 70, 73, 80, 89, 238~239, 294, 347
3인칭 71~72, 147, 195~196, 213~214, 227, 238, 253, 258, 261, 274, 294, 347

[ㄱ]

결과주의 208~209, 214, 274, 299
결정론 182, 287, 343~344
경험론(경험주의, 경험론자) 9, 37, 39, 125, 127, 156, 173~174, 196, 381
경험적 실재론(경험적 실재론자) 157, 166~167, 174~175, 177~183, 185, 187, 189, 193~194, 211, 213, 240, 269, 281, 364
공리주의 209, 214, 253, 261, 274
과학주의 33, 37, 41, 61, 99, 134, 142, 194, 214, 219, 274, 367, 370, 475
관념론 124, 147, 157, 165~175, 177~183, 189, 193~197, 209, 211, 213, 217, 242, 269, 272, 279, 281, 292~293, 299, 301, 364
구원 7, 29, 34, 56, 69~71, 74~76, 78, 80, 108, 168, 284, 286, 324, 348~349, 361, 367, 385, 404, 416, 436
기독교 76, 78, 80, 101, 208, 226, 236, 260, 262, 268, 277~278, 283~284, 295, 318, 324, 326~329, 334, 352, 357, 359~362, 366, 385, 393, 395, 415, 428~429, 434~436, 445, 461, 463
꿰뚫어 봄 91, 95~100, 113

[ㄴ]

노에시스(noesis) 115, 118

논리실증주의(논리실증주의자,
　　실증주의, 실증주의자) 47,
　　61~62, 126~127, 182, 245,
　　253, 280, 282, 472, 474

[ㄷ]

당위성 200~201, 204, 206~208,
　　210, 243, 265, 287, 297~299,
　　304~305, 450
대륙 철학 47, 128, 381
데카르트주의 37, 39, 156
동어반복 202, 208, 210, 243~244,
　　254, 273, 472

[ㄹ]

로고스(logos) 79~80, 82, 208

[ㅁ]

무신론(무신론자) 125, 179~180,
　　187, 223, 368~369, 398,
　　434~435
무의지 188~189, 191~192, 194
문법 18, 80, 82, 90, 92, 95~97, 99,
　　112, 135, 247, 264, 296, 352,
　　380, 382, 391, 396, 400,
　　409~410, 421~425, 431,
　　436, 442~443, 445~447,
　　450~452, 467
물리주의 37, 39~41, 193
물자체(물자체계) 129, 138~139,
　　165, 167, 171, 174, 187,
　　206~207, 213, 222, 292,
　　295~296, 305, 458
물화(物化; reification) 37~42, 393,
　　395~396, 410
미학 177, 182, 210~211, 220, 226,
　　237, 257, 263, 267, 321, 439,
　　448, 450

[ㅂ]

범신론 224, 226, 284
부활 7, 68, 70, 112, 166, 319, 328,
　　348~349, 356, 361, 384~385,
　　417, 433~434
분석철학 8, 29~30, 37~38, 41, 51,
　　60, 123~128, 132, 140, 147,
　　196~197, 247, 381, 471,
　　473~475
불교 68, 136, 191, 231, 278, 284, 286,
　　294, 296~297, 411, 435~436,
　　445, 461
불행 26, 133, 158, 186~190, 195,
　　202~204, 222~223, 230, 233,
　　257, 285, 307, 414

비유 98, 129, 136, 166, 170, 188,
　　　221, 224, 258, 260, 267, 347,
　　　353~355, 361, 366, 435~436

[ㅅ]

사적 언어 107, 149, 240~241, 474
삶의 양식(Lebensweise) 28, 117~118,
　　　387
삶의 의미 159, 177~179, 184,
　　　211~212, 216, 219, 221, 223,
　　　226, 264, 273, 296
삶의 형식(삶의 형태; Lebensform)
　　　32, 46, 91~95, 108, 114~115
　　　117~118, 194, 276, 278,
　　　368~369, 414, 426, 428,
　　　444~445, 452~461, 466~468
상대주의(상대주의자) 160, 212, 214,
　　　253, 278, 285, 299, 301~302,
　　　358, 398~399, 414, 440, 444,
　　　446~447, 453~456, 467~468
선의지(선한 의지) 158, 168~169,
　　　181, 188~191, 203, 222~223,
　　　225, 229~231, 243~244, 251,
　　　265~266, 269, 274, 276~278,
　　　283, 301, 303, 333
세계상 69, 456, 459~460, 465~466
세속언어 422~425, 442~443, 447,

451~453
순수이성 39, 86, 129, 141, 192
신성(神性) 31~32, 42, 58~59, 63, 71,
　　　79~81, 184, 223, 225~226,
　　　321~323, 380, 388
신앙형태주의(신앙주의) 398~399,
　　　428~431, 444, 453~454, 461,
　　　467
실천이성 39, 127, 129, 138, 282, 301
심층 문법 99, 422~425, 443, 447,
　　　451~452

[ㅇ]

악의지(악한 의지) 158, 168~169,
　　　188~189, 191, 222~230, 274,
　　　276, 278
양심 33, 59, 74, 78, 187, 190,
　　　201~202, 206, 208, 214,
　　　225~228, 231~232,
　　　235~236, 253, 259, 274, 282,
　　　300~301, 307, 321~322, 327,
　　　334, 366
양자역학 36, 91~92, 99, 116,
　　　343~344, 421, 426, 438
언어 비판 86~87, 128~129, 138, 193
언어철학 39, 47, 90, 99, 123, 137
연결고리 195, 461, 464~466

영미 철학(현대 영미 철학) 30, 47, 49, 123, 271, 282, 381

예지계(noumena) 127, 129, 160~161, 174, 211, 213

우연성 200, 287, 343~344, 371, 426

우주론적 증명 345, 387

유럽 철학 39

유물론 37, 39~40, 119

유신론(유신론자) 179~180, 187, 223, 231, 369, 464

은유 66~68, 406~407, 424~425

이성 비판 39, 86~87, 127, 129, 137~138, 141, 192~193

이성 중심주의 29~31, 197

인공언어 37, 82, 87

인과(인과율, 인과 법칙, 인과력, 인과 관계) 128, 287, 305~306, 374~377

인류학(문화인류학, 인류학자) 117~118, 133, 301~302, 369

인문학 29, 111, 118~119

[ㅈ]

자연사(自然史: natural history) 46, 91~95, 102, 108, 194, 279, 302, 345, 457~458

자연신학적 증명 344, 387, 426

자연주의 37, 39, 103, 181, 194, 209, 214, 253, 274, 280, 299

절대주의(절대주의자) 212, 301~302, 454

정서주의(emotivism) 253, 280~282, 405, 439, 440

존재론적 증명 341, 343

종교언어 21, 406~407, 422~425, 442~443, 447, 451~453, 462, 464, 467

종교적 삶의 형식(종교적 삶의 형태) 278, 444, 467

지향성 39~40, 82

진리 함수 71, 128, 138

[ㅊ]

참전 일기 20, 54, 57, 60~61, 71, 125, 217

철학사(서양철학사) 77, 80~81, 90, 105~106, 118, 183, 192~193, 196, 415, 473

치료(치유) 11, 18, 27~28, 83, 86, 88~90, 101, 193, 259

침묵 61~62, 66, 68, 126~127, 129, 134~135, 138, 180~181, 192, 210, 249~250, 253, 296~297, 411, 474

[ㅌ]

통찰(通察; übersehen) 17~18, 47, 66, 68, 71, 80~81, 96~100, 102, 104~108, 110~113, 115, 129, 361, 421, 461

[ㅍ]

파동함수 92, 99, 343

표층 문법(표면 문법) 99, 422~424, 443, 447, 451~452

플라톤주의 37, 39, 209

필연성 170, 200, 202, 204, 206~208, 210, 243, 273, 287, 297~298, 306, 450, 457, 472

[ㅎ]

합리론(합리주의) 31, 156, 196, 251~252, 254, 364, 381

해체주의 29~30, 123, 197

행복 133, 158, 186~191, 195, 201~204, 208~209, 211,
222~223, 225, 227, 229~230, 233, 235~236, 242~243, 256~257, 273~274, 276~278, 282~283, 332, 414, 427, 464, 466

허무주의 37~38, 212, 214, 427

헤브라이즘 29~31, 50, 225, 364

헬레니즘 30~31, 225, 364

현상계(phenomena) 39, 127, 129, 146, 160~161, 165~166, 170~171, 173~174, 177, 181, 195, 200, 206~207, 211~212, 228, 287, 292, 294~295, 302~303, 305, 306

현상학 39, 92, 95~96, 110, 123, 141, 175, 197, 247

확실성 69~70, 78, 117~118, 155~156, 338, 346, 348, 362, 428, 446, 459

회의론(회의론자) 159, 352, 403

인명 색인

[ㄱ]

가다머(Gadamer, H.-G.) 308
가버(Garver, N.) 48, 206
갈릴레오(Galileo, G.) 320, 329~330, 426
강언덕 13, 21, 440, 446
강진호 13
게티어(Gettier, E.) 111
골드바흐(Goldbach, C.) 346
공자(孔子) 54, 75, 210
괴델(Gödel, K.) 88, 346
권병훈 74, 77
권용혁 279, 299~300
김수환 429
김주성 279, 284, 291~297
김지형 418, 420

[ㄴ]

남기창 13, 471
남승민 203
네스트로이(Nestroy, J.) 36
노아(Noah) 393, 396
노자(老子) 68, 224, 291
뉴턴(Newton, I.) 128, 156, 182, 343, 438
니체(Nietzsche, F.) 11~12, 37, 69, 76, 88, 364
닐슨(Nielson, K.) 453, 461

[ㄷ]

단테(Dante, A.) 261
더밋(Dummett, M.) 47, 49
데리다(Derrida, J.) 10, 29~30, 37, 41, 81, 192
데카르트(Descartes, R.) 155~157, 166, 196~197, 218, 234, 272, 288~289
도스토옙스키(Dostoyevsky, F.) 76, 202, 214, 283, 299
도연명(陶淵明) 66
드루리(Drury, M. O'C.) 34, 440, 448, 450

들뢰즈(Deleuze, G.) 90

[ㄹ]

라이프니츠(Leibniz, G. W.) 156, 170, 193, 219, 250, 306
라이헨바흐(Reichenbach, H.) 246
라일(Ryle, G.) 47
램지(Ramsey, F.) 148
러셀(Russell, B.) 26, 30, 35, 37~38, 47~51, 53, 60~61, 63, 82, 85~86, 123~125, 128, 132, 139~140, 173, 175, 287, 418, 471, 474~475
로바체프스키(Lobachevsky, N.) 97
로스(Loos, A.) 48
로티(Rorty, R.) 48, 74
루이(Lewy, C.) 148, 329~330, 368, 402, 405, 408
르낭(Renan, J. E.) 370
리만(Riemann, G.) 97
리오타르(Lyotard, J.-F.) 48
리즈(Rhees, R.) 72, 88, 91, 260~261, 315
릭켄(Ricken, F.) 462~464
린저(Rinser, R.) 5
릴케(Rilke, R. M.) 385

[ㅁ]

마이농(Meinong, A.) 139~140
마이스터 에크하르트(Meister Eckhart) 219
마키아벨리(Machiavelli, N.) 78
만(Mann, T.) 385
말러(Mahler, G.) 325
맥기니스(McGuinness, B.) 149, 205
맬컴(Malcolm, N.) 6, 51, 414
몽크(Monk, R.) 447~448
무어(Moore, G. E.) 49, 248, 263, 392
미켈란젤로(Michelangelo, B.) 392~393, 395~396

[ㅂ]

바이닝거(Weininger, O.) 48, 51, 210
바이스만(Waismann, F.) 246
박병철 13, 149
박정순 279~287, 295~296
박종호 74, 76
발터(Walter, B.) 25
배럿(Barrett, C.) 315, 401, 409, 437, 448, 453, 467
배성목 74~75, 107, 112
버니언(Bunyan, J.) 353
버클리(Berkeley, G.) 156
법정 429

베드로(Petrus) 361
베버(Weber, M.) 265
베이커(Baker, G. P.) 17~18, 90
베토벤(Beethoven, L.) 35, 72~73
벤야민(Benjamin, W.) 82
벨(Bell, J.) 344
보른(Born, M.) 92, 343
볼츠만(Boltzmann, L.) 47
브람스(Brahms, J.) 25
브레이트웨이트(Braithwaite, R.) 435
브렌타노(Brentano, F.) 39
브루크너(Bruckner, A.) 109
브루투스(Brutus, M.) 261

[ㅅ]
사르트르(Sartre, J.-P.) 74
사트리스(Satris, S.) 359
서광선 409
서영은 257
석가모니 89, 266, 324, 412
석기용 13, 477
셸링(Schelling, F. W. J.) 183
소크라테스(Socrates) 80, 89
손미라 418~419
송요중 107, 118
쇼팽(Chopin, F.) 35
쇼펜하우어(Schopenhauer, A.)
17~18, 47~48, 124~125,
127, 165, 169, 186, 191, 213,
217, 231, 233, 235, 272,
282~283, 297
슈만(Schumann, R.) 66
슈바이처(Schweitzer, A.) 265
슈베르트(Schubert, F.) 35
슈펭글러(Spengler, O.) 48
슐릭(Schlick, M.) 20, 31, 245~247,
251~254
스라파(Sraffa, P.) 48
스마이티스(Smythies, Y.) 32, 408
스미스(Smith, J. E.) 462
스윈번(Swinburne, R.) 366
스트로슨(Strawson, P. F.) 140
스티븐슨(Stevenson, C.) 90, 280
스피노자(Spinoza, B.) 224, 291
신상형 441
신채호 76
실레지우스(Silesius, A.) 219~220
썰(Searle, J.) 47, 382

[ㅇ]
아담 스미스(Adam Smith) 312
아렌트(Arendt, H.) 78
아리스토텔레스(Aristoteles) 38, 77,
79, 471

아브라함(Abraham) 79
아스페(Aspect, A.) 244
아우구스티누스(Augustinus) 38, 77,
　　249
아인슈타인(Einstein, A.) 35~36,
　　343~344
아퀴나스(Aquinas, T.) 464
안드로니코스(Andronicos) 38
안첸그루버(Anzengruber, L.) 414
앤스컴(Anscombe, G. E. M.) 88, 148,
　　205, 259
엄슨(Urmson, J. O.) 148
엄정식 441, 455, 457~461, 468
에드워즈(Edwards, J.) 286
엥겔만(Engelmann, P.) 61, 63
예수(그리스도; Jesus) 70, 101,
　　347~349, 358, 361, 380, 384,
　　417~418, 429, 442
오스틴(Austin, J. L.) 47
오하라(O'Hara, C. W.) 365, 373, 376
옥덴(Ogden, C. K.) 148
우환식 13, 271, 279, 285, 287~292,
　　300
울란트(Uhland, L.) 63, 65~66
워커(Walker, J.) 148
윈치(Winch, P.) 468
유광선 107, 109

유다(Judas, I.) 361
유클리드(Euclid) 97, 332, 420
윤동주 6, 55, 285
윤유석 13, 168, 193, 259, 307~308,
　　406, 427, 429
윤지훈 107, 111, 116
이누리 107, 110
이명현 458
이상룡 18
이영철 409, 441
이종진 462~464

[ㅈ]
장자(莊子) 19
정대현 409
정세훈 74, 107, 113
정약용 101
제마(Zemach, E.) 205~206
제임스 밀(James Mill) 345
조승원 107
존 스튜어트 밀(John Stuart Mill) 345,
　　380
주동률 279, 306
쥐스킨트(Süskind, P.) 5

[ㅊ]

찰스워스(Charlesworth, M. J.) 434~435
촘스키(Chomsky, N.) 296
최윤석 74, 76, 108, 115

[ㅋ]

카르납(Carnap, R.) 71, 246, 250
카뮈(Camus, A.) 168, 212, 214
카벨(Cavell, S.) 48
카이사르(Caesar, J.) 261
카잘스(Casals, P.) 25
카프카(Kafka, F.) 261, 304
칸트(Kant, I.) 39, 47, 86~87, 103, 125, 127~129, 132, 137~138, 141, 146, 155~157, 165~168, 173~175, 181~183, 191~193, 196, 211~213, 217, 222, 239, 250, 258, 272, 281~283, 293, 295, 297, 299~300, 305, 339, 341, 458, 471~472
콰인(Quine, W. V. O.) 37~40, 475
쿠쉬(Kusch, M.) 406
쿤(Kuhn, T.) 142, 240, 265
쿤스(Koons, R.) 346
크라우스(Kraus, K.) 48
크립키(Kripke, S.) 473, 475
클라라 슈만(Schumann, C.) 25
클락(Clarke, S.) 62, 65
키르케고르(Kierkegaard, S.) 47, 77~79, 214, 247, 261, 363, 429

[ㅌ]

타고르(Tagore, R.) 32
타르스키(Tarski, A.) 88
테르툴리아누스(Tertullianus, Q. S. F.) 429
톨스토이(Tolstoy, L.) 76, 228, 430~431
튜링(Turing, A.) 73, 473

[ㅍ]

파르메니데스(Parmenides) 81~82
파스칼(Pascal, B.) 429
퍼스(Peirce, C.) 132, 279, 342, 462
퍼트남(Putnam, H.) 307~308, 325
페르마(Fermat, P.) 346
페어스(Pears, D.) 149, 205
포(Poe, E. A.) 100
폰 브릭트(von Wright, G. H.) 88
프레게(Frege, G.) 26, 37~38, 48, 88, 123~125, 128, 471, 474

프레이저(Frazer, J.) 133, 369~370

프로스트(Frost, R.) 129

프로이트(Freud, S.) 35

프톨레마이오스(Ptolemaeus, C.) 320

플라톤(Platon) 50, 98~99, 115, 192, 209, 295

플란팅가(Plantinga, A.) 346, 427

플랑크(Planck, M.) 245

플루(Flew, A.) 418

플루타르코스(Plutarchos) 261

피히테(Fichte, J. G.) 183

픽커(Ficker, L.) 62

[ㅎ]

하버마스(Habermas, J.) 29, 132

하영미 441

하이데거(Heidegger, M.) 19, 37~38, 41, 50, 69, 75, 79~82, 90, 106, 112, 141, 191, 197, 246~247, 250, 414

하이젠베르크(Heisenberg, W.) 343

한석봉 434

해커(Hacker, P. M. S.) 17~18, 67~68, 90, 182

허드슨(Hudson, W. D.) 403, 413~414, 467

허란주 279, 302~303, 305

허윤영 107, 117

헤겔(Hegel, G. W. F.) 90, 128, 141, 183, 422

헤라클레이토스(Herakleitos) 79~80

헤르츠(Hertz, H.) 48, 438

헤세(Hesse, H.) 34

헤어(Hare, R. M.) 280

홍진기 13, 168, 360, 364, 367, 417~419

화이트헤드(Whitehead, A. N.) 35

황경식 279, 281, 284, 286, 293, 296~299, 301, 303~305

황필호 413~415, 417~418, 422~426, 428, 430~432, 434~435, 437, 439~449, 451~455, 461, 467~468

후설(Husserl, E.) 39, 74, 81~82, 110~111, 175, 197, 301

흄(Hume, D.) 153, 156~157, 166, 168, 196, 218, 287, 290

힐베르트(Hilbert, D.) 87~88

철학의 정원 75
구도자의 일기 — 비트겐슈타인의 삶과 철학

초판1쇄 펴냄 2025년 4월 25일

지은이 이승종
펴낸이 유재건
펴낸곳 (주)그린비출판사
주소 서울 서대문구 이화여대2길 10, 1층
대표전화 02-702-2717 | **팩스** 02-703-0272
홈페이지 www.greenbee.co.kr
원고투고 및 문의 editor@greenbee.co.kr

편집 이진희, 민승환, 문혜림, 성채현 | **디자인** 심민경, 조예빈
독자사업 류경희 | **경영관리** 장혜숙

이 저서는 2020년 대한민국 교육부와 한국연구재단의 지원을 받아 수행된 연구임 (NRF-2020S1A6A4041102)

저작권법에 의하여 한국 내에서 보호를 받는 저작물이므로 무단전재와 무단복제를 금합니다.
책값은 뒤표지에 있습니다. 잘못 만들어진 책은 구입처에서 바꿔 드립니다.
ISBN 979-11-94513-10-0 03190

독자의 학문사변행學問思辨行을 돕는 든든한 가이드 _(주)그린비출판사